《礼记》单篇别行研究
——以《檀弓》《王制》《月令》《深衣》《投壶》为中心考察

毋燕燕 著

图书在版编目（CIP）数据

《礼记》单篇别行研究：以《檀弓》《王制》《月令》《深衣》《投壶》为中心考察 / 毋燕燕著. —北京：中央编译出版社，2022.3
ISBN 978 – 7 – 5117 – 4142 – 4

Ⅰ.①礼… Ⅱ.①毋… Ⅲ.①礼仪 – 中国 – 古代②《礼记》 – 研究 Ⅳ.①K892.9

中国版本图书馆 CIP 数据核字（2022）第 016459 号

《礼记》单篇别行研究
—— 以《檀弓》《王制》《月令》《深衣》《投壶》为中心考察

责任编辑	李媛媛
责任印制	刘　慧
出版发行	中央编译出版社
地　　址	北京市海淀区北四环西路 69 号（100080）
电　　话	（010）55627391（总编室）　（010）55627319（编辑室）
	（010）55627320（发行部）　（010）55627377（新技术部）
经　　销	全国新华书店
印　　刷	天津和萱印刷有限公司
开　　本	710 毫米×1000 毫米　1/16
字　　数	374 千字
印　　张	23
版　　次	2022 年 3 月第 1 版
印　　次	2022 年 3 月第 1 次印刷
定　　价	99.00 元

新浪微博：@中央编译出版社　　微　信：中央编译出版社（ID：cctphome）
淘宝店铺：中央编译出版社直销店（http://shop108367160.taobao.com）（010）55627331

本社常年法律顾问：北京市吴栾赵阎律师事务所律师　闫军　梁勤
凡有印装质量问题，本社负责调换，电话：（010）55626985

目 录

引言　单篇别行——《礼记》研究的另一维度 ················· 1

第一章　《檀弓》单篇别行 ················· 8
第一节　《檀弓》单篇别行概述 ················· 8
第二节　《檀弓》单篇别行著作举要 ················· 24
第三节　《檀弓》单篇别行的原因与价值 ················· 56

第二章　《王制》单篇别行论析 ················· 65
第一节　《王制》单篇别行概述 ················· 65
第二节　《王制》单篇别行著作举要 ················· 73
第三节　《王制》单篇别行的原因与价值 ················· 96

第三章　《月令》单篇别行论析 ················· 108
第一节　《月令》单篇别行现象论析 ················· 108
第二节　《月令》单篇别行著作举要 ················· 132
第三节　《月令》单篇别行的原因与价值 ················· 175

第四章　《深衣》单篇别行论析 ················· 185
第一节　《深衣》单篇别行著作概述 ················· 185
第二节　《深衣》单篇别行著作举要 ················· 202
第三节　《深衣》单篇别行的原因及价值 ················· 215

第五章　《投壶》单篇别行现象论析 ················· 225
第一节　《投壶》单篇别行著作概述 ················· 225

第二节　《投壶》单篇别行著作举要 …………………………… 241
　　第三节　《投壶》单篇别行的原因与价值 ……………………… 256

结语　《礼记》单篇别行的原因与价值 …………………………… 262

附录一　历代《礼记》其他诸篇单篇别行著作一览表 …………… 271

附录二　二十一世纪以来《礼记》研究现状 ……………………… 302

参考文献 …………………………………………………………… 336

后　　记 …………………………………………………………… 365

| 引言 |

单篇别行——《礼记》研究的另一维度

《礼记》又称《小戴礼记》《小戴记》《小戴礼》，是先秦时期的一部礼学资料汇编，主要记载这一时期社会政治生活所涉及的礼学思想与礼仪规范，内容较为博杂。今本《礼记》所收文章多是先秦礼学家传习《仪礼》时，对《仪礼》经文的解释、说明和补充，也有少部分篇目是孔门弟子记录孔子有关"礼"的言论。这些解"经"文字，开始或附在《仪礼》之后流传、或单篇流传，到了西汉，戴圣将这些解经的文字考订整理，成为今天所见的《礼记》文本，随后东汉经学大师郑玄为之做注。到了唐朝，为了维护大一统政权的需要，唐太宗李世民敕令当时有名的学者孔颖达等编修《五经正义》(《周易正义》《尚书正义》《毛诗正义》《礼记正义》《春秋左传正义》)，以期结束魏晋南北朝以来经学混乱研究的局面，自此《礼记》便取代了《仪礼》在儒家经典中的地位而广泛传播，开始受到历代统治者和士人的重视。

一、《礼记》单篇别行的界定与研究现状

单篇别行主要是指古书中具有独立主题或采用旧说、故事的一类文本收入总集后[①]，又从中析出而单独流传的现象。单篇别行著作必须具备两个条件：一是

[①] 此句所言"总集"指专著集，与目录学分类中的经、史、子、集所言的总集意思有别。

要有独立主题,即"所著之篇,于全书之内自为一类者";① 一个是"采取成说,袭用故事"②,即编入总集的篇目是根据旧有的资料和故事写成的,这类著作也可以单篇别行。古人因事为文,写完便流传于世,需要结集出书时则将之前所作文章裒集整理,于是产生了"古书单篇别行"这种现象。《礼记》诸篇在收入《礼记》之前均单篇流传,足见这些篇目皆结构完整,主题独立,否则在当时无法流传,这就为其在《礼记》成书后的单篇别行奠定基础。

单篇别行可分为三种:篇目的单篇别行、单书的单篇别行以及章节的单篇别行。余嘉锡《古书通例》所言:"一为本是单篇,后人收入总集,其后又自总集内析出单行也。如《尚书》之典、谟、训、诰,为后世诏令奏议之祖,其中兼有虞、夏、商、周书,本非一时之作。大、小《戴记》亦是后人之所撰集。其初本是零星抄合,故皆可单篇别行,学者随其所用,即由全书内析出,自为一书。……二为古书数篇,本自单行,后人收入全书,而其单行之本,尚并存不废也。……三为本是全书,后人于其中抄出一部分,以便诵读也。"③《礼记》单篇别行现象属于第一种,所收诸篇本是单篇流传,收入《礼记》后,个别篇目又从中析出单篇别行。

通过考察历代现存《礼记》单篇别行著作发现,《礼记》单篇别行著作的类型主要有三:一类是释经性单篇别行著作,侧重对文本逐字逐句的阐释,如张虙《月令解》、皮锡瑞《王制笺》、王树枏《学记笺证》等。一类是研究考证性单篇别行著作,主要对《礼记》单篇别行篇目中的典章制度、思想内容或者某一问题进行考究,如蔡邕《明堂月令论》、汪烶《投壶仪节》、邵泰衢《檀弓疑问》、黄宗羲《深衣考》之类。还有一类不具普遍性的类型,即鉴赏性单篇别行著作,主要集中在《檀弓》篇,如谢枋得《批点檀弓》、中华书局编辑的《檀弓精华》,

---

① 〔清〕章学诚著,王重民通解:《校雠广义通解》,上海:上海世纪出版集团2009年版,第24页。
② 〔清〕章学诚著,王重民通解:《校雠广义通解》,上海:上海世纪出版集团2009年版,第24页。
③ 余嘉锡:《目录学发微·古书通例》,北京:中华书局2012年版,第266—268页。

主要评点《檀弓》的文法与章法之妙。

在整理《礼记》单篇别行著作的过程中，还发现两类值得关注的著作，它们不属于《礼记》诸篇的单篇别行著作，但却与《礼记》某些篇目的内容和主题密切相关。一类是以《礼记》某些篇目的内容或者篇名为题材而衍生出的一类文学作品，主要集中在《月令》《投壶》《深衣》三篇。如李林甫等《月令并时训诗》、杜仲连《月令诗》、顾德基《咏七十二候诗》、乾隆《御制七十二候诗》、马国翰《月令七十二候诗自注》、曾几《深衣诗》、魏了翁《题深衣画像》、邯郸淳《投壶赋》、王粲《投壶赋》等作品。此类虽然数量不是很多，却丰富了文学作品的题材，拓展了文学艺术的表现领域。另一类是模仿《月令》叙事模式而产生的"月令体"著作，如王莽等《敦煌悬泉月令诏条》、崔寔《四民月令》、宗懔《荆楚岁时记》以及秦嘉谟《月令粹编》等，均模仿《月令》以一年十二月布政的方法，指导国家的日常生活以及社会生产生活。这两类著作虽不属于《礼记》单篇别行著作的范畴，却彰显了《礼记》对后世文学乃至社会生活的深远影响，故亦列表说明。

这些年学界关于《礼记》的研究主要集中在四个方面：一是对《礼记》成书年代、流传情况、所收篇目的作者、版本等问题的研究；二是对《礼记》所涉及的政治、经济、伦理、美学、哲学等思想内容的研究；三是对《礼记》所收篇目的研究，主要集中在《曲礼》《檀弓》《月令》《王制》《乐记》《学记》《大学》《中庸》等篇；四是对历代《礼记》注疏及今人《礼记》研究著作的研究。[①]虽然有学者研究《礼记》的流传接受情况，但着眼点只是《礼记》整体的传播，如：王锷2010年在《井冈山大学学报》第5期和第6期上发表的《东汉以来〈礼记〉的流传》（上）（下）两篇文章，分别论述了《礼记》在东汉的流传、在魏晋南北朝至近代的流传情况；张鹤泉2009年发表于《社会科学战线》第7期的《略论北朝儒生对"三礼"的传授》、潘忠伟2011年发表于《中国文

---

① 21世纪以来学界关于《礼记》的研究现状，因篇幅关系，暂不在此展开论述，请参见本书"附录二"。

化论坛》第3期的《唐初〈礼记〉地位的提升与北朝礼学传统》、潘斌2008年发表于《古籍整理学刊》第6期的《宋代〈礼记〉学文献综论》以及张学智2007年发表在《中国哲学史》第1期的《明代三礼学概述》诸文分别论述了《礼记》在两汉、北朝、宋明两代的流传状况。这些研究性文章的关注点只在《礼记》的传播情况，对其单篇别行的流传情况鲜有论述。

因此，本人不揣简陋，拟从文献学、传播学和思想史的角度，以《礼记》之《檀弓》《王制》《月令》《深衣》《投壶》五篇的单篇别行状况为研究对象，以期通过对这些篇目单篇别行著作的考索，探讨时代思想与经典诠释的双向互动作用。

二、《礼记》单篇别行研究意义与方法

《礼记》名为49篇，因《檀弓》《月令》《杂记》分上、下篇之故，实则46篇。自汉代成书后，又有23篇从中析出与其并行不悖的流传，几乎占《礼记》总篇目的一半。《大学》《中庸》单篇别行著作颇多，自宋代将其列入"四书"后，宋以后的单篇别行著作隶属《礼记》还是"四书"的范畴，片言只语难以辨析，且已有学位论文对它们的传播与接受做了研究。如：王晓薇《宋代〈中庸〉学研究》（河北大学2005年博士论文），通过分析宋代儒家学者苏轼、张载、朱熹等人对《中庸》的注释，分析中庸学在宋代的发展过程，以此透视儒释道三教的关系，阐述理学四书学对我国封建社会后期以及元明清的影响。郑熊《宋儒对〈中庸〉的研究》（西北大学2007年博士论文）、探究理学视域下宋代《中庸》的诠释研究，宋儒对《中庸》进行研究的同时，也促进了宋代理学体系的建构，最终完成了儒家经学体系由五经系统向四书系统的转变。邹憬《〈中庸〉成书公案与今本〈中庸〉的流传与升格》（曲阜师范大学2008年硕士论文）一文，认为今本《中庸》在流传过程中，既与儒释道三教的不断冲突，又在儒释道三家相互影响、相互渗透的过程中，找到了思想的契合点——性命论。《中庸》作为综括道德性命之学的儒家典籍，便在这一过程中逐渐被广泛接受，并最终得以升格为儒家经典。纪文晶《〈大学〉成书公案与流传》（曲阜师范大学

2008年硕士论文）则重点考察《大学》在唐以后特别是在宋代的流传过程。《大学》是先秦儒家承前启后的重要纲领；而它在宋代的再次复苏，也为儒学的复兴和宋明理学的生成提供了强有力的理论依据，从而推动中国古代哲学发展到一个新的高度。

以上论文对《大学》《中庸》的研究，几乎是在"四书"的范畴下进行的，故此书仅对除此二篇之外的其他21篇进行整理，以期进一步分析《礼记》单篇别行诸篇在中国经学史、中国思想史上的地位。由于《礼记》诸篇单篇别行文本的数量多寡不一，今存文本数量差异较大，故选择今存文本最多的《檀弓》《王制》《月令》《深衣》与《投壶》五篇为研究对象，通过对这些篇目单篇别行情况、单篇别行原因与单篇别行价值的探索，希望能够以小见大地凸显出《礼记》单篇别行现象在中国经学史乃至中国思想史中的意义。

根据历代公私目录、地方志以及王锷《三礼研究论著提要》等文献的不完全记载，《礼记》单篇别行著作在数量多寡、出现时间早晚均存在差异。兹分类胪列（如表0-1所示），囿于知见有限，疏漏在所难免，尚祈方家补正。

表0-1 《礼记》单篇别行著作数量统计表一览表

朝代 篇名	汉	魏晋南北朝	隋	唐	宋	元	明	清	民国	朝代不详	今人	总数
《曲礼》	0	0	1	0	4	1	5	3	2	1	0	17
《檀弓》	0	0	0	0	4	0	11	15	1	0	0	31
《王制》	0	0	0	0	5	0	3	8	2	0	0	18
《月令》	4	2	0	2	4	2	9	15	1	1	0	40
《曾子问》	0	0	0	0	0	0	2	2	0	0	0	4
《文王世子》	0	0	0	0	0	0	3	0	0	0	0	3
《礼运》	0	0	0	0	0	0	0	2	0	1	0	3
《内则》	0	0	0	0	0	0	4	1	0	0	0	5
《明堂位》	2	4	2	13	15	0	12	0	0	5	0	53
《少仪》	0	0	0	0	2	0	0	0	0	0	0	2
《学记》	0	0	0	0	1	0	1	3	3	0	0	9

(续表)

朝代 篇名	汉	魏晋 南北朝	隋	唐	宋	元	明	清	民国	朝代 不详	今人	总数
《乐记》	0	0	0	0	0	0	1	3	0	0	1	5
《祭法》	0	0	0	0	1	0	0	1	0	0	0	2
《祭义》	0	0	0	0	0	0	0	0	1	0	0	1
《表记》	0	0	0	0	0	0	1	0	0	0	0	1
《孔子闲居》	0	0	0	0	1	0	0	0	0	0	0	1
《坊记》	0	0	0	0	0	0	1	1	0	0	0	2
《缁衣》	0	0	0	0	0	0	2	1	0	0	0	3
《深衣》	0	0	0	0	12	6	17	10	0	0	0	45
《投壶》	0	1	0	3	7	2	7	3	3	0	0	26
《儒行》	0	1	0	0	2	0	2	1	0	1	0	7
《冠义》	0	0	0	0	0	0	0	0	0	0	1	1

纵观上表，《礼记》诸篇单篇别行著作的数量多寡以及析出单行的时间早晚均存在很大的差异。从《礼记》单篇别行数量看，单篇别行数量最多的是《明堂位》《月令》《深衣》《檀弓》四篇，《少仪》《祭义》《表记》《孔子闲居》《冠义》最少，宋、明、清三代是《礼记》单篇别行著作数量最多的朝代。从《礼记》诸篇出现单篇别行著作的早晚来看，《月令》和《明堂位》两篇最早，《祭义》与《冠义》最晚。宋代是《礼记》单篇著作出现的高潮期，这一时期《檀弓》《王制》《深衣》等9篇出现了单行著作。自汉代成书后，《礼记》所收篇目析出别行的现象非常普遍，虽然有一半篇目单篇别行，而另一半篇目却未析出别行；单篇别行的篇目出现单行著作的时间早晚、数量多寡均存在较大的差异，目前学界对《礼记》单篇别行这一现象以及其单篇别行著作的研究还显得相对薄弱，值得关注。

虽然《礼记》单篇别行的篇目很多，但是今存的单行篇目作品却多寡不一，为了更好把握《礼记》诸篇单篇别行这一现象产生的原因，本书便以《檀弓》《王制》《月令》《深衣》《投壶》五篇单篇别行文本保存最多的篇目作为研究对象,从文献学和思想史的角度考察其单篇别行著作的类型、单篇别行的原因与价值,以期从中探赜古代经典阐释思想的细微演变,这也是本书写作的意义和价值所在。

本书运用文献学的研究方法,通过考察历代公私目录以及王锷《三礼研究论著提要》等目录学著作,对历代《礼记》单篇别行著作进行系统的梳理,以求对《礼记》诸篇在汉代以后的传播历史有一明晰认识,通过对它们单篇别行文本的梳理和考察,在探讨这些篇目单篇别行的原因及其传播价值的同时,以期精准地把握《礼记》单篇别行现象的文献学价值以及《礼记》单篇别行诸篇在中国思想史中的重要地位。

第一章
《檀弓》单篇别行

《檀弓》收入《礼记》后,又从中析出单篇别行。通过梳理和考察历代《檀弓》单篇别行文本及其广泛流传的原因发现,《檀弓》所载的古代丧葬礼仪,在弘扬孝文化和维护社会政治稳定方面发挥了积极作用。自宋代单篇别行之后,历代均有《檀弓》的单篇别行著作,本章主要对历代流传的《檀弓》单篇别行著作种类、代表性单篇别行著作的内容、单篇别行的原因及其单篇别行著作的价值加以探讨,以便从其单篇别行的过程中,看到历代对《檀弓》的接受情况以及学术思潮对经典诠释的重要影响。

第一节 《檀弓》单篇别行概述

《檀弓》分上下篇,是《礼记》四十九篇中的第三、四篇,位于《曲礼》之后,从篇目所处的位置可知其在《礼记》中的地位。《檀弓》主要记载了先秦时期的丧葬礼仪,这些礼仪制度与人们的日常生活息息相关,有些仪制至今仍被遵循。据历代公私目录、地方志、图书馆目录以及王锷《三礼研究论著提要》等著作关于《檀弓》单篇别行文本的相关著录发现,《檀弓》收入《礼记》后,自宋代开始,几乎历代都有单篇别行文本,不仅出现了侧重鉴赏《檀弓》文法的鉴赏性单篇别行著作、阐释《檀弓》经义与礼制的释经性单篇别行著作，而且出现了侧重考证《檀弓》史料与所载事迹真伪的考证性单篇别行著作。

一、《檀弓》鉴赏性单篇别行著作

《檀弓》虽为传播儒家礼制的经典文本，不仅栩栩如生地记录了孔子及其部分弟子的生活故事，而且用形象传神的文笔刻画出了孔子、曾子、子路、冉有等人的形象与性格特点。虽为传经之书，但是这种绝妙的叙事艺术对后世散文写作产生了深远影响，所以出现了鉴赏其文法的单篇别行著作。为能使人一目了然，今列表将现存的《檀弓》鉴赏性单篇别行著作胪列如下，如表1-1所示。囿于知见有限，疏漏在所难免，尚祈方家补正。

表1-1 《檀弓》鉴赏性单篇别行著作一览表

朝代	作者	书名	存佚	著录或称引
宋	谢枋得	《批点檀弓》二卷①	存	〔明〕朱睦㮮《授经图义例》卷二十；〔明〕林兆珂《考工记述注》卷首；〔明〕祁承㸁《澹生堂藏书目》经部；〔清〕陈梦雷《古今图书集成·理学汇编·经籍典》卷二百四十四与二百五十；〔清〕徐乾学藏《传是楼书目》卷一②；〔清〕丁仁《八千卷楼书目·经部·礼类》卷二；〔清〕永瑢、纪昀等《钦定四库全书总目》卷二十四；〔清〕朱彝尊《经义考》卷一百四十八；〔清〕周中孚《郑堂读书记》卷三；〔清〕刘铎、赵之谦等纂《（光绪）江西通志》卷一百；〔明〕王圻《续文献通考》卷一百五十二条；〔清〕嵇璜、曹仁虎等《钦定续文献通考》卷一

---

① 〔清〕朱彝尊《经义考》及陈梦雷《古今图书集成》称引此书名为《檀弓章句》一卷；郎焕文《历代中州名人存书版本录》著录此书名为《檀弓解》；杜泽逊《四库存目标注》称此书为《谢叠山先生批点檀弓》，并对《批点檀弓》的版本情况做了详细介绍。

② 〔清〕徐乾学藏《传是楼书目》卷一著录为："《檀孟批点》，宋谢枋得，清杨慎注。"

（续表）

朝代	作者	书名	存佚	著录或称引
				百五十七；郎焕文《历代中州名人存书版本录》第1150条；《东北地区古籍线装书联合目录·礼记类》；《四库家藏总目》；杜泽逊《四库存目标注》卷五；刘毓庆、张小敏《日本藏先秦两汉文献研究汉籍书目·礼记之属》；黄开国主编《经学辞典》；《湖北通志》卷七十八；《弋阳县志》"谢枋得"条；《江西地方文献索引》"谢枋得"条；《江西省人物志》之"谢枋得"条；张德意、李洪《江西古今书目》；舒大刚《儒学通论》之《〈礼记〉学文献》；王锷《三礼研究论著提要·礼记类》等著录或称引。
民国	中华书局编	《檀弓精华》七十八章	存	《东北地区古籍线装书联合目录·礼记类》；《中华书局百年总书目：1912—2011》"综合"类；《成都市古籍联合目录》"礼记"类；《别宥斋藏书目录·经部》；曾军《经学档案·百年来经学论著提要·三礼类》《上海总商会商业图书馆图书目录·哲学类·子书》《中国近代现代丛书目录》以及《贵州省古籍联合目录》（下）；俞筱尧、刘彦捷《陆费达与中华书局》之《陆费伯鸿与中华书局》等著录或称引。

现存且较易读到《檀弓》鉴赏性单篇别行著作有谢枋得《批点檀弓》以及中华书局编写的《檀弓精华》，主要评点《檀弓》的章法、句法、字法之妙，以期为后人文章写作提供轨范。

二、《檀弓》鉴赏兼释经性单篇别行著作

《檀弓》鉴赏兼释经性单篇别行著作，主要指集鉴赏《檀弓》文章之法与阐释《檀弓》礼法经义的一类单篇别行文本。这类单篇别行著作，既重视《檀弓》经义的疏通，又注重《檀弓》文法的点评，是《檀弓》单篇别行过程中，两者

兼顾的一类单行文本，现存著作也最多，且主要集中在明清两代。为让人一目了然，今列表陈述如下。

表1-2 《檀弓》鉴赏兼释经性的单篇别行著作

朝代	作者	书名	存佚	著录或称引
明	杨慎	《檀弓丛训》二卷①	存	〔明〕朱睦㮮《授经图义例》卷二十；〔明〕杨慎《升庵集》卷二；〔明〕王圻《续文献通考》卷一百七十四；〔明〕焦竑《国史经籍志》卷二与《玉堂丛语》卷一；〔明〕晁瑮《晁氏宝文堂书目》卷上；〔明〕朱睦㮮《万卷堂书目》卷一；〔明〕祁承㸁《澹生堂藏书目·经部》②；〔明〕杜应芳《补需全蜀艺文志》卷四十六；〔明〕徐𤊹兴《徐氏家藏书目》卷一③；〔明〕王世贞《新刻赠补艺苑卮言》卷五与《弇州四部稿》卷一百四十九；〔明〕何宇度《益部谈资》卷中；〔清〕朱彝尊《经义考》卷一百四十八；〔清〕嵇璜等《续通志》卷一百五十七；〔清〕永瑢、纪昀等《钦定四库全书总目》卷二十四、二十五、四十一、四十二、四十三、六十四、六十六、八十七、一百一十三、一百一十五、一百三十七、一百四十四、一百七十二、一百九十二、一百九十六、二百；〔清〕王昶《(嘉庆)直隶太仓州志》卷十四；〔清〕刘锦藻《皇朝续文献通考》卷二七一；〔清〕嵇璜等《钦定续文献通考》卷一百五十二；〔清〕徐乾学《传是楼书目》卷一；〔清〕黄虞稷《千顷堂书目》卷二；〔清〕丁仁《八千卷楼书目·经部·礼类》卷二；〔清〕丁丙《善本书室藏书志》

---

① 《檀弓丛训》，一作《檀弓记》。
② 〔明〕祁承㸁撰《澹生堂藏书目》经部除了著录杨慎《檀弓丛训》外，还著录"《谢叠山批点檀弓》二卷一册，杨慎注"，疑是谢枋得《批点檀弓》融入了杨慎的注释。
③ 〔明〕徐𤊹兴《徐氏家藏书目》卷一作"《檀弓》四卷，谢芳（枋）得、杨慎考注。"

(续表)

朝代	作者	书名	存佚	著录或称引
				卷二；〔清〕平步青《霞外攟屑》卷七上；〔清〕翁方纲《经义考补正》卷六；〔清〕张廷玉等《明史》卷九十六；〔清〕张晋生《四川通志》卷四十五；〔清〕王太岳等《四库全书考证》卷四十六；〔清〕陈梦雷《古今图书集成·理学汇编·经籍典》卷二十二、二百一十三、二百一十五、二百一十八、二百五十八、三百二十一、三百五十九、四百六十五以及《古今图书集成·理学汇编·文学典》一百零一；张钧衡《适园丛书》（第二集）；杜泽逊《四库存目标注》卷五；郎焕文《历代中州名人存书版本录》第1152条；《东北地区古籍线装书联合目录·礼记类》《四川大学图书馆古籍丛书目录》《中国古籍总目·丛书部》《四库家藏总目》《丛书集成初编目录》、罗伟国、胡平《古籍版本题记索引》；刘毓庆、张小敏《日本藏先秦两汉文献研究汉籍书目·礼记之属》；王锷《三礼研究论著提要·礼记类》；舒大刚《儒学通论》之《〈礼记〉学文献》等著录或称引。
明	林兆珂	《檀弓述注》二卷	存	〔明〕朱睦㮮《授经图义例》卷二十；〔明〕徐𤊱兴《徐氏家藏书目》卷一；〔清〕朱彝尊《经义考》卷一百四十八；〔清〕王世禛《带经堂诗话》卷六；〔清〕王世禛《居易录》卷十一；〔清〕谢道承等《福建通志》卷六十八；〔清〕黄虞稷《千顷堂书目》卷二；〔清〕嵇璜、曹仁虎等《钦定续通志》卷一百五十七；〔清〕嵇璜、曹仁虎等《钦定续文献通考》卷一百五十二；〔清〕永瑢、纪昀等《钦定四库全书总目》卷二十四；〔清〕陈梦雷《古今图书集成·理学汇编·经籍典》卷二百十八、三百二十一；张钧衡《适园丛书》（第二集）；《中国古籍善本书

第一章 《檀弓》单篇别行

(续表)

朝代	作者	书名	存佚	著录或称引
				目·经部》；郎焕文《历代中州名人存书版本录》第1154条、《东北地区古籍线装书联合目录·礼记类》；杜泽逊《四库存目标注》卷五；罗伟国、胡平《古籍版本题记索引》；季羡林《四库家藏总目》；杜信孚《明代版刻综录》；刘毓庆、张小敏《日本藏先秦两汉文献研究汉籍书目·礼记之属》；舒大刚《儒学通论》之《〈礼记〉学文献》以及王锷《三礼研究论著提要·礼记类》等著录或称引。
明	陈与郊	《檀弓辑注》二卷	存	〔元〕马端临《文献通考》卷一百五十二；〔明〕祁承爜《澹生堂藏书目·经部》①；〔清〕陈梦雷《古今图书集成·理学汇编·经籍典》卷二一三、二一八、三二一；〔清〕永瑢、纪昀等《钦定四库全书总目》卷二十四；〔清〕徐乾学《传是楼书目》卷一；〔清〕丁丙《善本书室藏书志》卷二；〔清〕张廷玉等《明史》卷九十六；〔清〕嵇璜、曹仁虎等《钦定续通志》卷一五七；〔清〕邵晋涵《(乾隆)杭州府志》卷五十七；〔清〕沈翼机等《浙江通志》卷二百四十二；〔清〕嵇璜、曹仁虎等《钦定续文献通考》卷一百五十二；〔清〕黄虞稷《千顷堂书目》卷二；〔清〕朱彝尊《经义考》卷一百二十九、一百四十八；〔清〕沈伯棠《道光歙县志》卷九；〔清〕秦蕙田《五礼通考》卷首第二②；〔民国〕许承尧《民国歙县

---

① 〔明〕祁承爜撰《澹生堂藏书目》经部著录为："《檀弓考工合刻》二卷二册、陈与郊。"

② 陈与郊《檀弓辑注》、〔清〕沈伯棠纂《道光歙县志》卷九著录为"《檀弓集注》"，疑为音近之误。

(续表)

朝代	作者	书名	存佚	著录或称引
				志》卷十五①；张钧衡《适园丛书》（第二集）；《东北地区古籍线装书联合目录·礼记类》；《四库家藏总目》；罗伟国、胡平《古籍版本题记索引》；杜泽逊《四库存目标注》卷五；杜信孚《明代版刻综录》；胡玉缙《续四库提要三种》；《山东大学古籍善本书目》；《别宥斋古籍善本书目·经部》；《中国丛书目录及子目索引汇编》；刘毓庆、张小敏《日本藏先秦两汉文献研究汉籍书目·礼记之属》；孙毓修《涵芬楼秘笈》第十册；王锷《三礼研究论著提要·礼记类》；胡镇与《名人传记资料索引》"陈与郊"条以及舒大刚《儒学通论》之《〈礼记〉学文献》；杜信孚、蔡鸿源《著者别号书录考》"玉阳仙史"条等著录或称引。
明	姚应仁	《檀弓原》二卷	存	〔清〕永瑢、纪昀等《钦定四库全书总目》卷二十四与卷三十七；〔清〕阮元《文选楼藏书记》卷五；〔清〕嵇璜、曹仁虎等《钦定续通志》卷一百五十七；〔清〕嵇璜、曹仁虎等《钦定续文献通考》卷一百五十二；〔清〕沈伯棠《道光歙县志》卷九；〔清〕何绍基《（光绪）重修安徽通志》卷三百三十六；许承尧《民国歙县志》卷十五；郎焕文《历代中州名人存书版本录》第1155条；季羡林《四库家藏总目》；杜泽逊《四库存目标注》卷五；罗伟国、胡平《古籍版本题记索引》；潘景郑校《鸣野山房书目》卷一；《安徽文献书目》；王锷著《三礼研究论著提要·礼记类》；舒大刚《儒学通论》之《〈礼记〉学文献》等《新安理学》第六章等著录或称引。

---

① 陈与郊《檀弓辑注》、许承尧纂《民国歙县志》卷十五著录为"《檀弓集注》"，沿袭《道光歙县志》。

第一章　《檀弓》单篇别行

(续表)

朝代	作者	书名	存佚	著录或称引
明	徐昭庆	《檀弓通》二卷①	存	〔明〕祁承爜《澹生堂藏书目·经部》；〔清〕永瑢、纪昀等《钦定四库全书总目》卷二十四；〔清〕鲁铨等《（嘉庆）宁国府志》卷二十四；〔清〕何绍基《（光绪）重修安徽通志》卷三百三十六；〔清〕徐乾学《传是楼书目》卷一；〔清〕丁仁《八千卷楼书目·经部·礼类》卷二；〔清〕丁丙《善本书室藏书志》卷二；〔清〕黄虞稷《千顷堂书目》卷二；〔清〕嵇璜、曹仁虎等《钦定续文献通考》卷一百五十二；〔清〕嵇璜、曹仁虎等《钦定续通志》卷一百五十七；〔清〕梁学昌《瞥记》卷二；〔清〕黄奭《黄氏逸书考·戴圣石渠礼论》；〔清〕陈梦雷《古今图书集成·理学汇编·经籍典》卷二百十八；〔清〕阮元《文选楼藏书记》卷五；张钧衡《适园丛书》（第二集）；郎焕文《历代中州名人存书版本录》第1156条；季羡林《四库家藏总目》；《东北地区古籍线装书联合目录·礼记类》；杜泽逊《四库存目标注》卷五；王绍曾、杜泽逊、王承略编《清史稿艺文志拾遗》；王锷《三礼研究论著提要·礼记类》；《中国丛书综录》；《安徽文献书目》；《中山大学图书馆古籍善本书目》；《山东大学古籍善本书目》；《别宥斋古籍善本书目·经部》；《四库全书学典》；罗伟国、胡平《古籍版本题记索引》；刘毓庆、张小敏《日本藏先秦两汉文献研究汉籍书目·礼记之属》以及杜信孚《明代版刻综录》等著录或称引。

---

① 《檀弓通》，《经义考》著录为《檀弓记通》二卷。

(续表)

朝代	作者	书名	存佚	著录或称引
清	孙濩孙	《檀弓论文》二卷	存	〔清〕冯世瀛《雪樵经解》卷二十五；〔清〕孙乔年《七经读法·读礼记》；〔清〕永瑢、纪昀等《钦定四库全书总目》卷二十四；〔清〕嵇璜、曹仁虎等《皇朝文献通考》卷二百十四；〔清〕嵇璜、曹仁虎等《皇朝通志》卷九十八；〔清〕江永《乡党图考》卷二；〔清〕江永《群经补义》卷三；〔清〕翁方纲《礼记附记》卷第一；〔清〕阮元《淮海英灵集》乙集卷一；〔清〕刘文淇《清溪旧屋集》卷五；〔清〕龚景翰《澹静斋文诗钞》文钞卷一；〔清〕赵希璜《研筱斋文集》卷一；〔清〕徐灏《通介堂经说》卷二十五；〔清〕雷雪淇《介菴经说》卷之六；〔清〕江永《四书古人典林》卷之五；〔清〕凌扬藻《蠡勺编》卷三十五；〔清〕郝懿行《晒书堂笔记》；〔清〕俞越《古书疑义举例》卷之一与《群经评议》卷十九；〔清〕武亿《经读考异句读叙述》卷四；〔清〕夏炘《檀弓辨误》卷之中；杜泽逊《四库存目标注》卷五；《东北地区古籍线装书联合目录·礼记类》；黄开国《经学辞典》；王绍曾、杜泽逊、王承略《清史稿艺文志拾遗》；王锷《三礼研究论著·礼记类》；张舜徽《清人笔记条辨》卷五以及舒大刚《儒学通论》之《〈礼记〉学文献》等著录或称引。
清	程穆衡	《考订檀弓》二卷	存	〔清〕永瑢、纪昀等《钦定四库全书总目》卷二十四；〔清〕嵇璜、曹仁虎等《皇朝文献通考》卷二百十四；〔清〕嵇璜、曹仁虎等《皇朝通志》卷九十八；〔清〕刘锦藻《皇朝续文献通考》卷二百七十二；郎焕文《历代中州名人存书版本录》第1161条；《中国古籍总目·丛书部》；舒大刚《儒学通论》之《〈礼记〉学文献》以及王锷《三礼研究论著提要·礼记类》等著录或称引。

《檀弓》鉴赏兼释经性单篇别行著作是《檀弓》单篇别行过程中，由注重《檀弓》文辞鉴赏向侧重《檀弓》思想内容阐释、考证的过渡类型，这类单篇别行著作与宋明之际的学术思潮或许有密切的联系。

三、《檀弓》考证性单篇别行著作

《檀弓》考证性单篇别行著作主要侧重对《檀弓》所载名物制度、人物事迹以及史料真伪的考证，这类作品主要集中在清代，今将其现存的单篇别行著作列表说明，如表1-3所示。

表1-3 《檀弓》考证性单篇别行著作一览表

朝代	作者	书名	存佚	著录或称引
清	邵泰衢	《檀弓疑问》一卷	存	〔清〕丁仁《八千卷楼书目·经部·礼类》卷二；〔清〕邵晋涵《（乾隆）杭州府志》卷五十七；〔清〕永瑢、纪昀等《钦定四库全书总目》卷二十一与卷四十五；〔清〕永瑢、纪昀等《钦定四库全书简明目录》卷二；〔清〕嵇璜、曹仁虎等《皇朝文献通考》卷二百十四；〔清〕嵇璜、曹仁虎等《皇朝通志》卷九十七；〔清〕皮锡瑞《经学通论·礼》；〔清〕梁玉绳《史记志疑》卷二十五与《瞥记》卷二；〔清〕钱林《文献徵存录》卷四；〔清〕夏炘《檀弓辨诬·例言》；〔民国〕赵尔巽等《清史稿》卷一百四十五、《续修四库全书总目提要经部》"礼类"条；《国立兰州图书馆特藏书目初编》《四川大学图书馆古籍丛书目录》《中南、西南地区省、市图书馆馆藏古籍稿本提要·礼记类》；郎焕文《历代中州名人存书版本录》第1157条；罗伟国、胡平《古籍版本题记索引》；舒大刚《儒学通论》之《〈礼记〉学文献》以及王锷《三礼研究论著提要·礼记类》等著录或称引。

(续表)

朝代	作者	书名	存佚	著录或称引
清	夏炘	《檀弓辨诬》三卷	存	〔清〕王先谦《东华续录（同治朝）》同治七十五；〔清〕郭嵩焘《礼记质疑》卷三与卷四；〔清〕王定安《求阙斋弟子记》卷二十一；〔清〕左宗棠《左恪靖侯奏稿初编、续编、三编》之卷七十四；〔清〕方濬颐《二知轩文存》卷二十八；〔清〕何绍基纂《（光绪）重修安徽通志》卷二百二十与卷三百三十六；〔清〕刘锦藻《皇朝续文献通考》卷一百二与卷二百六十；〔清〕夏炘《述朱质疑·后跋》；〔清〕文廷式《纯常子枝语》卷二；〔清〕曾国藩《曾文公书札》卷七；〔民国〕赵尔巽等《清史稿》卷一百四十五；《中南、西南地区省、市图书馆馆藏古籍稿本提要·礼记类》；《安徽文献书目》；《清代名人千家著作举要》；《续修四库全书总目提要：经部》"礼类"条；郎焕文《历代中州名人存书版本录》第1159条；《东北地区古籍线装书联合目录》（三）之《景紫堂全书》条；《中国丛书目录及子目索引汇编》之《夏氏三书》条；王锷《三礼研究论著提要·礼记类》；《中国礼学大辞典》"夏炘"条；《当涂县志》"夏炘"条；舒大刚《儒学通论》之《〈礼记〉学文献》；《安徽省志》（人物志）"夏炘"条；《礼记质疑》卷四"尽饰之道，斯其行者远矣"条与曾国藩书信》之《复夏敦甫》等著录或称引。
清	毛奇龄	《檀弓订误》一卷	存	〔清〕丁仁《八千卷楼书目·经部·礼类》卷二；〔清〕梁履绳《左通补释》卷二十；〔清〕刘锦藻《皇朝续文献通考》卷二百七十三与二百七十四；〔民国〕赵尔巽等《清史稿》卷一百四十五；《国立故宫博物院善本旧籍总目》（上）；《丛书集成初编目录》；《中山大学古籍善本书目》；《别宥斋藏书目录》（下）；《天津市立图书馆图书目录》（第二辑）《中国古籍总目·丛书部》；《四川大学图书馆古

(续表)

朝代	作者	书名	存佚	著录或称引
				籍丛书目录》；《清代名人千家著作举要》；《北京大学图书馆藏李氏书目·丛书部·杂丛类》；《贵州古籍联合目录》；《中国丛书综录》；郎焕文《历代中州名人存书版本录》第1159条；王锷《三礼研究论著提要·礼记类》以及舒大刚《儒学通论》之《〈礼记〉学文献》等著录或称引。

邵泰衢《檀弓疑问》、夏炘《檀弓辨诬》以及毛奇龄《檀弓订误》三部《檀弓》单篇别行考证性著作，或侧重对《檀弓》所载史实、名物制度的考辨，或侧重考证《檀弓》所载孔子及其弟子言行举止的错讹之处，为解读与研究《檀弓》提供了参考。

此外，还有一些《檀弓》单篇别行著作，因亡佚、存佚不详、存而未见等原因而难窥内容，无法确定类型，但实际上可以归入上述三类，今亦列表说明，如1-4所示：

表1-4 难以确定类型的《檀弓》单篇别行著作一览表

朝代	作者	书名	存佚	著录或称引
宋	陈㻫	《檀弓评》一卷	佚	〔清〕陈梦雷《古今图书集成·理学汇编·经籍典》第二百一十八与三百二十一卷；〔清〕永瑢、纪昀等《钦定四库全书总目》卷二十四；〔清〕朱彝尊《经义考》卷一百四十八；〔清〕沈翼机《浙江通志》卷二百四十二以及王锷《三礼研究论著提要·礼记类》等著录或称引。
宋	徐人杰①	《檀弓传》一卷	佚	〔明〕周广《（嘉靖）江西通志》卷十一；〔明〕江汝璧《（嘉庆）广信府志》卷十六；〔清〕朱彝尊《经义考》卷一百四十八；〔清〕陈梦雷《古今图书集成·理学汇

---

① "徐人杰"又作"徐仁杰"，如〔清〕刘铎、赵之谦等纂《（光绪）江西通志·艺文略》卷一百著录为："《檀弓传》徐仁杰撰。"一百五十七卷著录为："徐仁（一作仁）杰，字汉英，玉山人。"〔清〕谢旻等监修，陶成等编纂《江西通志》卷八十五著录"徐仁杰"。

（续表）

朝代	作者	书名	存佚	著录或称引
				编·经籍典》第二百一十八与三百二十一卷；〔清〕刘铎、赵之谦等《（光绪）江西通志》卷一百与一百五十七；〔清〕陶成等《江西通志》卷八十五；张德意、李洪《江西古今书目》；《玉山县志》卷二十九；《上饶地方志》卷三十四以及王锷《三礼研究论著提要·礼记类》等著录或称引。
宋	陈普	《檀弓辨》一卷	存	〔宋〕陈普，〔明〕阮光宁《石堂先生遗集》卷七；〔清〕陈梦雷《古今图书集成·理学汇编·经籍典》第二百一十八与三百二十一卷；〔清〕朱彝尊《经义考》卷一百四十八与王锷《三礼研究论著提要·礼记类》等著录或称引。
明	徐应曾①	《檀弓标义》二卷	未见	〔明〕祁承㸁《澹生堂藏书目》经部②；〔明〕朱睦㮮《授经图义例》卷二十；〔清〕陈梦雷《古今图书集成·理学汇编·经籍典》卷二百十八与三百二十一卷；〔清〕黄虞稷《千顷堂书目》卷二；〔清〕朱彝尊《经义考》卷一百四十八；〔清〕邵晋涵《（乾隆）杭州府志·艺文志》卷五十七；〔清〕沈翼机等《浙江通志》卷二百四十二；郎焕文《历代中州名人存书版本录》第1153条；王锷《三礼研究论著提要·礼记类》；舒大刚编《儒学通论》之《〈礼记〉学文献》以及张钧衡《适园丛书》（第二集）等著录或称引。

---

① 郎焕文《历代中州名人存书版本录》与〔清〕黄虞稷《千顷堂书目》卷二著录此书的作者为"徐应鲁"，此处取《经义考》之说，疑"曾""鲁"二字形似相淆。

② 〔明〕祁承㸁《澹生堂藏书目》经部著录"又《考檀合刻》两卷一册，郑圭"。

第一章 《檀弓》单篇别行

(续表)

朝代	作者	书名	存佚	著录或称引
明	郑圭	《檀弓注》二卷	存	〔清〕邵晋涵《（乾隆）杭州府志》卷五十七；〔清〕沈翼机等《浙江通志》卷二百四十二；〔清〕邵晋涵《（乾隆）杭州府志》卷五十七；〔清〕朱彝尊《经义考》卷一百四十八；〔清〕陈梦雷《古今图书集成·理学汇编·经籍典》卷二百十八与三百二十一卷以及王锷《三礼研究论著提要·礼记类》著录或称引。
明	顾起经	《檀弓别疏》一卷	佚	〔明〕王世贞《弇州续稿·大宁都指挥使司都事九霞顾君暨配盛孺人合葬誌铭》卷一百十六；〔清〕陈梦雷《古今图书集成·理学汇编·经籍典》第二百十八与三百二十一；〔清〕朱彝尊《经义考》卷一百四十八以及王锷《三礼研究论著提要·礼记类》等著录或称引。
明	汪旭奇	《檀弓诠释》一卷	佚	〔清〕陈梦雷《古今图书集成·理学汇编·经籍典》第二百十八与三百二十一卷；〔清〕何绍基《（光绪）重修安徽通志》卷三百三十六；〔清〕张夏《雒闽源流录》卷十二；〔清〕朱彝尊《经义考》卷一百四十八；〔清〕黄虞稷《千顷堂书目》卷二；张钧衡《适园丛书》（第二集）；王锷《三礼研究论著提要·礼记类》以及《道光徽州府志》卷十五等著录或称引。
明	郭正域	《檀弓》一卷	未见	《西谛书目》与王锷《三礼研究论著提要·礼记类》著录。
明	牛斗星	《檀弓评》二卷	存	〔清〕嵇璜、曹仁虎等《钦定续通志》卷一百五十七；〔清〕永瑢、纪昀等《钦定四库全书总目》卷与二十四与卷三十七"《别本四书名物考》二十四卷"条；〔清〕嵇璜、曹仁虎等《钦定续文献通考》卷一百五十二；《中国古籍版刻辞典》；《苏州图书馆藏古籍善本提要·经部》；《浙江古今人物大辞典》；王锷《三礼研究论著题要·礼记类》；杜泽逊《四库存目标注》卷五以及舒大刚《儒学通论》之《〈礼记〉学文献》等著录或称引。

(续表)

朝代	作者	书名	存佚	著录或称引
清	张习孔	《檀弓问》四卷	不详	〔清〕陈梦雷《古今图书集成·理学汇编·经籍典》第二百一十三、二百十八与三百二十一卷；〔清〕徐乾学《传是楼书目》卷一；〔清〕阮元《淮海英灵集·丙集》卷一"张习孔"条；〔清〕朱彝尊《经义考》卷一百四十八；〔清〕秦蕙田《五礼通考》卷首第二；〔清〕张廷玉《明史》卷九十六；王锷《三礼研究论著提要·礼记类》；王绍曾、杜泽逊、王承略《清史稿艺文志拾遗》；《扬州刻书考》"清前期家刻本"条以及《道光徽州府志》卷十五以及《贩书偶记》卷二等著录或称引。
清	陈以恂	《檀弓解略》	不详	《兴化市志·文化》之"兴化人部分著作目录"以及王锷《三礼研究论著提要·礼记类》著录或称引。
清	姜炳璋	《檀弓钺》一卷	不详	《象山县志·后记》；《海上文学百家文库二》（姚燮、蒋敦复卷）之《姜石贞先生玉溪生诗解序》；《经史学家陈汉章》之《民国〈象山县志〉编修始末》以及王锷《三礼研究论著提要·礼记类》等著录或称引。
清	谢佑琦	《檀弓评注》卷数不详	不详	〔清〕俞樾《（光绪）镇海县志·艺文》卷三十一；《泉州府志》卷七十四以及王锷《三礼研究论著提要·礼记类》等著录或称引。
清	彭光斗	《檀弓序本》三卷	不详	江庆柏《江苏艺文志·常州卷》之"彭光斗"条；《溧阳县志》卷十五；王锷《三礼研究论著提要·礼记类》以及舒大刚《儒学通论》之《〈礼记〉学文献》等著录或称引。
清	吉城	《檀弓壹学》二卷	不详	王锷《三礼研究论著提要·礼记类》；《东台文史资料》（第一辑）之《丹阳吉先生小传》；江庆柏《江苏艺文志·镇江卷》之"吉城"条、陈邦怀《一得集》下卷之《鲁学斋遗著目录后序》等著录或称引。

(续表)

朝代	作者	书名	存佚	著录或称引
清	汪有光	《批檀弓》二卷	未见	〔清〕丁仁《八千卷楼书目·经部·礼类》卷二;《东北地区古籍线装书联合目录·礼记类》;《安徽文献书目》;《北京师范大学图书馆中文古籍书目》;《顾颉刚文库古籍书目》卷一;王锷《三礼研究论著提要·礼记类》以及舒大刚《儒学通论》之《〈礼记〉学文献》等著录或称引。
清	孙玉检等著	《檀弓正误》二卷	佚	〔清〕潘衍桐《两浙輶轩续录》卷四十四"孙玉检"条与王锷《三礼研究论著提要·礼记类》等著录或称引。
清	归有光	《檀弓评》二卷	不详	〔清〕丁仁《八千卷楼书目·经部·礼类》卷二著录。
清	刘果宝	《檀弓评选》一卷	不详	〔清〕徐宗亮、蔡启盛《光绪重修天津府志》卷三十七著录。

我们应注意,此表所列的部分单篇别行著作,如果仅仅根据书名来判断,似乎可为其分类,实则难以"名副其实",如程穆衡《考订檀弓》,看似考证性单行本,实则是融评论和释经为一体的单篇著作,故不能望文生义而草率列表分类。

《檀弓》的单篇别行文本与《礼记》其他单篇别行文本的类型稍有差异,如《月令》《王制》《深衣》等篇的单行本注重阐释经义和考证名物,而《檀弓》单行本却多出鉴赏性著作,无怪乎姚应仁《檀弓原序》曰:"《檀弓》一书,大抵为丧葬祭发也,其味温、其辞文、其所述动容、周旋曲而中。"① 姚氏此言概括了《檀弓》的经典地位,除了思想内容对人们有所指导外,其文章之法也是后世学习的典范。

---

① 〔明〕姚应仁:《檀弓原》,见《四库全书存目丛书》(经部第92册),济南:齐鲁书社1997年版,第742页。

第二节 《檀弓》单篇别行著作举要

自宋之后，《檀弓》单篇别行著作增多，根据现存的《檀弓》单行文本，可以将其分为鉴赏性、鉴赏兼释经性、考证性三种类型，今将《檀弓》这三种类型的单篇别行著作分类论述。

一、《檀弓》鉴赏性单篇别行著作举要

《檀弓》上下两篇的语言文字是后人散文写作之滥觞，宋时就有专门点评《檀弓》文法的单篇别行著作，这种传统一直延续到清代，足见《檀弓》文法、句法的精妙。今仅举谢枋得《批点檀弓》与近代中华书局主编《檀弓精华》进行介绍。

（一）谢枋得《批点檀弓》

谢枋得（1226—1289），字君直，号叠山（一作迭山），私谥文节，信州弋阳人，南宋著名文学家。其"为人豪爽，每观书五行俱下，一览终身不忘。性好直言，一与人论古今之乱国家事，必掀髯抵几，跳跃自奋，以忠义自任。"[①] 宝祐四年（1256）进士，因得罪丞相董槐和宦官董宋臣而被贬为抚州司户参军，宝祐五年（1257）因指责贾似道又谪居兴国军，咸淳三年（1267）被赦还，德祐元年（1275），以江东提刑、江西招谕使治理信州。临安破后，改名换姓隐居建宁唐石山，以卖卜为生。他的妻子、儿女、兄弟、侄子以及婢女被捕入狱，唯独两个儿子——谢熙之和谢定之，被移至广陵释放外，其他人皆死于狱中。元朝屡

---

① 〔元〕脱脱等：《宋史·谢枋得列传》（第36册），北京：中华书局2017年版，第12687页。

次征召皆不应，后福建行省参政魏天佑强行将其送往大都，遂绝食而卒。

谢枋得死后二十四年，门人虞舜臣及其弟子在弋阳县之东买田筑室，为其修建祠堂，随后江浙行省请示朝廷就地修建叠山书院以示纪念。其著有《碧湖杂记》一卷、《叠山批点陆宣公奏议》十五卷、《叠山先生注解选唐诗》五卷、《叠山先生注解章泉涧泉》五卷、《蒙斋笔谈》一卷、《江南余载》两卷、《叠山集》十六卷、《文章轨范》七卷、《批点檀弓》二卷、《诗传注疏》三卷、《宋谢文节公集》六卷等著作。

《批点檀弓》，又名《檀弓章句》《檀弓解》《谢叠山先生批点檀弓》，今存版本主要有四种：

1）明万历刻本。明万历四十四年（1616）吴兴闵齐伋朱墨套印本，线装，一册一函，27.4厘米，8行18字，左右双边，白口，版框高20.4厘米，宽15.4厘米，无直格，无鱼尾，眉端刻评。今香港中文大学、辽宁大学图书馆、国家图书馆、四川省图书馆、广西师范学院图书馆、台湾中央图书馆藏有此本。

2）闵齐伋辑刻。《闵稿三种》朱蓝黑三色誊清稿本收录：〔明〕郭正域批点《考工记》二卷、〔明〕谢枋得批点《檀弓》二卷、〔宋〕苏洵批点《苏老泉批点孟子》二卷，线装，八册二函，现藏北京大学图书馆。

3）《六代遗书六种》刻本。赵标编，万历（1573—1620），线装，六册，今存北京大学图书馆，《丛书集成初编》本据此本影印。

4）清道光刻本。道光二十九年（1849）所刊刻的《谢叠山先生集》附录部分收《谢叠山先生批点檀弓》，线装，五册，今华中师范大学图书馆藏有此本。

5）清光绪刻本。光绪八年（1882）京都豫章别业刊刻《谢叠山先生评注四种合刻》，收录《谢叠山先生诗传注疏》三卷、《谢叠山先生批点檀弓》一卷、《叠山先生注解章泉涧泉》五卷、《谢叠山先生文章轨范》七卷。线装，四册一函，26.1厘米，8行20字，小字双行同，无直格，粗黑口，左右双边，框高16.6厘米，宽12.6厘米。书名据内封面题名，内封面背面牌记题："光绪壬午年孟夏月开雕版藏京都豫章别业"。书中钤有"天门周氏藏书印"阳文朱印、"树模私印""沈观斋"阳文朱印，今复旦大学、北京大学等校图书馆有藏本。

| 《礼记》单篇别行研究 |

谢枋得《批点檀弓》主要对《檀弓》的字法、句法、章法之妙进行批点，其特色是：文辞简洁，精当中肯。如对《檀弓》上"晋献公将杀其世子申生"章的批点：

> 晋献公将杀其世子申生。公子重耳谓之曰："子盍言子之志于公乎？"《左传》或谓太子曰："子辞君必辨焉"，不如此一句文简而健。世子曰："不可，君安骊姬，是我伤公之心也。"《左传》："君非姬氏，居不安，食不饱，我辞姬必有罪，君老，我又不乐。"七句不及此十一字，辞简而有包括，妙在"安"字"伤"字。曰："然则盍行乎？"世子曰："不可，君谓我欲弑君也，天下岂有无父之国哉？吾何行如之。"《左传》："君实不察，彼此名也，以出人谁纳我。"不如此三句精明。使人辞于狐突曰："申生有罪，不念伯子之言也，以至于死。申生不敢爱其死，虽然，吾君老矣，子少，国家多难，伯氏不出而图吾君。此六句见孝子忠臣之用心，虽无罪而死，爱君、爱国，犹不忘仁矣哉！伯氏不出而图吾君，申生受赐而死。"此二句可怜，想狐突在当时，有才知、德望，可以扶颠持危、故申生忍此以勉其出，此一句言语不多，情意恳恻。①

谢枋得先用"·"标出精妙的语句，然后对句法、字法、章法进行点评。文辞简洁，却深入纸背。关于晋献公、骊姬、申生、重耳、奚齐之间的事情，《国语》《左传》《檀弓》都有论述，唯独《檀弓》将申生死前的内心世界细微地传递出来，申生"仁孝"形象更加立体丰满。他因为顾忌骊姬死后会使父亲晋献公伤心，便不向他的父亲陈述骊姬的罪恶，自己忍辱负重；又怕玷污父亲晋献公的声名，放弃逃离而舍身维护其荣誉；面对晋国君老子少的现状，又劝狐突出山辅佐，体现了申生的以国为重的胸怀气度。申生对骊姬的忍让、对晋献公昏

---

① 〔宋〕谢枋得：《檀弓批点》，北京：中华书局1991年版，第17—19页。原文为繁体竖排，批以小字双行在正文下，点在文旁，但为便于排版，引文采用简体横排，点在文上，批以小字单行在文后。

淫的容忍，隐晦体现了他的善良与"事亲有隐而无犯"的至孝之心。① 谢氏将《檀弓》中关于此事的叙述与先秦叙事经典著作《左传》的记载对比，认为《檀弓》的叙述传神地表现了申生的仁孝，尤其是他虔诚地请求狐突辅佐晋献公和奚齐，其忠诚、慈爱、仁义的品格不言自明。叠山先生将《檀弓》这段文字美妙精绝的表现力和张力言简意赅地指了出来，可谓感情细微，体悟透彻。

谢枋得《批点檀弓》一书，评点简洁，一目了然，便于后学对《檀弓》字、词、句、章文法的鉴赏和借鉴，但"是编莫知所自来，明万历丙辰，乌程闵齐伋始以朱墨板刻之。齐伋序称：得谢高泉所校旧本，亦不言谢本出谁氏，书中圈点甚密，而评则但标'章法''句法'等字，似孙矿等评书之法，不类宋人体例。疑因枋得有《文章轨范》，依托为之。又题杨升庵附注，而与慎《檀弓丛训》复不相同。据齐伋《序》称：'汇注疏、集注、集说诸书，去其繁而存其要，以着于简端。'则齐伋之所加非慎原注也，盖明季刊本名实舛互，往往如斯矣。"② 谢枋得有《文章轨范》，此书是一本古文选集，通过对所选六十九篇文章的内容、思想及写作技巧的论述，目的是指导当时科举考试的文章写作。不过《檀弓批点》因流传源流不明以及评书之法与宋人体例不同而被四库馆臣认为是伪书，并怀疑是有人伪造而借谢得枋之名托之。

《檀弓批点》是否为伪书，今难考定，此书的批点之法对后来的文章评点产生了深远影响却是事实。如明林兆珂《考工记述注》评点方法就是对谢氏《檀弓批点》的借鉴。"因《考工记》一书文句古奥，乃取汉、唐注疏，参订训诂，以疏通其大意，于记文皆傍加圈点，缀以评语。盖仿谢枋得批《檀弓》标出章法、句法、字法之例，使童蒙诵习，以当古文选本，于名物制度，绝无所发明。"③ 虽然被认为是托名谢枋得的伪书，但其价值不能泯灭。

---

① 〔汉〕郑玄注，〔唐〕孔颖达等正义：《礼记正义·檀弓》，见阮元校刻《十三经注疏》本，上海：上海古籍出版社2011年版，第1274页。
② 〔清〕永瑢、纪昀等：《钦定四库全书总目·礼部存目二》（整理本），北京：中华书局1997年版，第302页。
③ 〔清〕永瑢、纪昀等：《钦定四库全书总目·礼部存目一》（整理本），北京：中华书局1997年版，第287页。

（二）中华书局主编《檀弓精华》

《檀弓精华》是民国时期中华书局编印《中国文学精华丛书》中的一部，主要是"为满足一般读者阅读和欣赏我国古典名著的需求，"① 此书主要适用于教科自修，是一部深入浅出、简单易懂的普及性读物。这点《檀弓精华序》有详细说明：

> 秦邮孙氏邃人之评《檀弓》也，曰："《檀弓》叙事议论，兼有《尚书》《易传》之长，其谨严似《春秋》，蕴藉似三百篇，殆胪列诸经而成一家者。"又曰："今之言古文者，问途八家，而流为浮薄冗蔓，不知简炼二字乃文章要诀。左氏之文，简矣、炼矣，而其奇古奥折处，难语初学。譬食橄榄，回味乃佳。惟《檀弓》炼之至乃如不炼，道紧处有宕逸之神，峭劲中含流动之趣。笔钝者学之，则变顽而利，出晦而明，浮滑冗蔓诸弊，无从犯其弊端。"苏文公云："熟读《檀弓》，当得文章体制。然则八家所从出可知，旨哉言乎，殆于《檀弓》思过半矣。"夫以文论《檀弓》，莫先于苏文忠，惜其评不传。南宋叠山、明杨升庵、孙月峰三先生，皆有专本行世，孙氏复网罗诸家而为《檀弓论文》一书，大抵宋以来之评《檀弓》者，以此数家为最著。本编选择《檀弓》文之尤有义法及趣味者，得若干章，复融会各家之评语，缀于文后，其事实之须解释者，则列于上眉，俾《檀弓》之微言奥义，得以迎刃而解，亦未始非学子研究文章者之一助也。书成名之曰《檀弓精华》云尔。②

《檀弓精华》是《檀弓》鉴赏性单篇别行过程中产生的一个节选性著作，其

---

① 俞筱尧著，沈芝盈编：《书林随缘录》，北京：中华书局2002年版，第58页。
② 中华书局编辑：《檀弓精华·序》，上海：中华书局1928年版，第1页。

编撰者认为对《檀弓》文法评点最好的是谢枋得、杨慎、孙月峰和孙濩孙，所以选取能代表《檀弓》文法特色的78章，每章后汇集先前诸家的评论，上眉则是对重点文词的解释，以求在领悟《檀弓》微言大义的同时，领略《檀弓》的文法之妙，便于学文章者借鉴模仿，使更多人了解经典的内在魅力。

《檀弓精华》最早的版本是1916年上海中华书局出版的线装铅印本，一册一函，今北京大学图书馆有藏本。1928年有重印本，一册一函，现藏复旦大学、华中师范大学、郑州大学等高校图书馆。

《檀弓精华》点评《檀弓》文法的主要特色就是简明扼要，深入浅出。如对"杜蒉章"的评点："叙蒉三饮处皆假象说法，落到君上，只以'洗而扬觯'四字收之，含蓄无限。《檀弓》有三长，非它书可及，一曰蓄意、二曰布疑、三曰流韵，登峰造极，则斯篇矣。章法之妙，有不见句法者，句法之妙，有不见字法者，此文是也。炼极无痕，乃如自然。入头数行，参哑禅妙。"① 短短数语，却将《檀弓》叙述杜蒉劝诚晋平公所用之法的微妙独特之处直观地陈述出来，通过设疑的方式引人入胜，文字简练却意蕴丰富，看似了无炼字炼句的痕迹，却自然天成，耐人寻味。

二、《檀弓》鉴赏兼释经性单篇别行著作举要

《檀弓》鉴赏性兼释经性单篇别行著作，是《檀弓》单篇别行著作由鉴赏性向考证性过渡的一种类型，这类单篇别行著作在评点《檀弓》章句绝妙的同时，侧重考辨《檀弓》的字、词、典章制度，疏通经义，以便后人在理解文义的基础上，深刻体味《檀弓》行文的韵味。今仅以杨慎《檀弓丛训》、林兆珂《檀弓述注》以及孙濩孙《檀弓论文》为例作简要论述。

（一）杨慎《檀弓丛训》

杨慎（1488—1559），字用修，号升庵，谥号文宪，四川新都人。据《明

---

① 中华书局编辑：《檀弓精华·杜蒉章》，上海：中华书局1928年版，第59页。

史》卷一百九十二记载,杨慎自幼警敏,十一岁能诗,十二拟作《古战场文》。入京后,作《黄叶诗》,受李东阳赞赏并受业其门下。正德六年殿试第一,授翰林修撰,时年二十四岁;嘉靖三年,因偕同行三十六人反对明世宗召桂萼、张璁为翰林学士而贬戍云南永昌卫,后客死云南,享年七十二岁。[①]

杨慎是明代著名的文学家和学者,在经史、诗文、书画、音韵、训诂等方面都有精深的造诣,一生著述颇丰。现存《二十五史弹词辑注》十二卷、《檀弓丛训》二卷、《檀孟批点》四卷、《夏小正解》四卷、《山海经补注》一卷、《世说旧注》一卷、《转注古音略》五卷、《古音丛目》五卷、《古音猎要》五卷、《古音附录》一卷、《古音略例》一卷、《古文韵语》一卷、《丹铅总录》二十七卷、《丹铅续录》八卷、《丹铅余录》十七卷、《词品拾遗》一卷、《艺林伐山》二十卷、《名画神品》一卷、《墨池琐录》二卷、《金石古文》十四卷、《古今风谣》一卷、《洞天玄记》一卷、《石鼓文音释》三卷、《全蜀艺文志》六十四卷、《云南山川志》一卷、《滇载记》一卷、《升庵诗话》十四卷、《杨升庵词品》、《升庵长短句》三卷、《升庵先生文集》八十一卷、《升庵外集》一百卷、《升庵经说》十四卷、《总纂升庵合集》七十种等几十种文学及学术研究著作。

《檀弓丛训》一名《檀弓附注》,共两卷,《明史·艺文志》卷九十六、《经义考》卷一百四十八、《续文献通考·经籍考》卷一百五十二等书都有著录。此书现通行的版本主要有以下几种:

1) 明嘉靖丙辰姚安府刻本,今《四库全书存目丛书》本据此影印;

2) 明嘉靖三十五年(1556)谢东山刻《檀孟批点》本;

3) 明嘉靖程拱辰刻《檀孟批点》本;

4) 明万历二十八年(1600)刻本,题名《檀弓》;

5) 明万历三十五年(1607)刻《合刻檀孟》本;

6) 明赵标刻《檀孟批点》本;

[①] 〔清〕张廷玉等:《明史·杨慎列传》(第17册),北京:中华书局2017年版,第5081—5083页。

7）明末溪香书屋刻《合刻周秦经书十种》本，称为《檀弓记》；

8）明崇祯十六年刻本，题名《檀弓》；①

9）清李调元《函海》本，②《丛书集成初编》本据此影印。

由此可见，明嘉庆丙辰姚安府刻本最早，《函海》本最晚。本书便以《丛书集成初编》本为底本，对《檀弓丛训》的撰写缘由、撰写体例、文献价值及不足之处作以分析。

杨慎撰写《檀弓丛训》的主要原因是前人训解《檀弓》多有不尽人意之处，希望此书能够接近《檀弓》作者著书的本义，在《檀弓》的注疏史上留下一点痕迹，这点《檀弓丛训叙录》有详细论述：

> 医者有四术：神、圣、工、巧，予欲借之以喻文矣。《易》之文神，《诗》《书》《春秋》圣也，《檀弓》"三传"《考工记》工矣，《庄》《列》九流而下其巧有差。复以《檀弓》校诸明高赤德，又群工中都料匠也。手调《檀弓》可孤行，而每病训之者，未能犁然有当于人之心也。经，犹抬也，训，犹射也，一人射抬，或中或否，未若众人射之中之多也。若郑康成之简，或以三字而括经文之数十字，盖寡而不可益也，亦传注之神已。孔颖达之明备，或即经之一言而衍为百十言，

---

① 上述《檀弓丛训》版本参考杜泽逊杜泽逊《四库存目标注》一书，详细内容见此书上海古籍出版社2007年版，第223—224页。

② 《函海》收入李调元校定的《升庵杂著》40册（4函），24.2厘米，10行20字，小字双行，四周双边，白口，单鱼尾，版框高18.9厘米，宽14，4厘米。题跋印记钤："黄氏借竹宦藏书"印。清嘉庆中据乾隆李氏万卷楼刊本重刻本、清道光五年（1825）绵州李氏万卷楼重补本、（函海：157种）线装，10行20字，小字双行同，四周双边，白口，单鱼尾。版框高18.7厘米．宽14.1厘米。（第八函 第53册）、清道光五年（1825）李朝夔补刻重印《函海》本、清光绪八年（1882）广汉钟氏（《函海》159种）。清光绪八年（1882）采道斋仿万卷楼刻本（《函海》165种第71种，第55册。）线装19.2×12.5厘米，10行20字，小字双行同，白口，四周双边，双鱼尾，版框14.1×10.8厘米．内封牌记载：川西李雨村编，仿万卷楼原本，光绪壬午年锓于乐道斋。书前有乾隆四十七年十二月初六李调元序。光绪壬午秋日广汉钟登甲宴林序、《丛书集成初编》本，都属于李调元《函海》丛书所收录的版本系统。

盖多而不可省也，亦疏义之圣已。贺、陆、黄、吴补缉胪列，亦各殚述者之心工已。陈骙、谢枋得二家批评，亦稍窥作者之天巧已，潜乎曷其没矣。兹训也，于诸家撷其英华纪载之蒙发焉，于二家昭其甄藻修辞之阶循焉，丛之不亦可乎？虽其默传妙笭，恧乎子体与子元，至于商搜幽藏，累味集珍，何遽不若咸阳之悬金，淮南之鸿宝哉！①

杨慎用医者四术喻文，认为《檀弓》、"春秋三传"和《考工记》类似医术之"工"，肯定了《檀弓》、"春秋三传"以及《考工记》为文之法的艺术价值。因历来流传的《檀弓》单篇别行注疏文字直中文旨者寥寥无几，郑玄的注解过于简单深奥，使人难以理解本义，孔颖达之疏，虽然详细但又过于繁复，仍然带来理解的障碍，虽然后来的注疏家有补充，但都是以己之意论经。郑、孔两位大家对《檀弓》的注疏尚且如此，后人注解的不尽人意之处显而易见。唯独认为宋人陈骙《檀弓评》和谢枋得《批点檀弓》两人对《檀弓》文法的评点接近《檀弓》作者作此文的本意。

杨慎感慨于这种现状，希望《檀弓丛训》能够触碰到《檀弓》的本质，所以《檀弓丛训》采撷前人注疏之精华而蒙发已意，以求深入理解《檀弓》文义，沿着陈、谢二人的评点路线，对《檀弓》篇行文的艺术技巧加以详细论述。无怪乎李元阳《刻〈檀弓丛训〉序》曰："《檀弓》在六经中，古今拟其文辞疏其意义者，无虑数十家。然其说有谷种，又皆散见于传集。嘉靖间，成都升庵杨公慎流寓滇南，始聚其说。掎摭利病，摘为一篇，题曰《丛训》。或旁注行间，或揭标简首，大都为考古文者设。欲观者不假丹铅，手才披而知作者之妙。"② 杨氏一方面继承陈骙、谢枋得评点《檀弓》文章艺术的传统，彰显《檀弓》在篇章构思、章法、句法、字法等方面的写作艺术，一方面胪列并评价前代学者对

---

① 〔明〕杨慎：《檀弓丛训》，见王云五主编《檀弓丛训及其他二种》之《檀弓丛训》，上海：商务印书馆1939年版，第1页。

② 〔明〕李元阳：《李元阳集·散文卷·序跋类》，昆明：云南大学出版社2008年版，第201页。

《檀弓》经义的注释，以求接近《檀弓》的主旨，便于后人对《檀弓》内容的理解。

此外，《檀弓丛训》的撰写目的是补充陈澔《礼记集说》对《檀弓》篇诠释的不足，如《钦定四库全书总目》指出："盖慎在滇中采郑、孔、贺、陆、黄、吴诸家注义，以补陈澔《集说》所未备。"① 所以《檀弓丛训》博采郑玄、马融、孔颖达、陆德明、张载、叶梦得、游酢、黄震、陈澔、吴澄、方希古等人的注疏，或胪列以供学者参考借鉴，或针对某家的注释加以评论。如《檀弓》下"季孙之母死"章，黄震曰："始为阍人所拒，及既修容，不惟阍人下之避之，卿大夫避位，君亦降等而揖，此明礼容不可不饰。"②认为曾子和子贡前去吊丧被守门人拒绝是因为礼容不整，所以当他们礼容合宜方才允许入内。杨慎认为黄震此注欠妥，"此状也，子张氏之贱儒羞为之，非参乎赐也之气象也。《朱子语类》云：'入到人家马房，作了模样进去，出来又做，作甚嘴脸。'"③ 作为孔门弟子的优秀代表，子贡和曾子是不会失礼的，诸家中竟有如是解者，实乃与此章原义相去甚远，故不可取。

《函海》本《檀弓丛训》分上下两篇，上篇122条，下篇92条，总共214条。其体例大体是：先博采郑、马、孔、游、黄、吴等人对《檀弓》篇章的注疏内容，如有质疑或点评文章之法的地方会用"慎按""慎曰"等字样，最后用"〔〕"符号，单独将谢枋得《批点檀弓》文字附录于后，而关于《檀弓》篇章的章法、句法、字法之妙处则以"〔章法〕、〔句法〕、〔字法〕"直接标注经文中。

杨慎撰写《檀弓丛训》的目的本是贴切传递《檀弓》的本义与叙事艺术，品评文法，方便时人学习文章做法，但是纵观全书，多为引用诸家之言，而少有

---

① 〔清〕纪昀，陆锡熊，孙士毅：《钦定四库全书总目》（整理本），北京：中华书局1997年版，第302页。
② 〔明〕杨慎：《檀弓丛训》，见王云五主编：《檀弓丛训及其他二种》之《檀弓丛训》，上海：商务印书馆1939年版，第40页。
③ 〔明〕杨慎：《檀弓丛训》，见王云五主编：《檀弓丛训及其他二种》之《檀弓丛训》，上海：商务印书馆1939年版，第40页。

杨慎的注解，可以视为一部关于明代之前诸家对《檀弓》注疏的"集解"，不能算诂经之书。

四库馆臣评价《檀弓丛训》曰："此书即单行，何得于著书之人略而不叙，但引孔疏数言？无所订正，又言思为子游之子，注复遗之。至大夫遣车五乘，与《周官·典命》之文不合者，亦未置一语。盖边地无书，姑以点勘遣日，原不足以言诂经也。"① 或许因为云南远离中原文化的中心，书籍稀少且流通缓慢，《檀弓丛训》只能达到这个程度，但杨慎是否以消遣的态度完成此书则无法确定。即使张含《〈檀弓丛训〉序》一文对《檀弓丛训》的价值给予极高的评价，仍不能扭转此书的不足。张氏曰：

> 杨子用修居滇，敷文析理，祺昭发晦，时罔垺。含手吾翁少司徒所缀，宋叠山谢氏点勘《檀弓》以似子，则曰：兹录奇矣，所□□耳。割锦摛璧恶乎可，乃移楷旧章罔逸。又曰：兹集旧诂，如康成之简，颖达之明，奚弗取？澔之《集说》之杂，奚弗汰？澄之《纂言》发挥旁通，奚故而弗废也？乃搴葆撷英，以为《丛训》。读者叹焉，谓兹训也，裨于道与文也大矣哉！顾甫甫虞虞，乃依法深类□□绥绥非形谋成□□□然操□而逆寡者也。岂诸子之偏，岂异端之荡，岂狂夫之疏，岂藻人之丽，岂曲士之拘，岂谈客之虚。兹道也奚弗道，兹文也奚弗文，且也其中如"曾子之易箦也""子思之不丧出母也""季札之葬子也"，说者之文奥，记者之解讹，圣贤之志荒矣，乃厘正之，杨子之说，于是乎有补于道。且也不通乎文，未见其为明乎理也，《檀弓》孤行之意，奚弗是邪？亦犹解在林膺斋于《周礼》独取众《考工记》也，杨子之训，于是乎有补于文也已。予壹不知夫陋儒之言也，曰吾志于道而已，何以文为？则是宋人语录可以替六经矣，文何由而昭乎道，道何由而昭

---

① 〔清〕纪昀等：《钦定四库全书总目》（整理本），北京：中华书局1997年版，第302页。

乎文哉！乃姚安太守柳滨吴君，安宁二守有莲张君，醛司玉峰李君，谓兹弗可弗梓，乃九工图之，工之费由俸出，乃雠校书墨则张应极。含重其传也道而文，重其训也文而道，弗可弗序。①

从张含此《序》看到了《檀弓丛训》在《檀弓》单篇别行史上由侧重鉴赏向侧重经义阐释的过渡，所以《檀弓丛训》"裨于道与文""有补于文"，个别条目的注释接近《檀弓》作者的本义，但仍与此书最初的撰写意愿南辕北辙，升庵本想此《檀弓丛训》"于诸家撷其英华纪载之蒙发焉，于二家昭其甄藻修辞之阶循焉，"② 结果蒙发诸家英华的注释文字欠缺，延续陈、谢二家点评《檀弓》文章之法，评点文字亦简练，于经义、文法均未达到预期的效果。

《檀弓丛训》虽然存在很多不足，却具一定的文献价值。特别是它是宋代以来，《檀弓》单篇别行过程中由侧重《檀弓》文章之法的鉴赏性文本向侧重阐释《檀弓》经义的注疏性文本的过渡性著作，开启了有明一代《檀弓》单篇别行文本兼顾《檀弓》经义阐释与文法品评类著作的先河，在《檀弓》单篇别行史上具用重要的意义。

（二）林兆珂《檀弓述注》

林兆珂，生卒年不详，字孟鸣（又作孟明），号榕山、富孙，莆田人。万历二年（1574）进士，历任廉州、衡州、安庆知府，管至刑部侍郎。兆珂能诗，有《林伯子诗草》一卷、《毛诗多识编》七卷、《楚辞述注》十七卷、《宙合编》八卷、《考工记述注》二卷、《檀弓述注》二卷等著作。

林兆珂《檀弓述注》今存版本是明万历刻本，《中国古籍善本书目·经部》著录，今北京师范大学图书馆、福建省图书馆有藏本，今《四库全书存目丛书》

---

① 〔明〕张含：《〈檀弓丛训〉序》，见王文才、张锡厚辑：《升庵著述序跋》，昆明：云南人民出版社1985年版，第4—5页。

② 〔明〕杨慎：《檀弓丛训》，见王云五主编：《檀弓丛训及其他二种》之《檀弓丛训》，上海：商务印书馆1939年版，第1页。

第91册所收的《檀弓述注》就是以明万历刻本为底本而刊印。

《檀弓述注》主要是对《檀弓》经义与文章之法的综合论述。《檀弓》言简义丰，虽然古今多有注疏，但仍有不言之妙，于是林氏广采郑玄、孔颖达、张载、方希古、谢枋得、吴澄、杨慎、陈澔等人之见解而阐发己意。他认为"《檀弓》注于郑，疏于孔，杨用修评其寡不可益，多不可省，为注疏中神圣不其然与，然简奥者可会而不可采，明备者可列而不可穷。且历代诸儒，互有发明，近世名家，时有论著。采而撷之，敢云简金摘翠，抑众射一，招招无不中其庶几乎？"① 希望《檀弓述注》一书也能像杨慎《檀弓丛训·序》所说的那样，② 能够"射中"《檀弓》的本旨。

《檀弓述注》的体例，林兆珂在《凡例》中已作说明：关于诸家注释的相异之处，或"列之上方为解颐"③，或"爨苢兼收，统之芎其，俟识者择焉"④。关于《檀弓》本经的阙文和讹误，只出注解，不改经、不增入阙文；此书文章之法的文字在《檀弓》本经之旁，批评之文列在经文上方，解经部分则融诸家之说而以己意解之，有些观点颇有见解。如对《檀弓》"丧欲速贫，死欲速朽"句的解释，林兆珂赞同方希古之言认为孔子制定棺椁之制，是为了弘扬孝道，而不是为了死而不朽。"孔子之欲仕非为当也，为行道也；致美于棺椁，非为不朽也，为广孝也；欲富而瞷，且求利于蛮夷之国，曾问孔子若是乎，欲全其即死之躯而因以为民制，孔子何取乎？有子之疑，曾子之问，子游之答，传之者谬也。"⑤

---

① 〔明〕林兆珂：《檀弓述注》，见《四库全书存目丛书》（第91册），济南：齐鲁书社1997年版，第560页。
② 《檀弓丛训序录》曰："经犹拾也，训犹射也，一人射拾，或中或否，未若众人射之中之多也。"见王云五主编《檀弓丛训及其他二种》之《檀弓丛训》，上海：商务印书馆1939年版，第1页。
③ 〔明〕林兆珂：《檀弓述注》，见《四库全书存目丛书》（第91册），济南：齐鲁书社1997年版，第561页。
④ 〔明〕林兆珂：《檀弓述注》，见《四库全书存目丛书》（第91册），济南：齐鲁书社1997年版，第560页。
⑤ 〔明〕林兆珂：《檀弓述注》，见《四库全书存目丛书》（第91册），济南：齐鲁书社1997年版，第590页。

第一章 《檀弓》单篇别行

再如：对"孔子之丧，二三子皆绖而出，群居则绖，出则否"句的阐释。林兆珂认为："虽出外亦有首绖，门人于孔子然也。若常理，惟群居则绖，出则否，据常礼以明圣门之加厚也。然前章即云，若丧父而无服，则不绖可知矣。若吊服加麻之环绖，此特出于一时耳。弟子群居，则今守孝之谓，非来吊也，岂特加麻乎？郑《注》以'群居'为朋友，群居对出而言，非谓朋友也。① 郑氏即为此说，疏家遂云。吊服不得称服，以解前章无服之义，不亦误乎？"② 郑玄认为二三子的行为是尊敬孔子的体现，但将所服之服解释为朋友所服的吊服，林兆珂认为郑玄关于此句的注解与《檀弓》"孔子之丧，门人疑所服。子贡曰：'昔者夫子之丧颜渊，若丧子而无服，丧子路亦然。请丧夫子，若丧父而无服'"之义有互相抵牾之处。③ 既然无丧师之礼，孔门弟子要为孔子服丧，子贡根据孔子丧弟子时所行的礼仪推演，认为应以丧父之礼的规格行丧师之礼，只是无服心丧三年即可。既然无服，又何谓吊服，既然是"若丧父而无服"，为何二三子是行朋友之礼，可见，二三子"群皆则绖"是以丧父之礼对待孔子，而非朋友吊丧之礼。

四库馆臣评论此书曰："是书集郑《注》及诸家之说，而断以己意，如二三子'群居则绖'，辨郑《注》以为朋友之非。'速贫''速朽'，取方希古之言以为传者之缪，皆为有见。"④ 足见此书继承并突破前人之说的创新之处。

此外，《檀弓述注》的评点方式不合古人评点体例，林兆珂这一创新方式遭到四库馆臣的否定。"惟经文加以评点，非先儒训诂之法，如王廷相论立后笄榛

---

① 郑玄对此句的注解是："尊师也，'出'谓有所之适，然则凡吊服加麻者，出则变服。'群'谓七十二弟子，相为朋友服。"（详见〔汉〕郑玄注，〔唐〕孔颖达等正义：《礼记正义·檀弓》，见阮元校刻《十三经注疏》本，北京：中华书局1980年版，第1285页。）

② 〔明〕林兆珂：《檀弓述注》，见《四库全书存目丛书》（第91册），济南：齐鲁书社1997年版，第581—582页。

③ 郑玄对此句的注曰："无丧师之礼，无服不为衰，吊服而加麻，心丧三年。"均见〔汉〕郑玄注，〔唐〕孔颖达等正义：《礼记正义·檀弓》，见阮元校刻《十三经注疏》本，北京：中华书局，1980年版，第1284页。

④ 〔清〕纪昀等编：《钦定四库全书总目》（整理本），北京：中华书局1997年版，第304页。

与王应麟考证苍梧之类，皆事关经义，而转与论文剩语列在上方，亦非体例也。"①《檀弓述注》将对经义的评论放于经文上方，的确有点混乱，如果将对《檀弓》名物典章的训诂文字融入经文的阐释中，或者胪列在阐释性文字之后，此书的体例会更加完善。

《檀弓述注》在阐释经义的同时对《檀弓》文法也进行了评点，这是《檀弓》单篇别行著作中，集注解经义与鉴赏文法为一体的又一部单篇别行文本，虽然评点的体例还待完善，在《檀弓》的传播接受过程中却具有重要意义。

（三）孙濩孙《檀弓论文》

孙濩孙《檀弓论文》是《檀弓》在清代单篇别行过程中产生的一个重要的鉴赏兼释经性文本，继承了宋明以来《檀弓》注疏侧重文法的传统，注重阐发《檀弓》文法、章法对后世散文创作的影响，同时兼顾《檀弓》所记人事、典章制度的考证。语言形象生动，释义深入浅出，拓展了《檀弓》文句、章法的意蕴美。

孙濩孙（1668—1738），字邃人，号沛村，高邮人。八岁能文，十三岁游庠，有神童之称。年六十方与子孙中同举雍正癸卯（1723）乡科，乙酉（1729）应内阁试，庚戌（1730）进士，曾任司经局正字、刑部浙江司主事、官至监察御史。著《檀弓论文》二卷、《华国编唐赋选》两卷、《华国编文选》八卷、《是政堂文钞》六卷。②《论文》专论《檀弓》章法、句法之妙，圈点旁批甚细。

《清史稿·艺文志》未著录此书，《钦定四库全书总目》将其列入《存目》，《皇朝通志·艺文略二》第九十八卷，《皇朝文献通考·经籍考四》第二百十四卷有著录。今存版本有：

1）清康熙刻本。《檀弓论文》二卷，康熙六十年林居仁家塾刻本，4册1函，8行18字，小字双行，白口，左右双边，双鱼尾，钤"江阴刘氏""復""刘復""止水斋""沈宝谦印"诸印。又有6册1函，皆藏于清华大学图书馆。

---

① 〔清〕纪昀等编：《钦定四库全书总目》（整理本），北京：中华书局1997年版，第304-305页。
② 〔清〕阮元主编：《淮海英灵集》（乙集卷一），嘉庆三年本。

第一章 《檀弓》单篇别行

《檀弓论文》二卷，清康熙辛丑安徽泗县林居仁刻本，2册1函，半页8行，行18字，小字双行，版框17.1×12.3厘米，白口，双黑鱼尾，左右双边。分上、下篇，封面镌"天心阁藏板"朱印，钤"许守贞印"、"字补之号阙斋"印。正文前有康熙六十一年夏五月望日毗陵钱谦益的序文、《孙氏家塾〈檀弓论文〉十则》、康熙辛丑冬月泗滨林居仁序言。国家图书馆、中国人民大学图书馆、南开大学图书馆、郑州大学图书馆等均藏此本。《四库全书存目丛书》经部收录的《檀弓论文》二卷，据国家图书馆藏清康熙刻本影印，但《檀弓论文》下篇缺第35页、第62页。

2）清光绪重刊本。《檀弓论文》二卷，孙濩孙撰，林中枏参阅，清光绪七年（1881）重刊本。2册1函，半页8行，每行18字，小字双行同，双黑鱼尾，白口，左右双边。分上、下篇，常州状元第庄藏板。有武进薛绍元序言，简略介绍了作者事迹、《檀弓论文》特点、为何复刊诸事、《孙氏家塾〈檀弓论文〉十则》、康熙辛丑冬月泗滨林居仁序言，而无毗陵钱氏序文。今藏复旦大学图书馆、吉林大学图书馆、华中师范大学图书等馆。

由此可见，《檀弓论文》版本流传除册数差异、后刊本加入时人序言外，皆2卷，半页8行，每行18字，小字双行同，双黑鱼尾，白口，左右双边。除《四库全书存目丛书》本有缺页外，其他皆保存完整，本书便以光绪七年刻本为研究对象。

孙濩孙撰写此书的主要缘起是《檀弓》的文章之法有益于科举考试。八股文是清代科举考试规定的文体，如何在固定的格式下写出具有新意的文章，是科举考试成功的关键。八股文的题目主要来自四书五经，只要熟悉这九部作品，便能达到代古人立言的要求。孙濩孙认为《礼记》诸多篇目中，除《大学》《中庸》外，文法"可与《易》《诗》《书》《春秋》匹者，惟《檀弓》乎，其旨粹，其气穆，其神微，且骎骎乎闯四子之室焉"。[①]况且其经义较《周易》《尚书》

[①] 〔清〕孙濩孙：《孙氏家塾〈檀弓论文〉十则》，见《檀弓论文·凡例》，光绪七年本，第2页。

《春秋》而言，相对易懂，其立意、文辞、章法、行文技巧于初学者也方便掌握，《檀弓》文本的这些特点为科举考试的时文写作提供轨范，故《孙氏家塾〈檀弓论文〉十则》（以下简称《家塾论文十则》）之七曰：

> 《檀弓》最利举业，其所记多孔门威仪文辞，拟之作《论语》文，则气象口吻、摹画刻肖，一也。说理精实幽深，而出之以空灵隽快，师其用意、用笔，作《学》《庸》文，则不落学究窠臼，二也。议论波澜，奇变百出，而醇乎其醇，无《战国》纵横之习，作《孟子》文又当效之，三也。至于单句、排比、截讲、挨叙，起伏、照应、虚缩、吞吐，钩联、映带，凡制艺中大小题，所有格局法律无一不修。能读《檀弓》，则于守溪、荆川之以古文为时文者，且过半矣。①

《檀弓》文辞简练典雅、说理精辟而有气势、议论淳朴而灵动、句式多变，令人目荡神怡，百读不厌。《左传》文简意奥，初学者不易卒读，《檀弓》文简却有宕逸之气，笔峭且有流动之感，便于模仿。"炼之至乃如不炼，道紧中有宕逸之神，峭劲中有流动之趣，无笔人学之，则变玩而利出晦而明，而浮滑冗蔓之习又不犯其笔端，诚为入门最上一乘。东坡云：'熟读《檀弓》，当得文章体制'，然则八家之所说出可知矣。穷源以测流，庶几学海而至海焉尔。"② 且兼备叙事和议论两种体裁，"其谨严似《春秋》，蕴藉似三百篇，殆炉冶诸经而成一家言者，熟此则推之《左》《公》《穀》，再将而秦汉、唐宋诸家文章之宗派门径燎如指掌矣。"③ 无怪乎一代文豪苏轼认为，熟读《檀弓》可领会文章体例，足见《檀弓》文法对后世散文的影响。

---

① 〔清〕孙濩孙：《孙氏家塾〈檀弓论文〉十则》，见《檀弓论文·凡例》，光绪七年本，第4页。
② 〔清〕孙濩孙：《孙氏家塾〈檀弓论文〉十则》，见《檀弓论文·凡例》，光绪七年本，第2页。
③ 〔清〕孙濩孙：《孙氏家塾〈檀弓论文〉十则》，见《檀弓论文·凡例》，光绪七年本，第2页。

文章重在神韵，《檀弓》"意余言中，神游象外"之法，① 增添了文章的无限神韵，孙濩孙希望此法能被时文写作者借鉴，故对《檀弓》的神韵之美作了详尽点评。如："宋襄公葬其夫人"章，孙濩孙点评曰："醯醯形其细；百瓮，言其多，愚甚矣。而曾子语全不直斥其非，但将'既曰''而''又'字，口中拨弄一番，冷婉之言已足唤醒痴迷。"② 明器，是殉葬的器物，不是实用之器，宋襄公使其装满食物，违背了使用明器的意义，故曾子说："既曰明器矣，而又实之，"③ 仅仅九字，文章的神韵呼之欲出，既表明曾子对此事的态度与温婉谨慎的性格，又突显宋襄公对其夫人的深情。此章文字虽无褒贬之辞，但态度已十分明确，《檀弓》的微言大义之妙，足与《春秋》媲美。所以阅读《檀弓》时，应"以体会神理为主，次之则当讲明乎法，知其以法运神，则神之抑扬往复者愈出，其以神御法，则法之变化出没者，不穷规矩耶。"④ 唯有掌握《檀弓》"以神御法""以法运神"的方法，八股文的写作造诣才会提升。

《檀弓论文》点评符号考究，为研究清人评点形式提供样本。经文采用夹批形式评点《檀弓》章法、句法之妙；末评则先言主旨，随后对文法、笔法及源流影响逐一评述；"附注"博采先儒注疏，惟以陈澔《集说》为主，徐扬贡《读礼通考》全录，"每条训释字句俱隐括诸说，但取明白简易以便初学，其与诸说不同者，务必折衷一是。历来拘牵蒙混诸家，则不惮详辨其非，而独出己见"，⑤ 以供读者参考赏玩。

此书圈点符号系统完备：尖圈"◗"指出文章纲领，连圈"○○"标识神聚之处，套圈"◎"点出文眼，横截"—"分隔大小段落，连点"、、、、"标明

---

① 〔清〕孙濩孙：《孙氏家塾〈檀弓论文〉十则》，见《檀弓论文·凡例》，光绪七年本，第2页。
② 〔清〕孙濩孙：《檀弓论文》（上），光绪七年本，第74页。
③ 〔清〕孙濩孙：《檀弓论文》（上），光绪七年本，第74页。
④ 〔清〕孙濩孙：《孙氏家塾〈檀弓论文〉十则》，见《檀弓论文·凡例》，光绪七年版，第3页。
⑤ 〔清〕孙濩孙：《孙氏家塾〈檀弓论文〉十则》，见《檀弓论文·凡例》，光绪七年版，第6页。

句法、字法，如表1-5所示。

表1-5 圈点符号意义及示例①

符号	意义	示例
❜ ❜	理出纲领	仲子**舍其孙而立其子**。
○ ○	标识神聚之处	穆伯之丧，敬姜**昼**哭。文伯之丧，**昼夜**哭。
◎	点明文眼	哭之有二道，有爱而哭，有**畏**而哭。
、、、、	标明句法字法	仲子**亦犹**行古之道也。
—	分割段落	夫仲子亦犹行古之道也。**子游问诸孔子**。

每章通过使用以上评点符号，使《檀弓》的章法、经义、文笔、字词之妙清晰地呈现在读者面前，末评的精彩解说，"附注"对存有异义的文词进行考辨。

最早讨论《檀弓》文法的人是苏轼，但苏轼对《檀弓》文法论述的文字，今未见。宋谢枋得《批点檀弓》、明杨慎《檀弓丛训》两书的评论稍显简略；清徐扬贡的论评多语焉不详。故孙濩孙《论文》，详评《檀弓》一文中"单句、排比、截讲、挨叙，起伏、照应、虚缩、吞吐，钩联、映举"等文法，② 以备时文之用。《檀弓论文》对《檀弓》章法之美、虚词之妙、用词之神及文句的源流关系均有详细论述，并且探寻了《檀弓》的章法、句法、文辞对后世文章风格和题材的影响。

《檀弓论文》注重《檀弓》章法、句法的评点。《檀弓》善用正反、明暗、虚实、顺逆、繁复、简省之法，文章跌宕起伏，波澜百变。孙濩孙《檀弓论文》对《檀弓》章法之美、虚词之妙、用词之神及文句的源流关系均有详细论述。

重视《檀弓》章法的跌宕起伏首尾照应。如"有子问于曾子曰"章，关于"丧欲速贫，死欲速朽"是否为孔子所言，有子、曾子、子游三人之间的对答，其中又引出桓司马自为石椁、南宫敬叔载宝归朝之事。短短274字涉及8个人名、13次对话、3件事情，而叙述地脉络清晰，此起彼伏。《檀弓论文》评点曰：

---

① 此处示例，为了便于排版，采用横排，加粗处为符号标记处。
② 〔清〕孙濩孙：《孙氏家塾〈檀弓论文〉十则》，见《檀弓论文·凡例》，光绪七年版，第4页。

"通篇以有子为主,前半从有子引出曾子,从曾子引出子游,如独茧抽丝,绵绵不绝。后半从子游收到曾子,又从曾子缴到有子,如众流趋壑,滴滴归源。而其中线索以夫子之言为起伏、为纵擒,又如长山之蛇击首尾应,击尾首应,击其中而首尾皆应也。"① 此章文辞隽永,耐人寻味,看似繁杂,实则有章可循。

重视虚词在文中的作用。虚词的巧妙使用,可增添文章神韵。"伯鱼之母死"章中语气词"嘻"字的妙用,丧礼规定,父亲在时为母服丧,则有祥有禫,如果父在为出母则不服丧。伯鱼母改嫁且去世已一周年,伯鱼此举不合当时礼法,但生养之恩难忘。故《论文》曰:"此则纯用微言冷语,盖以父而禁子未哭其母,最难出口。……'其甚也'之上加一'嘻'字,乃怪叹之辞。试删去便直率少情,琢句炼字,一笔不苟。"② 一"嘻"字道出诸多婉转难言的情感,孔子当时的情貌跃然纸上。再如:"孔子与门人立"章中"与""而""亦"三个虚词的使用,濩孙认为"文只六句,而句句相生,首句含第四句,着眼在一'与'字,便见门人一步一趋,心目中注定圣人,已为'嗜学'伏脉。二句含第五句,着眼在一'而'字,便见忽然'尚右',必有其故,已为'姊之丧'伏脉。第三句含与末句明应,着眼在一'亦'字,便见平日原未尚右,已为皆尚左伏脉。第五句乃通篇解穴处,然妙在第四句,以顿挫之故,一折更醒,末句复笔回应,更觉有情。一篇转捩全在虚字,故能浑成一气。"③ 六句四十一个字看似减省,却因巧用虚词而将复杂的事情,表述得清晰明了。

注重对《檀弓》简练文笔的品评。如"高子皋之执亲之丧"章中对"难"字的点评,"上三句极力形容,为'难'字伏脉,下只虚断一句便足,而'难'之一字又极有分寸,用意用笔真如切玉水犀也。"④ 一个"难"字,准确描述了高子皋为亲服丧时,悲伤之情及仁孝之心。再如"扶君,卜人师扶右"章的简练文笔,"记薨时所用之人,却追叙疾时所用之人,又即平时所用之人。其运意

---

① 〔清〕孙濩孙:《檀弓论文·上篇》,光绪七年版,第62—63页。
② 〔清〕孙濩孙:《檀弓论文·上篇》,光绪七年版,第24页。
③ 〔清〕孙濩孙:《檀弓论文·上篇》,光绪七年版,第38页。
④ 〔清〕孙濩孙:《檀弓论文·上篇》,光绪七年版,第34—35页。

则一层引出三层,而其用笔则以三层归并两层,两层又归并一层。详略伸缩之妙,如岫云舒卷,变态百端"。① 语言简练却内涵丰富,看似无心却句句有深意。《论文》对《檀弓》文法的用词之妙和文简义丰之美,都逐一做了点评,为后学模仿《檀弓》文法做了详细指导。

《檀弓》长于叙事、议论,文辞严谨蕴藉,熟读《檀弓》,春秋三传的文法便能掌握,后世以先秦散文为典范的文章宗派的文法也就易于把握了。孙濩孙《檀弓论文》注重追溯《檀弓》文法、笔法的源头与影响。如《家塾论文十则》之三云:"先君子尝言:《戴记》中序事文如《曲礼》《王制》《月令》诸篇,其纂次则仿《尚书》《禹贡》《顾命》,《易传》之《序卦》《杂卦》也;议论文如《文王世子》《学记》《乐记》诸篇,其敷陈则仿《尚书》之《道训》《释诰》《易传》之《文言》《系辞》也。《檀弓》兼有二者之长,且其谨严似《春秋》,蕴藉似三百篇,殆炉冶诸经而成一家言者,熟此则推之《左》《公》《穀》,再将而秦汉、唐宋诸家文章之宗派门径燎如指掌矣。"②

《论文》追溯了《檀弓》对先秦典籍文法的继承。如"妻之昆弟为父后者"章:"头绪虽多,而若网在纲,有条不紊。体制从《尚书·顾命》篇出,所谓言之赜而不可恶者欤。"③ "朋友之墓,有宿草而不哭焉"章中"有宿草而不哭"句,是从"《论语》:'新谷旧谷,钻燧改火'脱胎而出也。妙语翻新,何等名隽。"④"悼公之母死"章中"悼公之母"四字,"已不许其为哀公之夫人矣,此亦春秋笔法也"。⑤ 从章法、句法、笔法诸角度追溯《檀弓》文法对《尚书》《春秋》《论语》等先秦典籍叙事方法的借鉴和吸收。

《论文》探寻了《檀弓》的章法、句法、文辞对后世文学的影响。《檀弓》对史传文学的影响,如"叔孙武叔之母死"章夹写忙乱之事的方法,为《史记》

---

① 〔清〕孙濩孙:《檀弓论文·上篇》,光绪七年版,第55页。
② 〔清〕孙濩孙:《孙氏家塾〈檀弓论文〉十则》,见《檀弓论文·凡例》,光绪七年版,第2页。
③ 〔清〕孙濩孙:《檀弓论文·下篇》,光绪七年版,第4—5页。
④ 〔清〕孙濩孙:《檀弓论文·上篇》,光绪七年版,第9页。
⑤ 〔清〕孙濩孙:《檀弓论文·下篇》,光绪七年版,第51页。

荆轲刺秦王借鉴。①"曾子与客立于门侧"章中情景画面的布局，为史家提供了借鉴。"史家画景描情，全在布置得好。'趋而出'三字中有吞声急行之状，若不先写曾子，其徒光景从何人眼中看出。且无先立于门者，则已出而哭于巷矣，此首句闲冷之妙也。若先叙门人告曾子以父死，则神理散缓，不肖当日情景，此次句紧凑之妙也。'趋'字急矣，却用两'将'字，反行其不敢急，而'出'字，一何之缓矣，特下一'反'字，以见其不当缓。先伏一'门'字，以为巷与次之界限，预安一'侧'字，以留'趋而出'之路径。首句'客'字，末句'北面'字，似乎闲文，不知有客在门，则曾子原是阼阶之主人。其徒反次，则曾子用北面客之礼。首尾关锁，天然映带，其融注精炼处，已开班马法派。"②

《檀弓》为后世文学体裁和风格提供了轨范，"邾娄复之以矢"章用训诂体写记事文的笔法，柳宗元写柳州小记时多有采用；③ "司士贲告于子游曰"章婉而多讽的语言风格为《世说新语》所效；④ "穆公问于子思"章文笔的冷峻锋利，"已开后人攻辩文体，《孟子》《国策》多效此种笔仗"；⑤ "卫献公出奔"章，"议论能跞其巅，故而明白正大，为后世奏疏轨范"，等等，⑥ 可见《檀弓》文法的典范作用。

《钦定四库全书总目》认为《论文》"是为时文而设，非诂经之书也"，⑦ 然栉疏文法，为后学提供文章轨范只是本书的一个重要方面。孙濩孙以评论《檀弓》文法为主，对历代注疏家纠葛的文义、字义以及丧葬制度做了严谨的考证，也算诂经之书。如对《檀弓》上"孔子少孤"章的释义及"慎"字意思的考证、以及古时合葬制度的阐释。

---

① 〔清〕孙濩孙：《檀弓论文·上篇》，光绪七年版，第55—56页。
② 〔清〕孙濩孙：《檀弓论文·上篇》，光绪七年版，第59—60页。
③ 〔清〕孙濩孙：《檀弓论文·上篇》，光绪七年版，第21页。
④ 〔清〕孙濩孙：《檀弓论文·上篇》，光绪七年版，第73页。
⑤ 〔清〕孙濩孙：《檀弓论文·下篇》，光绪七年版，第17页。
⑥ 〔清〕孙濩孙：《檀弓论文·下篇》，光绪七年版，第38页。
⑦ 〔清〕纪昀等：《四库全书总目》（整理本），北京：中华书局1997年版，第311页。

此篇煞有深意，盖因合葬原非古礼。况父母之葬，相去远近年岁不同，当时贫富各异，处此者当敬慎以出，因时制宜，不必拘执于合葬之说。故特记孔子之合葬，以见其踌躇审度光景。一'慎'字与'然后得'三字，乃其精神眼，欲令人于言外领悟也。……旧注云："'不知其墓'者，不知父墓之所在也；'殡于五父之衢'者，殡母丧也，礼无殡于外者，今乃在衢，欲致人疑问，或有知者告知也；'慎'当读作'引'。人见柩行于路，皆以为葬，然以引观之，此则殡引耳。"种种讹舛，遂使后儒聚讼，疑孔子岂有终母之世而不寻父葬之地者，又疑岂有母死而忍殡于衢路者，解说不去，因并疑此条之伪妄，而不知总因句读一错，文义不明，遂埋没作者深心也。今细加考订，当"不知其墓殡于五父之衢"作一句读，犹云不知其墓中之柩，乃是殡于五父之衢也，盖殡即孔子父之殡。按《仪礼注》："大敛后，于西阶掘地作坎，置棺于中而涂之，谓之殡。"是殡葬皆埋土中，但有浅深之异耳。想圣父死时，或因没于道路而殡于五父之衢，与今人权厝相似，总是造次光景，人之见者，皆以为葬。乃当日殡时，道路人相传之语，不足为据。乃母死将葬，卜地于防，孔子思忖再四，若当日父已深葬，则复启其柩为不忍，安得不慎重出之。邹曼夫之母，是当日目击者，因问而知果系浅殡，则今人正该备物成礼，而与母合葬矣。然后自五父之衢启殡而合葬于防，此正圣人随时量度以取中处。按《家语》云："孔子之母即丧，将合葬焉。"曰："古者不祔葬，为不忍先死者之复见也。"《诗》曰："死则同穴。"自周公以来，祔葬矣，玩此则正见当日踌躇审量之意，可为本文"慎"字明证。细玩"然后得"三字，正与"慎"字相应，非茫然不知其墓所在，而今始得之也，况本文"殡"字上，并无"母"字。"慎"字从未有作"引"字读者，安容穿凿。此条为千古疑案，愚蓄疑既久，思之至废寝食，一旦豁然，敢以质之好古者，非敢臆说也。[①]

---

① 〔清〕孙濩孙：《檀弓论文·上篇》，光绪七年版，第10—13页。

《论文》先概括本段的主旨,然后对关键字和句读进行考辨,认为"慎"非先儒解释的"殡引",而是指严肃谨慎的态度,即"敬慎"。因"孔子少孤,不知其墓,殡于五父之衢"句读错误导致历来注疏的舛误,遮蔽了作者的思想,正确断句应将"不知其墓殡于五父之衢"十字合为一句。孙濩孙认为孔子因年幼而不知其父当时是浅殡还是深殡,今日合葬是否与礼相合,以出此举求知情者解惑,故"慎"也,而"然后得"三字也暗含孔子对父母合葬之事的敬慎态度。周公时已有合葬之俗,孔子谙熟礼法,不会将母亲殡于五父之衢,且"母死将葬,卜地于防"已说明其母墓地所在,可知五父之衢应是其父殡葬之地,遂援引郑玄对《礼仪·士丧礼》"掘肂见衽"句的释义来佐证己说。孙濩孙的断句得到江永认同,其《礼记训义择言》曰:"此章为后世大疑,本非记者之失,由读者不得其句读文法而误也。近世高邮人孙邃人,谓'不知其墓殡于五父之衢'当连读为句。而'盖殡也,问于邹曼父之母'为倒句,有裨于《礼经》者不浅。盖古人埋棺于坎为殡,殡浅而葬深,孔子父墓实浅葬于五父之衢,因少孤不得其详。但见墓在五父之衢,不知其为殡也,如今人权厝而覆土掩之,谓之浮葬,正此类也。"① 高度肯定了孙濩孙的断句法,清末学者朱彬《礼记训纂》此章的句读也采用了孙氏此说。

此外,"齐穀王姬之丧"章对"王姬"身份的考证,认为此"王姬"可能是齐襄公之母,"记者于王姬之上,加一'穀'字,当是谥号之类,正以别于襄公之妻,亦未可知,而改'穀'作'告',似觉无据,此当阙疑"。② 此外,对"叔仲皮学子柳"章对先儒注释的六条纠错③、"季武子寝疾"章对"微"的辨析等④,都可以看出孙濩孙对《檀弓》的文句、字义、严谨细致的考辨态度。

《檀弓》鉴赏性单篇别行文本体现了时代思潮对儒家经典注疏思想、视角和方法的影响。唐宋古文运动反对华丽而内容空泛的骈文,要求文以载道,以先秦

---

① 〔清〕江永:《礼记训义择言》,北京:中华书局1985年版,第22页。
② 〔清〕孙濩孙:《檀弓论文·下篇》,光绪七年版,第7—8页。
③ 〔清〕孙濩孙:《檀弓论文·下篇》,光绪七年版,第74—75页。
④ 〔清〕孙濩孙:《檀弓论文·下篇》,光绪七年版,第2—3页。

两汉时期文章为学习榜样,"非三代两汉之书不敢观,非圣人之志不敢存"。① 明清的文坛,无论是前后七子、唐宋派、还是桐城派,文章写作的楷模的源头都是先秦散文。从唐宋之后我国古代散文发展的脉络来看,先秦散文一直就是历来散文学派和文人模仿的对象,而《檀弓》兼具先秦散文诸多精华于一身,又便于模仿,所以宋代开始出现侧重《檀弓》文法品鉴的单篇别行文本,然观今存本大都简略,直到孙濩孙《论文》,《檀弓》的文章之法才真正发扬光大。从《檀弓》单篇别行的鉴赏性文本,我们看到了时代思潮对文本注疏的影响,更为深入研究《檀弓》的思想内容与艺术特色提供了多维视角。

三、《檀弓》单篇别行考证性著作举要

《檀弓》单篇别行考证性著作主要对《檀弓》所载史料以及典章制度的失误或值得商榷的地方进行考辨,今举绍泰衡《檀弓疑问》、夏炘《檀弓辨诬》以及毛奇龄《檀弓订误》作简要论述。

(一)邵泰衢《檀弓疑问》

邵泰衢,生卒年不详,字鹤亭,钱塘人,精研礼学,精通算术,雍正初因人推荐而授钦天监左监副。邵泰衢认为《檀弓》多有附会,便选其可疑者逐条考辨,著《檀弓疑问》一卷。又因《史记》所选史料,采自众说,征引浩繁,难免抵牾,故对其疏舛者一一考论,著《史记疑问》三卷。《檀弓疑问》与《史记疑问》本为一编,《四库全书》将《檀弓疑问》分入《经部》,将《史记疑问》分入《史部》,故分为两部。

邵泰衢《檀弓疑问》一卷,今存版本有三种:清抄本;清康熙刻本;《四库全书》本,本书便以《四库》本为研究对象,对《檀弓疑问》的特色作以简介。

---

① 刘真伦、岳珍:《韩愈文集汇校笺注·答李翊书》,北京:中华书局2010年版,第700页。

邵泰衢撰写《檀弓疑问》的原因是："《檀弓》一书非礼之旧文，乃六国时之记载《礼记》。疏意云：多记变礼之由，其诬圣之言及自相牴牾甚多，后人谓秦汉诸儒之杂撰明矣，故其中可疑者多也。"① 因《檀弓》杂出后汉诸儒之手，所以文本记录难免有自相矛盾之处，且多附会之辞，所以有必要"摘其可疑者，条列而论辨之"。②

《檀弓疑问》从《檀弓》文中摘录四十四条可疑的问题进行逐一辩解，有的有理有据，有的却值得商榷。虽有待商榷之处，但这种研读经典的怀疑精神值得学习。《钦定四库全书总目》对邵氏此书评价很高，认为："大都皆明白正大，深中理解，非刘知几之横生臆解、惑古疑经者可比。"③ 虽有不妥之处，"然偶然疏舛，固亦不害其大旨也。"④《檀弓疑问》是《檀弓》单篇流传过程中产生的一部重要的考证性文本，为我们研究《檀弓》提供了一种新的范例。

（二）夏炘《檀弓辨诬》

夏炘（1789—1871），字心伯，一字欣伯，又字弢甫（又说为号），安徽当涂县人。其于嘉庆二十三年（1818）中恩科副榜，道光五年（1825）中举，历任武英殿校录、吴江教谕、婺源教谕、左宗棠幕僚、颍州府教授，保内阁中书，同治十年（1871）卒，享年八十三岁。夏炘一生勤学，汉唐到明清诸儒的著作无所不读，特别崇尚朱熹，故将书斋命名为"景紫堂"，以表达他的志向。

夏炘"学兼汉宋"，⑤ 精通经学和音韵、是有清一代著名的经学家和音韵学家。经学著作有：《述朱质疑》十六卷、《读诗劄记》八卷、《檀弓辨诬》三卷、《三纲制服尊尊述义》三卷、《诗乐存亡谱》一卷、《诗经集传校勘记》一卷、

---

① 〔清〕邵泰衢：《檀弓疑问》，见景印《文渊阁四库全书》（第128册），台北：商务印书馆1983年版，第274页。
② 〔清〕纪昀等：《钦定四库全书总目》（整理本），北京：中华书局1997年版，第273页。
③ 〔清〕纪昀等：《钦定四库全书总目》（整理本），北京：中华书局1997年版，第273页。
④ 〔清〕纪昀等：《钦定四库全书总目》（整理本），北京：中华书局1997年版，第273页。
⑤ 〔清〕徐世昌等：《清儒学案·心伯学案》，北京：中国书店1990年版，第835页。

《诗章句考》一卷、《学礼管释》十八卷；音韵学著作有：《古韵表集说》二卷、《诗古音表二十二部集说》二卷、《六书转注说》二卷；杂著有：《圣谕十六条附律易解》一卷、《汉贾谊政事疏考补》一卷、《明翰林学士当涂陶主敬先生年谱》一卷、《苔岑尺牍》一卷、《学制统述》二卷、《汉唐诸儒与闻录》六卷、《祁门县志》三十六卷、《贵池县志》四十四卷、《景紫堂文集》十四卷，等等。

《檀弓辨诬》共三卷，《清史稿·艺文志》一百四十五卷、① 郎焕文《历代中州名人存书版本录》②《中南、西南地区省、市图书馆馆藏古籍稿本提要》③《中国丛书目录及子目索引汇编》④《清代名人千家著作举要》等书均有著录。⑤

《檀弓辨诬》今存版本主要有：

1) 清抄本。《中国善本书目·经部》载之，今藏浙江图书馆；

2) 清刻本。主要是《景紫堂全书》本，后世流传的《夏氏三书》本、《续修四库全书》本、《丛书集成三编》本皆以《景紫堂全书》本为底本，实则同一版本源流。本书以《续修四库全书》本为底本，对《檀弓辨诬》的撰写缘由、体例以及内容特色加以述略。

《檀弓》篇主要记述了先秦时期的丧葬礼仪和制度，尤其侧重记录孔子及其弟子关于丧葬礼仪的言行，历来被认为是古代丧葬礼仪的典范。夏炘却认为《檀弓》所载部分记录孔子及其弟子言行的文字，看似在宣扬其德行，实则是诋訾圣人一门，戴圣无识却将其列入《礼记·檀弓》中，有必要将其胪列出来考辨纠正，他在《檀弓辨诬自叙》一文中说：

《檀弓》一书专为诋訾孔门而作也，戴次君无识，列诸四十六篇之

---

① 赵尔巽等：《清史稿·艺文志》（第15册），北京：中华书局1977年版，第4236页。
② 郎焕文：《历代中州名人存书版本录》，郑州：中州古籍出版社1999年版，第57页。
③ 阳海清主编：《中南、西南地区省、市图书馆馆藏古籍稿本提要》，武汉：华中理工大学出版社1998年版，第484页。
④ 施廷镛主编：《中国丛书目录及子目录索引汇编·夏氏三书》，南京大学图书馆历史系资料室编印1982年版，第100页。
⑤ 盛代儒：《清代名人千家著作举要》，北京：华夏出版社1992年版，第120页。

中，后儒虽有疑其说者，往往震于古书，莫敢攻诘，但以为记礼者之失而已。余素好《檀弓》之文，诵之极熟，久而觉其诬妄，且诬妄者非一端，如以记礼之失，不应所失者尽在孔氏一门及其门下高贤弟子也。

圣人之道造端夫妇，故《易》首《乾》《坤》，《诗》首《关雎》，王化之所以肇基也，而《檀弓》则造为三世出妻以诬之，幼儿无父谓之孤，瞻言松楸其永慕也，何极而《檀弓》则造为不知父墓以诬之。《士丧礼》"筮宅"之词曰："无有后艰"，慎终于葬，岂宜有悔，而《檀弓》则造为防墓崩以诬之。三年之丧，二十五月而毕，哀痛未尽、思慕未忘，君子若驷之过隙也，而《檀弓》则造为既祥，弹琴笙歌以诬之。如《檀弓》之说，则孔子之称"至圣"，其能无愧乎？不独此也。圣门传道之贤莫如曾子、传经之贤莫如子夏、一贯与闻之贤莫如子贡、四方御侮之贤莫如子路，其他有子、冉子、子游、曾点诸贤皆圣门之选也，而《檀弓》无一不用其诬焉，于是圣人一门及其门下之高贤弟子几于抨击无完肤矣。

昔春秋之末，异端并起，《墨子·非儒》一篇所以诋毁圣人及其门第子者无所不至，《荀子·非十二子》篇于圣门高第直斥之曰贱儒，若《檀弓》者，岂其流亚与。然墨、荀二氏之非毁孔门，人皆知其为非、为毁也。

《檀弓》则托于记礼之词，问答之语，然不露圭角，未尝不以孔子为圣，而所述之事无一不与圣人相反，未尝不以诸子为贤，所载之迹无一不与贤人相戾。阳予之名而阴毁其实，其所以丑诋痛詈者，甚于无复忌惮。

而自汉以来，诵法孔氏高贤名儒比肩接踵，为所期而莫之省者，盖二千余年于兹矣。世晚道微，异端更甚，惑世诬民之说愈出愈奇，安知后世不更有杰黠者，流源《檀弓》为口食，以集矢儒门者乎。余不胜杞人之忧，辨而正之，以诏来学，知我罪我，听诸公论而已。①

---

① 〔清〕夏炘：《檀弓辨诬》，见《续修四库全书》（第107册），上海：上海古籍出版社1995年版，第1—2页。

| 《礼记》单篇别行研究 |

这是咸丰四年阏逢摄提格之岁冬月既望，夏炘为此书写的《自叙》，因为他平日常读《檀弓》，对《檀弓》的内容极为熟悉，发现《檀弓》虽托记礼之词，所载事迹与孔子及其弟子的德行相悖，且有明显诋毁之意。

《檀弓》作者到底是谁？孔颖达认为是六国时人、陆德明以为是鲁人、柳宗元认为是曾子门人、魏了翁认为是子游门人，等等，今人王锷认为"是经过孔子及其弟子、再传弟子先后写定一些章节，直到战国晚期，才有人参考《左传》《国语》和其他年儒家文献，整理编纂成目前我们看到的面貌"。① 众说不同，至今难以确定，但从中我们得知《檀弓》出自儒家弟子之手是大家的共识。

夏炘《檀弓辨诬》认为：《檀弓》既然是儒家弟子所编，篇中却有许多违礼之处，更有对孔子及其高贤弟子的诋毁之言。从汉代至今，习儒之士接踵摩肩，却很少有人对此篇文字提出疑问，或许因为《礼记》的经典地位而不敢攻诘，孰不知《檀弓》是后人专门诋訾孔门的著作，更不知《檀弓》"阳予之名而阴毁其实"的本质，有必要对《檀弓》诬妄孔门之说辨而正之，故作《檀弓辨诬》。

夏炘在《例言》部分对《檀弓辨诬》的体例以及考辨范围作了限定，《檀弓辨诬》此书"先列《檀弓》正文，次注疏，次先儒议论，而以按语辨之"。② 除引用郑玄、孔颖达对《檀弓》所诬之处的论述外，还引用汉至清代三十诸家之说，如王充、王安石、游酢、朱熹、陈澔、吴澄、王应麟、江永等。在旁征博引诸家学说之外，还征引碑、记以及郦道元《水经注》等著作对某一问题的考订。《檀弓辨诬》"专为孔门辨诬而作，与孔门无关涉者，虽有虚误，概置不论"，③ 他要考证《檀弓》篇诋毁孔子及其弟子的文字，条分缕析，简明扼要，为我们研读《檀弓》提供了新的视角。

从内容来看，《檀弓辨诬》上、中、下三卷主要考辨《檀弓》篇中对孔子及

---

① 王锷：《〈礼记〉成书考》，北京：中华书局2007年版，第268页。
② 〔清〕夏炘：《檀弓辨诬》，见《续修四库全书》（第107册），上海：上海古籍出版社1995年版，第3页。
③ 〔清〕夏炘：《檀弓辨诬》，见《续修四库全书》（第107册），上海：上海古籍出版社1995年版，第3页。

其弟子的二十九条诬訾。卷上主要考辨"孔子出妻之诬""伯鱼妻嫁之诬"以及"子思出妻之诬"三条;卷中辩证《檀弓》所记"孔子不知父墓之诬""孔子防墓崩之诬""孔子既祥弹琴之诬"等七条诋毁孔圣人言行的文字;卷下十九条主要论辩《檀弓》所记曾子、有子、子路、冉子、子夏、子游诸弟子言行讹论的文辞,如"辨曾子子贡入厩修容之诬""辨子夏丧明之诬""辨有子欲去丧踊之诬""辨子路醢于卫之诬"以及"辨冉子摄束帛乘马之诬"等。

如对孔子出妻之事的考辨,《檀弓》"伯鱼之母死,期而犹哭"与"子上之母死而不丧"两条略有记载,夏炘认为郑玄"心知檀弓之意,终知圣人之不可诬,故不敢明注一字。至孔颖达,为圣人之苗裔,曲狥檀弓而甘愿诬其祖矣,亦独何心哉?"① 于是考证孔子是否有出妻之事。通过《孔子家语》《孔子年谱》以及《孔庭摘要》记载指出孔子十九岁娶宋之开官夫人,六十七岁时开官夫人卒,后孔子卒,于次年六月初九葬孔子于鲁城比泗上,与其夫人开官氏合墓,② 可见孔子之妻与孔子相伴至老,这是孔子无出妻之事的证据之一。其二是据郦道元《水经注》、鲁相韩敕《复颜氏开官氏繇发及修礼器碑》、党怀英《重建郓国夫人殿记》以及陈庚焕《衢州孔氏夫子夫人楷象考》等记载更加证明孔子出妻之事的荒谬至极,如果出妻,何有世代奉祀开官氏之事。夏炘旁征博引,驳斥了孔子出妻之诬,无怪乎胡玉缙评论此书曰:"凡二十七事,条举件系,驳诘不遗余力。"③ 足见夏炘书此书用力之深。

曾国藩对夏炘的《檀弓辨诬》和《述朱质疑》曾给予极高评价,认为他是东南一带的古经学巨匠。左宗棠曾特地盼咐将夏炘著述汇编成集,即今可见的《景紫堂全书》,并为此书题名,后又奏请国史为其立传,奉皇上"学有经术,

---

① 〔清〕夏炘:《檀弓辨诬》,见《续修四库全书》(第107册),上海:上海古籍出版社1995年版,第5页。
② 〔清〕夏炘:《檀弓辨诬》,见《续修四库全书》(第107册),上海:上海古籍出版社1995年版,第5-6页。
③ 胡玉缙撰,王欣夫辑:《许廎学林·檀弓辨诬跋》,北京:中华书局1958年版,第365页。此"二十七"疑为"二十九",因《檀弓辨诬》所辨之事为二十九件。

通知时事"的批示，①将夏炘列入当涂乡贤祠和婺源名宦祠。同治七年，其门人胡肇智将《檀弓辨诬》《述朱质疑》与《圣谕十六条附律易解》三书一起进呈朝廷，即《进呈三编》（又称《夏氏三书》），皇帝以"该员年届耄耋，笃学不倦，所绎《圣谕十六条附律易解》得周官与民读法遗意，用于讲约，甚有裨益，着刊刻颁发。其《檀弓辨证》《述朱质疑》，均留览"。②可见夏炘之学的经世致用。

（三）毛奇龄《檀弓订误》

毛奇龄（1623—1716），又名甡，字大可，号秋晴，一曰初晴，因郡望为西河，学者称其西河先生，今浙江萧山人，学问广博，在经学、史学、文学、音韵学、书画等方面皆有造诣，尤其精通经学。幼时聪明，凡所读书目皆过而不忘，二十岁以前即补诸生。顺治三年因参加抗清活动失败，而隐姓更名隐居山中。康熙十八年（1679），被推荐应试博学鸿词科、中二等，授翰林院检讨，任《明史》纂修官。康熙二十四年（1685），告假回乡，闭门著书。

晚年居住杭州昭庆寺，与朱彝尊为邻，商讨学术。康熙五十五年（1716）卒，享年九十四岁。著有《春秋毛氏传》三十六卷、《辨定祭礼通俗谱》五卷、《昏礼辨正》一卷、《檀弓订误》一卷、《曾子问讲录》四卷、《三年服制考》一卷、《四书改错》二十二卷、《白鹭洲主客说诗》一卷、《天问补注》一卷、《北郊配位尊西向议》一卷、《古文尚书冤词》二卷、《湘湖水利志》三卷、《萧山县志刊误》三卷、《碑记》十一卷、《辨定祭礼通俗谱》五卷、《古今通韵》十二卷等一百余种，这些作品大多收入《西河合集》。

《檀弓订误》一卷，今存版本有：《赐砚堂丛书新编》刻本；《学海类编》活字本；《昭代丛书》刻本；《逊敏堂丛书》木活字本；《后知不足斋丛书》刻本；《四库全书存目丛书》本、《丛书集成初编》本，据《学海类编》本《檀弓订

---

① 〔清〕左宗棠：《谕将夏炘等四员事迹宣付史馆立传》，见《左宗棠全集》（奏稿七），长沙：岳麓书社2009年版，第276页。

② 转引自〔清〕左宗棠：《已故军务人员志节可传恳宣付史馆折》，见《左宗棠全集》（奏稿七），长沙：岳麓书社2009年版，第272页。

误》排印。本书以《丛书集成初编》本为底本，对《檀弓订误》的内容情况加以简述。

毛奇龄《檀弓订误》对《檀弓》篇所载人物事件与史实不和之处的十二条进行考辨。其中所载人物言行与史料不和。如：第一条"春秋无公仪氏"，毛奇龄认为："《春秋》无公仪氏，惟鲁缪公时有公仪休，为鲁相。孟子所云：'鲁缪公之时，公仪子为政者。'是时始有公仪之族见于史传，然其据孔子卒已七十余年矣，此必相传有误尔。"① 即孔子是不会和公仪仲子同时。第十条"季武子死无曾点倚门事"，季武子死时，孔子才十七岁，方为季氏家中之吏郎，尚不能与季武子有接触，身份低微至此，他的学生更不可能有此举动。第十一条"宋襄公不得葬夫人又葬时不得有曾子"条的情况与此类似。"《弟子列传》：子路少孔子九岁，而《子路冉有公西华侍坐》，旧注侍坐之次，以齿不以德，则曾点少孔子当在八岁以下，童虽狂，未能倚歌也。"② 宋襄公不可能葬其夫人，因为其夫人在其死后二十六年才去世，而宋襄公卒时，尚未有孔子，更不会有曾子，所以此条记录亦误。

毛奇龄《檀弓订误》认为《檀弓》所记事件与史料不符。如：第二条"乘邱之败必是乾时之败之误"，鲁庄公与宋人乘邱之战，是宋人被败，而非鲁庄公失败。"《春秋·经》曰：'公败宋师于乘邱。'此明明有经有传，岂可诬妄至此。尝推其所误，此必因庄九年宋师战于乾时，我师败绩之事，而移误者。"③ 第五条"公叔木不得有同母异父昆弟"，据《世本》记载，公叔木无同母异父昆弟。第六条"公叔文子无卫卫难事亦不谥贞"，据《春秋》记载，昭公二十年冬，卫大夫齐豹、北宫喜、褚师圃和公子朝作乱，当时守卫卫国的人有庆比、公子南

---

① 〔清〕毛奇龄：《檀弓订误》，见王云五主编：《檀弓丛训及其他二种》之《檀弓订误》，上海：商务印书馆1939年版，第1页。
② 〔清〕毛奇龄：《檀弓订误》，见王云五主编：《檀弓丛训及其他二种》之《檀弓订误》，上海：商务印书馆1939年版，第5页。
③ 〔清〕毛奇龄：《檀弓订误》，见王云五主编：《檀弓丛训及其他二种》之《檀弓订误》，上海：商务印书馆1939年版，第1页。

楚、华寅、褚师子申等人，并没有公叔文子，"'按《谥法》：外内用情曰贞。'"① 第七条"冉有无使楚事"、第八条"陈无太宰嚭"、第十二条"子思无嫂"等条都类似这种情况，毛奇龄都一一作了考辨。

《檀弓》只是先秦一部记录礼仪制度的书，并非详实的史料著作，难免有记载失实之处，但并不影响礼仪制度的传承。毛奇龄《檀弓订误》从史学的角度对《檀弓》所载内容逐一进行考辨，为我们了解《檀弓》中的人物事件提供了准确详细的信息，但《檀弓》并非史书，只是一部文学作品，我们只要了解这本书的精髓即可，如此咬文嚼字，反因小失大。

第三节 《檀弓》单篇别行的原因与价值

《檀弓》收入《礼记》后，宋代开始单篇别行，自此历代均有单篇别行著作，除了古书单篇流传的惯例之外，《檀弓》本身的内容特色也是其单篇别行的主要原因。从历代《檀弓》单篇别行著作中，我们可以清晰看到《檀弓》在后世的传播轨迹以及时代思潮对经典阐释的影响。

一、《檀弓》单篇别行的原因

单篇别行是古籍流传过程中常见的现象，余嘉锡先生《古书通例》，从目录学与文献学的角度宏观概述了古书单篇别行现象产生的普遍原因。为何《檀弓》收入《礼记》后历代仍有单篇别行著作，除了古书编次传播的固有原因外，笔者以为还有思想内容方面的原因，《檀弓》传承着中华民族的丧葬礼仪，维系着儒家的伦理纲纪，为弘扬中国传统孝文化及维护国家政治稳定发挥着重要作用，

---

① 〔清〕毛奇龄：《檀弓订误》，见王云五主编：《檀弓丛训及其他二种》之《檀弓订误》，上海：商务印书馆1939年版，第3页。

所以在历代皆备受重视。

（一）传承传统丧葬礼仪，维系儒家伦理纲纪

出生和死亡是人类生命过程中的两件大事，出生有庆贺之礼，死亡有丧葬之礼，众多的礼仪制度规范着人的一生。丧葬礼仪是孝文化的具体阐释，无形的情感难以言传，便用具体可感的礼乐仪式传递丧亲的哀痛，虽后世有形式大于情感之嫌，最开始却达到了诠释孝子痛楚哀伤的功用。《檀弓》记载的丧葬礼仪主要包括亲人、师友、王公贵族三类，根据身份等级、亲疏远近以及家境状况等差异，对祭奠、殡葬、棺制以及居丧人的饮食、仪容、服制等都作了明确的规定，《檀弓》对丧葬礼仪的细致著录，对后世的丧葬制度具有重要的指导、借鉴作用。

亲人"始死，充充如有穷。即殡，瞿瞿如有求而弗得。既葬，皇皇如有望而弗至。练而慨然，祥而廓然"，[1] 这是对父母去世后子女盼而不归悲伤落寞神情的生动描述。人死之后，需沐浴入殓，如果是士人，便可在正室沐浴，否则只能"浴于爨室"，[2] 家人应"复楔齿，缀足，饭，设饰，帷堂并作，父兄命赴者"，[3] 即入殓、布置灵堂、向亲友讣告丧事。"始死之奠，其余阁也与。"[4] 人在未葬之前，便用生前放在橱柜里未吃完的事物祭奠，早晚各一次，时间是"朝奠日出，夕奠逮日"，[5] 亲友根据亲疏远近的关系着合适的丧服和发饰前来吊唁，葬礼举

---

[1] 〔汉〕郑玄注，〔唐〕孔颖达等正义：《礼记正义·檀弓上》，见阮元校刻《十三经注疏》本，北京：中华书局，1980年版，第1278页。

[2] 〔汉〕郑玄注，〔唐〕孔颖达等正义：《礼记正义·檀弓上》，见阮元校刻《十三经注疏》本，北京：中华书局，1980年版，第1281页。

[3] 〔汉〕郑玄注，〔唐〕孔颖达等正义：《礼记正义·檀弓上》，见阮元校刻《十三经注疏》本，北京：中华书局，1980年版，第1292页。

[4] 〔汉〕郑玄注，〔唐〕孔颖达等正义：《礼记正义·檀弓上》，见阮元校刻《十三经注疏》本，北京：中华书局，1980年版，第1281页。

[5] 〔汉〕郑玄注，〔唐〕孔颖达等正义：《礼记正义·檀弓上》，见阮元校刻《十三经注疏》本，北京：中华书局，1980年版，第1293页。

行完毕，便"各以其服除"。① 居丧之家的孝子在客人追悼时应还礼，执亲之丧应"水浆不入于口者三日，杖而后能起"。② 葬亲时应着丧服、丧冠、袒臂、用麻束发，行辟踊、稽颡之礼，以表达内心的哀痛，殡葬途中应"其往也如慕，其反也如疑"。③ 出葬时因内心哀伤而失声痛哭，返回时又因阴阳永隔而不舍离去，此后孝子便应秉行三年丧之礼。在此期间，孝子应"丧不虑居，毁不危身。丧不虑居，为无庙也，毁不危身，为无后也"④，也应"县而不乐，比御而不入"，⑤ 体现了长辈逝世后孝子内心的哀痛和凝重。唯有丧满服除，孝子方能鼓琴弹瑟，饮酒食肉。丧葬之情是亲情的自然流露，传礼者恐后世之人或过之或不及，便用文字记录下来以指导后人，虽略嫌琐碎、程式化，却有法可依，有据可查，有利于丧葬礼仪的广泛传播。

因经济、身份的差异，丧葬之礼可简可繁。贫困人家丧亲多数"敛手足形，还葬而无椁"，⑥ 草草办理后事。天子之殡"菆涂龙輴，以椁，加斧于椁上，毕涂屋，天子之礼也"。⑦ "天子之棺四重，水、兕革棺被之，其厚三寸；杝棺一；梓棺二，四者皆周。棺束，缩二，横三，衽每束一。柏椁以端，长六尺。"⑧ "天

---

① 〔汉〕郑玄注，〔唐〕孔颖达等正义：《礼记正义·檀弓上》，见阮元校刻《十三经注疏》本，北京：中华书局，1980年版，第1292页。

② 〔汉〕郑玄注，〔唐〕孔颖达等正义：《礼记正义·檀弓上》，见阮元校刻《十三经注疏》本，北京：中华书局，1980年版，第1282页。

③ 〔汉〕郑玄注，〔唐〕孔颖达等正义：《礼记正义·檀弓上》，见阮元校刻《十三经注疏》本，北京：中华书局，1980年版，第1283页。

④ 〔汉〕郑玄注，〔唐〕孔颖达等正义：《礼记正义·檀弓下》，见阮元校刻《十三经注疏》本，北京：中华书局，1980年版，第1313页。

⑤ 〔汉〕郑玄注，〔唐〕孔颖达等正义：《礼记正义·檀弓上》，见阮元校刻《十三经注疏》本，北京：中华书局，1980年版，第1278页。

⑥ 〔汉〕郑玄注，〔唐〕孔颖达等正义：《礼记正义·檀弓上》，见阮元校刻《十三经注疏》本，北京：中华书局，1980年版，第1285页。

⑦ 〔汉〕郑玄注，〔唐〕孔颖达等正义：《礼记正义·檀弓下》，见阮元校刻《十三经注疏》本，北京：中华书局，1980年版，第1294页。

⑧ 〔汉〕郑玄注，〔唐〕孔颖达等正义：《礼记正义·檀弓上》，见阮元校刻《十三经注疏》本，北京：中华书局，1980年版，第1293页。

子崩,三日,祝先服,五日,官长服,七日,国中男女服,三月,天下服。"①天子之丧,不仅棺椁讲究,而且天下人需为其服丧,这是孝文化在政治道德中至高体现。丧葬礼仪传递了生者对死者的尊敬和哀痛,贫者只要根据与己地位和经济条件相符的礼节筹办即可,体现了丧葬礼仪的灵活性和贵哀思的原则。

此外,礼强调的是一种有等阶的尊卑秩序,丧葬礼仪作为一种制度,对居丧人的言行也有一定的讽谏作用。如公仲子之丧,檀弓著免吊唁,借此以讽刺公仪仲子未传位嫡孙而传庶子的非礼之行。根据礼法,只有身居异国的朋友客死他乡,其朋友需为其主丧时方可著免,当死者灵柩回国后,主丧人便去免。檀弓和公仪仲子既非异国,又未要求檀弓主丧,檀弓以公仪仲子之丧无后而着主丧人的服制,讥讽意味十足,表达其积极维护儒家伦理纲纪的言外之意。

《檀弓》所载的丧葬之礼,是生者对死者躯体和灵魂的安顿,更是生者对死者尊敬深爱之情的传递,使生者对长辈的抽象哀思演变成一种维系宗族稳定的孝文化。这种丧葬制度在薪火相传的过程中虽有调整,但其承载的孝文化维护了宗族秩序以及儒家的伦理纲纪,促进了社会的和谐稳定。

(二)弘扬中华传统的孝文化,维护国家政治的稳定

《檀弓》中关于丧葬礼仪的记载,传递和弘扬了中国传统的孝文化,为国家和社会的稳定做出了积极贡献。孝是人类亲密系统中一种自然而然的情感,更是一种具体而微的礼制践行;是衡量个体德行的重要标杆,更是安身立命不可缺少的品德。《檀弓》因其单篇别行,更容易通过对丧葬礼仪的描述来传播儒家的孝道精神,达到维护传统宗法社会与国家政治稳定的双重目的。孝文化是儒家礼乐文化的精髓之一,在中国这样一个家国同构的国度,孝文化和孝道精神在一定程度上承载着强化国家治理的宗法基础和家族基础的双重功能。

---

① 〔汉〕郑玄注,〔唐〕孔颖达等正义:《礼记正义·檀弓下》,见阮元校刻:《十三经注疏》本,北京:中华书局,1980年版,第1314页。

礼制是中国传统政治文化的核心，而"孝，礼之始也"。① 孝文化是礼乐文化的根基。孝是一种责任，一种对个人言行的情感约束，没有孝，礼乐规范难以推行。孝不仅包括以礼事生、以礼事死，孝行生死一致、还包括谨言慎行光耀门楣。"是故先王之孝也，色不忘乎目，声不绝乎耳，心志嗜欲不忘乎心。致爱则存，致悫则著。著存不忘乎心，夫安得不敬乎！君子生则敬养，死则敬享，思终身而弗辱也。"② 无论长辈活着还是去世，都应以事生的礼仪和情感尊敬他们，从《檀弓》大量的生动记述中，人们可以看到孝对家庭的凝聚力量。

在中国的文化传统中，血缘亲情是个体情感中最温暖的地方，历代统治者看到了孝对个体和家庭的情感约束力，便将这种约束家庭伦理的情感规范演变成严肃的政治伦理制度，以孝来治理天下。因为"身也者，父母之遗体也。行父母之遗体，敢不敬乎？居处不庄，非孝也；事君不忠，非孝也；莅官不敬，非孝也；朋友不信，非孝也；战陈无勇，非孝也。五者不遂，灾及于亲，敢不敬乎？亨孰膻芗，尝而荐之，非孝也。养也，君子之所谓孝也者。国人称愿然，曰：'幸哉有子如此！'所谓孝也已。众之本，教曰孝，其行曰养。养可能也，敬为难。敬可能也，安为难。安可能也，卒为难。父母既没，慎行其身，不遗父母恶名，可谓能终矣。仁者仁此者也，礼者履此者也，义者宜此者也，信者信此者也，强者强此者也。乐自顺此生，刑自反此作"。③ 此处之孝已从狭义的孝亲之情推及广泛的社会关系系统，如果以孝敬亲人之心对待君王必定忠心耿耿，与人相处必定融洽和谐，处理国家事务必定认真谨慎，保卫国家必定尽心尽力。古代国家政治以家庭荣誉为奖赏、伦理纲常为支点，在孝的名义下约束个体言行，消除了众多违法行为，维护国家统治的稳定。

孝为中国传统礼乐文化的基石，对待不孝的言行，历代都有严重的惩罚。据

---

① 〔晋〕杜预注，〔唐〕孔颖达等正义：《春秋左传正义·文公三年》，见阮元校刻《十三经注疏》本，北京：中华书局，1980年版，第1839页。
② 〔汉〕郑玄注，〔唐〕孔颖达等疏：《礼记正义·祭义》，见阮元校刻《十三经注疏》本，北京：中华书局，1980年版，第1592页。
③ 〔汉〕郑玄注，〔唐〕孔颖达等疏：《礼记正义·祭统》，见阮元校刻《十三经注疏》本，北京：中华书局，1980年版，第1598页。

《商书》载:"刑三百,罪莫重于不孝。"① 不孝是所有惩罚中最严重的。东汉应劭曰:"汉律以不为亲行三年服不得选举。"② 又有规定曰:"长吏以下不为亲行服者,不得典城选举。"③ 两汉以后,凡为官者遇亲丧,皆需请假居丧,除非特殊原因皇帝下旨"夺情",可见孝在为官从政中的重要地位。在古人眼里,死亡仅代表躯体的离世,灵魂是永存的,可以庇佑子孙,无形中维系了宗族的情感,这也是中华民族重视丧葬祭祀礼仪的深层原因。近代之后,以孝为核心而连接个体家庭和国家的宗法纽带渐渐断裂,丧葬观念愈来愈淡薄,像《檀弓》这样的经典文本也渐渐失去影响知识分子和普通民众的思想力量,1949 年以后,社会上也逐渐很少有《檀弓》的单行本广为流传了。

二、《檀弓》单篇别行著作的价值

历代学人对《檀弓》的关注主要集中在两个方面,一是行文之法的鉴赏,一是关于古代丧葬礼仪的诠释和考证。自宋代出现《檀弓》单篇别行著作开始,这种现象一直延续到民国时期。历代《檀弓》单篇别行著作呈现出由鉴赏性到释经性、再到考证性演变的规律,使我们清晰看到学术思潮对经典文本解读的影响,为我们解读和研究《檀弓》提供了多方面的视角。

宋代《檀弓》单篇别行主要有陈骙《檀弓评》、徐人杰《檀弓传》、陈普《檀弓辨》、谢枋得《批点檀弓》,前三书均已亡佚,今唯存谢书,主要点评《檀弓》的字法、句法、文法之妙,评点简洁。宋代《檀弓》鉴赏性单篇别行文本的出现与唐宋古文运动有密切联系,加之苏轼对《檀弓》文法的推崇,推动了鉴赏性单篇别行文本的出现。

明代经典解读注重义理的阐发,秉承朱熹以"经"言"经","惟本文本义

---

① 许维遹:《吕氏春秋集释·孝行览》,北京:中华书局 2010 年版,第 308 页。
② 〔汉〕班固撰,〔唐〕颜师古注:《汉书·扬雄传》,北京:中华书局 1975 年版,第 3569 页。
③ 〔南朝宋〕范晔撰,〔唐〕李贤等注:《后汉书·刘恺传》,北京:中华书局 1965 年版,第 1307 页。

是求"的诠释原则。① 这种不以先儒之说马首是瞻，而侧重体悟"圣贤之旨"的方法，对宋明两代的经学阐释思想和方法产生了重要影响。如陈与郊《檀弓辑注》在吸收前代诸儒阐释思想的同时，注重阐发自己的见解，对"《檀弓》名称以及《檀弓》章节中的字词释义颇有可采之处。"② 姚应仁《檀弓原》"删节陈氏《集说》，益以诸家评注，而参以己意，亦往往失之臆断。"③ 徐昭庆《檀弓通》对"曾子易簀"章的解释有好立异说之嫌。这一时期《檀弓》单篇别行文本体现了宋学以义理解经的特色，加之《檀弓》文章之法在古文写作中的典范作用，所以出现了这种兼容鉴赏和解经性单篇别行著作。

清代《檀弓》单篇别行文本延续前代注重《檀弓》文法鉴赏的同时，更注重对《檀弓》典章制度、人物事迹、史料真伪等方面的研究，体现了清代学术从明代的重评论向重考据的转变。孙濩孙《檀弓论文》是一部融鉴赏和释经为一体的《檀弓》单篇别行文本，孙氏撰写此书的主要原因是《檀弓》的文法有利于科举考试，但在《檀弓》字词句的考释方面也颇下功夫，其严谨的态度与清代严谨的考据学风遥相呼应。如对"孔子少孤"章"孔子少孤不知其墓殡于五父之衢"之句的断句，传统标点为"孔子少孤，不知其墓，殡于五父之衢"，孙氏认为"不知其墓殡于五父之衢"十字应为一句。这一断句方法受到了礼学大师江永的肯定，江氏认为其断句"有裨于《礼经》者不浅。盖古人埋棺于坎为殡，殡浅而葬深，孔子父墓实浅葬于五父之衢，因少孤不得其详。但见墓在五父之衢，不知其为殡也，如今人权厝而覆土掩之，谓之浮葬，正此类也。"④ 张舜徽先生认为"孙氏此读，足以释群疑而明经义。故江永《群经补义》武亿

---

① 朱熹《朱文公文集·答吕子约》："如《诗》《易》之类，则先儒穿凿所坏，不见当来立言本意。此又是一种功夫，直是要人虚心平气，本文之下打叠交空荡荡地，不要留先儒一字旧说，莫问他是何人所说、所尊、所亲、所憎、所恶，一切莫问，而唯本文本义是求，则圣贤之旨得矣。"见朱杰人等主编：《朱子全书》，上海：上海古籍出版社2002年版，第2218页。
② 〔清〕纪昀等：《钦定四库全书总目》（整理本），北京：中华书局1997年版，第304页。
③ 〔清〕纪昀等：《钦定四库全书总目》（整理本），北京：中华书局1997年版，第305页。
④ 〔清〕江永：《礼记训义择言》，北京：中华书局1985年版，第22页。

《经读考异》均录其说，可成定论，不必更生别解也。"①

毛奇龄《檀弓订误》一书，从史料失实的角度指出《檀弓》的十二条错误，有益于受众对《檀弓》所载人物事迹的重新认识。邵泰衢《檀弓疑问》认为《檀弓》出自秦汉诸儒之手，其中有很多自相抵牾的地方，将可疑的四十四章摘录出来，逐条考辨，虽有些说法值得商榷，但这种读书治学的方法值得借鉴。夏炘《檀弓辨诬》则对《檀弓》是否是儒家学派的作品产生了质疑，并通过文献资料进行佐证，在《檀弓》单篇别行史上具有重要的地位。

民国时期中华书局编写的《檀弓精华》，是《檀弓》鉴赏性单篇别行文本的一个节选本，此书选取能代表《檀弓》文法特色的七十八章，章后汇集先前诸家的评论，上眉则是对重点字词的解释，以求在领悟《檀弓》的微言大义的同时，更好地品鉴《檀弓》文法之妙与言外之意。此书主要适用于教课或自修，是一本大众性的通俗读物，表达了编写者渴望《檀弓》能够广泛流传的意愿。

从《檀弓》单篇别行文本的流传轨迹中，我们既可以看到历代学术思潮对《檀弓》别行著作影响，又可从中探究前代《檀弓》接受史的思想演变。受唐代古文运动的影响，宋代《檀弓》单篇别行文本注重评点其文章之法；受宋明经学重义理阐发思想的影响，明代《檀弓》单篇别行著作整体呈现出对先儒注解的疑问，注重阐发一己之见，虽有可采之处，但臆解之说甚多；清代经学重视考据，故多考证性文本。

本章小结

《檀弓》在《礼记》单行篇目中具有独特的地位。宋以前《檀弓》并没有受到政府和学界特别的关注，不像《中庸》早在汉代就出现单行本，《汉书·艺文志》就著录有《中庸说》二篇。《檀弓》因其叙事性和文学性较强，对儒家丧葬礼仪的描述更易为人接受，因此宋以后受到文人、学者和民众普遍重视。丧葬礼仪是中国人日常社会生活中的重要仪式，《檀弓》展示了古代丧葬礼俗的生动事

---

① 张舜徽：《清人笔记条辨》，武汉：华中师范大学出版社2004年版，第190页。

例和简明义理,将亲亲之情推及泛爱众,又将亲亲之情推向尊尊,以赤子的孝心从事社会政治生活,维护了宗族秩序和国家政治的稳定,体现了传统孝文化对民族凝聚力的影响。从历代各类对《檀弓》的注释、鉴赏、考证的单篇别行著作中,我们不仅发现了《檀弓》的思想力量与文学底蕴,而且还看到了儒家经典文本如何向文学文本、文章学范本转化的一丝轨迹。

| 第二章 |

《王制》单篇别行论析

《王制》收入《礼记》后,宋代又从中析出单篇别行,此后历代皆有单篇别行著作出现,清代尤多。通过梳理和考察历代《王制》的单篇别行著作,发现《王制》所载古代帝王治理天下的制度与以德治国的思维模式,巩固了封建王朝森严的等级制度,为历代国家治理者提供了轨范。在研读今存历代《王制》单篇别行著作后,深深体悟到社会思潮对经典文本阐释的直接影响,以及经典文本阐释对社会改革的思想鼓舞作用。此章主要对历代《王制》单篇别行的种类、代表性单篇别行著作的思想内容、单篇别行的原因以及价值等问题作以分析。

第一节 《王制》单篇别行概述

《王制》是《礼记》四十九篇中的第五篇,位于《曲礼》《檀弓》之后,孔颖达曰:"此一经论为王者之制禄爵,公侯卿大夫以下及士之法。"① 如果说《曲礼》《檀弓》两篇主要从社会文化的角度论述人类日常生活中礼仪规范的话,那么《王制》则是从国家治理的角度论述天子、公、侯、伯、子、男以及士大夫

---

① 〔汉〕郑玄注,〔唐〕孔颖达等正义:《礼记正义·王制》,见阮元校刻《十三经注疏》本,上海:上海古籍出版社2011年版,第1321页。

等人的爵禄，以及在国家政治生活中应该遵循的礼法制度和礼仪规范。据历代公私目录、地方志、图书馆目录以及王锷《三礼研究论著提要》等书关于《王制》单篇别行文本的相关著录，发现《王制》收入《礼记》后，自宋代开始几乎历代都有单篇别行著作。《王制》的单篇别行著作主要可以分为两类，一类是阐释性单篇别行著作，一类是研究性单篇别行著作。

一、《王制》阐释性单篇别行著作

《王制》阐释性单篇别行著作主要是对《王制》经义作以疏解的一类别行著作，现存此类著作主要集中在清朝，如表2-1所示：

表2-1 《王制》阐释性单篇别行著作一览表

朝代	作者	书名	存佚	著录或称引
清	皮锡瑞	《王制笺》一卷	存	〔清〕刘锦藻《皇朝续文献通考》卷二百六十；〔民国〕章炳麟《太炎文录·驳皮锡瑞三书·文录》卷一；〔清〕皮锡瑞《驳五经异义疏证》；〔清〕皮锡瑞《礼记浅说》卷下；〔民国〕廖平《今古学考》卷下；章钰《清史稿艺文志补编·经部·礼类》《顾颉刚文库古籍书目》卷一；舒大刚《儒学文献通论》之《〈礼记〉学文献》；《续修四库全书总目·经部·礼类·礼记》；《中国丛书综录·子目·经部·礼记类》之"分篇之属"以及王锷《三礼研究论著提要·礼记类》等著录或称引。
清	廖平	《王制订》一卷	存	《续修四库全书总目·经部·礼类·礼记》；《中国丛书综录·汇编·独纂类》"民国"条《新订六译馆丛书》；《中国丛书综录·子目·经部·礼记类》之"分篇之属"；舒大刚《儒学文献通论》之《〈礼记〉学文献》以及王锷《三礼研究论著提要·礼记类》等著录或称引。

(续表)

朝代	作者	书名	存佚	著录或称引
清	廖平	《王制集说》以及《王制集说·凡例》一卷	存	《续修四库全书总目·经部·礼类·礼记》;《中国丛书综录·子目·经部·礼记类》之"分篇之属";舒大刚《儒学文献通论》之《〈礼记〉学文献》以及王锷《三礼研究论著提要·礼记类》等著录或称引。

皮锡瑞《王制笺》主要是对《王制》典章制度、文句的疏通与阐释；廖平《王制订》与《王制集说》则对《王制》经文做了重新排序，认为《王制》是素王改制之作，为后人理解《王制》提供另一维度的思考，本章第二节会对皮氏与廖氏的《王制》单篇别行著作进行简要论述，兹不赘述。

二、《王制》研究性单篇别行著作

《王制》研究性单篇别行著作是指对《王制》所载制度与思想内容等问题的研究，可分为两种，一种是侧重研究《王制》里亩、井田的计算方法；一种是侧重论述《王制》井田制度的优越性。《王制》的这类单篇别行著作也主要集中在清代，如表2-2所示。

表2-2 《王制》研究性单篇别行著作一览表

朝代	作者	书名	存佚	著录或称引
清	耿极	《王制管窥》一卷	存	〔清〕戴望《颜氏学记》卷三；〔清〕李鸿章等修，〔清〕黄彭年等纂《畿辅通志·艺文二》卷一百三十四；〔清〕戴望《颜氏学记》卷三；〔清〕李塨《颜习斋先生年谱》卷下"辛未五十七岁"条；《中国丛书综录·子目·经部·礼记类》之"分篇之属"；《丛书集成新编总目·社会科学类·政治论文》；舒大刚《儒学文献通论》之《〈礼记〉学文献》以及王锷《三礼研究论著提要·礼记类》等著录或称引。

(续表)

朝代	作者	书名	存佚	著录或称引
清	谈泰	《王制里亩算法解》一卷	存	〔清〕阮元《畴人传》卷五十；章钰《清史稿艺文志补编·经部·礼类》；《续修四库全书总目·经部·礼类·礼记》；《中国丛书综录·子目·经部·礼记类》之"专著之属"；《中国丛书综录·子目·经部·礼记类》之"分篇之属"；《丛书集成初编总目索引·自然科学类》之"测量术·测量仪器"类；《丛书集成新编总目·自然科学类》之"测量术"类；《东北地区古籍线装书联合目录》（三）之"丛书部·郡邑类"；《湖南图书馆古籍线装目录》之"丛部·地方丛书"以及王锷《三礼研究论著提要·礼记类》等著录或称引。
清	谈泰	《王制井田算法解》一解	存	章钰《清史稿艺文志补编·经部·礼类》；《续修四库全书总目·经部·礼类·礼记》；《中国丛书综录·子目·经部·礼记类》之"专著之属"；《丛书集成初编总目索引·自然科学类》之"测量术·测量仪器"类；《丛书集成新编总目·自然科学类》之"测量术"类；《东北地区古籍线装书联合目录》（三）之"丛书部·郡邑类"；《湖南图书馆古籍线装目录》之"丛部·地方丛书"以及王锷《三礼研究论著提要·礼记类》等著录或称引。
清	俞正燮	《王制东田名制解义》	存	〔清〕俞正燮《癸巳类稿》卷三；《续修四库全书总目提要：子部·杂家类》；赵俪生《赵俪生史学论著自选集》之《中国土地制度史论要》；刘玉堂著《出国经济史》之《土地制度》章；袁林《两周土地制度新论》之《"井田"论研究》第三节；刘玉堂《出国井田制度管窥》；唐天尧《汉武帝清除奴隶制旧基地的斗争》以及林甘泉《从出土文物看春秋战国间的社会变革》等著录或称引。

(续表)

朝代	作者	书名	存佚	著录或称引
清	刘师培	《王制篇集证》	存①	刘师培《左盦外集》卷二；张成水《齐鲁文化研究论著目录》（1901—2000）（上）之"哲学宗教编·礼记"条；陈奇《刘师培年谱长编》卷五以及附录一；中国社会科学院历史研究所编《中国史学论文索引》（下编）；方克立、杨守义、肖文德编《中国哲学史论文索引》（1900—1949）（第一册）之"三《礼》"类；东北师大古籍整理研究所辞书编辑室《中国古籍整理研究论文索引》（清末—1983年）之《古籍整理研究·哲学古籍·三礼》；王锷《三礼研究论著提要·三礼类》；方仕国《刘师培年谱》卷二；方光华《刘师培评传》之《刘师培与中国近代经学》；李帆《刘师培对康有为变法理论的经学驳难》以及黄锦君《刘师培生平学术年谱简编》等著录或称引。

《王制》研究性单篇别行著作，为我们深入了解《王制》所载井田制以及井田、里亩算法提供了帮助。如：耿极《王制管窥》以设问的方式论述了井田制的优越性以及可行性；谈泰《王制井田算法解》与《王制里亩算法解》，解除了我们理解《王制》中关于井田、里亩算法的困惑。

此外，《王制》还有一些因亡佚、存佚不详、存而未见等原因难睹其貌，而无法准确归类的单篇别行著作，实则可以归入上述两类之中，如2-3所示。

表2-3　因亡佚或存而未见无法确定类型的《王制》单篇别行著作一览表

朝代	作者	书名	存佚	著录或称引
宋	阮逸	《王制井田图》一卷	佚	〔宋〕郑樵《通志》卷六十四；〔明〕朱睦㮮《授经图义例》卷二十；〔明〕陈鸣鹤《东越文苑》卷四；〔明〕王圻《续文献通考》卷一百七十四；〔明〕焦竑《国史经籍

---

① 〔清〕刘师培《王制集证》此书未完成，今存《左盦外集》卷二。

(续表)

朝代	作者	书名	存佚	著录或称引
				志》卷二；〔明〕吴琇《三才广志》卷六百六十九"礼图"条；〔明〕黄仲昭《（弘治）八闽通志》卷六十五；〔明〕何乔远《（崇祯）闽书》卷九十五；〔明〕李贤《明一统志》卷三百三十一；〔清〕陈昌图《南屏山房集》卷十九；〔清〕和珅等奉敕撰《钦定大清一统志》卷三百三十一；〔清〕翁方纲《经义考补正》卷第六；〔清〕谢道承等《福建通志》卷四十七与卷六十八；〔清〕朱彝尊《经义考》第一百四十八①；〔清〕陈梦雷《古今图书集成·理学汇编·经籍典》第二十二、二百十八、二百四十一、二百五十六、二百五十八与三百二十一卷；罗振玉《罗雪堂先生全集》（三编）第十册卷五"礼乐"条以及王锷《三礼研究论著提要·礼记类》等著录或称引。
宋	余希文②	《井田王制图》一卷	佚	〔宋〕郑樵《通志》卷六十四；〔明〕朱睦㮮《授经图义例》卷二十；〔明〕焦竑《国史经籍志》卷二；〔明〕吴琇《三才广志》卷六百六十九"礼图"条；〔清〕陈昌图《南屏山房集》卷十九；〔清〕朱彝尊《经义考》第一百四十八；〔清〕陈梦雷《古今图书集成·理学汇编·经籍典》第二十二、二百十八、二百五十六、二百五十八与三百二十一卷；〔元〕脱脱等《宋史·艺文志》卷二百二；《说郛》卷十下；《玉海》卷三十九；罗振玉《罗雪堂先生全集》（三编）第十册卷五"礼乐"条；三百二十一卷；尤袤《遂初堂书目·礼类》以及王锷《三礼研究论著提要·礼记类》等著录或称引。

① 〔清〕朱彝尊《经义考》第一百四十八著录："阮氏逸《三制井田图》，《通志》一卷、佚。""三"恐"王"之误。

② 〔明〕焦竑《国史经籍志》卷二"余希文"作"徐希文"。

第二章 《王制》单篇别行论析

(续表)

朝代	作者	书名	存佚	著录或称引
宋	邵因	《王制解》一卷	佚	〔清〕陈梦雷《古今图书集成·理学汇编·经籍典》卷一百四十八、二百十八与三百二十一；〔清〕朱彝尊《经义考》卷一百四十八；罗振玉《罗雪堂先生全集》（三编）第十册卷五"礼乐"条；王锷《三礼研究论著提要·礼记类》等著录或称引。
宋	华镇	《王制解》一篇	佚	〔宋〕华镇《云溪居士集·上枢密书》卷二十四；〔清〕永瑢、纪昀等《钦定四库全书总目》卷一百五十五"《云溪居士集三十卷》"著录或称引。
宋	陈埴	《王制章句》一卷	佚	〔明〕宋端仪《考亭渊源录》卷十二；〔明〕徐香梅《两浙名贤录》卷三"潜室陈器之先生"条；〔明〕王朝佐《东嘉录》卷四"陈潜室"条；〔明〕戴铣《朱子实记》卷八"陈埴"条；〔明〕王圻《续文献通考》卷一百七十四；〔明〕汤日昭、王继明等《（万历）温州府志》卷十一与卷十七；〔清〕陈梦雷《古今图书集成·理学汇编·经籍典》第二百十五、二百十八、二百五十八与三百二十一卷；〔清〕黄宗羲、全祖望《宋元学案》卷六十五"通直陈潜室先生"条；〔清〕陆心源《宋史翼》卷二十五；〔清〕沈翼机等《浙江通志》卷一百七十七与二百四十二；〔清〕张宝琳修、王棻等《（光绪）永嘉县志》卷十三、十五与卷二十七；〔清〕孙诒让《温州经籍志》卷四与卷十四；〔清〕朱彝尊《经义考》卷一百四十八；罗振玉《罗雪堂先生全集》（三编）第十册卷五"礼乐"条；王锷《三礼研究论著提要·礼记类》等著录或称引。
明	李黼	《王制考》一卷	佚	〔明〕沈万钶《诗经类考》卷二十六下与卷二十九；〔清〕范邦甸《天一阁书目·经部》卷一之二；〔清〕永瑢、纪昀等《钦定四库全书总目》卷一百三十七；〔清〕嵇璜、

(续表)

朝代	作者	书名	存佚	著录或称引
				曹仁虎等《钦定续通志·艺文略》卷一百六十一；〔清〕嵇璜、曹仁虎等《钦定续文献通考·经籍考》卷一百八十六；〔清〕嵇璜、曹仁虎等《钦定皇朝通志·校雠略》卷一百十二；〔清〕陈梦雷《古今图书集成·理学汇编·经籍典》第二百十八与三百二十一卷；〔清〕朱彝尊《经义考》卷一百四十八；〔清〕朱霈《经学质疑》卷三；罗振玉《罗雪堂先生全集》（三编）第十册卷五"礼乐"条以及王锷《三礼研究论著提要·礼记类》等著录或称引。
明	陈际泰	《王制说》一卷	佚①	〔清〕刘铎、赵之谦等《（光绪）江西通志》卷一百；〔清〕朱彝尊《经义考》卷一百四十八；〔清〕陈梦雷《古今图书集成·理学汇编·经籍典》第二百十八与三百二十一卷；〔清〕秦蕙田《五礼通考》卷首第二；〔清〕张廷玉等《明史·艺文志》卷九十六；〔清〕罗振玉《罗雪堂先生全集》（三编）第十册卷五"礼乐"条、王锷《三礼研究论著提要·礼记类》等著录或称引。
明	钱肃	《王制说》一卷	佚②	〔清〕陈梦雷《古今图书集成·理学汇编·经籍典》卷二百十八与三百二十一；〔清〕沈翼机等《浙江通志》卷二百四十二；〔清〕朱彝尊《经义考》卷一百四十八；罗振玉《罗雪堂先生全集》（三编）第十册卷五"礼乐"条以及王锷著《三礼研究论著提要·礼记类》等著录或称引。
民	程大璋	《王制通论》一卷	存而未见	《中国丛书综录·子目·经部·礼记类》之"分篇之属"与王锷《三礼研究论著提要·礼记类》著录或称引。

① 〔清〕陈梦雷《古今图书集成·理学汇编·经籍典》卷二百十八记载："陈际泰王制说一卷，存。"

② 〔清〕陈梦雷《古今图书集成·理学汇编·经籍典》第二百十八卷记载："錢肅王制說一卷，存。"第三百二十一卷又载"錢肅王制說一卷，未見。"

(续表)

朝代	作者	书名	存佚	著录或称引
民国	程大璋	《王制义按》三卷	存而未见	《中国丛书综录·子目·经部·礼记类》之"分篇之属"与王锷《三礼研究论著提要·礼记类》著录或称引。

以上三表直观显示了《王制》单篇别行著作分类和存佚的总体情况，从中我们可以清晰地看到《王制》历朝历代的单篇别行情况。

第二节 《王制》单篇别行著作举要

《王制》自宋代开始便有单篇别行著作，通过考察《王制》现存单篇别行著作的思想内容，可以将其分为阐释性单篇别行著作和研究性单篇别行著作两类，今举其中具有代表性的单篇别行著作作以简要论述。

一、《王制》阐释性单篇别行著作举要

今存《王制》阐释性单篇别行著作主要有：皮锡瑞《王制笺》与廖平《王制订》《王制集说》两部。皮锡瑞用今文经学家的眼光对郑玄注解《王制》的六处错误一一勘证，虽有偏颇之处，但这种治学态度值得学习；廖平的《王制订》与《王制集说》则打乱《王制》经文的顺序，以王臣、侯国、诸侯、服制、畿内封、八州封国、方伯、巡狩、田猎、冢宰、司空、司寇、司马、司徒等分类，以经、传、记、注的体例，将《王制》的经文重新组合为十四章，使《王制》文本所记载的内容更具系统性，分述如下。

（一）皮锡瑞《王制笺》

皮锡瑞（1850—1908），字鹿门，又字麓云，湖南善化人，晚清著名经学家和教育家。因仰慕汉儒伏生，故命其书斋为"师伏堂"，学者称其师伏先生。少

时聪慧好学，同治二年（1863）考取秀才，光绪八年（1882）考取举人，之后三次赴京考试均名落孙山。因为仕途不顺，皮锡瑞将一腔报国之志投入到学术研究领域，"以学术济救当世，将其救时志业与经世韬略，贯注于书院教学和经学研究之中，用心讲求经世之学，逐渐走上'经世致用'的学术道路，并积极投身于晚清变革的时代洪流中。"①

光绪十六年（1890）之后，皮锡瑞先后在湖南阳州龙潭书院、江西南昌经训书院、南学会任教，为了挽救当时空谈义理的学术，引导学生在研学经史的过程中，关注社会政治，以求学以致用，在教书的过程中，培养了许多优秀的经世致用人才。因参加南学会，在戊戌变法失败后被革去举人称号，交由地方官看管，三年后虽复举人称号，但言行仍受管束。皮锡瑞以经学名于当时，其"说经当守家法，词章必宗家数"②，并且以实事求是的态度解经，因"瘁精学术，体力早衰"而卒，③享年仅五十九岁。

皮锡瑞一生著述颇丰，有《经学通论》五卷、《经学历史》一卷、《今文尚书考证》三十卷、《尚书大传疏证》七卷、《尚书古文考实》一卷、《古文尚书冤词评议》二卷、《孝经郑注疏》二卷、《王制笺》一卷、《驳五经异义书证》十卷、《汉碑引经考》六卷、《南学会讲义》一卷、《师伏堂经说》《师伏堂笔记》三卷、《师伏堂春秋讲义》二卷、《师伏堂诗草》六卷、《师伏堂咏史》一卷、《师伏堂词》一卷、《师伏堂骈文》六卷、《六艺论疏证》一卷、《鲁礼禘祫义疏证》一卷等著作。

皮锡瑞《王制笺》今存版本有：

---

① 吴仰湘主编：《中国近代思想家文库·皮锡瑞卷》，北京：中国人民大学出版社2013年版，第2页。
② 皮名举：《皮鹿门先生传略》，见皮锡瑞著，周予同注：《经学历史·附录一》，北京：中华书局2009年版，第350页。
③ 皮名举：《皮鹿门先生传略》，见皮锡瑞著，周予同注：《经学历史·附录一》，北京：中华书局2009年版，第352页。

1）清光绪二十五年（1899）湖南思贤书局刊印的《皮氏经学八种》① 本②，后又于光绪十九年至三十四年（1893—1908）刊印了《皮氏经学丛书》本。《续修四库全书》便是据光绪戊申岁（1908）思贤书局刊印。

2）清光绪年间善化皮氏师伏堂辑印《师伏堂丛书》本。

今人王文锦对《王制笺》进行了校笺整理，名为《〈王制笺〉校笺》。本书以王文锦《〈王制笺〉校笺》为研究对象，就皮氏撰写《王制笺》的原因以及此书的思想内容作以概述。

朱熹认为《周礼》和《王制》都是记载古代制度的著作，所讲说的制度也最详细，有人认为《周礼》是周公所作，所以在历代备受重视，而《王制》因是汉博士所作③，一直受到贬抑。东汉时期，何休作《周礼注疏》，认为《周礼》是六国阴谋之书④，郑玄认为《王制》成书乃在赧王之后⑤，应是东周晚期的作品，于是疏通《王制》经义。根据何休和郑玄的说法，《周礼》《王制》成书时

---

① 清光绪三十三年（1907）思贤书局刊印的《皮氏经说十种》具体包括：《经学通论》《经学历史》《王制笺》《古文尚书冤词平议》《尚书中侯疏证》《郑志疏证》《郑记考证》（附《答林孝存〈周礼〉难》）《圣证论补评》《六艺论疏证》《鲁礼禘祫义疏证》，较光绪二十年刊印的《皮氏经说八种》，湖南思贤书局此次刊印皮氏著作只多出了《郑记考证》与《鲁礼禘祫义疏证》两书。

② 清光绪二十五年（1899）湖南思贤书局刊印《皮氏经学八种》包括：《经学通论》《经学历史》《古文尚书冤词平议》《尚书中侯疏证》《王制笺》《郑志疏证》《六艺论疏证》《圣证论补评》。

③ 《礼记正义·王制》：孔颖达疏曰："卢植云：'孝文皇帝令博士诸生作此《王制》之书。'"见阮元校刻《十三经注疏·礼记正义》，北京：中华书局1980年版，第1321页。

④ 〔唐〕贾公彦著：《序〈周礼〉废兴》："《周礼》起于成帝刘歆，而成于郑玄，附离之者大半，故林孝存以为武帝知《周官》末世渎乱不验之书，故作十论七难以排弃之。何休亦以为六国阴谋之书，唯有郑玄遍览群经，知《周礼》者乃周公致太平之迹，故能答林硕之论难，使《周礼》义得条通。故郑氏传曰：'玄以为括囊大典，网罗众家，是以《周礼》大行后王之法。'《易》曰：'神而化之，存乎其人，'此之谓也。"见阮元校刻《十三经注疏·周礼注疏》，北京：中华书局1980年版，第636页。

⑤ 《礼记正义·王制》：孔颖达疏曰："郑云：汉有正平承，秦所置。又有古者以周尺之言今，以《孟子》当赧王之际，《王制》之作复在其后。"见阮元校刻《十三经注疏·礼记正义》，北京：中华书局1980年版，第1321页。

代相差不远，因各记所闻，所以古今说法存在差异，但皮锡瑞认为《王制》应是汉代今文博士所作，因为班固的《白虎通》所引内容多出《王制》，郑玄却认为《王制》出自孔门贤人之手，而且其注解《王制》多昧于家法，对《王制》中关于土地、封国、官制、征税、祀典、学制六方面制度的注释多有失误，从而贻误后学，使后代学者以为《王制》经文有误。为了消解后学对《王制》的误解，皮锡瑞写了《王制笺》。这一点皮锡瑞在《王制笺·自序》中有详细说明：

> 朱子谓《周礼》《王制》皆制度之书，以二书说制度最详，举以并论，初无轩轾。说者以《周礼》为周公作，则扬之太高，以《王制》为汉博士作，则抑之太甚。惟何劭公以《周礼》为六国时书，郑康成以《王制》在赧王之后，当得其实。
>
> 据二君说，则二书时代不甚远，而古今说异，当由各记所闻。汉主今文博士说，多与《王制》合，《白虎通》引《王制》最多，是其明证。郑君以《王制》为孔子之后大贤所记，则亦知其书出孔门，惟过信《周礼》出周公，解《王制》必引以为证，则昧于家法，而自生葛藤。今考郑注，其失有六。
>
> 一曰土地。……二曰封国。……三曰官制。……四曰征税。……五曰祀典。……六曰学制。
>
> 郑君所注偶失，人不知为《注》误，而以为经误，遂集矢于此经，如孙希旦谓汉初未见《周礼》及《古文尚书·周官》篇，舛谬殊甚。《王制》固非汉人作，汉人安得见魏晋之伪古文哉！
>
> 《周礼》《王制》皆详制度，用其书皆可治天下。《周礼》详悉，《王制》简明，《周礼》难行而多弊，《王制》易行而少弊。王莽、苏绰、王安石强行《周礼》，未有行《王制》者，盖以《周礼》为出周公而信用之，《王制》出汉博士而不信用之耳。
>
> 今据俞樾说，《王制》为素王所定之制。疏通证明其义，有举而措之者，知王道之易易，岂同于郢书治国乎？郑君笺《诗》，以《毛》为

第二章 《王制》单篇别行论析

主,若有不同,便下已意。今用其法,以笺《王制》。专据今文家说,不用古《周礼》说汩乱经义。全载郑《注》,间纠其失,孔疏择其合者录之,后儒之说,或采一二,而附以已意,俟达者理董之。①

皮锡瑞用今文学家的观点笺注《王制》,采用郑玄注解《诗经》的方法,在疏通文意方面,博采众说而独抒己见;在注释内容方面,全部摘录郑注,以便纠郑注之失,如果孔颖达正义或后儒之注有切合经义的地方便摘录出来,体现了皮氏实事求是的解经态度,为后学研读《王制》提供参考。

皮锡瑞《王制笺》首先考证《王制》的作者,其次肯定《王制》"新制"的特点,最后考证郑玄注解的失误之处。皮锡瑞认为:《王制》"多为殷制,引《春秋》变周之文,从殷之制,则已知《王制》之通于《春秋》,特未明言为素王之制耳"。② 又因为"《王制》所言制度多同《公》《穀》",③ 而《春秋公羊传》《春秋穀梁传》属于今文经学,所以《王制》也属于今文经学的范畴。皮锡瑞继承俞樾所认为《王制》是素王之制的说法,以今文经学家的身份和立场笺注《王制》,阐释此篇文章的微言大义。

《王制》和《周礼》皆言古制,但《王制》所言制度与《周礼》不同,《王制》是素王新制,与周世旧制不同,虽然《王制》"其中损益周制,或取或否。郑君见其与《周礼》不合,别之为夏、殷礼。孔子斟酌四代,未尝不采夏、殷,然已经孔子损益,定为一王之法,则是素王新制,非夏、殷旧制矣"。④ 但前人却不知道《王制》是孔子新制之作,有必要作笺注阐明。皮锡瑞对《王制》的解读,与当时康有为"托古改制"的思潮应有丝缕关系。

皮锡瑞《王制笺》在考订《王制》作者以及阐明《王制》"新制"的特点

---

① 〔清〕皮锡瑞、王文锦校笺:《〈王制笺〉校笺》,北京:华夏出版社2005年版,第1—8页。
② 〔清〕皮锡瑞、王文锦校笺:《〈王制笺〉校笺》,北京:华夏出版社2005年版,第11页。
③ 〔清〕皮锡瑞、王文锦校笺:《〈王制笺〉校笺》,北京:华夏出版社2005年版,第27页。
④ 〔清〕皮锡瑞、王文锦校笺:《〈王制笺〉校笺》,北京:华夏出版社2005年版,第13页。

后，逐一考辨郑玄注解的六大失误。皮氏笺注看似指摘郑玄注解《王制》的失误，实则在经文注疏中寄托了自己的治国理想，希望《王制》所讲述的制度能为当时国家改革所用，因为《周礼》《王制》都详细论述了古代的治国法度，用此二书可以治理天下。《周礼》记载较《王制》详细，又是周公所作，所以王莽、苏绰、王安石改革时多采用《周礼》中的典章制度，实则《周礼》难行，不及《王制》易行且少弊端，如果能够在社会改革中采用《王制》的治国思想，也能达到治理天下的功效，即"《王制》简便易行，不比《周官》繁重难举，学者诚能考定其法，仿其用意，以治今天下，不必井田封建，已可以甄殷陶周矣"。①

《王制笺》体现了皮氏经世致用的治学思想，表达了他渴望解除清政府内忧外患处境的社会担当和政治热忱。"也许可以说，与康子考订和单刻《王制》一样，皮锡瑞的临终之作《王制笺》同样出于对中华文明制度传承的关怀，其提升《王制》位置的举动，可比宋儒提升《大学》《中庸》"②，刘小枫肯定了皮氏此书的价值，认为它提升了《王制》在《礼记》中的地位以及其在整个经学史中的地位。梁启超认为皮氏《王制笺》是清代学者整理旧学的过程中，成绩卓著的一部著作③，足以说明《王制笺》的成就和地位。

然而，章太炎却对皮锡瑞《王制笺》进行了尖锐地批评："善化皮锡瑞尝就《〈孝经〉郑注》为之义疏，虽多持纬候，扶微继绝，余甚多之。其后为《王制笺》《经学历史》《春秋讲义》三书，乃大缪也。《王制笺》者，以为素王改制之

---

① 〔清〕皮锡瑞：《经学通论·三礼·论〈王制〉为今文大宗即春秋素王之制》，北京：中华书局2011年版，第69—70页。

② 刘小枫：《〈王制〉与大立法者之"德"——〈《王制笺》校笺〉序》，见王锦民校笺：《〈王制笺〉校笺》，北京：华夏出版社2006年版，第4-5页。

③ 梁启超在《中国近三百年学术史》之《清代学者整理旧学之总成绩》一节中说："《礼记》单篇别行之解释，有皮鹿门（皮锡瑞）之《王制笺》，康长素（康有为）之《礼运注》，刘古愚（刘光蕡）之《学记臆解》，各有所新发明。"见梁启超：《中国近三百年学术史》（新校本），北京：商务印书馆2011年版，第229页。

书,说已荒忽;然《王制》法品,尽古今夷夏不可行,咎在博士,非专在锡瑞也。"① 认为皮锡瑞此三书十分荒谬,将《王制》定位为素王改制之说也荒忽无极。他在《驳皮锡瑞三书·〈王制〉驳难》一文中说:

> 循《王制》之法,行之无不乱治,施之无不旷官,百世可知。博士本谩诞不练政事,郑、孔盖未能弹正。皮锡瑞又曲解之,其言有百里之内以共官,千里之内以为御。……《王制》者,博士钞撮应诏之书,素非欲见之行事,今谓孔子制之为后世法,内则教人旷官,外则教人割地。此盖管、晏之所羞称,贾捐之所不欲弃,桑维翰、秦桧所不敢公言。谁谓上圣而制此哉?②

章太炎认为《王制》的法品不高,咎在汉博士而非皮锡瑞,他们不谙政事,认为《王制》能治理天下,郑玄、孔颖达等人注解时又未纠正,皮锡瑞又曲解了《王制》的经义,肯定了《王制》的治世价值。古代的贤臣管仲、晏子以及无品行的桑维翰和秦桧都不愿论及《王制》的治国理念,足见《王制》法品的低下,皮锡瑞却将《王制》提到治国定天下的地位,荒谬之处显而易见。胡玉缙也认为皮锡瑞此书所据俞樾的《王制》为素王所定之制的说法是一家之言,"以为不易之言则不可。皮氏是笺,毋乃过信"。③ 然而此书"义据闳深,条例明晰,虽属一偏之说,要自不可废也"。④

综而论之,梁启超和刘小枫肯定了皮锡瑞《王制笺》的价值,章太炎和胡玉缙两人的论述虽有微词,也证明皮锡瑞此书的影响。学术批判也有一定的政治立场,章太炎以古文经学家的眼光批判皮锡瑞此书,其说法的客观公正性值得商

---

① 〔清〕章炳麟:《章太炎全集·驳皮锡瑞三书》(四),上海:上海人民出版社1985年版,第19—20页。
② 〔清〕章炳麟:《章太炎全集·驳皮锡瑞三书》(四),上海:上海人民出版社1985年版,第27—28页。
③ 胡玉缙:《续四库提要三种》,北京:中国书店出版社2002年版,第879页。
④ 胡玉缙:《续四库提要三种》,北京:中国书店出版社2002年版,第880页。

权,而胡玉缙对《王制笺》的评论则稍微缓和,正符合孟"尽信书,则不如无书"之义。①

《王制笺》在《后序》部分列举了四个《荀子·王制篇》与《礼记·王制》"不惟名同,其义亦多吻合"的地方。②皮锡瑞认为荀子《王制篇》虽然详细,但是不及《礼记·王制》条理严密,"则此经(《王制》)必有所授,以为素王之制,似可无疑,故虽孟、荀大贤,犹未尽得其旨。以为汉博士作,不亦远乎?"③皮锡瑞《王制笺》虽然有许多不足之处,也是今文经学家"微言大义"注经思想的体现,它所蕴含的政治理想和治国理念仍值得借鉴。

(二)廖平《王制订》与《王制集说》

廖平(1852—1932),初名登廷、字旭陔,又字勖斋,后又改名平,字季平,因其治经思想六变,所以先后又自号四益、五译、六译先生。④四川井研县人,晚清著名经学家,对中国近现代学术思想领域产生了重要影响。廖平幼时求学曲折,因其不善记诵,加之家庭贫困,父亲便阻止其再进学堂,但其求学意志坚定,终于博得家人的同意,再次进入学堂。廖平学习刻苦勤奋,曾在寺庙的神灯下挑灯夜读,虽不善记诵,但善于思考,为他日后的经学成就奠定了重要的基础。

廖平一生著作丰富,有《楚辞讲义》一卷、《春秋古经左氏说》五卷、《春秋左传古义凡例》一卷、《春秋左氏古今说汉义补证》十二卷、《谷梁春秋经传古义疏》十一卷、《释范》一卷、《公羊何氏解诂十论》《古学考》一卷、《长短

---

① 〔汉〕赵岐注,〔宋〕孙奭疏:《孟子注疏·尽心章句下》,见阮元校刻:《十三经注疏·孟子注疏》,北京:中华书局,1980年版,第2773页。
② 〔清〕皮锡瑞、王文锦校笺:《〈王制〉校笺》,北京:华夏出版社2005年版,第163页。
③ 〔清〕皮锡瑞、王文锦校笺:《〈王制〉校笺》,北京:华夏出版社2005年版,第165页。
④ 关于廖平的生平事迹此处参考黄开国在百花文艺出版社1993年出版的《廖平评传》,冯友兰先生《中国哲学史》(下)详细论述了廖平经学思想的六变:"第一变为'今古'"、"第二变为'尊今抑古'"、"第三变为讲'小大'之学"、"第四变而讲'天人'"、第五变"就六经分天人小大"、第六变为以五运六气解《诗》《易》。详见冯友兰:《中国哲学史·清代之今文经学》,北京:中华书局1984年版第1030—1041页;黄开国:《廖平评传》,天津:百花文艺出版社1993年版,第42页。

经》一卷、《春秋三传折中》一卷、《春秋图表》二卷、《大学中庸演义》一卷、《大统春秋公羊补证》十一卷、《坊记新解》不分卷、《地理辨正补正》三卷、《地学答问》一卷、《地球新义》二卷、《分方治宜篇》一卷、《王制集说》《王制订》等著作。

廖平《王制订》不是对《王制》经文的阐释，而是按照王臣、侯国、诸侯、服制、畿内封、八州封国、方伯、巡狩、田猎、冢宰、司空、司寇、司马、司徒等类次，以经、传、记、注的体例，将《王制》的经文重新分类组合为十四章，使传统《王制》文本所记载的内容呈现出一个系统的体系。《王制订》所分章目，按照古书体例列于本章文字之后，以"右××"表示，其经、传、记、注的文字也用依次低格的方式表示。故《〈王制订〉跋》曰："是编将《王制》经文约略类次，有顶格者，大抵以之为纲。有低一格或二格者，以之为目，而经文不全载，任意割裂，又任意去取，不知其命意所在，前后无序跋，亦无案语，但注右王臣、右侯国、及以下赐命等"。① 廖平《王制订》今有《四益馆丛书》本、《新订六译馆丛书》本、今人李耀仙主编《廖平选集》下册收录此篇。②

《王制集说》最初分别发表在《四川国学杂志》1913年的第9期、第10期、第12期、《国学荟编》的1914年的第2期、第3期。后有《新订六译馆丛书》本、1915年存古书局刊本。③ 今人李耀仙《廖平选集》下册选编了其《〈王制集

---

① 胡玉缙、王欣夫辑：《许庼学林·〈王制订〉跋》，北京：中华书局1958年版，第369页。

② 《廖平选集》本所收《王制订》，"不是根据廖平在1897（光绪丁酉）年出版的原本，而是选取他于1914年出版的《王制集说》的修订本。"见李耀仙主编：《廖平选集·〈王制订〉书刊行的几点说明》（下），成都：巴蜀书社1998年版，第3页。

③ 笔者只找到《王制集说》发表在《四川国学杂志》1913年第9期、第12期以及1914年发表在《国学荟编》第2期和第3期的文本，汇集这几期内容，发现《王制集说》有缺漏"右田猎""右冢宰""右司空""右司马"四章，王锷《三礼研究论著提要·三礼类》第1777条说《王制集说》"刊于《四川国学杂志》1913年第5、6、8月出版9、10、12号及《国学荟编》1914年2月2期。"（见王锷：《三礼研究论著提要》，兰州：甘肃教育出版社2001年版，第358页。）以上缺失的四章或许刊登在《四川国学杂志》1913年第10期，笔者目前尚未找到，还在继续寻找过程中。

说〉凡例》，未录《王制集说》全文。

《王制集说》认为《王制》是素王之法，按照《王制订》对《王制》经文的组合顺序，博采《白虎通》《孟子》《韩诗外传》《周礼》《春秋》《尚书》等书的说法对《王制》作以详细阐释。廖平认为"孔子已殁，弟子纪其制度以为《王制》。《论语谶》：'子夏六十四人撰仲尼微言，以事素王'，即《王制》也。此篇皆改制事，不敢讼言"[①]。《王制》是素王改制之书，与《春秋》同是外王之学，而"《诗》《书》《礼》《乐》，皆素王平治之具，为《王制》之节目"，[②]于是援引"六经传注师说，依次分纂，以证《王制》，明诸经皆统于《王制》也"[③]。从中证明六经皆素王改制之说，为清朝末年的社会改革运动提供理论依据。

廖平《王制集说》的撰写的目的有三：一是《王制》经传记注之文淆乱失序，有必要按照经传、诸子、史志之序考订辑录与《王制》相关者，作为《王制》定本；二是《王制》经文只言大义，而细节不详备，需要采集诸说，使"有明文者易知，无明文者难识"，[④]廖平希望《王制集说》将所裒辑的相关史料根据《通典》体例排列；三是通过考辨诸经与《王制》经文的关系，证明"《王制》统六经，则不专以《春秋》为主"。[⑤]

除上述三个目的之外，廖平《王制集说》研究还会衍生以下成果：因考察《左传》和《王制》的相同之处而作《〈左传〉与〈王制〉同考》；为考察《春秋》与《王制》所记仪制名同实异现象而作《〈周礼〉与〈王制〉同名异实考》；辑录孔子改制为素王之说而作《王制叙录》；此外还应有《王制遗政考》《今学同异名考》《王制义证》等著作。为了使《王制》所记载的制度更加清晰明了，欲作"《九州图》《五服图》《王畿九十三国图》《一州二百一十国图》

---

① 李耀仙：《廖平选集·〈王制集说凡例〉》（下），成都：巴蜀书社1998年版，第20页。
② 李耀仙：《廖平选集·〈王制集说凡例〉》（下），成都：巴蜀书社1998年版，第20页。
③ 李耀仙：《廖平选集·〈王制集说凡例〉》（下），成都：巴蜀书社1998年版，第21页。
④ 李耀仙：《廖平选集·〈王制集说凡例〉》（下），成都：巴蜀书社1998年版，第22页。
⑤ 李耀仙：《廖平选集·〈王制集说凡例〉》（下），成都：巴蜀书社1998年版，第24页。

《九锡表》《王臣食禄表》《大国、次国小国君臣食禄表》《九命表》"。① 《王制集说凡例》可以看作是廖平《王制》研究的一个整体计划书，虽然《凡例》中所列的诸多研究内容没有在《王制集说》中一一落实，但廖氏所提出的观点值得后学参考。

黄寿祺评价廖平《王制集说》曰："此书大意谓孔子以匹夫制作，其行事具于《春秋》，复推其意于五经。……平情论之，《王制》一书，盖作于秦火之后，《周礼》未出之前，秦汉间儒者杂采《孟子》等书及各家传记成之，故其书实为确当。卢植谓汉孝文皇帝令博士诸生作此《王制》之书，其言亦大致不甚相远。廖氏既执今文家之说，故横生异义，今人难以置信矣。"② 其认为廖平所言《王制》为素王改制之说还算确定，但不应为了证明《王制》是今文学家之说而妄生异义。

冯友兰先生在《中国哲学史》一书中评价廖平："所讲之经学，可谓已将其范围扩大至极点。其牵引比附，有许多可笑之处。牵引比附而至于可笑，是即旧瓶已扩大至极而破裂之象也。故廖平之学，实为经学最后之壁垒，就时间言，就其学之内容言，皆可以结经学时代之局者也。"③ 虽然廖平的经学思想有一些可商榷之处，但他却将今文经学发展到极致，成为中国经学时代结束时期的代表人物。

任士英继承了冯友兰先生的说法，并对廖平在经学史上的地位作了总体的评价："廖平在构建其经学理论时，取材不仅限于经学。他是用今文经学的方法来建构理论，而建构中不仅突破了今文经学的界限，同时还突破了整个经学的界限。古今中外，经传、诸子、史册，诗、赋、纬、道、佛、堪舆、术数，西方地理学、天文学、宗教等学说，都是廖平用来建构其理论的素材。因此，从廖平经学理论的内容来看，又与传统经学有根本不同。因此，从廖平经学理论的内容来

---

① 李耀仙：《廖平选集·〈王制集说凡例〉》（下），成都：巴蜀书社1998年版，第24页。
② 中国科学院图书馆整理：《续修四库全书总目提要·经部》，北京：中华书局1993年版，第574页。
③ 冯友兰：《中国哲学史·清代之今文经学》（下），北京：中华书局1984年版，第1041页。

看，又与传统经学有根本不同。由于廖平建立了一个不同传统经学的所谓经学体系，这就从反面无情地宣告了经学的终结。因此，廖平的经学不仅在经学史上有重大贡献，而且在整个近代思想史上都有独特的意义。"① 廖平的经学理论涉及经、史、子、集等领域，他不仅开拓了经学的研究范围，而且为传统经学研究提供了新视角和新方法，成为经学最后的壁垒，宣告了中国传统经学时代的终结。

综而论之，从廖平的《王制订》《王制集说》等研究中，我们清楚地看到：处在清末社会动荡的时代，无论是考订《王制》定本，辑录诸说详明《王制》的微言大义，还是证明《王制》为六经之统领，都体现了这一时期传统经学研究已深入政治改革领域，经世致用的学术思潮已得到明显地彰显，学术研究中的社会体制改革意味更加浓郁。

二、《王制》研究性单篇别行著作举要

《王制》研究性单篇别行著作主要是对《王制》所载的井田制度、东田之名，井田与里亩的计算方法以及《王制》作者等问题的考辨，今就耿极《王制管窥》、俞正燮《王制东田名制解义》、刘师培《王制篇集证》与谈泰《王制里亩算法解》及《王制井田算法解》五部《王制》单篇别行研究性著作作以简要论述。

（一）耿极《王制管窥》

耿极（约1650—1710），字保汝，号诚斋，直隶定兴（今河北定兴县）人，清初颜李学派的主要传人之一。"幼寡言笑，重厚如成人。六岁时，其父携之谒鹿善继，一见异之，曰：'老成端重，大成之器也。'九岁丧父，益力学事母，矢志为第一人。"② 最初学于杜越，后又师从名儒孙奇逢，孙奇逢认为其有良知

---

① 任士英：《学院春秋：20世纪国学大师档案》，郑州：河南人民出版社2006年版，第95-96页。
② 〔清〕徐世昌：《大清畿辅先哲传》（上），北京：北京古籍出版社1993年版，第349页。

之旨，并赠诗曰："知之真，信之笃，行之勇，于保汝仅见之。"①谨遵师说，闻道又早，同学每有质疑，无不使其涣然冰释，孙奇逢称其："此吾门尹彦明也"②，足见耿极天资之聪颖。后来家道中落，在颠沛流离之中亦能随遇而安，中年讲学，四方来听讲者无不心悦诚服，西华程来仪感叹道：耿极之学尚且如此，而其师孙奇逢更是学问泰斗。后又在河朔之间讲学数年，备受人称道。年过六十，涵养愈高，难见喜怒之色。晚安卧疾长达五六年，但讲学不辍，死之日仍在讲学，可谓鞠躬尽瘁。孙奇逢之子孙淦曰："先征君及门弟子，以经济著者，曰汤斌、魏一鳌；以学行著者，曰耿介、王余佑、崔蔚林；以文章著者，曰薛凤祚、费密、高鐈、赵御众；以介节著者，曰张果中、马尔楷。而品学端粹兼众人之长者，则保汝一人而已。"③

耿极治学以慎独为宗旨，以存诚为质要，强调治学的经世致用之功效。有《王制管窥》《古本大学绎言》《古本中庸绎言》《存诚集》等著作。

《王制管窥》今存版本有《畿辅丛书》本和《丛书集成初编》本。《丛书集成初编》本实则据《畿辅丛书》本排印，实则与《畿辅丛书》本为同一版本来源。本书以《丛书集成初编》本为研究对象，对耿极《王制管窥》的撰写缘由以及思想内容作以简要论述。

为何撰写《王制管窥》，耿极在此书序言中做了详细地说明，其曰：

> 太上立德，其次立功，其次立言，言之为重于世与功德埒，何也？盖有德之言，言即其德，有功之言，言即其功，功德不可朽，斯言亦与之不可朽，如历代圣贤之经传典籍是矣。否则徒饰虚车，虽至汗牛充栋，不足为有无，甚且言伪而辩，邪说诬民，在朝不免两观之诛，在野不免闲先圣者之辟，立言可不慎欤。唐虞三代，治天下之良法美意，皆

---

① 〔清〕徐世昌：《大清畿辅先哲传》（上），北京：北京古籍出版社1993年版，第349页。
② 〔清〕徐世昌等：《清儒学案》（第一册），北京：中华书局2008年版，第38页。
③ 〔清〕徐世昌：《大清畿辅先哲传》（上），北京：北京古籍出版社1993年版，第349—350页。

圣帝明王功德之所存，万世太平之福也。是以历夏、商、周，代有改革，而此法终不可易，岂后王之智，皆出前王下哉？徒以前王立法之善，利于善，不利于恶，虽有智者，不能出其范围故也。……愚缘众论纷纭，爰取《王制》《孟子》《周礼》诸书而细绎之，略记《管窥》，偶尔成帙，以质天下后世，共求其是，不敢谓天下后世必无尧舜汤武之君，更不敢谓天下后世并无唐太宗、明太祖之君，不敢谓天下后世必无伊尹、周公之佐，更不敢谓天下后世并无王绾、颜师古，尽皆魏、长孙之佐。①

历代圣贤有价值的言论可以与功德一样永垂不朽，代代相传。作为唐虞三代的治国策略，应该与功德一样万世不朽。夏、商、周三代虽有改革，但圣帝明王的治国之法并没有因变革而取消，这不是因为后王不智，而是因为圣主明王所建立的法制有益于后世国家的治理。《王制》所讲的井田封建之制，不仅是皇帝抵御蚩尤的有力后盾，更是后世避免征诛之难的有力保证。难道真如柳宗元、苏氏、马端临等人所言井田之法只适用于古代，不能复行于当下吗？于是考察《孟子》《王制》《周礼》诸书关于井田之制的论述，认为井田之法不仅适用于古代，而且宜行于当下，于是撰写了《王制管窥》以抒己见。

耿极《王制管窥》以设问的方式，表达了其对《王制》所载制度以及井田制的见解。他用十八组设问，对《王制》中所论述的治国理念一一论述。如实行井田之法的益处；《王制》必须寓兵于农的原因；对后三代之治源于贤人而非先王之制的辩驳、对苏洵井田之法无法实行之说的辩驳；实行井田之制是否要废除科举；复行井田如损害世家大族的利益该如何处理；人口增加而土地有限是否能实行井田制；是否可以限田以及授田之数的标准；行井田之法是否会助长世禄大族的骄横之气以及消减其仁民爱物之心等问题，有助于我们深刻理解《王制》的治国理念。如《王制管窥》对《王制》寓兵于农的解说：

---

① 〔清〕耿极：《王制管窥序》，见王云五主编：《王制管窥及其他两种》之《王制管窥》，上海：商务印书馆1960年版，第1—3页。

| 第二章 《王制》单篇别行论析 |

或问:《王制》必寓兵于农,何也? 曰:国家之患,莫大于文武分途。途分则天下安,注意相;天下危,注意将。注意相,则相重将轻;注意将,则将重相轻。一轻一重之势,迭为轩轾,则将相恒不平于朝。兵农分则以农养兵,而农怨兵;以兵卫农,而兵骄农。一怨一骄之势恒相激,而兵农常不平于野。夫以朝野常处不平之势,如冰炭之同炉,其治乱安危之几,不待智者而后能辨也。况无文之绛灌,无武之隋陆,未必即能安天下,而蠢聚乌合之招募,亦未必能卫农,孰与即相即将,无轩无轾,即农即兵,自养自卫,文经武纬,足食足兵,一以贯之乎。且夫四民之数,惟农为众;四民之人,惟农能劳;四民之居,为农为固;四民之事,惟农有什伍行阵之列,于习兵为便。是以古之童子,十三舞勺,十五舞象,四民皆然。夫勺,武舞也。象,文武也。盖自竹马戏游之日,而武舞已熟,技勇已成,已堪为兵,人人足以为守,而寓兵于农,取其尤众而固者也。①

《王制》之所以寓兵于农是为了缓解国家内部矛盾,因为文武不和、农兵不谐均会导致国家社稷的动荡。中国古代的经济以农业为基础,比起士、工、商,农民占国家人口的绝大多数,因为土地所有关系稳定的原因,农民较其他"三民"几乎不会出现频繁迁徙的情况,加之长年累月的辛勤劳作,广大农民均具有吃苦耐劳的品质。以农业为主的社会生产模式,土地是人们生存的基础,一旦发生战乱,广大农民会积极入伍而保家卫国,这是《王制》寓兵于农的初衷,也缓解了农兵之间的矛盾冲突,有利于维护国家的稳定。虽然耿极《王制管窥》对此问题的论述较为有理,但仍值得商榷,民兵和专业训练的国家军队,在作战技巧和技能素养上还是有区别的,国家的安定需要正规的军队,民兵很难完全胜任。

耿极《王制管窥》对《王制》所蕴含的治国策略虽多有可采之处,仍有理

---

① 〔清〕耿极:《王制管窥》,见王云五主编:《王制管窥及其他两种》之《王制管窥》,上海:商务印书馆1960年版,第3—4页。

想的成分。如耿极对实行井田制益处的论述,实行井田之法,民则有恒产,有定居,如此百姓才可以安居乐业。秦国土地私有,不实行井田之法,则造成了土地兼并频繁,社会贫富差距变大,社会不稳定因素也由此增加。因为身无保障,百姓多"不顾礼仪,不爱廉耻,不畏刑宪,不惜趋命以徇货财利禄"之人①,因生命受到威胁铤而走险。耿极此说虽有可取之处,但上古战乱频繁,人口数量远远少于清代,井田之法固然有众多裨益,然在人口众多而土地有限的国家中,井田之法却很难实行。耿极在《王制管窥》第十组设问中论述了土地有限,人口增多,如何实行井田制的问题,但其回答也稍显勉强。

其实,关于井田问题,前人多有论述,如宋代的张载、程颢、程颐等人都有论述,张载认为:"井田而不封建,犹能养而不能教;封建而不井田,犹能教而不能养;封建井田而不肉刑,犹能教养而不能使,然此未可遽行之。"② 程颢认为实行井田之制,则能使天下贫富均匀,这样就会减少社会矛盾。耿极《王制管窥》认为天下非一人之天下,而是万民共有之天下,只有与民共享,方能国泰民安,因为"天下万恶莫不生于私,播天下之私,非种天下以恶根乎?种天下以善,天下同受善之福,种天下以恶,天下同受恶之。此两端者,差若毫厘,谬以千里。所谓善必先知之,不善必先知之,此之谓也。后世不明于人心风俗之变,实由于此,而谬云人心不古。不可复以王道治之,岂非诬乎?故曰:为政不因先王之道,可谓智乎?"③ 私有制是万恶产生的根源,唯有实行先王的井田之法,按照制度平均分配,方能化众民,移风俗,使天下百姓与王者一样,共同关心国家社稷的荣辱兴衰。

《王制管窥》体现了耿极的治国观念,虽然有乌托邦色彩,却体现了古代士人修齐治平的人文关怀。《大清畿辅先哲传》评价耿极曰:"极善言先王之道,

---

① 〔清〕耿极:《王制管窥》,见王云五主编:《王制管窥及其他两种》之《王制管窥》,上海:商务印书馆1960年版,第3页。
② 〔宋〕张载著,章锡琛点校:《张载集·月令统》,北京:中华书局2006年版,第297页。
③ 〔清〕耿极:《王制管窥》,见王云五主编:《王制管窥及其他两种》之《王制管窥》,上海:商务印书馆1960年版,第1—2页。

谓井田封建为必可行，唐、虞、三代所以长治者以此。自井田废而治安无善术，唐太宗锐意有为，而魏、李、长孙辈阻之。后之腐儒，一唱百和，决言古法不可以治后世，其说似是而非，皆不知井田之所以为井田者也。乃著《王制管窥》一编，考核详明，疏节条畅。且曰：如有用我者，吾其朝行而夕效矣。"① 足见耿极对先王井田封建制的推崇，以及对《王制管窥》所寄托的厚望。

（二）俞正燮《王制东田名制解义》

俞正燮（1775—1840），字理初，安徽黟县人，道光元年（1821）举人，清代经学家。擅长记诵，读书过目不忘，博学多闻，经学、史学、诸子、天文、地理等领域皆有识见。道光二十年（1840），江苏督学祁寯藻聘其到惜阴书舍讲学，未赴而卒。有《癸巳类稿》十五卷、《癸巳存稿》十五卷、《说文部纬校补》一卷、《海国纪闻》二卷、《四养斋诗稿》三卷、《会通河水道记》一卷、《高加堰记》一卷、《盖地论》一卷、《何端简公年谱》一卷、《黟县山水记》一卷、《少吏论辨正》一卷、《黟县志》十六卷、《续行水金鉴》一五六卷、《左丘明子孙姓氏论》《左山考》等著作。

俞正燮《王制东田名制解义》收入《癸巳类稿》卷三，因为《王制》"东田之名，郑、王、熊、皇、刘、孔皆不悉，制以为南东其亩之东"。② 郑玄、王肃、皇侃、孔颖达等注疏者对《王制》"东田"之名皆不熟悉，有必要对此作以解释，以便后学明了。他认为"东田"之名源于秦朝，秦王朝统一六国后，将六国的田地统称东田，以别于秦地井田。汉文帝时洛滨以东、燕赵之地以及南方之地均称东田，汉武帝时有改动。《王制东田名制解义》曰：

《王制》云："古者以周尺八尺为步，今以周尺六尺四寸为步。古者百亩，当今东田百四十六亩三十步。"东田之名，郑、王、熊、皇、

---

① 〔清〕徐世昌：《大清畿辅先哲传》（上），北京：北京古籍出版社1993年版，第350页。
② 〔清〕俞正燮著，冯小马等点校：《癸巳类稿·王制东田名制解义》，沈阳：辽宁教育出版社2001年版，第89页。

刘、孔皆不悉，至以为南东其亩之东。案谓之今东田者，汉文帝时，洛滨以东、河北燕赵及南方旧井地，武帝以后即无之。《史记·秦本纪》云：商鞅开阡陌，东地渡洛。言开阡陌者，改井田以二百四十步为亩。言东地渡洛，则尽秦地井田皆改，而六国仍以步百为亩，故谓之东田，对秦田言之也。东田之改，在汉武帝时，《汉书·食货志》云：武帝末年诏曰：十二夫为田一井一屋，故亩五顷……桓宽《盐铁论》云：先帝制田二百四十步而一亩。《论》作于昭帝时，知制田指武帝也，所以知武帝改是东田者。西田是秦成制，则汉制是改东田。……合《王制》与《秦本纪》《食货志》《盐铁论》读之，东田之义始见，一井一屋之文亦见，而文散义隐，故解者不知也。《王制》云：古者百亩当今东田百四十六亩三十步。郑推之云：当百五十六亩二十五步。谓当者，古步积六千四百寸，亩积六十四万寸，东田步积四千九十六寸，亩积四十万九千六百寸，郑数合也。以东田就《王制》推之，则有古田、东田、秦田、汉制田，四者之异。①

六国时期的度量衡并不统一，秦国的土地以二百四十步为一亩，而六国以一百步为一亩，秦统一天下后，为区别秦时固有的土地名制西田，称一百步为一亩的土地为东田。《王制》说的东田，即汉文帝时，洛滨以东、河北燕赵以及南方的土地，汉武帝时，仍以二百四十步为一亩的标准丈量土地。俞正燮从《史记·秦本纪》《汉书·食货志》《盐铁论》中寻找与《王制》"东田"相关的文献资料，使"东田"之义为后学者悉知，在对东田的考辨过程中，我们得知东汉之前，有古田、东田、秦田、汉制田四类。

此外，俞氏《王制东田名制解义》末尾详述了周尺、六国尺、秦尺、汉尺的计量规格，为我们了解古代丈量标准的差异提供极有价值的参考。从对"东

---

① 〔清〕俞正燮著，冯小马等点校：《癸巳类稿·王制东田名制解义》，沈阳：辽宁教育出版社2001年版，第89页。

田"一名的考证上,我们可以看到余氏严谨细致的治学态度,恰如《清儒学案》评价其治学态度曰:"理初之学,主于求是。其治经专以汉儒为宗,恒谓'秦、汉去古不远,可信者多'。每解一义,依经为据,有脱讹,取证秦诸书、汉诸儒,陈古刺今,识力坚定。并博究史籍,旁及诸子百家,剖析疑似,靡不经实,江、戴之绪远已。"① 这种实事求是,一丝不苟的为学精神,值得后人学习。

(三)谈泰《王制里亩算法解》与《王制井田算法解》

谈泰,生卒年不详,字阶平,一字星符,江苏上元人。乾隆丙午(1786)举人,后任山阳南汇学教谕。他博览经史,尤其精通天文历算。著有《周径说》一卷、《礼记考源》一卷、《岁次月建异同辨》一卷、《平方立方表》六卷、《北斗考》三卷、《明算津梁》四卷、《推步稿》三卷、《春秋战国国岁次考》二卷、《天元释例》四卷、《先圣生卒年月日辨》二卷、《礼记义疏算法解》一卷、《王制里亩算法解》一卷、《王制井田算法解》一卷、《丝竹考异与人歌谱》三卷、《古今音韵诗余》二卷、《三十六字母阴阳辨》一卷、《古今乐疑义》三卷、《桐音馆杂文》四卷等著作。②

谈泰《礼记义疏算法解》一文中说:"康成之法,《正义》全未通晓,所释里亩诸数,牵强支离,并非立法本义。"③ 所以他通过对《王制》里亩算法的正确推算,以便后人清晰分辨郑玄、孔颖达、陈澔三人注疏《王制》里亩时的失误之处。他在《王制里亩算法解》篇首说:"五经中罕言算术,惟《王制》论里亩及之。然孔与郑异,陈又与孔异,欲折中,綦难矣。总宪梅循斋先生著《赤水遗珍》中有《方田度里》一篇,正《王制》《注》《疏》之误。其法以原数立算,与郑康成著互合,但所列诸率,不明言乘除之数,恐观者无从稽核,而经义

---

① 〔清〕徐世昌等:《清儒学案·理初学案》(第六册),北京:中华书局2008年版,第5363页。

② 谈泰的生平资料很少,主要参考徐世昌等人撰写的《清儒学案》以及支伟成《清代朴学大师列传》中关于其生平事迹的记载。

③ 〔清〕谈泰:《礼记义疏算法解》,见王云五主编:《丛书集成初编》之《海道算经及其他六种》(补印本),上海:商务印书馆1960年版,第3页。

难明, 爰引先生本文, 逐句疏解, 并用三率互视法, 详推如左, 而记文讹误, 及孔《疏》陈《注》之粗疏, 亦不辨而自明焉。"①《诗》《书》礼》《易》《春秋》很少言及算术, 唯有《礼记·王制》中论及里亩时涉及算术, 但是郑玄《注》与孔颖达注疏的文字存在差异, 陈澔的注解又与孔颖达疏解的文字又不同, 这些差异说明此三人中必有人对《王制》里亩的注疏存在错误, 有必要对《王制》中涉及里亩的算法作以疏解, 以便后人明白经义, 而梅瑴成《赤水遗珍·方田度里》有关于里亩的算法, 通过推算发现, 郑玄、孔颖达、陈澔三人关于《王制》里亩算法的注疏, 唯有郑玄的注解与《方田度里》的算法相同, 则孔、陈二人之注解之失误不言而破。然而郑玄之注, "但所列诸率, 不明言乘除之数, 恐观者无从稽核, 而经义难明"②, 所以谈泰援引梅氏《方田度里》原文, 逐句疏解, 并采用三率互视法推算, 以阐明《王制》里亩注疏文字的讹误之处。

谈泰《王制里亩算法解》今存版本有:《金陵丛刻》本、《秫算汇编》本和《丛书集成初编》本,《丛书集成初编》本实则据《金陵丛刻》本排印, 实属一个版本源流, 今较常见。

谈泰《王制井田算法解》一书, 依次计算了畿外八州所建二百一十国之实数、"天子畿内九十三国之实数"③、"畿内外井田之地"④、"畿外九州建国之法", 其中附有里数表、亿小数表、亿大数表、一里方积表、十里方积表、五十里方积表、七十里方积表、百里方积表、千里方积表诸表, 以备后学参考。今存版本有《金陵丛刻》本与《丛书集成初编》本,《丛书集成初编》本据《金陵丛刻》本排印, 实则属于同一版本系统, 较为常见。

---

① 〔清〕谈泰:《王制里亩算法解》, 见王云五主编:《丛书集成初编》之《海道算经及其他六种》(补印本), 上海: 商务印书馆1960年版, 第1页。
② 〔清〕谈泰:《王制里亩算法解》, 见王云五主编:《丛书集成初编》之《海道算经及其他六种》(补印本), 上海: 商务印书馆1960年版, 第1页。
③ 〔清〕谈泰:《王制井田里亩算法解》, 见王云五主编:《丛书集成初编》之《海道算经及其他六种》(补印本), 上海: 商务印书馆1960年版, 第2页。
④ 〔清〕谈泰:《王制井田里亩算法解》, 见王云五主编:《丛书集成初编》之《海道算经及其他六种》(补印本), 上海: 商务印书馆1960年版, 第7页。

舒大刚《儒学文献通论》评价谈泰《王制里亩算法解》曰："谈氏此书，是研究算法者的指示门径，也是研究算法和经学的杰作"①，足见此书在研究经学算法书中的地位。作为谈泰研究《王制》算法的另一著作——《王制井田算法解》，其对《王制》畿内畿外所建国数、井田之数、建国的方法进行了详细疏解，为研究古代建国之法与井田制度提供了参考。

（四）刘师培《王制篇集证》

刘师培（1884—1919），一名光汉，字申叔，号左盦，江苏仪征人。出身于书香门第，8岁（1892）学习《周易》，12岁（1896）读完四书五经，13岁（1897）开始研究《晏子春秋》，17岁（1901）考取秀才，18岁（1902）考中举人，19岁（1903）进京会试，落第而归。后结识章炳麟、蔡元培等人，积极投身于民族救亡的社会运动中，先后在《政艺通报》《俄事警闻》《警钟日报》《国粹学报》《民报》《天义》《衡报》《四川国学杂志》《国故钩沉》《甲寅》《国故》《困学厄林》等报发表众多具有思想性的文章。

刘师培对传统的经学和小学颇有研究，他用西方资产阶级进化论的思想研究中国传统文化，拓展了传统文化研究的视野和领域。虽然生命短暂，一生著述甚多，有《周礼古注集疏》二十卷、《尚书源流考》一卷、《白虎通德论补释》一卷、《白虎通义定本》二卷、《白虎通义源流考》一卷、《楚辞考异》一卷、《春秋繁露校补》三卷（《佚文辑补》一卷）、《春秋古经笺》三卷、《春秋左氏传例略》一卷、《春秋左氏传时月日古例考》一卷、《春秋左氏传古例诠微》一卷、《春秋左氏传答问》一卷、《读书随笔》一卷、《敦煌新出唐写本提要》一卷、《中古文学史讲义》《左盦集》八卷、《左盦外集》二十卷、《左盦诗录》四卷、《左盦词录》一卷等著作，后人辑为《刘申叔先生遗书》七十四种。

《王制篇集证》最初刊登于《国粹学报》第36期政篇，此文并没有写完，仅仅诠释了《王制》中"王者之制禄爵，公侯伯子男，凡五等。诸侯之上大夫

---

① 舒大刚：《儒学通论》（中），福州：福建人民出版社2012年版，第936页。

卿，下大夫，上士、中士、下士，凡五等。天子之田方千里，公侯田方百里，伯七十里。子男五十里。不能五十里者，不合于天子，附于诸侯曰附庸。天子之三公之田视公侯，天子之卿视伯，天子之大夫视子男，天子之元士视附庸"这一部分，① 其余章节再无诠释，此文亦无续载。

《王制篇集证》今收入《左盦外集》卷二，其注释《王制》经文前面的文字与《左盦集》卷一所录《〈王制篇集证〉自序》的文字多有重复。虽未完成，但从仅有的文字中，我们可以了解此书的主要内容和写作特色。

刘师培认为《王制》的作者是汉文帝时的博士，并引《史记·封禅书》《汉书·郊祀志》的文献资料来佐证。如"《史记·封禅书》云：'文帝召鲁人公孙臣，拜为博士，与诸生草改历服色事。明年，使博士诸生刺六经作《王制》，谋议巡守封禅事。'《汉书·郊祀志》同，此《王制》作于汉文时之明证。案：《礼记》之《王制》，即汉文帝时博士所著其证有三：赵岐《孟子题词》言：'汉文时，《孟子》《尔雅》皆立博士'。今《王制》篇中多采《孟子》《尔雅》说，必汉文时博士所辑无疑，一证也。东尺东田明系汉制，非周人之书，二证也。巡狩之事，《王制》所言特详，与《史记》谋议巡狩封禅合，三证也。"② 他认为《王制》多引用《孟子》《尔雅》之说，东田之名也是汉田制的名称，《王制》所言的巡守礼制与《史记》所记载的巡狩封禅之说相同，所以推断《王制》是汉文帝时的博士所写。

《王制篇集证》认为《王制》兼采今古文说，所记言并非专于一经，记制度也不拘一代。如果不知《王制》所说源于何书，所记制度属于何代，而以一家之言，一代之制度诠释，则离《王制》主旨相去甚远。

《王制篇集证》的撰写目的是：为了排除近人对《王制》的误解，希望通过对《王制》经文的出处、所属学派的考证，从而使学人对《王制》主旨的理解

---

① 〔汉〕郑玄注，〔唐〕孔颖达等正义：《礼记正义·王制》，见阮元校刻《十三经注疏》本，上海：上海古籍出版社2011年版，第1321—1322页。
② 〔清〕刘师培：《左盦外集·王制篇集证》，见《刘申叔遗书》（下），南京：凤凰出版社2010年版，第1344页。

更加贴切。《王制篇集证》曰:"近人解《王制》者其误有二:一以《王制》为孔子改制之书,或以为合于《谷梁》,或以为合于《公羊》,不知《王制》所采,本不仅今文之说,于今文之中又不仅《公》《谷》二家之说,谓之偶取《公》《谷》则可,谓之悉合于《公》《谷》则不可也。一以群经非古籍,均依《王制》而作,不知此乃《王制》杂采群经也。谓《王制》依群经而作,则可谓群经依《王制》而作,则倒果为因,夫岂可哉?不揣固陋,作《王制集证》一书,首定某条为某经之说,以证所采非一家之言;继定某制为某代之制,以证所辑非一代之制。其所不知,则固从缺,此亦祖述卢氏之义耳,与前儒立异也。"①《王制》经义既融会今古文学之说,又杂取诸经之言,不能颠倒黑白,本末倒置。

刘师培《王制篇集证》侧重对《王制》所引制度、所采家说始末的考证,而不注重阐释《王制》的经文。如对"王者之制,禄爵、公、侯、伯、子、男,凡五等"句的阐释,②先考证《王制》所载此说属于古文家左氏周官之派,然后说明此句所载制度属于周制,因为周爵为五等,夏爵为三等。③再如对"天子之田方千里,公侯田方百里,伯七十里。子男五十里。不能五十里者,不合于天

---

① 〔清〕刘师培:《左盦外集·王制篇集证》,见《刘申叔遗书》(下),南京:凤凰出版社2010年版,第1344页。
② 〔汉〕郑玄注,〔唐〕孔颖达等正义:《礼记正义·王制》,见阮元校刻《十三经注疏》本,上海:上海古籍出版社2011年版,第1321页。
③ 刘师培《左盦外集·王制篇集证》曰:"此乃古文家之说也,此说于古文属何派?曰:此《左氏》《周官》之说也。曷以知其为古《左氏》《周官》说?于'天子无爵'知之也。《五经异义》曰:天子有爵否。《易》孟京说《易》有周人五号,帝天称一也说,与《乾凿度》同是天子有爵,古《周礼》说天子无爵,同号于天,何爵之有?谨案《春秋左氏》云:'施于夷狄称天子,施于诸夏称天王,施于京师称王。'知天子非爵称也,从古《周礼》说是。今文家以天子为有爵,古文家以天子为无爵。《孟子》亦今文说,故其言曰:'天子一位、公一位、侯一位、伯一位、子男同一位,凡五等',以天子、公、侯、伯及子男为五等,与《王制》异,《王制》不以子男同一位,舍天子之爵而弗言明,系用古《左氏》《周官》说。《白虎通》曰:'天子者,爵称也。'则系用今文说。"(见《刘申叔遗书·左盦外集》(下),南京:凤凰出版社2010年版,第1344—1345页。)

子，附于诸侯曰附庸。"① 刘氏认为《王制》此言属于"今文家之别说"②，此制"乃周初之制。"③ 刘著不知何故而未完成，实在是一件憾事，但从此书仅有的注释部分看，此著在《礼记·王制》研究史上，仍具有不可磨灭的地位。

第三节 《王制》单篇别行的原因与价值

《王制》收入《礼记》后，宋代开始单篇别行，之后历代均有单篇别行文本出现，或侧重阐释经义，或侧重考辨其所载之制。历代《王制》单篇别行的原因除了古书单篇流传的惯例外，《王制》载有古时帝王治国之制更占主要成分，它不仅为后世的天子与诸臣的爵禄、职责范围的制度提供了参考，更为历代王朝的选官制度、法治理念、养老制度、学校教育以及丧葬祭祀等领域保留了极有价值的文献史料。历代《王制》单篇别行著作传承了封建王朝治理的核心理念——封建等级制度与以德治国的仁政理念，体现了社会思潮对经典阐释的影响以及经典阐释在社会变革中的启示作用。

一、《王制》单篇别行的原因

单篇别行是古籍流传过程中常见的现象，余先生从目录学的角度宏观概述了古书单篇别行现象产生的普遍原因。为何《王制》收入《礼记》后历代仍有单篇别行著作，除了古书编次传播固有的原因外，《礼记·王制》特有的思想内容

---

① 〔汉〕郑玄注，〔唐〕孔颖达等正义：《礼记正义·王制》，见阮元校刻《十三经注疏》本，上海：上海古籍出版社2011年版，第1322页。
② 〔清〕刘师培：《左盦外集·王制篇集证》，见《刘申叔遗书》（下），南京：凤凰出版社2010年版，第1345页。
③ 〔清〕刘师培：《左盦外集·王制篇集证》，见《刘申叔遗书》（下），南京：凤凰出版社2010年版，第1346页。

亦是其单篇别行的重要原因。《王制》集中记载古代帝王治理天下的方法和策略，包括天子及其臣子的禄爵、井田制度、畿内与畿外的封国数量和规格、天子国与诸侯国所配的官职与人数、天子祭祀与巡守之制、三公及其他官员的权责、养老制度等方面的内容和制度。既传承了古代帝王的治国模式与理念，又在维护封建王朝统治与法制文明建设过程中发挥着重要作用，故有单篇别行著作流传。

（一）《王制》体现了古代帝王的治国模式

《王制》记载的制度体现了封建王朝等级森严的管理制度，这种对爵禄等级、封国大小、官职权限、商品交易等制度严密细致的规定，既有利于君王高效的管理群臣，提高治国效率，又有利于臣子们各司其职、各尽其能，高效处理国家事务。《王制》所在的爵禄、封国、职官、丧葬祭祀、养老、田猎、赋役制度体现了儒家严谨有序的治国模式，有助于维护王朝的稳定。

《王制》对天子、朝臣、百姓的爵位，俸禄，职责规定的特别明确。如：天子将有功之臣的爵位分为公侯伯子男五等，诸侯将其有功的官员爵位分为"上大夫卿、下大夫、上士、中士、下士五等。"① 天子之臣的俸禄为"天子之三公之田视公、侯，天子之卿视伯，天子之大夫视子、男，天子之元士视附庸"。② 诸侯、次国、小国之臣的俸禄标准为："诸侯之下士视上农夫，禄足以代其耕也。中士倍下士，上士倍中士，下大夫倍上士，卿四大夫禄，君十卿禄。次国之卿三大夫禄，君十卿禄。小国之卿倍大夫禄，君十卿禄。次国之上卿，位当大国之中，中当其下，下当其上大夫。小国之上卿，位当大国之下卿，中当其上大夫，下当其下大夫。"③《王制》先将统治阶级内部的人员分封为不同等级，根据其地位分配相应的食禄，这种爵禄制度维护了统治阶级内部的稳定。

---

① 〔汉〕郑玄注，〔唐〕孔颖达等人正义：《礼记正义·王制》，见阮元校刻《十三经注疏》本，上海：上海古籍出版社2011年版，第1321页。
② 〔汉〕郑玄注，〔唐〕孔颖达等人正义：《礼记正义·王制》，见阮元校刻《十三经注疏》本，上海：上海古籍出版社2011年版，第1322页。
③ 〔汉〕郑玄注，〔唐〕孔颖达等人正义：《礼记正义·王制》，见阮元校刻《十三经注疏》本，上海：上海古籍出版社2011年版，第1322-1323页。

| 《礼记》单篇别行研究 |

《王制》将四海之内九州的土地分为大小不等的国家，各个国家各自为政，但皆受天子的管辖。

> 凡四海之内九州，州方千里，州建百里之国三十，七十里之国六十，五十里之国百有二十，凡二百一十国。名山大泽不以封。其余以为附庸闲田。八州，州二百一十国。天子之县内，方百里之国九，七十里之国二十有一，五十里之国六十有三，凡九十三国，名山大泽不以盼，其余以禄士，以为闲田。凡九州千七百七十三国，天子之元士，诸侯之附庸不与。天子百里之内以共官，千里之内以为御。千里之外设方伯，五国以为属，属有长；十国以为连，连有帅；三十国以为卒，卒有正；二百一十国以为州，州有伯。八州，八伯，五十六正，百六十八帅，三百三十六长。八伯各以其属，属于天子之老二人，分天下以为左右，曰二伯。①

天下之土分封有度，管理有序。凡畿内、畿外的土地皆按一定的规格分为不同的国家，天子畿内共建国家九十三个，其中方圆百里的国家九个、方圆七十里的国家二十一个、方圆五十里的国家六十三个；畿外八州，每州所建方圆百里的国家三十个、方圆七十里的国家六十个、方圆五十里的国家一百二十个，共二百一十个国家，畿外八州共一千六百个国家。其中，五国设一属长、十国设一帅、三十国设有正、州设有伯，八州共有八伯、五十六正、一百六十八帅、三百三十六长。从《王制》对畿内畿外土地的分封制度中，可以看出古人有序的治国模式，将八州分为若干不同规模的国家，又设不同品秩的官员分管州内事务，但八州治理权皆归属于天子，这种分层管理国家政务的方法，多为后代帝王所借鉴。

《王制》对天子公卿的职权范围做了明确的规定，为后世规范君臣职责权限

---

① 〔汉〕郑玄注，〔唐〕孔颖达等人正义：《礼记正义·王制》，见阮元校刻《十三经注疏》本，上海：上海古籍出版社2011年版，第1323—1325页。

提供了借鉴。《王制》认为天子除了管理国家事务之外,有巡守、祭祀山川社稷的责任,诸侯有朝聘天子的义务,"诸侯之于天子也,比年一小聘,三年一大聘,五年一朝。天子五年一巡守。岁二月,东巡守至于岱宗,柴而望祀山川。……五月南巡守至于南岳,如东巡守之礼。八月西巡守至于西岳,如南巡守之礼。十有一月北巡守至于北岳,如西巡守之礼"。① 天子之臣职责分明,各司其职。司空管理国家的土地,"执度度地";② 司徒则设礼教化民众,即"修六礼以节民性,明七教以兴民德,齐八政以防淫,一道德以同俗,养耆老以致孝,恤孤独以逮不足,上贤以崇德,简不肖以绌恶";③ 乐正"崇四术,立四教,顺先王《诗》《书》《礼》《乐》以造士"④,负责为国家培养有德之士;司马则"辩论官材,论进士之贤者以告于王而定其论,论定然后官之,任官然后爵之,位定然后禄之,"⑤ 负责为天下选拔贤才;司寇主刑罚,听狱讼等等。《王制》详细记载了天子、诸侯、三公九卿的权责,为我们展现了古代国家有条不紊的治理秩序。

殡葬祭祀制度体现了儒家尊尊的伦理纲常,是封建社会森严等级制度的又一外现形式,这一点《王制》也有论述。天子、诸侯、大夫、士、庶人的殡葬时间皆有定数,不能随便逾越。"天子七日而殡,七月而葬。诸侯五日而殡,五月而葬,大夫、士、庶人三日而殡,三月而葬。三年之丧,自天子达。庶人县封,葬不为雨止,不封不树。丧不贰事,自天子达于庶人。"⑥ 在祭祀祖先和天地社

---

① 〔汉〕郑玄注,〔唐〕孔颖达等人正义:《礼记正义·王制》,见阮元校刻《十三经注疏》本,上海:上海古籍出版社2011年版,第1327-1328页。
② 〔汉〕郑玄注,〔唐〕孔颖达等人正义:《礼记正义·王制》,见阮元校刻《十三经注疏》本,上海:上海古籍出版社2011年版,第1338页。
③ 〔汉〕郑玄注,〔唐〕孔颖达等人正义:《礼记正义·王制》,见阮元校刻《十三经注疏》本,北京:中华书局,1980年版,第1342页。
④ 〔汉〕郑玄注,〔唐〕孔颖达等人正义:《礼记正义·王制》,见阮元校刻《十三经注疏》本,上海:上海古籍出版社2011年版,第1342页。
⑤ 〔汉〕郑玄注,〔唐〕孔颖达等人正义:《礼记正义·王制》,见阮元校刻《十三经注疏》本,上海:上海古籍出版社2011年版,第1343页。
⑥ 〔汉〕郑玄注,〔唐〕孔颖达等人正义:《礼记正义·王制》,见阮元校刻《十三经注疏》本,上海:上海古籍出版社2011年版,第1334页。

稷方面,天子、诸侯、大夫、士的宗庙数量与祭祀对象也有等级区别。如:

> 天子七庙:三昭三穆,与大祖之庙而七。诸侯五庙:二昭二穆,与大祖之庙而五。大夫三庙:一昭一穆,与大祖之庙而三。士一庙。庶人祭于寝。天子、诸侯宗庙之祭,春曰礿,夏曰禘,秋曰尝,冬曰烝。天子祭天地,诸侯祭社稷,大夫祭五祀。天子祭天下名山大川,五岳视三公,四渎视诸侯。诸侯祭名山大川之在其地者。天子诸侯祭因国之在其地而无主后者。天子犆礿,祫禘,祫尝,祫烝。诸侯礿则不禘,禘则不尝,尝则不烝,烝则不礿。诸侯礿犆,禘一犆一祫,尝祫,烝祫。天子社稷皆太牢。诸侯社稷皆少牢。大夫、士宗庙之祭,有田则祭,无田则荐。庶人春荐韭,夏荐麦,秋荐黍,冬荐稻。韭以卵,麦以鱼,黍以豚,稻以雁。①

天子、诸侯、大夫、士、庶人在祭祀方面,不仅宗庙数量与名称有别,而且祭祀对象与物品也有等次差异,天子祭祀社稷用牛、羊、豕;诸侯用羊、豕;大夫与士人根据有无田产则行不同的祭礼;"庶人无常牲,取与新物相宜而已",②即根据时节择取时令之物进行祭祀。由此可知,因身份地位、财富拥有量的差异,古时丧葬祭祀制度存在着明显的差异,却构建了一个有序的统治秩序。

(二)《王制》传承了古代帝王以德治国的仁政理念

以德治国是儒家政治思想的核心和最高追求,是维护国家稳定繁荣的关键。"儒家的政治思想,从其最高原则来说,我们不妨方便称之为'德治主义'。从其努力的对象来说,我们不妨方便称之为'民本主义'。把原则落到对象上面,

---

① 〔汉〕郑玄注,〔唐〕孔颖达等人正义:《礼记正义·王制》,见阮元校刻《十三经注疏》本,上海:上海古籍出版社2011年版,第1335—1337页。
② 〔汉〕郑玄注,〔唐〕孔颖达等人正义:《礼记正义·王制》,见阮元校刻《十三经注疏》本,上海:上海古籍出版社2011年版,第1337页。

则以礼经纬于其间。德治的出发点是对人的尊重,是对人性的信赖。首先认定'民之秉彝,好是懿德',所以治者必先尽其在己之德,因而使人人各尽其秉彝之德。治者与被治者间,乃是以德相与的关系,而非以权力相加相迫的关系。德乃人之所以为人的共同根据。人人能各尽其德,即系人人相与相忘于人类的共同根据之中,以各养生而遂性,这正是政治的目的,亦正是政治的极致。"① "德"是维系国家、社会、个人三者关系的纽带,更是国家稳定,百姓安居乐业的保障。《王制》对土地、服役、养老、民族、田猎、市场等问题的处理中均体现了儒家德治的仁政理念。

土地方面,古代王者为了缩小社会上的贫富差距,在土地国有的前提下,实施井田制度,这样便"无旷土,无游民,食节事时,民咸安其居,乐事劝功,尊君亲上,然后兴学"。② 百姓的基本生存得以保证,才会去学习礼仪文化,才会尊君敬老,遵守社会生活中的众多礼法规范,《王制》井田制体现了先民渴望平均地田的理想和愿望。

赋役方面,为了保证天下子民的正常社会生产,则"用民之力,岁不过三",③ 保证了社会生产的有序和百姓生活的安定富足。如果服役的是老人,则使其"食壮者之食"④,如果家中有老人,其子从政的人数也有明确的限制,"八十者,一子不从政。九十者,其家不从政。废疾非人不养者,一人不从政",⑤ 这样的规定体现了古代君主对老人的爱惜和照顾。

养老方面,《王制》认为应该让老年人老有所依,因为老人体质的原因,其

---

① 徐复观:《中国思想史论集·儒家政治思想的构造及其转进》,上海:上海书店出版社2005年版,第243页。
② 〔汉〕郑玄注,〔唐〕孔颖达等人正义:《礼记正义·王制》,见阮元校刻《十三经注疏》本,上海:上海古籍出版社2011年版,第1338—1339页。
③ 〔汉〕郑玄注,〔唐〕孔颖达等人正义:《礼记正义·王制》,见阮元校刻《十三经注疏》本,上海:上海古籍出版社2011年版,第1338页。
④ 〔汉〕郑玄注,〔唐〕孔颖达等人正义:《礼记正义·王制》,见阮元校刻《十三经注疏》本,上海:上海古籍出版社2011年版,第1338页。
⑤ 〔汉〕郑玄注,〔唐〕孔颖达等人正义:《礼记正义·王制》,见阮元校刻《十三经注疏》本,上海:上海古籍出版社2011年版,第1346页。

衣食住行均应有别于年轻人,老人到了六十岁就应着手准备丧葬的器具,以备不时之需。

> 凡养老,有虞氏以燕礼,夏后氏以飨礼,殷人以食礼,周人修而兼用之。五十养于乡,六十养于国,七十养于学,达于诸侯。八十拜君命,一坐再至,瞽亦如之。九十使人受。五十异粻,六十宿肉,七十贰膳,八十常珍,九十饮食不离寝,膳饮从于游,可也。六十岁制,七十时制,八十月制,九十日修。唯绞、紟、衾、冒,死而后制。五十始衰,六十非肉不饱,七十非帛不暖,八十非人不暖,九十虽得人不暖矣。五十杖于家,六十杖于乡,七十杖于国,八十杖于朝,九十者,天子欲有问焉则就其室,以珍从。七十不俟朝,八十月告存,九十日有秩。五十不从力政,六十不与服戎,七十不与宾客之事,八十齐丧之事弗及也。五十而爵,六十不亲学,七十致政,唯衰麻为丧。有虞氏养国老于上庠,养庶老于下庠。夏后氏养国老于东序,养庶老于西序。殷人养国老于右学,养庶老于左学。周人养国老于东胶,养庶老于虞庠,虞庠在国之西郊。有虞氏皇而祭,深衣而养老。夏后氏收而祭,燕衣而养老。殷人冔而祭,缟衣而养老。周人冕而祭,玄衣而养老。[①]

《王制》追溯了虞、夏、商、周四朝的养老之礼、养老之地以及衣冠之制,并对老年人的养老之所、日常饮食、执杖之制、在朝为官的殊遇以及日常生活中的琐碎事物皆做详细记载,这些为后代养老保障体制的完善提供了有价值的参考史料。

民族方面,《王制》认为执政者在处理国家事务时应因地制宜,具有包容万象的气魄。因为"凡居民材,必因天地寒暖燥湿,广谷大川异制。民生其间者异

[①] 〔汉〕郑玄注,〔唐〕孔颖达等人正义:《礼记正义·王制》,见阮元校刻《十三经注疏》本,上海:上海古籍出版社2011年版,第1345—1346页。

俗,刚柔轻重迟速异齐,五味异和,器械异制,衣服异宜。修其教,不易其俗;齐其政,不易其宜。中国戎夷五方之民皆有性也不可推移。……中国、夷、蛮、戎、狄,皆有安居,和味,宜服,利用,备器。五方之民,言语不通,嗜欲不同。达其志,通其欲,东方曰寄,南方曰象,西方曰狄鞮,北方曰译。"① 不同地域的居民在性格、尚好与生活习俗方面皆存在差异,在尊重其固有的生活习惯和民风民俗的基础上,应采用以德教化的手段使其归顺。

在商品交易方面,禁止出售不和礼法、有悖于诚信原则的商品的法令更是对人性恶的警诫。

> 有圭璧金璋,不粥(鬻)于市。命服命车,不粥(鬻)于市。宗庙之器,不粥(鬻)于市。牺牲不粥(鬻)于市。戎器不粥(鬻)于市。用器不中度,不粥(鬻)于市。兵车不中度,不粥(鬻)于市。布帛精粗不中数,幅广狭不中量,不粥(鬻)于市。奸色乱正色,不粥(鬻)于市。锦文珠玉成器,不粥(鬻)于市。衣服饮食,不粥(鬻)于市。五谷不时,果实未熟,不粥(鬻)于市。木不中伐,不粥(鬻)于市。禽兽鱼鳖不中杀,不粥(鬻)于市。②

圭璧金璋、命服命车、宗庙祭祀的器物、兵戎器械皆是身份的象征,不能出售,目的是"禁民之不敬"③;生活用具与布帛的精粗广狭不合常法也不能出售,五谷、水果、禽兽鱼鳖不合时节者以及违反砍伐时节的木料均不能出售,目的是为了防止百姓产生投机取巧、见利忘义的思想;精美的衣服以及雕饰精致的珠玉

---

① 〔汉〕郑玄注,〔唐〕孔颖达等人正义:《礼记正义·王制》,见阮元校刻《十三经注疏》本,上海:上海古籍出版社2011年版,第1338页。
② 〔汉〕郑玄注,〔唐〕孔颖达等人正义:《礼记正义·王制》,见阮元校刻《十三经注疏》本,上海:上海古籍出版社2011年版,第1344页。
③ 〔元〕陈澔《礼记集说》卷之三引用方氏对"有圭璧金璋,不粥于市。命服命车,不粥于市。宗庙之器,不粥于市。牺牲不粥于市。戎器不粥于市"诸句的注释曰:"此所以禁民之不敬。"详见陈澔:《礼记集说》,南京:凤凰出版社2010年版,第109页。

器物也不能出现在市场上，以防百姓丢失勤俭节约的美德而盲目陷入奢侈浮华的漩涡。从《王制》对市场禁止出售器物的规定看，我们可以清晰体会到儒家以德治国的仁政思想，而这些日常生活的器物均蕴含着治者对百姓人性的信任，提高民众素养的良苦用心。

自然环境保护方面，《王制》体现了儒家以时为政的思想，遵循自然规律的德治理念。唯有以自然万物的生长规律安排日常生活与社会生产，才能保证大自然向人类提供取之不竭的资源。"獭祭鱼，然后虞人入泽梁。豺祭兽，然后田猎。鸠化为鹰，然后设罻罗。草木零落，然后入山林。昆虫未蛰，不以火田，不麛，不卵，不杀胎，不殀夭，不覆巢。"[①] 《王制》对天子、诸侯田猎除了以时入山林、以时捕猎、保护幼小动物的规定之外，其对天子、诸侯、大夫等人的狩猎次数也作相应的限制，以避免竭泽而渔现象的出现。"天子诸侯无事则岁三田，一为干豆，二为宾客，三为充君之庖。无事而不田曰不敬，田不以礼曰暴天物。天子不合围，诸侯不掩群，天子杀则下大绥，诸侯杀则下小绥，大夫杀则止佐车，佐车止则百姓田猎。"[②] 天子诸侯田猎的主要目的是为了祭祀、丰富食材以宴享宾客，但在田猎的过程中也要遵循礼法，不能过度捕杀自然界赐予人类的食物，不能伤害弱小的生命以维护自然界的生态平衡。

二、《王制》单篇别行的价值

《王制》较《礼记》其他诸篇所载关于某一主题的礼法规范而言，其内容涉及禄爵、官职、选贤、田制、刑狱、祭祀、养老、教育、民族政策等诸多领域，为后世的社会改革与法制建设做出了不可磨灭的贡献。

根据历代史志目录和私家目录记载，《王制》宋代便出现单篇别行文本，如阮逸《王制井田制》、余希文《井田王制图》、邵囦《王制解》以及陈埴《王制

[①] 〔汉〕郑玄注，〔唐〕孔颖达等人正义：《礼记正义·王制》，见阮元校刻《十三经注疏》本，上海：上海古籍出版社2011年版，第1333页。

[②] 〔汉〕郑玄注，〔唐〕孔颖达等人正义：《礼记正义·王制》，见阮元校刻《十三经注疏》本，上海：上海古籍出版社2011年版，第1334页。

第二章 《王制》单篇别行论析

章句》。明代出现了三部《礼记》单篇别行著作,如李黼《王制考》、陈际泰《王制说》与钱士馨《王制说》,可惜上述诸书皆亡佚而不可窥探其貌。清代是《王制》单篇别行著作出现的高峰期,如谈泰《王制里亩算法解》与《王制井田算法解》、耿极《王制管窥》、皮锡瑞《王制笺》、俞正燮《王制东田名制解义》、廖平《王制订》《王制集说》与《王制学凡例》、康有为《考定〈王制〉经文序》、刘师培《王制集证》、程大璋《王制通论》与《王制义案》等著作。这些单篇别行著作或专论《王制》所记载的某一制度,或考证《王制》所载礼法的渊源出处,或对《王制》经义做系统的梳理和阐释,这些著作多从今文经学的角度阐释《王制》,认为它是孔子改制之说,所以《王制》单篇别行著作多具有社会政治改革的意味,清代《王制》单篇别行著作便集中体现了这一点。

土地问题是历代政治革命首要解决的问题,关系到最普遍、最广大人民的利益,是任何社会政治经济改革无法回避的问题。清代侧重研究《王制》井田之制的单篇别行著作体现了民众这种渴望平均地权,缩小贫富差距的愿望,为清末乃至近代土地改革运动提供了理论上的依据和纲领性的指向,如太平天国起义以及三民主义所倡导的平均地权,不能不说是《王制》田制思想的延续。

耿极《王制管窥》作于清初土地大肆兼并的时期,农民流离失所,社会矛盾逐渐尖锐,耿极希望当权者能够推行《王制》井田制来缓解社会矛盾,促进国家经济的发展,维护社会的稳定。他认为古之道是天子与民众共享天下,因为共享而协力播善福于天下,因此共享善福,后王却不遵循古代先王之道,唯以天下为私有,但"天下万恶莫不生于私,播天下于私,非种天下恶根乎?"[①] 后世风俗多变,人心不古,皆后王不法先王之故,所以应实行古代先王的治国之法。

耿极认为实行井田之法有十便,"民有恒产,不事末作,知重本,一也;同井并耕,劳逸巧拙不相负,齐民力,二也;奉生送死,有无相赡,通货财,三也;货财不匮,富者无以取赢,绝兼并,四也;取以十一,天下之中正,吏无横

[①] 〔清〕耿极:《王制管窥》,见王云五主编:《王制管窥及其他两种》之《王制管窥》,上海:商务印书馆1939年版,第1页。

敛，五也；比其邱甸，革车长毂，于是乎出有事，以足军实，六也；一同之间，万沟百洫，又有川浍，戎马不得施突，无边患，七也；畎浍之水，涝则流之，旱则引以溉注，少凶荒，八也。少壮皆土著，奸伪无所容，善心易生，以其暇日习诗书俎豆，养老息物，成礼俗，九也；远近共贯，各安其居，乐其业，尊君亲上，长子孙其中，不烦刑罚，而成政教，十也"。① 行井田之制，则民有恒产、有定居，百姓安居乐业，国家则会稳定繁荣，耿极对《王制》井田制的推崇为清末社会改革运动提供了舆论上的准备。

从鸦片战争开始，古老的中华帝国深受帝国主义的侵略与压迫，民族矛盾与阶级矛盾更加尖锐，加之西方思潮的传入，给当时清王朝的统治带来了双重威胁。一大批知识分子积极走上了探索救国改制的道路，而《王制》是古代先哲治理国家的精华，是孔子"将修《春秋》，损益《周礼》而作。王者，谓素王；王制者，素王改制之义。乃知孔子以布衣之贱，而上继尧、舜、禹、汤、文、武、周公之统者，不因道德之高，实沿制度之大一统也。汉世政事，昔用孔法，至今二千年，士夫无世官，郡国兴科举，皆出《王制》之礼。而汉、唐及明，忽'不近刑人'之戒，遂亡其国。圣法之垂鉴大哉！"②

《王制》是素王改制之说，如果遵循其法，国家井然有序，长治久安，所以注释研究《王制》成为他们宣扬政治思想的一种工具。如皮锡瑞《王制笺》、廖平《王制订》与《王制集说》、康有为《考定〈王制〉经文序》以及程大璋《王制通论》与《王制义按》等有关《王制》的单篇别行著作，均寄托了著者的社会改革思想。

从《王制》单篇别行著作的出现时代和诸单行本的思想内容看，经典阐释与社会思潮的变化有着密切的关系。《王制》作为古代帝王治国的精髓，在社会变革中无疑成为研究的焦点，或从中寻求有利于当下改革的治国策略，或借其宣

---

① 〔清〕耿极：《王制管窥》，见王云五主编：《王制管窥及其他两种》之《王制管窥》，上海：商务印书馆1939年版，第2页。

② 〔清〕康有为著，姜义华、张荣华编校：《康有为全集·考定〈王制〉经文序》（第二集），北京：中国人民大学出版社2007年版，第15页。

传一己的政治思想，不管正确与否，皆体现了当时有志之士在民族危机之时对社会制度改革的尝试，虽然有乌托邦的色彩，却体现了人民对自由平等王国的向往，对幸福安康生活的憧憬。

本章小结

《王制》记载了古代的爵禄、祭祀、田猎、养老等法度，体现了宗法社会和谐有序的治国理想。虽然这些理念在现实生活中很难实现，却为中国历代王朝的治理提供了理想的典范。《王制》关于社会生活诸多领域的规范，实则想建立一个自由、平等、诚信、有序、祥和的国家，在这个国家里，人们按照自然万物的规律从事社会生产工作；没有了贫富差距、恃强凌弱、坑蒙拐骗；君主、臣民各司其职，不能敷衍或逾越其职责；个体能够少有所学、老有所养、才有所用；人与人之间能够互敬互爱、将心比心。虽然《王制》描绘的社会理想难以梦想成真，却成为历代君主和改革家的精神动力，指引着国家改革的道路。

《王制》在《礼记》中具有重要地位，宋以前却没有《王制》单篇别行著作出现，直到宋明清三代才受到学术界以及政府的关注。尤其是有清一代，《王制》单篇别行著作出现的数量最多，这与时代思潮、社会变革以及中国文化中法先王的思想息息相关。《王制》单篇别行著作的出现，体现了经学在坚守中的变革与创新，在民族矛盾激烈时的自强不息，尤其是皮锡瑞《王制笺》、刘师培《王制篇集证》以及廖平《王制订》与《王制集说》等单篇别行著作，为清末民初的政治变革提供了理论的支持，彰显了经典传播的力量。虽然《王制》有些单篇别行著作所寄托的思想有偏颇之处，但体现了儒家知识分子的社会担当与理想，恪守传统过程中勇于创新的爱国主义精神。

第三章

《月令》单篇别行论析

《月令》是《礼记》第六篇，位于《曲礼》《檀弓》《王制》之后，"名曰'月令'者，以其记十二月政之所行也"①，是一部以时间记录古人社会生活、农耕文明以及生活礼仪的法典性著作，体现了古人朴素的自然法观念。他们从一年四季自然界物候变化的规律中得到启示，认为处理国家政治事务和社会活动都应秉承与时偕行的原则。这种将自然界四时运转的规律运用到国家治理，以自然界万物生长的规律规范人类社会的日常生产生活秩序的思维方式，是远古先民天人合一自然观念在国家治理中的集中体现，对后世君王产生了深刻的影响，这也是历代《月令》单篇别行著作的主导思想。

第一节 《月令》单篇别行现象论析

《月令》收入《礼记》后，汉代便已经有了单篇别行著作，今根据历代史志目录、私家目录、地方志以及王锷《三礼研究论著提要》等书关于《月令》单篇别行著作的相关记载，发现《月令》单篇别行著作分为两类，一类是《月令》

---

① 〔汉〕郑玄注，〔唐〕孔颖达等正义：《礼记正义·月令》，见阮元校刻《十三经注疏》本，上海：上海古籍出版社2011年版，第1352页。

第三章 《月令》单篇别行论析

释经性单篇别行著作，一类是《月令》研究性单篇别行著作。此外，本书还收录了部分以《月令》物候为吟咏题材的著作以及"月令体"著作，以期对与《月令》相关的文献有一系统了解。

一、《月令》释经性单篇别行著作

《月令》释经性单篇别行著作是指对《月令》进行逐字逐句诠释的著作，虽各有侧重和差异，主旨均疏通文意，强调《月令》对社会生活的规范和指导作用。《月令》单篇别行著作出现较早，东汉时期已经有单篇别行，为一目了然，今列表说明（如表3-1所示），疏漏难免，尚请指正。

表3-1 《月令》释经性单篇别行著作一览表

朝代	作者	书名	存佚	著录或称引
汉	郑玄	《礼记月令注》一卷（又名《月令注》）	存①	〔元〕脱脱等《宋史》卷二百二十；〔明〕柯维骐《宋史新编》卷四十七；〔明〕朱睦㮮《授经图义例》卷二十；〔清〕陈梦雷《古今图书集成·理学汇编·经籍典》卷十六、卷二百十五、二百五十五、卷二百二十二卷以及卷五百五十五；〔清〕张琛《日锄斋律吕新书初解》卷下"律吕源流变"篇；嚚嚚子撰《嚚嚚子樂原》"汉律準 京房六十律 律術"篇；《中国历代经籍典》第二百二十一卷等著录或称引。

---

① 《古今图书集成·理学汇编·经籍典》第二百十二卷著录为"后汉郑元《月令注》一卷"。宋金恕作《序》，云："《月令》者，古相传周公所作也，独至后汉郑康成，则以为吕不韦所说。……至有宋太祖皇帝淳化初，判国子监李至请复行《郑注》，未果。至真宗皇帝大中祥符八年，龙图阁待制孙奭上言，以林甫等抉擿微瑕，蔑弃先典，方今儒业大兴，宜复旧式，乃缮写郑注《月令》一本，乞付国子监颁行，以格晁迥等议，复寝不行。及仁宗皇帝景祐二年，直集贤院贾昌朝复请行《郑注》，始从之，故今世《月令》郑注多别行。"可见，郑元即郑玄，因《古今图书集成》编于康熙朝、刊印于雍正朝，避康熙皇帝之讳而"玄"写为"元"。此外，金恕《序》对郑玄《月令注》在宋代的传播原因和情况也稍有论述。

(续表)

朝代	作者	书名	存佚	著录或称引
汉	蔡邕	《月令章句》十二卷①	残缺（有辑佚本②）	〔后晋〕刘煦等《旧唐书》卷四十六；〔唐〕魏征等《隋书》卷三十二；〔宋〕魏了翁《毛诗要义》卷十七上；〔后魏〕郦道元《水经注》卷十六；〔元〕陆森《玉霞聚义》卷一；〔明〕沈万钶《诗经类考》卷四、卷六上、卷十七、卷二十五上、卷二十五下；〔明〕林兆珂《毛诗多识编》卷二；〔明〕范王孙《诗志》卷三、卷十九与卷二十四；〔明〕陈禹谟《经言枝指》"总例""名物考"卷五与卷十九；〔明〕陈禹谟撰，〔明〕钱谦益、牛斗星补《四书名物考》卷五与卷二十一；〔明〕徐邦佐《四书经学考》卷四与卷九；〔明〕许珍《律吕新书分注图算》卷一；〔明〕李文察《李氏乐书六种》古乐筦蹄卷九；〔明〕王邦直《律吕正声》卷四十一与卷四十九；〔明〕朱载堉《律吕正论》卷二；〔明〕宋濂《洪武正韵》平声"堂"字；〔明〕焦竑《国史经籍志》卷二；〔明〕张应武《万历嘉定县志》卷一；〔明〕沈朝宣撰《嘉靖仁和县志》卷一；〔明〕陈让《嘉靖邵武府志》卷一；〔明〕郭大纶修，〔明〕张岳《嘉靖广东通志初稿》卷一；〔明〕柳瑛《成化中都志》卷一；〔明〕郑麟趾《高丽史》卷十二；〔明〕柯维骐《宋史新编》卷五十一；〔明〕章黼《重刊并音连

---

① 蔡邕有《月令章句》十二卷和《明堂月令论》一篇，《月令章句》残缺，《明堂月令论》今存《经济类编》第四十一卷，《月令章句》是对《月令》篇的注疏，《明堂月令论》虽援引《月令》篇的内容，主要论述古代的明堂遗制，与其《月令章句》的内容完全不同。阎若璩《尚书古文书证》卷二第二十一条引作蔡邕《明堂月令论》，主要论述古代的明堂制度，《礼记·明堂位》孔疏引蔡邕《明堂月令章句》，但所摘录的内容实则与蔡邕《明堂月令论》同。

② 马国翰辑本为一卷、臧庸辑本为二卷、蔡云辑本分上下两卷、叶德辉辑本为四卷。《礼记·明堂位》孔疏引蔡邕书作《明堂月令章句》。

第三章 《月令》单篇别行论析

(续表)

朝代	作者	书名	存佚	著录或称引
				声韵学集成》卷十；〔明〕王圻《三才图会》"天文"卷三、"时令"卷一与"人"事卷八；〔明〕王三聘《事物考》卷一；〔明〕顾起元《客座赘语》卷四；〔清〕柴绍炳《柴氏古韵通》卷三；〔清〕朱虚《古今疏》卷十三；〔清〕华希闵《广事类赋》卷二；〔清〕田文镜等《乾隆续河南通志》卷五；〔清〕孙见龙《五华纂订四书大全·论语大全》卷十一；〔清〕王建常《律吕图说》卷下；〔清〕周模《律吕新书注》卷上；〔清〕沈淑《经玩·注疏琐语》卷一；〔清〕王棻《燕在阁知新录》卷七；〔清〕冉觐祖《礼记详说》卷一百；〔清〕曹庭栋《昏礼通考》卷九；〔清〕姜炳璋《读左补义》卷八；〔清〕姚际恒《诗经通论》卷十八；〔清〕徐鼎《毛诗名物图说》卷三与卷六；〔清〕焦循《毛诗草木鸟兽虫鱼释》卷一与卷七；〔清〕胡承珙《毛诗后笺》序、卷四与卷十九；〔清〕马瑞辰撰《毛诗传笺通释》卷五、卷八、卷九、卷十五、卷十六、卷十八与卷二十；〔清〕包世荣《毛诗礼徵》；〔清〕陈乔枞《诗纬集证》卷一；〔清〕陈乔枞《诗经四家异文考》卷一；〔清〕陈乔枞《诗经集证》卷一；〔清〕陈奂《诗毛氏传疏》卷四、卷七与卷二十七；〔清〕多隆阿《毛诗多识》卷五；〔清〕尹继美《诗管见》卷六；〔清〕马其昶《诗毛氏学》诗三十；〔清〕龙起涛《毛诗补正》卷十九；清《古文尚书正辞》卷三；〔清〕吴树生《诗小学》卷十二与二十五；〔清〕冯世瀛《雪樵经觧》卷二十七；〔清〕蔡孔炘《经学提要》卷十；〔清〕秦笃辉《经学质疑录》卷九；〔清〕宋清寿《鹤巢经戋》卷七与卷八；〔清〕吴宝谟《经义图说》卷二下；〔清〕李式榖《五经衷要》礼记卷七与礼记卷十；〔清〕汪士铎《南

(续表)

朝代	作者	书名	存佚	著录或称引
				北史补志》卷四与卷十一；〔清〕王先谦《后汉书旁证》列传第七十三；〔清〕叶德辉《六书古微》卷九；〔清〕姚正父《尔雅启蒙》卷五；〔清〕墨庄氏《字林经策萃华》卷三；〔清〕萧智汉《月日纪古》卷三与卷八；〔清〕喻端士《时节气候抄》卷二与卷三；〔清〕钱坫撰，〔清〕徐松集释《新斠注地裡志》卷十六；〔清〕翁方纲《经义考补正》卷六；〔清〕侯康《补后汉书艺文志》卷一；〔清〕佚名《唐书艺文志注》卷一；曾朴《补后汉书艺文志》卷首与卷二；〔清〕王劼《毛诗读》；〔清〕林昌彝《三礼通释》卷十二、卷六十七、卷一百四十九、卷一百七十一与卷二百二；〔清〕王謨《夏小正传笺》卷一；〔清〕马国翰《月令七十二候诗》卷一、卷二、卷三与卷四；〔清〕陈寿祺《韩诗遗说考》卷二之三"《豳风·七月》"与卷三之一"小雅·采芑"；〔清〕陈寿祺《三家诗遗说考》卷第；〔清〕李道平《周易集解纂疏》卷六；〔清〕戴棠《郑氏爻辰补》卷三；〔清〕庄忠棫《易纬通义》卷一；〔清〕盛百二《尚书释天》卷二；〔清〕江声《尚书集注音疏》卷三百九十；〔清〕陈乔枞《今文尚书经说考》卷一下与卷十四下；〔清〕陈梦雷《古今图书集成·理学汇编·经籍典》第二百十五卷；《古今图书集成·历象汇编·乾象典》第五十五卷、第五十六卷、第八十六卷；《古今图书集成·历象汇编·岁功典》第四十八卷；〔清〕丁仁《八千卷楼书目·经部·礼类》卷二；〔清〕姚振宗《后汉书艺文志》卷一；〔清〕钱大昭《补续汉书艺文志》；〔清〕皮锡瑞《尚书大传疏证》卷一；〔民国〕赵尔巽等《清史稿》卷一百四十五；《顾颉刚文库古籍书目》卷一；《中国丛书综录·子目·经部·礼记

第三章 《月令》单篇别行论析

(续表)

朝代	作者	书名	存佚	著录或称引
				类》之"分篇之属";《丛书集成续编总目·自然科学类》之"时令";《中国历代经籍典·礼记部》第二百十二卷;叶德辉《宋秘书省续编到四库阙书目·秘目》(一)以及王锷《三礼研究论著提要·礼记类》等著录或称引。
唐	李林甫等人	《御刊定礼记月令》一卷①	残缺	〔宋〕欧阳修等《新唐书》卷五十七;〔宋〕郑樵《通志》卷十九;〔明〕朱睦㮮《授经图义例》卷二十;〔清〕朱彝尊《经义考》卷一百四十九;〔清〕臧琳《经义杂记》卷二十七;〔清〕翁方纲《经义考补正》卷六;〔清〕王太岳等《四库全书考证》卷四十六;〔清〕陈梦雷《古今图书集成·理学汇编·经籍典》第十三卷、第二百十一卷、第二百十二卷、第二百十五卷、第二百十八卷、第二百五十五卷与第三百二十一卷;〔清〕沈炳震撰《唐书合钞》卷第七十二;《续修四库全书总目提要:史部》"时令类";〔清〕翁元圻《困学纪闻注》卷五;〔清〕王鸣盛《蛾术编》卷六;〔清〕董诰《全唐文》卷三百四十五;〔清〕佚名《唐书艺文志注》卷一;〔民国〕赵尔巽等《清史稿》卷一百四十五与王锷《三礼研究论著提要·礼记类》等著录或称引。
宋	张虙	《月令解》十二卷	存	〔元〕脱脱等《宋史》卷二百二十;〔元〕袁桷《延祐四明志》卷五"张虙"条;〔明〕朱睦㮮《授经图义例》卷二十;〔明〕柯维骐《宋史新编》卷四十七;〔明〕徐香梅《两浙名贤录》卷之一;〔明〕焦竑《国史经籍志》卷二;〔明〕陈第《世善堂藏书目录》卷上;〔明〕徐香梅

---

① 唐玄宗《御刊定礼记月令》又名《唐月令注》,《清史稿·艺文志》作:"唐明皇《月令注释》一卷",实则李林甫等人奉敕编订,后由玄宗钦定,故名。

（续表）

朝代	作者	书名	存佚	著录或称引
				《两浙明贤录》卷一；〔明〕黄润玉《宁波府简要志》卷四、〔明〕王圻《续文献通考》卷一百七十四；〔清〕丁仁《八千卷楼书目·经部·礼类》卷二；〔清〕王元恭《（至正）四明续志》；〔清〕陈梦雷《古今图书集成·理学汇编·经籍典》第十六卷、第二十二卷、第二百十五卷、第二百十八卷、第二百二十六卷、第二百五十五卷、第二百五十八卷与第三百二十一卷；〔清〕张金吾《爱日精庐藏书志》卷四；〔清〕瞿镛《铁琴铜剑楼藏书目录》卷第四；〔清〕纪昀《纪文达公遗集》卷十二"嘉庆丙辰会试策问五道"篇；〔清〕缪荃孙《艺风堂文续集》卷四；〔清〕马国翰《月令七十二候诗》卷三与卷四；〔清〕永瑢、纪昀等《钦定四库全书总目》卷二十一与卷八十七；〔清〕永瑢、纪昀等《钦定四库全书简明目录》卷二；〔清〕嵇璜、曹仁虎等《钦定续文献通考》卷一百五十一；〔清〕嵇璜、曹仁虎等续通志》卷一百五十七；〔清〕朱彝尊《经义考》卷一百四十九；〔清〕沈翼机等《浙江通志》卷二百四十二；〔民国〕赵尔巽等《清史稿》卷一百四十五；《四部总录·天文编》（第二册）；《湖南图书馆古籍线装书目录》以及王锷《三礼研究论著提要·礼记类》著录或称引。
元	吴澄	《月令纂言》一卷	存	《续修四库全书总目提要：史部》"时令类"；雒竹筠等辑《元史艺文志辑本》卷八"史部·时令类"；杜泽逊《四库存目标注》卷五；舒大刚《儒学文献通论》之《〈礼记〉学文献》等著录或称引。

第三章 《月令》单篇别行论析

（续表）

朝代	作者	书名	存佚	著录或称引
明	黄道周	《月令明义》四卷	存	〔明〕朱睦㮮《授经图义例》卷二十；〔明〕黄道周《黄石斋先生文集》卷二；〔清〕徐乾学《传是楼书目》卷一；〔清〕丁仁《八千卷楼书目·经部·礼类》卷二；〔清〕陈梦雷《古今图书集成·理学汇编·经籍典》第二百十八、二百二十六与三百二十一卷；〔清〕皮锡瑞《经学通论》"礼"；〔清〕张夏《雒闽源流录》卷十七；〔清〕高廷珍《东林书院志》卷之二十；〔清〕周中孚《郑堂读书记》卷五；〔清〕刘毓崧撰《通义堂文集》卷二；〔清〕永瑢、纪昀等《钦定四库全书总目》卷二十一；〔清〕永瑢、纪昀等《钦定四库全书简明目录》卷二；〔清〕邹钟泉《道南渊源录》卷十一；〔清〕阮元《文选楼藏书记》卷一；〔清〕郭起元《介石堂集诗试卷古文十卷》诗十与卷九"跋黄石斋先生文集"；〔清〕陈昌图《南屏山房集》卷十九与卷二十；〔清〕张廷玉《明史》卷一百三十四、〔清〕朱彝尊《经义考》卷一百四十九；〔清〕蔡世远《二希堂文集》卷六；〔清〕嵇璜、曹仁虎等《钦定续通志》卷一百五十七与一百六十六；〔清〕嵇璜、曹仁虎等《钦定续文献通考》卷一百五十二；〔清〕黄虞稷《千顷堂目目》卷二；〔清〕秦蕙田《五礼通考》卷首第二；《四部总录·天文编》（第二册）；《湖南图书馆古籍线装书目录》以及王锷《三礼研究论著提要·礼记类》等著录或称引。

上表所列的《月令》释经性单篇别行著作对《月令》文义的阐释，为后学研读《月令》提供了参照。本章第二节有对蔡邕《月令章句》、李林甫等敕纂《唐月令注》以及张虑《月令解》三篇单篇别行著作的版本、思想内容与特色的提要，此不赘述。

二、《月令》研究性单篇别行著作

《月令》研究性单篇别行著作主要是指对《月令》成篇年代、作者以及所载物候的考释性著作。《月令》此类单篇别行著作的数量相比释经性单篇别行著作多，如表3-2所示。

表3-2 《月令》研究性单篇别行著作一览表

朝代	作者	书名	存佚	著录或称引
宋	范浚	《月令论》一篇	存	〔宋〕范浚《香溪集》卷七；〔清〕朱彝尊《经义考》卷一百四十九；〔清〕陈梦雷《古今图书集成·理学汇编·经籍典》第二百十八卷与第三百二十一卷；《中国历代经籍典·礼记部》第二百二十一卷；王锷《三礼研究论著提要·礼记类》等著录或称引。
宋	杨枋	《月令考究》一篇	存	〔宋〕杨枋《字溪集》卷七收录。
元	吴澄	《月令七十二候集解》一卷	存	〔清〕丁仁《八千卷楼书目·经部·礼类》卷二；〔清〕永瑢、纪昀等《钦定四库全书总目》卷二十四；〔清〕嵇璜、曹仁虎《钦定续通志》卷一百五十七；〔清〕嵇璜、曹仁虎等《钦定续文献通考》卷一百五十一；〔清〕秦嘉谟《月令粹编》卷二十四；〔清〕刘锦藻撰《皇朝续文献通考》卷二百七十四；〔清〕刘铎、赵之谦等《光绪江西通志》卷一百；〔清〕惠栋《易汉学》卷一；《卦气七十二候图》；《湖南图书馆古籍线装书目录》以及王锷《三礼研究论著提要·礼记类》等著录或称引。
明	卢翰	《月令通考》十六卷	存	〔清〕徐乾学《传是楼书目》卷一；〔清〕何绍基《（光绪）重修安徽通志》卷三百三十九；〔清〕王辉祖《九史同姓名略》卷三；〔清〕永瑢、纪昀等《钦定四库全书总目》卷六十七；〔清〕张廷玉等《明史》卷一百三十四；〔清〕嵇璜、曹仁虎等《钦定续通志》卷一百五十七；

第三章 《月令》单篇别行论析

（续表）

朝代	作者	书名	存佚	著录或称引
				〔清〕嵇璜、曹仁虎等《钦定续文献通考》卷一百七十一；〔清〕黄之隽等《江南通志》卷一百九十；〔清〕黄虞稷《千顷堂书目》卷九；〔清〕朱彝尊《经义考》卷一百四十九；〔清〕陈梦雷《古今图书集成·理学汇编·经籍典》第二百十四卷、第二百十八卷与第三百二十一卷；〔清〕秦蕙田《五礼通考》卷首第二；《四部总录·天文编》（第二册）；杜泽逊《四库存目标注》卷二十四以及王锷《三礼研究论著提要·礼记类》等著录或称引。
明	李泰	《四时气候集解》四卷	存	〔明〕高儒《百川书志》卷五；〔清〕永瑢、纪昀等《钦定四库全书总目》卷六十七；〔清〕嵇璜、曹仁虎等《钦定续通志》卷一百五十七；〔清〕嵇璜、曹仁虎等《钦定续文献通考》卷一百七十一；〔清〕罗以智《七十二候表·序》；〔清〕范邦甸《天一阁书目·史部》①；《续修四库全书总目提要：史部》"时令类"；杜泽逊《四库存目标注》卷二十四等著录或称引。
清	莫熺	《月令考》一卷	存	〔清〕丁仁《八千卷楼书目·经部·礼类》卷二；〔清〕刘锦藻《皇朝续文献通考》卷二百六十与卷二百七十一；〔清〕周中孚《郑堂读书记》卷五；〔清〕李调元《童山诗文集》文集卷十一；〔清〕邵晋涵《（乾隆）杭州府志》卷五十七②；《中国丛书综录·子目·经部·礼记类》之"分篇之属"以及王锷《三礼研究论著提要·礼记类》等著录或称引。

---

① 〔清〕范邦甸撰《天一阁书目·史部》著录："《四时气候集解》四卷，明李某撰。"
② 〔清〕邵晋涵《乾隆杭州府志》卷五十七载："《月令七十二候考》明仁和莫熺丹子撰。"

（续表）

朝代	作者	书名	存佚	著录或称引
清	李调元	《月令气候图说》一卷	存	〔清〕丁仁《八千卷楼书目·经部·礼类》卷二；〔清〕刘锦藻《皇朝续文献通考》卷二百六十；〔清〕周中孚《郑堂读书记》卷五；〔清〕李调元《童山诗文集》卷十一；惠栋撰《易汉学》卷一；《卦气七十二候图》；《湖南图书馆古籍线装书目录》；王锷《三礼研究论著提要·礼记类》；刘毓庆、张小敏《日本藏先秦两汉文献研究汉籍目录》之《礼类·〈礼记〉之属》；《四部总录·天文编》（第二册）；舒大刚《儒学通论》之《〈礼记〉学文献》等著录或称引。
清	王廷鼎	《月令动植物小笺》一卷	存	《中国丛书综录·子目·经部·礼记类》之"专著之属"以及王锷《三礼研究论著提要·礼记类》等著录或称引。
清	曹仁虎	《七十二候考》一卷	存	〔清〕丁仁《八千卷楼书目·经部·礼类》卷二；〔清〕钱林《文献徵存录》卷四；〔清〕王昶《嘉庆直隶太仓州志》卷五十六；〔清〕刘锦藻《皇朝续文献通考》卷二百六十、卷二百七十一与二百七十三；〔清〕周中孚《郑堂读书记》卷十八；〔清〕李赓芸《稻香吟馆集》卷七；〔民国〕赵尔巽等《清史稿》卷一百四十五与卷一百四十六；《中国丛书综录·子目·史部·政书类》之"时令类"；《丛书集成初编总目索引·自然科学类》之"时令"类；《丛书集成新编总目·自然科学类》之"时令"类以及王锷《三礼研究论著提要·礼记类》等著录或称引。
清	孙国仁	《礼记月令考异》十二卷	存	《中国丛书综录·子目·经部·礼记类》之"分篇之属"以及王锷著《三礼研究论著提要·礼记类》等著录或称引。

第三章 《月令》单篇别行论析

（续表）

朝代	作者	书名	存佚	著录或称引
清	俞樾	《七十二候考》一卷	存	〔清〕沈粹芬、黄人《国朝文汇·丁集》卷十七；〔民国〕章炳麟《太炎文录》卷二；〔民国〕赵尔巽《清史稿》卷一百四十五；胡玉缙撰《许庼学林》卷十六以及王锷《三礼研究论著提要·礼记类》等著录或称引。
清	刘芬	《礼记月令七十二候考》①	不详	〔清〕潘衍桐《两浙輶轩续录》卷四十六著录。
清	叶志诜	《七十二候赞》一卷	存②	〔清〕刘锦藻《皇朝续文献通考》卷二百六十；〔清〕丁仁撰《八千卷楼书目·经部·礼类》卷二以及王锷《三礼研究论著提要·礼记类》著录或称引。
清	罗以智	《七十二候表》一卷	存	〔清〕丁仁《八千卷楼书目·经部·礼类》卷二；〔清〕刘锦藻《皇朝续文献通考》卷二百六十；〔清〕李慈铭《越缦堂读书记》"科学技术"；胡玉缙《许庼学林》卷十六；《杭州市志》卷十一以及王锷《三礼研究论著提要·礼记类》等著录或称引。

---

① 〔清〕潘衍桐撰《两浙輶轩续录》卷四十六："刘芬，字芷人，号曼甫，镇海贡生，著《大蓬山馆诗稿》。陈继聪《序略》：芷人，貌朴而行笃，恂恂然为乡里善人，尝从黄薇香师游，精小学。刘艺兰，孝廉，爱其诗，箸录《四明艺文志》。箸有《课余札记》《月令七十二候考》。""箸"应为"著"。

② 王锷著《三礼研究论著提要》第1733条《月令七十二候赞》载："《贩书偶记》载有道光三十年（公元1850年）粤东抚署刻本，今存佚不详。"王锷先生此说值得商榷，据龙伯坚《现存本草书录》记载：叶志诜《月令七十二候赞》，附在其《神农本草经赞》后，因为《神农本草经赞》有清道光三十年庚戌（1850）粤东抚署刊本和民国二十五年（1936）上海世界书局排印《珍本医书集成》本两种，而《珍本医书集成》本是现在的通行本。可见，叶志诜《七十二候赞》存佚并非不详，今裘庆元辑，吴唯、宋乃光校注的《珍本医书集成》第二册收录叶氏此文。

(续表)

朝代	作者	书名	存佚	著录或称引
清	俞正燮	《月令非周书论》一篇	存	《癸巳类稿》卷三著录。
民国	刘师培	《月令论》	存	《左盦外集》卷三著录。

《月令》研究性单篇别行著作或侧重考证《月令》的作者与成书年代，或侧重考证《月令》所载物候与其他著作中所载物候时间早晚以及名称上的差异，扩展了《月令》解读与研究的视域，并为后世研究保留了史料。如范浚《月令说》从职官的角度对《月令》的作者和成书年代进行探析，为后世《礼记》诸篇成书及作者研究提供了参考；吴澄、曹仁虎、俞樾等人关于《月令》七十二候的考证著作，为了解我国气象史、农业史提供了极为宝贵的文献资料。

三、以《月令》物候为题材的著作

以《月令》物候为题材的著作主要是指以《月令》所载七十二物候为吟咏对象的"月令诗"，这类作品不多，严格意义上也不属于《月令》单篇别行著作，但因题材内容独特且与《月令》相关，姑且搜集罗列，以备参考，如表3-3所示。

表3-3 以《月令》物候为题材的著作一览表

朝代	作者	书名	存佚	著录或称引
唐	李林甫等撰	《月令并时训诗》一卷	佚	〔宋〕郑樵《通志》卷六十四；〔明〕焦竑《国史经籍志》卷三；〔明〕吴琬《三才广志》卷之六百六十九；〔明〕焦竑《国史经籍志》卷三；〔清〕朱彝尊《经义考》卷一百四十九；〔清〕陈梦雷《古今图书集成·理学汇编·经籍典》第二十四卷、第二百十五卷、第二百十八卷与第三百二十一卷以及王锷《三礼研究论著提要·礼记类》等著录或称引。

第三章 《月令》单篇别行论析

(续表)

朝代	作者	书名	存佚	著录或称引
唐	杜仲连	《月令诗》一卷	佚	〔宋〕郑樵《通志》卷六十四;〔明〕焦竑《国史经籍志》卷三;〔明〕吴琯《三才广志》卷之六百六十九;〔清〕朱彝尊《经义考》卷一百四十九;〔清〕陈梦雷《古今图书集成·理学汇编·经籍典》第二百十五卷以及王锷《三礼研究论著提要·礼记类》等著录或称引。
明	顾德基	《咏七十二候诗》一卷①	存	〔清〕嵇璜、曹仁虎等《钦定续文献通考》卷一百九十六;〔清〕永瑢、纪昀等《钦定四库全书总目》卷一百八十;柯愈春《清人诗文集总目提要》卷一;杜泽逊《四库全书存目标注》卷五;芦宇苗《江苏明代作家诗论研究》之《江苏明代主要诗人、诗论家小传》;曹培根《瞿氏铁琴铜剑楼研究》之第八章第四节《铁琴铜剑楼化私为公书目》的"清别集类"以及杜泽逊《四库存目标注》等著录或称引。
明	李天植	《月令诗》	不详	〔清〕陈梦雷《古今图书集成·理学汇编·文学典》卷一百四;〔清〕盛枫《嘉禾徵献录》卷四十七;〔清〕张文虎《舒艺室诗存》存一等著录或称引。
明	徐献忠	《山家月令》	存	〔明〕董斯张《吴兴艺文补》卷三十七著录。

---

① "《咏七十二候诗》",杜泽逊著《四库存目标注》卷五十四作"《七十二候诗》"与〔清〕永瑢、纪昀等撰《钦定四库全书总目》卷一百八十作"《七十二候诗》一卷",无"咏"字,杜泽逊按:"馆臣所据孙仰曾呈本实为《东海散人集》,唯取其中《七十二候诗》一卷存入《存目》,余则排斥于《四库存目》之外。"今《四库全书存目丛书》收录顾德基此作品名为"《咏七十二候诗》",据北京图书馆清初钞本影印。

(续表)

朝代	作者	书名	存佚	著录或称引
清	清高祖	《御制月令七十二候诗》（卷数不详）①	存	〔清〕张之洞《（光绪）顺天府志》卷一百二十七；〔清〕庆桂《国朝宫史续编》卷九十五；〔清〕董诰《御制诗四集》卷五十七；〔清〕曹仁虎《七十二候考》卷一；〔清〕周中孚《郑堂读书记》卷十八；李灵年、杨忠《清人别集总目》之"弘历"条；《历代著录法书目》之"梁国志"条；任继愈《中国藏书楼》之《清代前期的藏书》"紫禁城外与行宫藏书"条以及《中国官府藏书》之《盛极转衰的清代官府藏书》之"静明园"条等著录或称引。
清	马国翰	《月令七十二候诗自注》四卷	存②	王绍曾《山东文献书目》之"时令类"条；《中国丛书目录及子目索引汇编》之《丛书目录》"马竹吾先生全集"条以及《增订书目问答补正》之《经学家》"马国翰"条等著录或称引。
清	吴锡麒	《七十二候诗》	不详	〔清〕曾国藩《曾文公书札》卷九"致邓寅阶"与〔清〕王安定《求阙斋弟子记》卷二十一"与邓寅阶书"等著录或称引。
清	叶映榴	《月令诗》	存	〔清〕叶映榴《叶忠节公遗稿》卷十一著录。

纵观上表，以《月令》物候为题材的"月令诗"数量不多，最早的两部今亦亡佚，无怪乎四库馆臣评价顾德基《咏七十二候诗》时说："是集以《月令》七十二候各为七言律诗一首，词旨凡鄙，殆不足观，以古人无此题，姑存以备一体耳。"③ 虽

---

① 按：〔清〕嵇璜、曹仁虎等《钦定皇朝通志》卷一百十六载有：乾隆"御书月令七十二候诗贴"。

② 王锷《三礼研究论著提要》第一千七百一十三条《月令七十二候诗自注》载："《贩书偶记》载有光绪十五年绣江李氏重校刊本，今存佚不详。"王锷先生此说值得商榷，马氏此著收录《四库未收书辑刊》的第四辑第五册。

③ 〔清〕永瑢、纪昀等：《钦定四库全书总目》（整理本），北京：中华书局1997年版，第2513页。

然极力贬低顾氏月令诗的文学价值,但也提醒读者,应注意这种独特的文学题材。其实这类题材唐代已经出现,唐李林甫等人写的《月令并时训诗》、杜仲连《月令诗》,并非"古人无此题"。

四、"月令体"著作

"月令体"著作是指模仿《月令》以时间为主轴的叙事模式而衍生出来的时令著作。自《月令》之后,有很多仿照《月令》叙事模式的"月令体"著作出现,今胪列部分著作,如表3-4所示。

表3-4　"月令体"著作一览表

朝代	作者	书名	存佚	著录或称引
汉	王莽等	《敦煌悬泉月令诏条》五十条	存	《全国总书目2001》(下)与《中华书局百年大事记1912—2011之2001年》著录。
汉	崔寔	《四民月令》十二卷	残缺	〔清〕陈梦雷《古今图书集成·理学汇编·经籍典》第二百十五卷;〔民国〕赵尔巽等《清史稿》卷一百四十五;邓伟编《历代典籍》《中国丛书综录·子目·史部·政书类》之"时令类"以及《丛书集成续编总目·自然科学类》之"时令"等著录。
南朝梁	宗懔	《荆楚岁时记》一卷	存	〔后晋〕刘昫《旧唐书》卷四十七;〔宋〕欧阳修等《新唐书》卷五十九;〔宋〕赵彦卫《云麓漫钞》卷八;〔宋〕郑樵《通志》卷六十;〔元〕马端临《文献通考》卷二百六十;〔清〕嵇璜、曹仁虎等《续通志》卷六十;〔元〕脱脱等《宋史》卷二百五十;〔宋〕晁公武《郡斋读书志》后志卷二;〔宋〕陈振孙《直斋书录解题》卷六;〔宋〕程大昌《演繁露》卷十五;〔宋〕高似孙《纬略》卷十一;〔宋〕胡仔《渔隐丛话》前集卷二《国风汉魏六朝下》;〔宋〕佚名《绀珠集》卷五;〔明〕陶宗仪《说郛》卷八十一《古乐府》;〔明〕彭大翼《山堂肆考》卷

(续表)

朝代	作者	书名	存佚	著录或称引
				二《戴燕》；〔明〕杨慎《滇候记序》；〔明〕冯惟讷《古诗纪》卷一百五十三《黄姑》；〔明〕李时珍《本草纲目》卷一上；〔清〕黄宗羲《明文海》卷二百一十七《水经序》；〔清〕康熙圣祖仁皇帝《御定渊鉴类函》卷十八《社一》；〔清〕永瑢、纪昀等《钦定四库全书总目》卷七十；〔清〕陈启源《毛诗稽古编》卷三；〔清〕陈梦雷《古今图书集成·理学汇编·经籍典》第二百十五卷；〔清〕沈自南《艺林汇考饮食篇》卷三以及〔清〕王世禛《居易录》卷六等著录称引。
宋	陈元靓	《岁时广记》四十卷	存	〔清〕嵇璜等《续通志》卷一百五十七；〔明〕王圻《续文献通考》卷一百七十二；〔宋〕史铸《百菊集谱》卷三；〔清〕永瑢、纪昀等《钦定四库全书总目》卷六十七；〔清〕黄虞稷《千顷堂书目》卷九以及〔清〕汪灏《御定佩文斋广群芳谱》卷五十一等著录或称引。
明	冯应京	《月令广义》二十四卷	存	〔元〕马端临《文献通考》卷二百二十四；〔清〕徐乾学《传是楼书目》卷一；〔清〕陈梦雷《古今图书集成·理学汇编·经籍典》卷二百十八、卷二百二十六与卷三百二十一①；〔清〕张夏《雒闽源流录》卷十一；〔清〕鄂尔泰、张廷玉等《国朝宫史》卷三十四《御定月令辑要》；〔清〕圣祖仁皇帝御制《圣祖仁皇帝御制文集》卷二十二《月令辑要序》；〔清〕永瑢、纪昀等《钦定四库全书总目》

① 〔清〕陈梦雷在《古今图书集成·历象汇编·岁功典》卷三十二、卷五十五、卷九十三、卷九十四、与卷一百六多处称引；《古今图书集成·方舆汇编·职方典上》卷三十九、卷七百五十二多出称引；《古今图书集成·博物汇编·神异典》卷十一、卷十三、卷十四、卷十九、卷二十一、卷三十二、卷三十四、卷四十多出称引；《古今图书集成·博物汇编·草木典》卷三十七称引；《古今图书集成·经济汇编》卷二百六十八、卷三百六称引；《古今图书集成·经济汇编·礼仪典》卷一百八十八与卷二百四十一称引；《古今图书集成·经济汇编·考工典》卷三十九称引。

第三章 《月令》单篇别行论析

(续表)

朝代	作者	书名	存佚	著录或称引
				卷六十七；〔清〕黄虞稷《千顷堂书目》卷九；〔清〕朱彝尊《经义考》卷一百四十九；杜泽逊《四库存目标注》卷二十四；《四部总录·天文编》（第二册）；《湖南图书馆古籍线装书目录》以及王锷《三礼研究论著提要·礼记类》等著录或称引。
明	戴羲	《养余月令》二十九卷	存	〔清〕永瑢、纪昀等《钦定四库全书总目》卷六十七；〔清〕王柏心《百柱堂全集》卷二十三；〔清〕赵学敏《本草纲目拾遗》卷九；〔清〕嵇璜、曹仁虎等《钦定续通志》卷一百五十七；〔清〕嵇璜、曹仁虎《钦定续文献通考》卷一百七十一；〔清〕李光地《御定月令辑要》之《御制月令辑要序》《江南通志》卷一百五十《泗州》与卷一百九十《艺文志》以及杜泽逊《四库存目标注》卷二十四等著录或称引。
清	潘荣陛	《帝京岁时纪胜》一卷	存	谭烈飞《北京方志提要》"乾隆"条；刘叶秋《历代笔记概述》之"清代的笔记"；张定亚《简明中外民俗词典》、王灿炽《燕都古籍考》；孙世文等《礼俗宝典》以及中外名人研究中心；中国文化资源开发中心《中国名著大词典》等著录或称引。
清	徐卓	《节序日考》四卷	存	孙殿起《贩书偶记》卷八"《安徽通志艺文考》无卷数"条以及《四部总目·天文编》（第二册）等著录或称引。
清	秦嘉谟	《月令粹编》二十四卷	存	〔清〕刘锦藻《皇朝续文献通考》卷二百六十九；〔清〕张之洞《书目答问》别录；〔清〕周中孚《郑堂读书记》卷二十七；〔民国〕赵尔巽等《清史稿》卷一百四十六；《中国丛书目录及子目索引汇编》之"子目书名索引"条；《四部总录·天文编》（第二册）；《湖南图书馆古籍线装书目录》；王锷《三礼研究论著提要·礼记类》；竺

(续表)

朝代	作者	书名	存佚	著录或称引
				可桢《竺可桢文集·论新月令》与徐有富著《中国古典文学史料学》之《工具书》等著录或称引。
清	李光地等奉敕撰写	《御定月令辑要》二十四卷《图说》一卷	存	〔清〕丁仁《八千卷楼书目》卷五①；〔清〕周中孚《郑堂读书记》卷二十七；〔清〕昭梿《啸亭续录》卷一；〔清〕永瑢、纪昀等《钦定四库全书简明目录》卷七；〔清〕永瑢、纪昀等《钦定四库全书总目》卷六十七；〔清〕嵇璜、曹仁虎等《皇朝通志》卷九十八；〔清〕王太岳等《四库全书考证》卷三十九；〔清〕鄂尔泰、张廷玉等《国朝宫史》卷三十四；〔清〕文庆、李宗昉等《钦定国子监志》卷五十二；〔清〕曹仁虎等《皇朝文献通考》卷二百二十四以及《湖南图书馆古籍线装书目录》等著录或称引。
清	王言	《月令粹编补遗》卷书不详	不详	〔清〕潘衍桐《两浙輶轩续录》卷二十九；〔清〕王言《金石萃编补略》卷二。②

"月令体"著作非隶属于《月令》单篇别行著作，因其叙述结构的独特性而特意列出。从中可以看出中国古人感知时间流动的方法与《月令》叙事模式对

---

① 〔清〕丁仁撰《八千卷楼书目》卷五著录"《御定月令辑要》二十四卷，《图说》一卷，康熙五十四年奉敕撰，殿刊本（武英殿刊本）。"〔清〕周中孚撰《郑堂读书记》卷二十七著录："《御定月令辑要》二十四卷，《图说》一卷，武英殿刊本。"〔清〕昭梿撰《啸亭续录》卷一著录"《御定月令辑要》二十四卷。"

② 〔清〕王言《金石萃编补略》卷二："先君所著有：《春秋推日编》《纲鉴推日编》《月令粹编补略》以及《古今体诗》四卷，皆手自钞录。庚申辛酉之变，避兵迁徙，皆随藏行箧，嗣以身几不保而各遂佚。痛矣！是卷亦系秉铎寿阳时所辑，为佐廷录夹置各碑帖包中，以碑帙重累琐碎，遂与旧书等皮置绍兴暨阳乡下，以后屡徙不复再携。迨肃清后，急往暨阳于破书堆中得之，其原碑榻本亦尚存六七，故存者犹得据以校正，幸矣！光绪八年九月男同校字并志。"

第三章 《月令》单篇别行论析

后世的深远影响。

此外，《月令》单篇别行著作因亡佚、存佚不详、存而未见等原因而难窥内容，无法确定类型，今亦列表说明，实则这些著作可以归入《月令》释经性和研究性单篇别行著作的领域，如表3-5所示。

表3-5 无法确定分类的《月令》单篇别行著作一览表

朝代	作者	书名	存佚	著录或称引
汉	景鸾	《月令章句》（卷数不详）	佚	〔清〕魏源《诗古微》卷首"鲁诗传授考"；〔后晋〕刘昫等《旧唐书》卷四十六；〔宋〕欧阳修等撰《新唐书》卷五十七；〔清〕朱彝尊《经义考》卷一百四十九；〔清〕钱大昭《补续汉书艺文志》；〔清〕姚振宗《补后汉书艺文志·经部》卷一；〔清〕曾朴《补后汉书艺文志》；〔清〕侯康《补后汉书艺文志》；〔清〕罗振玉《罗雪堂先生全集》（三编）第十册卷五"礼乐"条；〔清〕陈梦雷《古今图书集成·理学汇编·经籍典》第二百八十八卷、第二百十五卷、第三百二十一卷、第三百六十三卷与第三百六十七卷以及王锷《三礼研究论著提要·礼记类》等著录或称引。
汉	高诱	《月令训解》十二卷	不详	〔明〕朱睦㮮《授经图义例》卷二十著录。
魏	阮谌	《月令图》一卷	不详	〔清〕姚振宗《后汉书艺文志》卷一；〔清〕姚振宗《隋书经籍志考证》卷四等著录或称引。
南朝宋	戴颙	《月令章句》十二卷	佚	〔后晋〕刘昫等《旧唐书》卷四十六；〔明〕萧良干，张元忭《万历绍兴府志》卷四十六；〔明〕徐象梅《两浙名贤录》卷四十四；〔明〕徐象梅《两浙名贤录》卷四十四；〔明〕焦竑《国史经籍志》卷二；〔明〕朱睦㮮《授经图义例》卷二十；〔宋〕欧阳修等《新唐书》卷五十七；〔清〕陈梦雷《古今图书集成·理学汇编·经籍典》

《礼记》单篇别行研究

（续表）

朝代	作者	书名	存佚	著录或称引
				第二十二卷、第二百十五卷、第二百五十五卷与第三百二十一卷以及王锷《三礼研究论著提要·礼记类》等著录或称引。
唐	王涯	《月令图》一卷	佚	〔宋〕欧阳修等《新唐书》卷五十九；〔宋〕王钦若《册府元龟》卷六百七；〔宋〕郑樵《通志》卷十九与卷二十一；〔明〕焦竑《国史经籍志》卷二；〔明〕朱睦㮮《授经图义例》卷二十；〔清〕佚名《唐书艺文志注》卷三；〔清〕嵇璜、曹仁虎等《钦定续通志》卷一百六十四；〔清〕朱彝尊《经义考》卷一百四十九；〔清〕沈炳震《唐书合钞》卷七十四；〔清〕曾国荃、张煦等修，王轩、杨笃等纂《山西通志》卷八十七；〔清〕陈梦雷《古今图书集成·理学汇编·经籍典》卷二百十五以及王锷《三礼研究论著提要·礼记类》等著录或称引。
宋	刘先之①	《月令图》一卷	佚	〔元〕脱脱等《宋史》卷二百六；〔明〕柯维骐《宋史新编》卷五十二②；〔明〕徐应秋《玉芝堂谈荟》卷三十；〔清〕朱彝尊《经义考》卷一百四十九；〔清〕钱东垣《崇文总目辑释》卷四；〔清〕陈梦雷《古今图书集成·博物汇编·艺术典》第七百五十二卷；《古今图书集成·理学汇编·经籍典》第十八卷、第二百十八卷③以及王锷《三礼研究论著提要·礼记类》等著录或称引。

---

① 〔明〕焦竑《国史经籍志》卷四著录"《月令图》一卷，刘先生。"或"生"与"之"形近之误，存疑。

② 〔明〕柯维骐《宋史新编》卷五十二著录："刘玄之《月令图》一卷，'玄'一作'先'。"

③ 〔清〕陈梦雷《古今图书集成·博物汇编·艺术典》第七百五十二卷著录为："刘元之《月令图》一卷"、《古今图书集成·理学汇编·经籍典》第十八卷著录为："刘元之（一作先）《月令图》一卷"、第二百十八卷著录为："刘先之《月令图》"。

第三章 《月令》单篇别行论析

（续表）

朝代	作者	书名	存佚	著录或称引
明	钱士馨	《月令说》一卷	佚	〔清〕沈翼机等编《浙江通志》卷二百四十二；〔清〕朱彝尊《经义考》卷一百四十九以及王锷《三礼研究论著提要·礼记类》著录。
明	黄谏	《月令通纂》四卷①	不详	〔明〕高儒《百川书志》卷五；〔明〕朱睦㮮《万卷堂书目》卷三；〔明〕过庭训《本朝分省人物考》卷之一百六；〔明〕雷礼《国朝列卿纪》卷九与卷一百六十五；〔明〕焦竑《国史经籍志》卷三；〔清〕朱彝尊《经义考》卷一百四十九；〔清〕张廷玉等《明史》卷九十六；〔清〕赵弘恩《江西通志》卷一百九十；〔清〕黄虞稷《千顷堂书目》卷九；〔清〕朱彝尊《经义考》卷一百四十九；《四部总录·天文编》（第二册）；〔清〕陈梦雷《古今图书集成·理学汇编·经籍典》第二十四卷、第二百十四卷、第二百十八卷、第三百二十一卷以及王锷《三礼研究论著提要·礼记类》等著录或称引。
明	陈经邦	《月令纂要》一卷	佚	〔明〕祁承㸁《澹生堂藏书目》史部下②；〔清〕张廷玉等撰《明史》卷九十六；〔清〕黄虞稷《千顷堂书目》卷九；〔清〕朱彝尊《经义考》卷一百四十九与王锷《三礼研究论著提要·礼记类》等著录或称引。

① 〔明〕晁瑮《晁氏宝文堂书目》卷中著录"《月令通纂》，并无人名。"〔明〕李时珍撰《本草纲目》卷一著录，无作者信息，卷五"节气水"与卷十五"青蒿"提及，亦无作者信息。〔明〕刘仲达《刘氏鸿书》卷九"时令"条称引，亦无作者信息。〔清〕钱谦益撰《绛云楼书目》亦只标书名，无作者信息。〔清〕陈梦雷《古今图书集成·博物汇编·草木典》卷六十二"青蒿释名"条称引，无作者信息。〔清〕迮朗撰《绘事琐言》卷一称引，无作者信息。

② 祁承㸁《澹生堂藏书目》史部下著录两条，一为"《吕氏春秋月令纂要》一卷陈经邦"一为"《月令纂要》一卷一册，陈经邦。"

(续表)

朝代	作者	书名	存佚	著录或称引
明	莫熹	《月令七十二候考》（卷数不详）	佚	〔清〕丁仁《八千卷楼书目·经部·礼类》卷二①；〔清〕邵晋涵《（乾隆）杭州府志》卷五十七；王锷《三礼研究论著提要·礼记类》著录或称引。
明	李巨川	《月令采奇》（卷数不详）	佚	〔清〕陈梦雷《古今图书集成·理学汇编·经籍典》卷二百十八与卷三百二十一；〔清〕朱彝尊《经义考》卷一百四十九；《四部总录·天文编》（第二册）与王锷《三礼研究论著提要·礼记类》著录或称引。
明	郑思恭	《月令纂言》②	佚	〔清〕孙诒让《温州经籍志》卷九著录。
清	徐士俊	《月令演》（卷数不详）	不详	〔清〕法式善《陶庐杂录》卷四"王晫檀几丛书"条；《中国科学院图书馆藏中文古籍善本书目·丛部》"汇编类"之"《檀几丛书》"条；《中国科学史原始资料目录索引》（第一辑）第2693条；《四川省高校图书馆古籍善本联合目录·丛部》"汇编类"之"《檀几丛书》"条；《浙江历代版刻书目·丛部》之"《檀几丛书》"条；《东北地区古籍线装书联合目录·丛书部》"类编类"之"《闻竹居丛书二十八种》"条；《中国丛书综录·汇编》"杂纂类·明代前期"之《檀几丛书》条；《湖南图书馆古籍线装书目录》以及王锷《三礼研究论著提要·礼记类》等著录或称引。

---

① 〔清〕丁仁《八千卷楼书目·经部·礼类》卷二载："《月令考》一卷，国朝莫熹撰，钞本。"《八千卷楼书目》对每一著录的书目均有比较详细的版本信息，如：《深衣考误》一卷，国朝江永撰，皇清经解本，《投壶考原》一卷，国朝丁晏撰，南菁书院本，等等。

② 〔清〕孙诒让撰《温州经籍志》卷九，载："郑氏思恭，《月令纂言》，《乾隆温州府志》二十七，《乾隆平阳县志》十九作《时令纂言》。"

(续表)

朝代	作者	书名	存佚	著录或称引
清	毛奇龄	《月令考》一卷	不详	〔清〕丁仁《八千卷楼书目·经部·礼类》卷二著录。
清	王珏	《月令纂》（卷数不详）	未见	王锷《三礼研究论著提要·礼记类》著录。
清	焦永	《月令注》一卷	不详	王锷《三礼研究论著提要·礼记类》著录。
清	蒋曰豫	《月令校正》（卷数不详）	佚	王锷《三礼研究论著提要·礼记类》著录。
清	蒋曰豫	《月令章句》（卷数不详）	佚	王锷《三礼研究论著提要·礼记类》著录。
不详	亡名氏	《月令纂要》（卷数不详）	未见	〔清〕朱彝尊《经义考》卷一百四十九与王锷《三礼研究论著提要·礼记类》著录。

　　上述诸篇直观清楚地呈现了《月令》的单篇别行著作的类型与存佚情况，并且对以《月令》物候为题材的吟咏作品以及仿照《月令》记事模式的"月令体"著作皆做了系统初步的统计，为我们了解《月令》单篇别行情况、远古先民对"时"的认识轨迹以及中国文化的特质保存了极有价值的史料。

第二节 《月令》单篇别行著作举要

历代《月令》单篇别行著作可以分为释经性、考证性、以《月令》内容为歌咏对象以及因其衍生的"月令体"著作。从严格的意义上说,"月令体"著作不能算作纯粹的《月令》单篇别行著作,因其沿袭了《月令》以时叙事思维,形成了一类特殊的岁时文献,所以也将其作简要介绍。

一、《月令》释经性单篇别行著作举要

《月令》释经性单篇别行著作主要侧重阐释《月令》经文的深蕴,如蔡邕《月令章句》、李林甫等人奉敕编纂的《唐月令注》、张虑《月令解》、吴澄《月令纂言》与黄道周《月令明义》等,今就蔡邕《月令章句》、李林甫等人的《唐月令注》以及张虑《月令解》三部《月令》释经性单篇别行著作分别介绍。

(一) 蔡邕《月令章句》

蔡邕(132—192),字伯喈,陈留圉(今河南省杞县)人,博学多才,"好辞章、术数、天文、妙操音律"[①],我国古代著名的文学家、书法家、天文学家、音乐家。历任河平长、郎中、议郎、御史、祭酒、尚书、左中郎将,巴郡太守等职,汉献帝封为高阳乡侯。因与司徒刘郃不和,被害入狱,流放朔方,后又亡命江湖十二年。董卓重其才学、三日之间周历三台。董卓被诛,被司徒王允加害,死于狱中,时年六十一岁。

蔡邕《月令章句》是《月令》在东汉单篇别行过程中产生的一个重要文本。据文献记载,当时《月令》单篇别行的文本主要有:《隋书·经籍志》《宋史·

---

① 〔南朝宋〕范晔:《后汉书》,北京:中华书局1997年版,第1973页。

第三章 《月令》单篇别行论析

艺文志》所录的蔡邕《月令章句》；明朱彝尊《经义考》、清姚振宗《后汉艺文志》与曾朴《补后汉书艺文志》记载的景鸾《月令章句》；《旧唐书·经籍志》和《新唐书·艺文志》记载的戴颙《月令章句》。景鸾、戴颙两人所著的《月令章句》皆已散佚，今存汉朝《月令》单篇别行文本唯有蔡邕《月令章句》的辑佚本，虽为辑佚本，却为后人研究《月令》的单篇别行情况提供了宝贵资料。

蔡邕《月令章句》有清王谟、蔡云、臧庸、叶德辉、黄奭、马国翰等人的辑佚本，其中，马国翰辑本是现存辑佚本中公认最好的本子，故以此为研究底本，对蔡邕《月令章句》的撰写缘由、特色及价值等作以深入研究。

蔡邕为何撰写《月令章句》，他在《月令问答》一文自设疑问，详细说明了撰写《月令章句》的原因：首先，《月令》虽为单篇，但"体大经同"①，除在《礼记》内流传外，还应从《礼记》中析出，与其他诸经并行传播。其次，前儒以我注经的方式，既遮蔽了《月令》的本旨，割断了《月令》与《周官》《左传》等先王治世类著作的内在联系，又使"他议横生"，有必要重新注解以体现其本旨。最后，蔡邕生活的时代，正处在内忧外患的动荡之中，加之其仕途多舛，故生命安全没有基本保障，希望在有生之年能通过著书立说，不朽于后世，实现人生的价值。《月令》是古代的王政之书，所论述的天文历数、阴阳升降、典章制度可与五经之一的《尚书》媲美，有必要在如履薄冰的生存环境中，对《月令》文本的内容和其中所涉及的名物制度、天文历象、治政原则等进行全面深入的阐释，以词简理约的注释达到达到学理薪火相传的功效。

对《月令》中的名物制度进行考证，订正文本传抄过程中的错误，是蔡邕《月令章句》的特色，蔡氏以博通的态度注释《月令》，对于儒家记载礼制的典籍产生质疑，有消解儒家经义的倾向。他注重从自然的角度注释《月令》，强调自然的重要性，认为"天子施政是以自然为前提的，因此才可以风调雨顺"。蔡邕《月令章句》"蕴含的'前卫'思想则对后世哲学思潮产生了一定的影响，是

---

① 〔清〕马国翰：《玉函山房辑佚书》（经编第24册），长沙嫏嬛馆光绪九年版，第62页。

汉晋间文化转型的一个支点"。①

《月令》的内容涉及日月星象、物候、祭祀、律令乃至农业活动的诸多方面，其包罗万象的特点决定了《月令章句》注释的丰富性，此又是《月令章句》的一大特色。蔡邕对《月令》中的所涉及的物理现象和音乐知识都有精辟的论述，为后世学者研究古人的思想认识提供了有价值的思想史料。

作为王政之书，《月令》体现了古人对自然规律的尊重和崇拜。自然界呈现给人们的是一种亘古不变的秩序，这与儒家强调的礼制有共同之处。战国时期百家争鸣，其旨皆在强调天道和秩序，作为儒家更是强调统治阶级内部的尊卑、疏远秩序。一切秩序都强调名正言顺，在独尊儒家的汉代，更是注重这种观念。因为"名不正则言不顺，言不顺则事不成，事不成则礼乐不兴，礼乐不兴则刑罚不中，刑罚不中则民无所措手足"。② 如果名不正其他一切则无从谈起，蔡邕《月令章句》不仅为天人合一的统治秩序正名，而且肯定了《月令》作为王者治政指南的价值。其有序地展示了《月令》背后的时空思维模式，以简练的言词揭示了《月令》"人君应承天时行庶政"的核心理念，③ 为后世君王"时政"观念提供理论上的支撑。

关于自然现象的阐释，蔡邕《月令章句》体现了古人对宇宙万物的科学认识。如"雨凝为雹"④ "露结为霜"⑤ "虹，螮蝀也。阴阳交接之气著于形色者也，雄曰虹，雌曰蜺。夫阴阳不和，婚姻失序，即生此气。虹见有青赤之色，常依阴云而昼见于日衝，无云不见，太阴亦不见，见辄与日互见"。⑥ 其对冰雹、霜以及彩虹形成的原因与形成条件做了客观的陈述，虽将彩虹出现的原因与尘世

---

① 高长山、骆洋：《蔡邕解读〈礼记·月令〉的新变》，载《古籍整理研究学刊》，2009年第5期，第81—85页。
② 〔魏〕何晏注，〔宋〕刑昺疏：《论语注疏·子路》，见阮元校刻《十三经注疏》本，上海：上海古籍出版社2011年版，第2506页。
③ 〔清〕马国翰：《玉函山房辑佚书》（经编第24册），长沙娜嬛馆光绪九年版，第30页。
④ 〔清〕马国翰：《玉函山房辑佚书》（经编第24册），长沙娜嬛馆光绪九年版，第49页。
⑤ 〔清〕马国翰：《玉函山房辑佚书》（经编第24册），长沙娜嬛馆光绪九年版，第53页。
⑥ 〔清〕马国翰：《玉函山房辑佚书》（经编第24册），长沙娜嬛馆光绪九年版，第40页。

婚姻的协和与否相附会，但就这种自然现象产生的本因来说，体现了我国古代自然科学的发展状况。

在音乐方面，蔡邕对律吕之"律"下了定义，探讨了钟律产生的原因，"最早规定了律管的形制、大小；定性地指出管与弦的长短与音高的关系；关于十二月与十二律相对应的文字叙述，成为后来'十二月旋相为宫'的旋宫说，尤其是蔡邕对于乐律计算的起源问题有独到的见解"。[①]

蔡邕《月令章句》认为："律，率也，声之管也。……上古圣人本阴阳，别风声，审清浊，而不可以文载口传也。于是始铸金为钟，以主十二月之声，然后以效升降之气。钟难分别，乃截竹为管，谓之律。律者，清浊之率法也。声之清浊，以律长短为制。……古之为钟律者，以耳齐其声。后不能，则假数以正其度，度数正则音亦正矣。钟以斤两、尺寸、中所容受升斗之数为法，律亦以寸分大小、长短为数，故曰黄钟之管长九寸，孔径三分，围九分，其余皆渐短，惟大小围数无增减。以度量者可以文载口传，兴众共知，然不如耳决之明也。"[②] 这段关于钟律论述的文字自被刘昭注入《后汉书·律历志》之后，常被历代史学家、考据学家和音乐家所引用。如《汉志》以八百一十分为黄钟之实，三百六十分为林钟之实，六百四十分为太簇之实。清代江永精通音律和算术，其《律吕新论》定黄钟之宫的方法便是"据蔡邕《月令章句》以校《吕氏春秋》之讹，并纠《汉志》删削之误。辩损益相生，以为均匀截管，则不致往而不返，亦能发前人所未发，固亦可存备一家之学者矣"。[③] 以此可见蔡邕此论对后世的影响。

蔡邕《月令章句》是《月令》现存最早的单篇别行文本，虽仅存辑佚本，从中仍可看出《月令》在东汉时期的重要地位。蔡邕的《月令章句》客观简练地阐释《月令》作为王政之言的本旨，虽附有阴阳五行思想的痕迹，缘于时代

[①] 戴念祖：《中国科学技术典籍通汇·物理卷》（第一册），郑州：河南教育出版社1995年版，第95页。

[②] 〔清〕马国翰：《玉函山房辑佚书》（经编第24册），长沙娜嬛馆光绪九年版，第31—32页。

[③] 〔清〕纪昀等：《钦定四库全书总目·经部·乐类》，北京：中华书局1997年版，第512页。

思潮对人思想的影响，其对天文历法、自然现象、乐律等知识的论述体现了当时人们的认识水平。

（二）李林甫等奉敕撰《唐月令注》

《唐月令注》是唐玄宗时期官方编注的一部岁时物候专书，由"集贤院学士尚书左仆射兼右相吏部尚书李林甫、门下侍郎陈希烈、中书侍郎徐安贞、直学士起居舍人刘光谦、宣城大司马齐光乂、河南府仓曹参军陆善经、修撰官家令寺丞兼知太史监事史文晏、待制官安定郡别驾梁令瓒等人注解"，① 后由唐玄宗刊定流传，"约至南宋以后，书已散佚"，② 今天所见的《唐月令注》是清人茆泮林辑录的残存本。

茆泮林，生卒年不详，嘉庆、道光间人，字鲁山，号雩水，室名梅瑞轩，高邮人。廪生，笃学好古，用数十年的时间辑得《十种古逸书》③《清儒学案》评论此书"蒐辑编次，既博且精"。④ 著有《宋孙莘先生（觉）年谱》一卷、《周礼注疏校勘记校字补》一卷以及底稿本《梅瑞轩求是偶钞》与《梅瑞轩蠡说漫录》各一卷。⑤

---

① 〔唐〕唐玄宗敕撰，〔清〕茆泮林辑佚：《唐月令注》，见《续修四库全书》（第885册），上海：上海古籍出版社1995年版，第116页。

② 吴枫：《隋唐历史文献集释·农业杂著·〈唐月令注〉》，郑州：中州古籍出版社1987年版，第163页。

③ 《十种古逸书》包括：《世本》一卷；《楚汉春秋》一卷、附《疑义》一卷；《古孝子传》一卷；《伏侯古今注》三卷、《补遗》一卷、又《补遗》一卷；《淮南万毕术》一卷、《补遗》一卷、再《补遗》一卷；《计然万物录》一卷、《补遗》一卷；《赵岐三辅决录》一卷、《补遗》一卷；《司马彪庄子注》一卷、《补遗》一卷、《音》一卷、《逸篇》一卷、《逸语》一卷、《逸篇注补遗》一卷、《音补遗》一卷、《注又补遗》一卷、《疑义》一卷、《疑义》一卷；《晋元中记》一卷、《补遗》一卷；《唐月令注》一卷、《补遗》一卷、《唐月令考》一卷，核实。

④ 〔清〕徐世昌等编：《清儒学案·心巢学案·茆先生泮林》，北京：中华书局2008年版，第6979页。

⑤ 参考陈玉堂编：《中国近现代人物名号大辞典》（续编），杭州：浙江古籍出版社2001年版，第178页。

第三章 《月令》单篇别行论析

茆泮林查阅《唐书·艺文志》时发现有《御刊定月令》的记载,之后读郑樵《六经奥论》时,发现宋时的监本仍有此注,但是朱彝尊《经义考》却云此书未见,于是"留意于唐人类书,宋人类书中求之,果所在多有,而《太平御览》一书,引涉《唐月令》之迹尤显,盖所引《礼记》多先《月令》而后《曲礼》《王制》也。惜其中两引'祀行',不做'祀井',注亦俱仍郑注作行,此种处多为后人妄改所失,兹特细加别白,抉出注文,更采《白帖》《岁华纪丽》及《事类赋》诸书中引涉《唐月令》与郑注不同者,亦间有依郑注篡改者,并《唐月令》经文,一并录之。"① 茆泮林根据唐、宋类书以及《事类赋》等著作的记录,辑佚成了《唐月令注》。

茆泮林《唐月令注》今存版本有:清道光十四年(1835)梅瑞轩《十种古逸书》本;清光绪十五年(1898)高邮王氏《鹤寿堂丛书》本;《丛书集成初编》本与《续修四库全书》本,后两种版本皆据《十种古逸书》本排印,实属同一版本。本书以《续修四库全书》所录茆泮林《唐月令注》本为研究对象,对此书的撰写原因、内容以及影响等作以概述。

时间在古代具有神圣的地位,只有帝王以及有德望的人才能将时间授予天下之人,古代的帝王都有敬授人时的传统,而节气物候随着时间的漫长流逝,也会有细微的变化,所以大唐王朝应在传统历法的基础上,根据"气逐闰移,节随斗建"的原则②,适当调整先前流传下来的时令法则,使其更好地指导社会生活以及农业生产,这一点《唐月令群臣进注表》有详细地陈述:

> 臣闻昔在唐尧,则历象日月,敬授人时。将及虞舜,则璿枢玉衡,以齐七政,夏后则更置《小正》,周公则别为《时训》,斯皆《月令》之宗旨也。逮夫吕氏,纂习旧仪,定以孟春,日在营室,有拘恒检,无

---

① 〔清〕茆泮林:《〈唐月令注〉再识》,见《续修四库全书》(第885册),上海:上海古籍出版社1995年版,第115页。
② 〔唐〕李林甫等:《〈唐月令〉群臣进注表》,见《续修四库全书·〈唐月令注〉》(第885册),上海:上海古籍出版社1995年版,第112页。

适变通，不知气逐闰移，节随斗建。洎乎月朔差异，日星见殊，乃令雩祀愆期，百工作沴，事资革弊，允属宜更。昭代敬天勤人，顺时设教，是以有皇极之敷言。亲将圣谟，重有删定。乃依枸建，爰准摄提，举正于中，匪乘期于积闰，履端于始，不爽候于上元，节气由是合宜，刑政以之咸序，遂使金木各得其性，水火无相夺伦，盖所谓顺乎天而应乎人者也。①

唐尧历象日月以敬授人时，虞舜璿枢玉衡以齐七政，夏后置《夏小正》、周公做《逸周书·时训》，皆秉承《月令》天人合一，根据时令治理国家政治，安排社会生活的原则。秦时吕不韦《吕氏春秋》的十二月纪，虽然存在不完善的地方，其目的还是为当时的社会生活提供一种有法可依的时间制度。罗泌《书唐月令》一文认为："炎、黄、颛、喾，一代之治，斯有一代之时。"② 一代之治有一代之时，况且从秦到唐几百年的岁月流逝，汉前的时令早已"气逐闰移，节随斗建"而发生了变化，秦时乃至先秦的节气物候均与唐时的时令有不相符之处，有必要重新校定时令，这样才能不使"雩祀愆期，百工作沴"，保证国家政治、经济、农业、林业、牧业、渔业等领域的生产生活有序、有节、有效地进行，从而达到"顺时设教""顺乎天而应乎人"的目的。

茆泮林辑录的《唐月令注》内容包括：茆泮林《〈唐月令注〉自识》《唐月令群臣进注表》、罗泌《书〈唐月令〉》《〈唐月令〉考》、茆泮林《〈唐月令注〉再识》、茆上林《〈唐月令注〉跋》《唐月令注》正文七部分。茆泮林的《自识》论述了《唐月令注》流传状况以及文献价值，《再识》说明了辑录《唐月令注》的原因。

《唐月令群臣进注表》主要是李林甫等人向唐明皇陈述了重新注解《月令》，调整时令法则的必要性和重要性。罗泌《书〈唐月令〉》认为敬授民时是古代帝

---

① 〔唐〕李林甫等：《〈唐月令〉群臣进注表》，见《续修四库全书·〈唐月令注〉》（第885册），上海：上海古籍出版社1995年版，第112页。

② 〔宋〕罗泌：《书唐月令》，见《续修四库全书·〈唐月令注〉》（第885册），上海：上海古籍出版社1995年版，第112页。

王治政的首要事务,唐明皇刊定的《唐月令注》虽对《月令》有所删定,但仍秉持《月令》重视民事的本质。《〈唐月令〉考》则胪列了《新唐书》《册府元龟》《续资治通鉴长编》等书以及晁公武、叶梦得、陈振孙等人关于《唐月令注》著者与流传情况论述的文献。

《唐月令注》虽篡改了《月令》原文,但对十二个月的中气和气节皆有详细注解,如立春是正月的节气、雨水是正月的中气。《续修四库全书》此书后面又有茆泮林辑录,成蓉镜增订的《〈唐月令注〉续补遗》一卷以及《〈唐月令〉续考》一卷,分别是对《唐月令注》与《〈唐月令〉考》此前所未辑录文字的补充。此外,成蓉镜《〈唐月令注〉跋》认为《唐月令注》的经文与注解非同时而作,"明皇刊定《月令》当成于开元十三年以前,李林甫等注当作于开元二十二年以后"①,对《唐月令注》成书时间提供了参考意见。

李林甫等八人注解的《唐月令注》虽然因窜乱编次,增损经文而遭诟病,但其对后世仍产生了一定影响。朱熹《仪礼经传通解》指出:"其中经文有依《唐月令》删定者,似亦仅有卒取者焉。"②虽然存在种种不足,仍为后世学术研究提供参考。据《续资治通鉴长编》《宋三朝国史艺文志》记载,李林甫等人注解的《唐月令注》对宋朝的政治生活产生了很大的影响。

宋淳化初(990—994),李至请求实行郑注,并诏两制三馆秘阁集议,史馆修撰韩丕、胡旦等人逐条指出《唐月令注》的失误之处,但宣读时令仍以《唐月令注》为准。③宋祥符八年(1015)七月乙未,龙图阁待制孙奭又上书请求废

---

① 〔清〕成蓉镜:《〈唐月令注〉跋》,见《丛书集成续编》(第81册),上海:上海古籍出版社1989年版,第17页。
② 〔清〕茆泮林:《〈唐月令注〉自识》,见《续修四库全书》(第885册),上海:上海古籍出版社1995年版,第111页。
③ 《宋三朝国史艺文志》:初,《礼记·月令》篇第五,即郑注,唐明皇改黜旧文,附益时事,号《御删月令》,升为首篇,集贤院别为之注,厥后学者传之,而《释文义疏》皆本郑注,遂有别注,小疏者,词颇卑鄙。淳化初(990—994),判国子监李至请复行郑注,诏两制三馆秘阁集议,史馆修撰韩丕、张佖、胡旦条陈唐本之失,请如至奏,余皆请且如旧,以便宣读时令。此段文字出自茆泮林《唐月令考》,见《续修四库全书》(第885册),上海古籍出版社1995年版,第114页。

除《唐月令注》，其曰："洎唐林甫作相，乃抉擿微瑕，蔑弃先典。明皇因附益时事，改易旧文，谓之《御删定月令》，林甫等为注解，仍升其篇卷，冠于礼记，诚非古也。当今大兴儒业，博考前经，宜复旧规，式昭前训。臣谨缮写郑注《月令》一本，伏望付国子监雕印颁行。"① 但是由于当时朝廷是按照李林甫《唐月令注》的时令安排国家事务，所以翰林院学士晁迥等人一致反对，他们认为："若废林甫之新文，用康成之旧注，则国家四时祭祀，并须更改。详究事理，故难轻议。伏请依旧用李林甫所注月令。"② 皇帝接受了晁迥等人的建议。直到景祐二年（1035）春正月乙巳，将郑玄所著《月令》复入《礼记》第五，李林甫等人的《唐月令注》单篇别行，而且仍旧以《唐月令》备四孟月宣读。虽然淳化初年，祥符八年两次上书请求废除李林甫等人《唐月令注》，但是当朝只允许将郑注《月令》复归《礼记》原位，朝政大事以及日常社会生活仍旧以《唐月令注》为指导纲领，足见《唐月令注》也有其可取之处及其影响之深。

（三）张虙《月令解》

张虙，生卒年不详，字子宓，谥号文靖，慈溪人。唐建中宰相张镒的后裔，精通《诗经》《周易》和词赋。宋宁宗庆元二年（1196）进士，历任州教授、浙江帅属、太学正、太常博士、国子博士、国子监丞、著作佐郎兼权都官郎官、秘书丞。嘉定十二年（1219）六月任著作郎，同年八月出守南康，在任期间政绩卓著，深得民心。在南康任职期间，刊印了朱熹的《仪礼经传通解续》十五卷③，并据善本增补了此书残缺的春祭礼部分。随后任直秘阁、主管千秋鸿禧观、玉局观。端平初（1234年），召为国子司业兼侍讲，著《月令解》，书未成而病归，家居时继续完成。授兼权工部侍郎兼国子祭酒，命下而卒，诏赠四官。张虙继承了儒家的民本思想，认为君王治理国家要以民为本，体恤民情，这样国家才能长

---

① 〔宋〕李焘：《续资治通鉴长编》（卷八十五），北京：中华书局1985年版，第1950页。
② 〔宋〕李焘：《续资治通鉴长编》（卷八十五），北京：中华书局1985年版，第1950页。
③ 瞿冕良：《中国古籍版刻辞典》，济南：齐鲁书社1999年版，第306页。

第三章 《月令》单篇别行论析

治久安,如果"缮城郭,聚米粟,恃此而不恤乎民,则其策下矣"①,百姓生活艰苦,即使城郭坚固,军备精良,也是本末倒置,不是国家稳定的长久之计,这一思想在其《月令解》中有所体现。

张虙《月令解》目前通行的版本主要有三个:《四库全书》本、《四明丛书》本、《四库全书珍本初集》本。在考察这三个通行版本的源流时发现《四库全书珍本初集》与《四明丛书》本的底本皆是《四库》本②,只是内容排序和正文文字有细微差异。《四库全书》本和《四库全书珍本初集》本《月令解》内容包括:《提要》《进〈月令解〉表》《奏〈月令解〉劄子》正文四个部分;《四明丛书》本《月令解》则包括:张寿镛写的《序》《四库全书提要》《慈溪县志本传》《奏〈月令解〉劄子》《进〈月令解〉表》、正文六个部分。

张寿镛《序》说明校勘张虙《月令解》的原因以及对此书的评价,《慈溪县志本传》则在继承《宋史·张虙传》的基础上,增补了有关张虙的零星资料。《四明丛书》本与《四库全书》本和《四库全书珍本初集》本最明显的一处不同是:《月令解》卷一有"张萱曰:宋端平间祭酒慈溪张虙,入侍绂熙讲幄,解释其义以孟、仲、季,析为寒暑之期,于朔望弦占作旦昏之候,以十二月分十二纪,案月汇释之。凡一月之中,阴阳消长、星辰出入、气数迁新、景物移易、园林草木、鸟兽虫鱼、田舍耕耘、妇子蚕桑备载"这段文字。③ 朱彝尊《经义考》第一百四十九卷,著录张虙《月令解》时,著录了此段文字,但《四库》本和《初集》本无。本书研究便以《四库全书》本为主,《四明丛书》本为辅,对张虙《月令解》做以简述。

---

① 〔元〕脱脱等:《宋史》(卷470),北京:中华书局1977年版,第12294页。
② 《四库全书》所收张虙《月令解》是"从《永乐大典》中钞出,前有虙《进〈月令解〉劄子》一篇、《进表》一篇"(见〔清〕翁方纲:《翁方纲纂四库提要稿》,上海:上海科学技术文献出版社2005年版,第67页。)《四库全书珍本初集》本是1935年版,上海商务印书馆影印《四库》本《月令解》的,书目牌记上写着:"商务印书馆受教育部中央图书馆筹备处委托景印故宫博物院所藏文渊阁本。"题跋处钤有:"文渊阁宝"阳文正印、"国立中央图书馆筹备处之章"阳文正印;《四明丛书》第三集《总目》记载:"《月令解》十二卷,宋张虙撰,清四库馆辑《永乐大典》本。"
③ 〔宋〕张虙撰:《月令解》卷一,四明丛书本。

| 《礼记》单篇别行研究 |

《月令》是一部农政书,详细记录了四时物候变化及天子臣民在十二个月中的祭祀礼仪、日常禁忌、所行法令等日常生活中的事情。管仲曰"不知四时,乃失国之基"①,《逸周书》又言"天有四时,不时曰凶"②,足见"四时"在国家政治生活中的重要性,王者施政布令一定要考虑与天时相合,否则将会给国家带来重大灾害。《月令》每月末应行某令而误行某令的文字实则是这种敬天保民思想的体现。张虙作《月令解》是为了劝诫帝王要以德治国,授民以时,勿夺民时,遵循自然界生命运转的规律来行政,这点在其《奏〈月令解〉札子》已有说明。

张虙《奏〈月令解〉劄子》云:

> 臣昨者叨侍经筵,适讲《月令》秋之三月。尝与侍读钟震言:"欲待《月令》终篇,以十二月分为十二卷,书之,纳于禁中。"时当此月,陛下则以此月一卷观览,凡一月之中,阴阳消长之运、星夜出入之躔、气序之迁改、景物之移易与夫园林草木之华盛、鸟兽虫鱼之生育、田舍耕耘之节、妇子蚕桑之期,历历具载。使置之座侧,又切于崔寔之《政论》;置之几案,何减乎魏征之谏疏?其于赞化为益多矣,既而以病。予告有志不成,缘臣身则病矣,而眼犹能观,故书,心犹能记旧事。于是以秋三月已成之说,上接乎春夏,下逮夫季冬,一一为之解释,通前为十二卷。陛下或许以投进,即当涓日备录装褫送上。每一月改,则令以此一月进于御前。陛下展卷,时时玩之,或谓智本天赐,聪本天生,一览无遗,成诵在心。何假纂集之为?不知此非为记问设也,惟欲于宫中无事,清闲之燕,举目在前而已。昔有谈修养之术者,欲书《月令》置左右,如冬夏至,宜谨嗜欲之类,庶得自警。谓陛下守此,

---

① 黎翔凤:《管子校注》,北京:中华书局2011年版,第837—838页。
② 黄怀信、张懋镕、田旭东注:《逸周书汇校集注》,上海:上海古籍出版社1995年版,第327页。

第三章 《月令》单篇别行论析

则可以裁成天地之道,可以辅相天地之宜,岂为修养之术哉?臣不胜惓惓。①

张虙的这篇奏折说明了他注疏《月令解》的原因:其一,《月令》记录了自然万物的四时变化,为日常生产活动提供了时间参考。《月令》"主要服务于王官活动,属于王官之时"②,为天子的祭祀祈福、布施政教作了明确规定,故放置《月令解》于座侧几案,与崔寔《政论》和魏征的谏疏有异曲同工之妙。其二,《月令》要求人的日常生活要与自然界春生夏长秋敛冬藏的规律相一致,强调与天人合一。如果皇帝能够遵守《月令》所言之道,小则得以修身,大则得以治国。

宋以前已有《月令》的单篇别行本,张虙认为本朝也应有单行的《月令》文本流传。加之唐明皇为《月令》注疏,足以说明《月令》思想在帝王治国中的重要性,故张虙《月令解》延续了这个传统。张虙在《进〈月令解〉表》中云:

> 臣窃以后天而奉天时,虽凤参于造化,按月以观《月令》,实肇见于圣明。翘临万务之繁,欲极群书之博,惟拔寻于要领,庶颐爱于精神。臣惶惧惶惧,顿首顿首。考《吕氏春秋》之书,承周末圣贤之论,《纪》分十二,井然汇列之条。岁尽一周,粲若环循之次,杂之于礼,附以为经。汉相奏之,固尝表采,唐宗定此,亦就刊删。虽号钩深于斯文,未知区别于令序,曷若以孟、仲、季,析为寒暑之期,于朔望、弦占作旦昏之候,所谓举目皆可见。若欲锐情又何加,凡屡饫使自得之,非睿知,孰能与此。兹盖恭遇皇帝陛下,心存就业,学务雍熙。艺圃览

---

① 〔宋〕张虙:《奏〈月令解〉劄子》,见景印《文渊阁四库全书》(第116册),台北:商务印书馆1983年版,第539—540页。
② 萧放:《〈月令〉记述与王官之时》,载《宝鸡文理学院学报》(社会科学版),2001年第4期,第48—54页。

游,澹若耆书之乐;经怖访问,渊乎耆古之怀。方当省岁以有为,因听负暄之入献,取诸儒共集之典,厘每卷各立之门,会析木、会元枵、随所舍而改。中夹钟、中太蔟,视其律以更。据往知今,自我作古,严恭寅畏,外此何求,辅相裁成。由兹而出,执而论历,殊史家黑白之分。写以为图,笑巧匠丹青之象。其《月令解》十二卷缮写成十二册,谨随表上进以闻。①

《月令解》认为国家行政和人民生活的根本原则是天人合一,人的一切活动都要与四季时令相一致,这就是"后天而奉天时"。《进〈月令解〉表》论述了宋代以前《月令》的注疏情况,《吕氏春秋·十二纪》继承了周代先贤对"四时"的理解,条分缕析整理成篇,已经具有较强的行政规范意识,人事要与天时相应,否则会有吉凶,即"与天同者大治,与天异者大乱"。② 汉儒用阴阳五行思想注疏《月令》,更加强调人事与天时的对应关系,遂形成了一套严密的政治秩序,成为古代生产活动和统治者的施政指南。如:汉代蔡邕《月令章句》、崔寔仿《月令》而写的《四民月令》等。唐玄宗《月令注疏》、李林甫等人的《御刊定礼记月令》,虽存在一些问题,但从皇帝和大臣亲自注疏这一举动中,足以证明《月令》在政论生活中的重要地位,故张虙"取诸儒共集之典",作《月令解》十二卷。"据往知今"而"严恭寅畏",希望《月令》中"天人合一"的行政思想能够为帝王借鉴,从而使君王能够自省布政施令过程中的得失。

《钦定四库全书总目》评价此书曰:"今考其书,古帝王法政施令之大端,皆彰彰具存,得其意而变通之,未尝非通经适用之一助。"③ 同样说明张虙《月令解》注重帝王施政思想的论述,这点在《月令解》中随处可见。

如张虙对四时"行令"的理解:"行令,或以为天之行令,或以为君之行

---

① 〔宋〕张虙:《进〈月令解〉表》,见景印《文渊阁四库全书》(第116册),台北:商务印书馆1983年版,第538—539页。
② 苏舆撰,钟哲点校:《春秋繁露义证》,北京:中华书局1992年版,第341页。
③ 〔清〕纪昀等:《钦定四库全书总目》(整理本),北京:中华书局1997年版,第266页。

令。天令之不时,乃君令之所致,其实一也"①,指出君主应该为其施行的政令深思熟虑,对其所言所行倍加谨慎。又如:对"毋变天之道,毋绝地之理,毋乱人之纪"的解释。② 张虑认为:"日月东西,相从不已。风霆流形,庶物露生,是天道之显者,变之可乎?载华岳而不重,振河海而不泄,是地理之显者,绝之可乎?五常设教之伦,五事敬用之范,是人纪之显者,乱之可乎?《月令》载此于孟春,亦《春秋》正王道之端之意,其示戒深矣。"③ 此为《月令解》的思想核心,君主为政要顺应自然之道,人伦之纪,这是一切政令的根本,要时时以此为戒,与四时规律相合。总之,张虑《月令解》强调人的言行如果与四时规律一致,一切事情便会有条不紊,即"人苟知闭塞之义,则事事物物皆不敢肆矣"。④

《四明丛书》本张寿镛所作《序》也认为张虑《月令解》是想为当朝者提供一种为政的借鉴。他指出:"表进于朝,十二月各自为卷。奏称每一月以此一月之令进于御前,所以裁成天地之道,辅相天地之宜也,可谓知其本矣。夫《月令》为秦吕不韦所作,秦尽废三王之法,读史者方痛心疾首,谓其取无之速也,在不恤民。然其于地利则长城万里,后世藉以御外,于天时则《月令》十二月,后世赖以治内。始皇虽不道,而国之为国,民之为民,犹未尝忽焉,张氏取之意,在斯乎。"⑤ 张寿镛认为吕不韦的《月令》为秦朝提供了治理内政的纲要,值得借鉴,这就是张虑作《月令解》的本意。

《月令》涉及了社会生活的诸多方面,并且对帝王、臣子、庶民的生活作了细致规范,既是一部记载农耕文明的时令书,又是一部国家的政治纲领。正如薛

---

① 〔宋〕张虑:《月令解》卷一,见景印《文渊阁四库全书》(第116册),台北:商务印书馆1983年版,第547页。
② 〔汉〕郑玄注,〔唐〕孔颖达等疏:《礼记正义·月令》,见阮元校刻《十三经注疏》本,上海:上海古籍出版社2011年版,第1356页。
③ 〔宋〕张虑:《月令解》卷一,见景印《文渊阁四库全书》(第116册),台北:商务印书馆1983年版,第547页。
④ 〔宋〕张虑:《月令解》卷十,见景印《文渊阁四库全书》(第116册),台北:商务印书馆1983年版,第589页。
⑤ 〔清〕张寿镛:《〈月令解〉序》,见《四明丛书》本《月令解》。

富兴所说:"如果说《易传》以高度抽象的哲学语言建构起中华天人结构图式,对中华宇宙、人生观产生了根本性铸型作用,《月令》则以更为朴素、细致的笔触精致地为中国人标画出'人生天地间'的基本生活轮廓。"① 将《月令》对中国人生活的影响提到与《易传》对中国人思维影响的同等地位,足见《月令》在人们生活中的重要性。这也是从汉代以来为什么会有诸多《月令》单篇别行文本流传的原因。张虙《月令解》继承了前儒关于《月令》的注解思想,虽然有些注释有待商榷,却反映了他的政治思想和对理想帝王施政言行的期待。《月令解》体现了张虙儒家民本思想和天人合一的施政原则,寄托了他对帝王能够对日常言行自省的期待。如果此书不能实现这些愿望,那就"乘此时遣官肃清威仪,申祇奉故事,如或为其所给,功未即就,亦足以感动天下忠臣义士之心"吧②,也算实现了张虙作《月令解》的初衷。

二、《月令》考证性单篇别行著作举要

《月令》单篇别行过程中,产生了很多考证性单行著作,一方面是《月令》的作者、成书时代不确定,后学之人想解开这个谜底;一方面是《礼记·月令》与《夏小正》《逸周书》《淮南子》《吕氏春秋》等书所载"月令"物候差异;一方面是因时间的推移,《月令》所记载的物候与当下时节的物候出现早晚存在差异,于是出现了大量考证《月令》作者,成书年代、物候差异的著作。今仅将范浚《月令说》、吴澄《月令七十二候集解》、李调元《月令气候图说》、曹仁虎《月令七十二候集解》四部《月令》考证性单篇别行著作分作简要介绍。

(一)范浚《月令说》

范浚(1102—1150),字茂名,又字茂明,学者称其香溪先生,兰溪(今浙

---

① 薛富兴:《〈月令〉:农耕民族的人生模型》,载《社会科学》,2007年第10期,第123—133页。
② 〔元〕脱脱等撰:《宋史·张虙列传》(卷407),北京:中华书局1977年版,第12295页。

江）人。绍兴年间中举贤良方正，因秦桧当权辞而不就，后隐居著述一生不仕，勤奋读书，诸子百家之学皆通，尤精通理学，著有《香溪集》二十二卷。《月令说》收入《香溪集》卷七，主要是对《月令》作者的考察。

关于《月令》的作者，宋以前已经有诸多观点。贾逵、马融、蔡邕、王肃等人认为《月令》是周公所作；郑玄、高诱、孔颖达认为《月令》是吕不韦召集门客所为；束皙认为《月令》是夏时之书；刘瓛认为是秦诸儒所为；牛弘认为"杂有虞夏商周之法，不得全称周书，亦未可全称秦典"。① 范浚以《月令》记载的相关官职为出发点，考察秦汉以前的官职以及三正发现，《月令》所载的官职名称与周公时的官职称谓明显不一致，贾逵等人认为《月令》出于周公之手的说法不攻自破。《月令说》云：

> 然窃考之，周三公不称相，至六国时世称相，而《月令》孟春曰："命相布德和令。"周有大司马无太尉，至秦官始有太尉，而《月令》孟夏曰："命太尉赞桀俊。"周有内宰无奄尹，而仲冬曰："命奄尹申宫令。"周有酒人无酋人，而仲冬曰："命大酋秫稻必斋。"周以建子为正，而季秋曰："命诸侯指，百县为来岁受朔日。"周以上春衅龟，而孟冬曰："命太史衅龟。"周五时迎气，皆前期十日斋，而孟春曰："先立春三日，天子斋。"又若孟春言"兵戎不起，不可从我始"；仲冬言"农有不收藏积聚者，马牛畜兽，有放佚者，取之不诘"之类，决非周公语也，则《月令》不出周公时明甚。②

《月令》既然不是出于周公之手，是否是郑玄、高诱、孔颖达等人所言是秦国的吕不韦召集门客所作，经考证《月令》中的典章制度发现，《月令》既非吕氏撰写，亦非秦时所著。因为吕不韦时"秦始皇未并天下，尚称王，而《月令》

---

① 〔宋〕范浚：《香溪集·月令说》，北京：中华书局1985年版，第71页。
② 〔宋〕范浚：《香溪集·月令说》，北京：中华书局1985年版，第71页。

云天子。秦未改周政，而《月令》以孟冬为岁首。不韦方招致宾客游士，欲以并天下食客至三千人，家僮至万人，而《月令》仲冬云：'罢官之无事者'，凡此又疑不尽为吕氏时书也。"① 又因为秦始皇统一天下之后，设置了三十六郡国、以十月为正月，称百姓为黔首，颜色尚黑，而《月令》的记载皆于始皇朝的规定不一致，如孟春"命相布德和令，行庆施惠，下及兆民"。② "天子居青阳左个，乘鸾路，架苍龙，载青旗，衣青衣，服仓玉。"③《月令》称百姓为"兆民"，而天子着青衣，用青旗。所以范浚认为《月令》亦非秦朝所作。笔者认为范浚以天子所服之服以及车载所用旗帜的色彩来断定《月令》是否出于秦时，值得商榷。

《月令》天子孟夏、仲夏天子则"乘朱路，驾赤骝，载赤旗，衣朱衣，服赤玉。"④ 季夏天子则"乘大路，驾黄骝，载黄旗，衣黄衣，服黄玉"。⑤ 孟秋、仲秋、季秋时天子则"乘戎路，驾白骆，载白旗，衣白衣，服白玉"。⑥ 孟冬、仲冬、季冬天子则"乘玄路、驾铁骊，载玄旗，衣黑衣，服玄玉"。⑦ 天子四季着装以及佩玉的颜色，车乘、所用马匹以及旗帜的色彩都与四季所属的五行相对，春属于木，故三春尚青色；夏属于火，故孟夏仲夏尚红色；季夏属于土，故尚黄色；秋属于金，主刑杀，故尚白色；冬属于水，故主静肃尚黑色。天子四季的专用的色彩是与五行相匹配的，与古代帝王所尚的颜色无关。范浚仅用孟春天子所

---

① 〔宋〕范浚：《香溪集·月令说》，北京：中华书局1985年版，第71页。
② 〔汉〕郑玄注，〔唐〕孔颖达等正义：《礼记正义·月令》，见阮元校刻《十三经注疏》本，上海：上海古籍出版社2011年版，第1356页。
③ 〔汉〕郑玄注，〔唐〕孔颖达等正义：《礼记正义·月令》，见阮元校刻《十三经注疏》本，上海：上海古籍出版社2011年版，第1355页。
④ 〔汉〕郑玄注，〔唐〕孔颖达等正义：《礼记正义·月令》，见阮元校刻《十三经注疏》本，上海：上海古籍出版社2011年版，第1365页。
⑤ 〔汉〕郑玄注，〔唐〕孔颖达等正义：《礼记正义·月令》，见阮元校刻《十三经注疏》本，上海：上海古籍出版社2011年版，第1372页。
⑥ 〔汉〕郑玄注，〔唐〕孔颖达等正义：《礼记正义·月令》，见阮元校刻《十三经注疏》本，上海：上海古籍出版社2011年版，第1373页。
⑦ 〔汉〕郑玄注，〔唐〕孔颖达等正义：《礼记正义·月令》，见阮元校刻《十三经注疏》本，上海：上海古籍出版社2011年版，第1381页。

服用之色彩而断定与秦时所尚之色不和，断定《月令》非秦始皇时所作，以此逻辑推，《月令》三冬天子之服、之乘、之佩饰都是黑色，难道就可以断定《月令》是秦始皇所作吗？

范浚考证《月令》不是周公、吕不韦与秦始皇时所作，认为《月令》杂取虞夏、商周、秦汉之制，这些说明《月令》非出自一人之手，而是汉儒在吕氏十二纪的基础上增加而最终定型的。《月令说》又云：

> 予详求其说，盖以为吕氏使其客人人著所闻，集论以为十二纪，初非出一手也。至汉淮南王安，与苏飞、李尚、及诸儒大山小山等著书，又取吕氏十二纪，附益为《时则训》，今见《海南鸿烈解》，盖亦诸儒为之，而非出一手也。夫十二纪，既非出一手，汉人取而附益之，又非出一手，已而礼家抄合于《礼记》，则《月令》岂一人之为哉？意不韦宾客著所闻，或取虞夏、商、周之遗典，或据时事以为说，其后汉诸儒又增加之，故《月令》官名时事，杂用虞夏、商、周、秦、汉之制也。盖鸾车、有虞氏之路（辂）也。而孟春曰："天子乘鸾路。"周之大司寇，在夏为大理，而孟秋曰："命理瞻伤察创视折，"又凡月令皆本夏时，多与《夏小正》合，而车旗衣服，皆取于商之制而有变焉，以此知其杂用虞夏商周之制也。何以知《月令》杂用虞夏、商周之制也？按其所论，季秋合诸侯制，百县为来岁受朔日，以为周，则不当谓十月，以为秦，则不受朔日之说，惟稽之汉制。无龃龉不合者，当是汉儒增加不韦季秋纪中语，而汉人传者，因以《鸿烈》解为正，并易吕氏季秋本文从《时则训》，礼家又取以为《月令》，故今三书季秋合诸侯与后来岁朔日文皆同。以此知其难用汉制也。何以知汉人取十二月纪增加之也，按《周礼》秋献龟，皆用秋时，实夏之秋耳。《月令》季夏乃曰："命渔师伐蛟，取鼍，登龟。"盖作《月令》者，误以为秋献龟。据周秋也，周之八月，夏之六月，故妄于季夏言登龟，以其误妄，知汉人增加之也。又按《时则训》，孟春之月，招摇指寅。其位东方，其日

甲乙，盛德在木，服八风水，爨箕遂火，东方御女，青色，衣青衣，鼓琴瑟。其兵矛，其畜羊，朝于青阳左个，以出春令。凡此类皆吕氏书所无，则汉人增加亦多矣，岂未季秋纪哉。郑康成于鸿雁来注云：今《月令》皆为候，孔颖达谓《月令》出有先后，入《礼记》者为古，不入《礼记》者为今，盖戴圣删大戴书为四十六篇，谓之戴小记，汉末马融遂传小戴之学，融又足《月令》《明堂位》《乐记》，和四十九。①

范浚认为《吕氏春秋·十二纪》是吕不韦门客集体写作而成，《淮南子·时则训》亦是诸儒撰写而成，而《月令》从这些书中摘录出而入《礼记》，说明《月令》也非一人所为。《吕氏春秋》是吕不韦的宾客著录其见闻的汇集，这些文字或采用夏商周秦汉时的典章制度，或根据当时的时事而著述立说，到了汉代，诸儒在此基础上又有增加，所以《月令》的官名时事，皆有虞夏商周秦汉之制的遗迹，由此可见《月令》出自诸儒之手，非一人所为。范浚从官职的角度对《月令》成书年代及作者的考辨，为后世《月令》著作考证者提供了参考。

（二）吴澄《月令七十二候集解》

吴澄（1249—1333），字幼清，晚称伯清，学者称其草庐先生，死后追封为临川郡公，谥文正。抚州崇仁（今江西崇仁县）人，宋元之际著名的理学家、教育家。年幼聪颖，三岁便能诵诗，九岁乡试，宋亡后曾任儒学副提举、国子监丞、国子监司业、翰林学士等职。一生著述颇丰，有《易纂言》十卷、《易纂言外翼》八卷、《礼记纂言》三十六卷、《书纂言》四卷、《仪礼逸经传》两卷、《春秋纂言》十二卷、《孝经定本》一卷、《道德真经注》四卷、《月令七十二候集解》一卷、《吴文正集》一百卷、《草庐词》一卷，等等。

《月令七十二候集解》今存版本有：

1）1920年曹溶辑《学海类编》本，"清道光十一年（1831）六安晃氏木活

---

① 〔宋〕范浚：《香溪集·月令说》，北京：中华书局1985年版，第72—73页。

字印《学海类编》《四库存目丛书》据此影印";①

2）清光绪年间巴陵方功惠编刻《碧琳琅馆丛书》本；

3）1935年黄肇沂编《芋圆丛书》本；

4）1936年王云五主编的《丛书集成初编》本，《丛书集成初编》本据《学海类编》本排印，实则与《学海类编》本为同一版本系统。

本书以《丛书集成初编》本为研究对象，对《月令七十二候集解》的撰写缘由、内容以及特色作以述略。

吴澄撰写《月令七十二候集解》的主要缘由是：《吕氏春秋》《礼记·月令》以及后魏人历的七十二候，多是以北方的禽兽草木来验气候，南方的儒者又难以尽识，而郑注孔疏多有讹误，陈澔注解又多为谬说，吴澄于是"广取诸家之解，并《说文》《埤雅》等书，而又寻之农牧，似得所归，然后并将二十四气什之于稿，以俟博识者鉴焉"。②

《月令七十二候集解》所记载的二十四节气，每月有两个节气，前一个为节气，后一个为中气，每一节气皆有三个物候与之对应。在对二十四节气的阐释过程中，广泛采用郑玄、高诱、孔颖达、陈澔等人的注疏以及《国语》《夏小正》《吕氏春秋》《章龟经》《禽经》《韵会》《埤雅》《说文》《通卦验》《诗经》等书中关于七十二候的说法，对每一节气，先介绍此节气名称的来历，然后详细解说每一物候，文字简洁、灵动有趣。如对"立春"的诠释：

> 立春，正月节。立，建始也，五行之气，往者过，来者续，于此而春木之气始至，故谓之立也。立夏秋冬同。东风解冻，冻结于冬，遇春风而解散，不曰春而曰东者。《吕氏春秋》曰："东方属木。"木，火母也，然气温，故解冻。蛰虫始振，蛰，臧也。振，动也。密藏之虫，因气至而皆苏动之矣。鲍氏曰："动而未出，至二月乃大惊而走也。"鱼

---

① 杜泽逊：《四库存目标注》（第一册），上海：上海古籍出版社2007年版，第223页。
② 〔元〕吴澄：《七十二候集解》，见王云五主编：《夏小正经传集解及其他四种》之《七十二候集解》，上海：商务印书馆1936年版，第1页。

> 陟负冰,陟,升也。鱼当盛寒,伏水底而遂暖,至正月阳气至,则上游而近冰,故曰负。①

"立春"是二十四节气中的第一个节气,是正月的节气。因"立"有"始"的意思,所以位于春天节气的开始。"东风解冻""蛰虫始振""鱼陟负冰"是表明立春的三个物候,吴氏此注对这些物候出现的原因作了说明。《月令七十二候集解》对其他物候的注解体例与此相同。

《月令七十二候集解》主要汇集诸家对《月令》七十二候的阐释,从中我们可以得知,今天通行的二十四节气,其顺序先后在元代已经确定。除此之外,此篇集解又为我们保留古人关于《月令》物候注疏的资料,便于后人参考使用。今于文后附录《月令七十二候集解》中物候与节气的对应表,如表3-6所示,以供有兴趣者览阅。

表3-6 吴澄《月令七十二候集解》中的节气与物候

月份	二十四节气	节气	七十二物候
正月	立春	节气	东风解冻、蛰虫始振、鱼陟负冰
	雨水	中气	獭祭鱼、候雁北、草木萌动
二月	惊蛰	节气	桃始华、仓庚鸣、鹰化为鸠
	春分	中气	元(玄)鸟至、雷乃发声、始电
三月	清明	节气	桐始华、鼠化为鴽、虹始见
	谷雨	中气	萍始生、鸣鸠拂其羽、戴胜将于桑
四月	立夏	节气	蝼蝈鸣、蚯蚓出、王瓜生
	小满	中气	苦菜秀、靡草死、麦秋至
五月	芒种	节气	螳螂生、鵙始鸣、反舌无声
	夏至	中气	鹿角解、蜩始鸣、半夏生

---

① 〔元〕吴澄:《七十二候集解》,见王云五主编:《夏小正经传集解及其他四种》之《七十二候集解》,上海:商务印书馆1936年版,第1页。

(续表)

月份	二十四节气	节气	七十二物候
六月	小暑	节气	温风至、蟋蟀居壁、鹰始击
	大暑	中气	腐草为萤、土润溽暑、大雨时行
七月	立秋	节气	凉风至、白露降、寒蝉鸣
	处暑	中气	鹰乃祭鸟、天地始肃、禾乃登
八月	白露	节气	鸿雁来、元（玄）鸟归、群鸟养羞
	秋分	中气	雷始收声、蛰虫坏户、水始涸
九月	寒露	节气	鸿雁来宾、雀入大水为蛤、菊有黄华
	霜降	中气	豺祭兽、草木黄落、蛰虫咸伏
十月	立冬	节气	水始冰、地始冻、雉入大水为蜃
	小雪	中气	虹藏不见、天气上升、地气下降
十一月	大雪	节气	鹖鴠不鸣、虎始交、荔挺出
	冬至	中气	蚯蚓结、麋角解、水泉动
十二月	小寒	节气	雁北乡、鹊始巢、雉雊
	大寒	中气	鸡乳、征鸟厉疾、水泽腹坚

（三）李调元《月令气候图说》

李调元（1734—1803），子美堂，号雨村，晚号童山老人、童山蠢翁，四川绵州（今绵阳）人。乾隆二十八年（1963）进士，历任考功司员外郎、翰林编修、广东学政等职，清代著名的戏曲理论家、编辑家、藏书家、学者。其一生著述丰富，有《童山全集》六十五卷、《万善堂集》十卷、《雨村曲话》两卷、《雨村诗话》两卷、《雨村词话》四卷、《剧说》六卷、《仪礼古今考》两卷、《礼记补注》四卷、《夏小正笺》一卷、《月令气候图说》一卷、《逸孟子》一卷、《春秋左传会要》四卷、《春秋三传比》两卷、《左传官名考》两卷、《六书分毫》三卷、《博物要览》十二卷、《罗江县志》十卷、《制义科琐记》六卷、《淡墨录》十六卷、《乐府侍儿小名》两卷、《方言藻》二卷、《粤风》四卷、《蜀雅》二十卷等著作。此外，李调元主编了大型丛书《函海》，内容涉及历史、经学、农学、方志、语言学、民俗学等众多领域，为后人研究保留了珍贵的文献资料。

《月令气候图说》收录李调元主编的《函海》丛书中，最早刊印于清乾隆年间，之后嘉庆、道光、光绪年间《函海》都有重刊。本书根据《丛书集成初编》据《函海》本重刊的《月令气候图说》为考察对象，对李氏编写此书的原因、内容及特色作以略述。

《月令》是一篇记载王官之时的文字，与人们的日常生活息息相关，因为其实用性决定了它千百年来在民间的广泛流传，以至于农夫野老皆能言之。唐李林甫等人注疏《月令》，改变篇次，增益文字，更定节候，之后诸家皆批驳唐李氏等人的《月令注》，虽有新见，却多重复吕不韦之说。加之"《月令》气候之说，诸说各异"①，《夏小正》《淮南子》《管子》《汲冢书》与《吕氏春秋》所载的物候多有出入，而且二十四节气的顺序东汉之前于今仍有差异，经《汉书》《后汉书》的统一记载后，二十四节气的顺序最终确定下来。明代张鼎思以及《考癸辛杂著》又对节气所在的时间进行了改定。"自元至今，盖四百年而再遇，纷纷之说，迄未有定。善夫马氏之言曰：'历象日月星辰，以授人时，自尧以来，未之有改也。舜齐七政，周用五纪，其究一也。盖日月星辰之往来不穷，或离或合，或赢或缩，进退相代，始终相循者，天以是而命万物，而人奉之以为令者，亦因是也。'"②于是李氏在闲暇之时，"荟萃其意，删繁薙芜，衷以鄙见而为之说"③，对《月令》所记载十二月、二十四节气、七十二物候详加考订。

李调元《月令气候图说》首列《月令总图》，以记"阴阳消长，景物移易，星辰出入，无不可按图而知之"。④ 本图共分七层，北斗星居于整个图的中心层，

---

① 〔清〕李调元：《月令气候图说》，见王云五主编：《夏小正经传集解及其他四种》之《月令气候图说》，上海：商务印书馆1936年版，第1页。
② 〔清〕李调元：《月令气候图说》，见王云五主编：《夏小正经传集解及其他四种》之《月令气候图说》，上海：商务印书馆1936年版，第2页。
③ 〔清〕李调元：《月令气候图说·序》，见王云五主编：《夏小正经传集解及其他四种》之《月令气候图说》，上海：商务印书馆1936年版，第1页。
④ 〔清〕李调元：《月令气候图说·序》，见王云五主编：《夏小正经传集解及其他四种》之《月令气候图说》，上海：商务印书馆1936年版，第1页。

第二层是每一节气昏星与旦星所在的位置；第三层相应节气太阳所在的位置；第四层是与二十四节气对应的十二星次；第五层是十二地支与天干中的"甲、乙、丙、丁、庚、辛、壬、癸"以及八卦中"乾、坤、艮、巽"组成的一组记录二十四节气的方法；第六层是二十四节气及其每一节气在当月所处的位置；最后一层是七十二物候，与上一层的二十四节气相对应。根据斗柄指向的方位判断太阳的位置、季节、节气与物候，相当于一个岁时表，方便操作，不足之处是岁差的变化会引起星次、节气和物候的变化，应变通的参考图3-1。

图 3-1 李调元《月令气候图说》之"月令总图"

对《月令》二十四节气、七十二候的注解多与元吴澄《月令七十二候集解》相似，但其对二十四节气先后顺序的考索，有助于我们了解古代历法的发展历史，当阅读那个时期的文献时，遇到此类的记时问题便不会迷惑。今详列其推演时间、北斗星斗柄所在方向以及对应物候，如表3-6所示。

表3-6 《月令气候图说》所载节气与物候

月份	时间	二十四节气	节气	斗柄方向	物候
正月	大寒后十五日	立春	节气	斗柄指艮	东风解冻、蛰虫始振、鱼上冰
	立春后十五日	雨水	中气	斗柄指寅	獭祭鱼、鸿雁北、草木萌动
二月	雨水后十五日	惊蛰	节气	斗柄指甲	桃始华、仓庚鸣、鹰化为鸠
	惊蛰后十五日	春分	中气	斗柄指卯	元鸟至、雷乃发声、始电
三月	春分后十五日	清明	节气	斗柄指乙	桐始华、田鼠化为鴽、虹始见
	清明后十五日	谷雨	中气	斗柄指辰	萍始生、鸣鸠拂其羽、戴胜将于桑
四月	谷雨后十五日	立夏	节气	斗柄指巽	蝼蝈鸣、蚯蚓出、王瓜生
	立夏后十五日	小满	中气	斗柄指巳	苦菜秀、靡草死、麦秋至
五月	小满后十五日	芒种	节气	斗柄指丙	螳螂生、鵙始鸣、反舌无声
	芒种后十五日	夏至	中气	斗柄指午	鹿角解、蜩始鸣、半夏生
六月	夏至后十五日	小暑	节气	斗柄指丁	温风至、蟋蟀居壁、鹰始挚
	小暑后十五日	大暑	中气	斗柄指未	腐草为萤、土润溽暑、大雨时行
七月	大暑后十五日	立秋	节气	斗柄指坤	凉风至、白露降、寒蝉鸣
	立秋后十五日	处暑	中气	斗柄指申	鹰乃祭鸟、天地始肃、禾乃登
八月	处暑后十五日	白露	节气	斗柄指庚	鸿雁来、元鸟归、群鸟养羞
	白露后十五日	秋分	中气	斗柄指酉	雷始收声、蛰虫坏户、水始涸
九月	秋分后十五日	寒露	节气	斗柄指辛	鸿雁来宾、雀化为蛤、菊有黄华
	寒露后十五日	霜降	中气	斗柄指戌	豺乃祭兽、草木黄落、蛰虫咸伏
十月	霜降后十五日	立冬	节气	斗柄指乾	水始冰、地始冻、雉入大水为蜃
	立冬后十五日	小雪	中气	斗柄指亥	虹藏不见、天气降腾、闭塞成冬
十一月	小雪后十五日	大雪	节气	斗柄指壬	鹖鴠不鸣、虎始交、荔挺出
	大雪后十五日	冬至	中气	斗柄指子	蚯蚓结、麋角解、水泉动
十二月	冬至后十五日	小寒	节气	斗柄指癸	雁北乡、鹊始巢、雉始雊
	小寒后十五日	大寒	中气	斗柄指丑	鸡始乳、征鸟厉疾、水泽腹冰

李调元认为"以上一年共十二月，二十四气、七十二候，皆一元默运，万汇

冯生,四序循环,千古不易,总不过此气之推迁也。"①虽然二十四节气的更替变迁遵循这个规律,但李氏此说的年份只有三百六十天,如以十五日的间隔来推演每个节气,久而久之,是否每一节气对应的物候能够出现,这点值得怀疑。李氏主观规定了二十四节气间隔时间,这点在划分节气时可以参考,却不能完全以此为标准生硬地套用。

(四)曹仁虎《月令七十二候集解》

曹仁虎(1731—1787),字来应,又字习庵,嘉定(今上海)人。本姓杭,因"其上世有幼孤,依母居外家者,因以曹为氏"。②少而好学,凡所读之书皆能融会贯通。乾隆二十二年(1757)南巡,召试列一等,赐举人,三年后进士及第,任翰林院庶吉士,后任翰林院编修、右春坊右中允、翰林院学士、广东督学等职。后因母忧伤心过度而卒。博学多才,与钱大昕、王鸣盛并称"嘉定三才子"。又与钱大昕、王鸣盛、吴泰来、王昶、赵文哲、黄文莲并称"吴中七子"。好藏书,所藏书中多宋元善本,藏书处名为"蓉镜堂"。奉敕参与编修《续文献通考》《皇朝文献通考》以及《皇朝通典》,今存著作有《曹学士遗集》三十卷、《六书转注古义考》一卷、《月令七十二候考》一卷、《刻烛集》一卷、《宛委山房》两卷,等等。

《月令十七二候考》版本有清嘉庆间南汇吴氏听彝堂《艺海珠尘》本,清道光中吴江沈氏世楷堂《昭代丛书》本以及《续修四库全书》本,《续修四库全书》本实则据《艺海珠尘》本刊印,较为常见。今将以《续修四库全书》本为研究对象,对曹氏此书的内容特色进行简述。

《月令七十二候考》先追溯一年由四时到八节,有八节到二十四气,由二十四气到七十二候的发展过程。他认为上古时期的人们是通过天象来感知时间的,

---

① 〔清〕李调元:《月令气候图说》,见王云五主编:《夏小正经传集解及其他四种》之《月令气候图说》,上海:商务印书馆1936年版,第11页。
② 〔民国〕徐世昌:《清儒学案·西庄学案》(第三册),北京:中华书局2008年版,第2975页。

炎帝时已经开始记录和观测时间，随后出现了观测时间的官员和职位。时间也由粗略的感知，逐渐划分出四时，最后又一步步详细地确定了八节、二十四节气以及七十二候，古人对自然界时间的观测愈来愈精密。

《礼记》《夏小正》《逸周书》《吕氏春秋》《易纬·通卦验》《淮南子》都有记录时令的文献，《夏小正》的记录最为近古，虽有候应但没有固定的时间间隔和中气；《易纬·通卦验》虽然分了中气，但与《夏小正》所记的气候互有同异，与《逸周书·时训》所记候应相比，时间相差很大，最大的相差二十四天。曹氏认为《礼记·月令》是从《吕氏春秋》十二月纪中摘录出来的，同《夏小正》一样"以天时、草木、鸟兽、虫鱼，记每月之候"。① 于是此书就《月令》与《夏小正》《通卦验》《吕氏春秋》《淮南子》等所记录的七十二候进行比勘，并且参考《北魏志》《隋志》《唐志》等史志记载以及孔颖达、王应麟等人的解说文字，对此"五书"所载物候——考订，如：五书所记物候名称的差异、每月物候多寡的差异、某些物候是某节气的初候、次候、末候、还是不算物候？为一目了然，今将其裒辑辨析的结果作以胪列，如表3-7所示。

表3-7 《夏小正》《通卦验》《吕氏春秋》《淮南子》与《礼记·月令》所载物候异同

季节	《礼记》	《夏小正》	《通卦验》	《吕氏春秋》	《淮南子》
孟春	东风解冻	时有俊风、涤冻塗	条风至、冰解		东风解冻
	蛰虫始振	正月启蛰		始振苏	蛰虫始振苏
	鱼上冰	鱼陟负冰	鱼负冰		鱼上负冰
	獭祭鱼	獭祭献鱼	獭祭献鱼		獭祭鱼
	鸿雁来		候雁北	候雁北	候雁北
	草木萌动		繁动		
仲春					始雨水
	桃始华	梅杏柂桃	桃李华	桃李华	桃始华
	仓庚鸣	鸣仓庚	鸧鹒鸣		仓庚鸣

---

① 〔清〕曹仁虎：《七十二候考》，见《续修四库全书》（第885册），上海：上海古籍出版社1995年版，第685页。

第三章 《月令》单篇别行论析

(续表)

季节	《礼记》	《夏小正》	《通卦验》	《吕氏春秋》	《淮南子》
仲春	鹰化为鸠	鹰则为鸠			鹰化为鸠
	元鸟至	来将燕乃睇	元鸟来		
	雷乃发声		雷①		雷始发声
	始电		电见		
					蛰虫咸动苏
季春	桐始华	拂桐芭			桐始华
	田鼠化为鴽	田鼠化为鴽	田鼠化为鴽		田鼠化为鴽
	鸣鸠拂其羽	鸣鸠			鸣鸠奋其羽
	戴胜降于桑			戴任	戴鵀降于桑
	虹始见				虹始见
					萍始生
孟夏	蝼蝈鸣	□则鸣②	蝼蛄鸣		蝼蝈鸣
	蚯蚓出		蚯蚓出	蚯蚓出	蚯蟥出
	王瓜生	王萯秀		王萯生	王瓜生
	螳螂生		螳螂生		
	鵙始鸣	鴂则鸣	伯劳鸣		
	靡草死			糜草死	靡草死
				苦菜秀	
				麦秋至	
仲夏					小暑至
					螳螂生
					鵙始鸣
	温风始至			凉风始至	

---

① "雷"又作"雷雨行"或"雷鸣"。
② "□"处的字并非残阙,而是《续修四库全书》本模糊难识,故以"□"表示。

(续表)

季节	《礼记》	《夏小正》	《通卦验》	《吕氏春秋》	《淮南子》
仲夏	反舌无声		虾蟆无声		反舌无声
	鹿角解		鹿角解		鹿角解
	蝉始鸣	良蜩鸣①	蝉鸣		蝉始鸣
	半夏生		半夏生		夏生
					木堇荣
季夏					凉风始
	蟋蟀居壁		蜻蛚鸣	居宇	蟋蟀居奥
	鹰乃学习	鹰始挚			鹰乃学习
	腐草为萤		腐草为蛊	化为蚖	腐草化为蚖
	土润溽暑		暑且湿		土润溽暑
	大雨时行	时有霖雨	雨湿		大雨时行
孟秋	凉风至		凉风至		凉风至
	白露降		白露下		白露降
	寒蝉鸣	寒蝉鸣	寒蝉鸣		寒蝉鸣
	鹰乃祭鸟		鹰祭鸟②		鹰乃祭鸟
					天地始肃
	农乃登谷			升谷	农始升谷
仲秋	盲风至			凉风至	凉风至
	鸿雁来	遰鸿雁		候雁来	候雁来
	元鸟归	陟元鸟蛰	燕子去室③		元鸟归
					群鸟翔
	雷始收声		雷始收	雷乃始收	雷乃始收

---

① "良蜩鸣"又作"唐蜩鸣"。
② "鹰祭鸟"又作"鸷鸟击"。
③ "燕子去室"又作"元鸟归"。

第三章 《月令》单篇别行论析

（续表）

季节	《礼记》	《夏小正》	《通卦验》	《吕氏春秋》	《淮南子》
仲秋	蛰虫坏户			俯户	蛰虫培户
					水始涸
季秋	鸿雁来宾			候雁	候雁来宾
	爵入大水为蛤	爵入于海为蛤	爵入水为蛤		爵入大水为蛤
	鞠有黄华	荣鞠			鞠有黄华
	豺乃祭兽	豺祭兽	豺祭兽	豺则祭兽	豺乃祭兽
					戮禽
					霜始降
					草木黄落
	蛰虫咸俯			蛰虫咸俯在穴	蛰虫咸俛
孟冬	水始冰		始冰		水始冰
					地始冻
	雉入大水为蜃	元雉入于淮为蜃	雉入水为蜃		雉入大水为蜃
					虹藏不见
	闭塞而成冬		闭而成冬		
仲冬					冰益壮
					地始坼
	鹖旦不鸣		鹖旦不鸣		鹖鴠不鸣
	虎始交		虎始交		虎始交
	麋角解	陨麋角	麋角解		
					芸始生
季冬	雁北乡	雁北乡			雁北乡
	鹊始巢		鹊始巢		鹊始巢
	雉雊鸡乳	雉震呴鸡桴粥	雉雊鸡乳	乳雉雊	雉雊，鸡呼卵
	水泽腹坚			复坚	

上表清晰地呈现出《夏小正》《通卦验》《吕氏春秋》《淮南子》四书与

《礼记·月令》所载物候的差异。有些是名称上的差异，所应的物候实则完全一样，如季秋的"豺乃祭兽"，《夏小正》作"豺祭兽"、《通卦验》作"豺祭兽"、《吕氏春秋》作"豺则祭兽"、《淮南子》"豺乃祭兽"；有些是此书有载而彼书无，如孟夏之"蚯蚓出"，《夏小正》无，《通卦验》作"蚯蚓出"，《吕氏春秋》作"蚯蚓出"、《淮南子》作"蚯螾出"。

此外，我们可以清楚地看到《礼记·月令》《夏小正》《通卦验》《吕氏春秋》以及《淮南子》五书所载的每月物候多寡并不一致，"一月之中，少者四五候，多者七八候，少既无可增，多亦无可减，各随每月节气所感而应之"。①《月令》虽多见于《夏小正》和《通卦验》，但差别也很大；虽然有人认为《月令》出于《吕氏春秋》，但与其也有差异；虽与《淮南子》差异稍小，"而叙次同，每月候应之多寡，仍无一定"，② 这些差异说明现在通行有序的七十二物候汉之前还处于混乱的状态，为我们了解研究上古时期的月令文献提供了原始的资料。

相传二十四气之应候的建立是周公为了"明天时，作《时训》"，③ 但《月令》物候并不是与月份完全对应，曹仁虎认为这是由于历代历法的不同取舍造成的。北魏开始将七十二候颁为时令，隋承北魏之节候，唐代转而取《逸周书·时训》的节候。因为按照《月令》每月应为六候，而《北魏书》所载各候，每月对应的物候并不均匀。"正月取五候，二月取九候，三月取五候，四月取五候，五月取八候，六月取五候，七月取五候，八月取九候，九月取四候，十月取四候，十一月取九候，十二月取四候，既以参差，且其分配节气，亦不能适均。"④ 所以唐代以《逸周书》中的时令记载为准，参取《吕氏春秋》《通卦验》以及

---

① 〔清〕曹仁虎：《七十二候考》，见《续修四库全书》（第885册），上海：上海古籍出版社1995年版，第686页。
② 〔清〕曹仁虎：《七十二候考》，见《续修四库全书》（第885册），上海：上海古籍出版社1995年版，第688页。
③ 黄怀信：《逸周书校补注译·周书序》，西安：三秦出版社2006年版，第417页。
④ 〔清〕曹仁虎：《七十二候考》，见《续修四库全书》（第885册），上海：上海古籍出版社1995年版，第690页。

《淮南子》中的时令记载,颁布新的时令,虽然后世多有议论,却"皆相承不改"。① 唯独物候在某节气中属于初候、次候还是末候,《唐史志》《金史志》《元史志》等均有差异。

曹仁虎《七十二候集解》一书用功颇深,通过翻阅历代史志、记载时令的原典以及相关论述,系统梳理了《月令》七十二候的形成与发展过程,虽然历朝节气所属的物候的初、次、末顺序皆有变化,却为我们研究古代时令提供了翔实的文献史料。曹氏此书曾经乾隆皇帝亲自考证,"皇上道契抚辰,理彰格物,以'鹿麋皆解角于夏',亲加考证,改定仲春为'麈角解',微言万禩"。② 并于文末附乾隆皇帝《七十二候诗》一首:"包含元气,统括群言,如鹰鸠必无互化之理,豺獭宁知报本之诚。骎虹藏于小雪,气已稍迟。考雉雊于小寒,时间犹太早。蜃蛤成于大水,原非亲见之言。蝼蚁鸣在夏初,自异能飞之类。每及物以正讹,必因题而纪实。"③ 足见时令物候在人们社会生活中的重要。

三、历代以《月令》为吟咏对象的单篇别行著作举要

《月令》作为一部古代的记时文献,不仅向人类昭示了自然时间的神圣伟大,还为我们呈现了绚烂缤纷的自然世界,其中关于自然物候的记载,成为后世诗歌创作中的吟咏题材,这类以吟咏《月令》物候为对象的诗歌作品虽不及唐诗的艺术成就,却拓展了诗歌的表现领域。今就顾德基《咏七十二候诗》与马国翰《月令七十二候诗》进行分析,以便了解此类《月令》单篇别行著作的特点。

---

① 〔清〕曹仁虎:《七十二候考》,见《续修四库全书》(第885册),上海:上海古籍出版社1995年版,第691页。

② 〔清〕曹仁虎:《七十二候考》,见《续修四库全书》(第885册),上海:上海古籍出版社1995年版,第691页。

③ 〔清〕曹仁虎:《七十二候考》,见《续修四库全书》(第885册),上海:上海古籍出版社1995年版,第691页。

(一）顾德基《咏七十二候诗》

顾德基，生卒年不详，字用晦，江苏常熟人。《咏七十二候诗》用七言律诗的方式吟咏一年中的七十二候，一首诗吟咏一个物候，共七十二首。虽为应景之作，从一侧面突出了时令在古人生活中的重要地位。

《咏七十二候诗》今存版本为清初钞本，今藏国家图书馆，《四库全书存目丛书》据国家图书馆藏清初钞本影印，是比较常见的文本，今以《四库全书存目丛书》本为对象，对顾氏此诗作以简介。

《钦定四库全书总目》评价顾氏此书曰："是集以《月令》七十二候各为七言律诗一首，词旨凡鄙，殆不足观，以古人从无此题，姑存以备一体耳。"① 四库馆臣对此书的词旨立意评价不高，因为他是以《月令》物候为吟咏对象，比较罕见所以才著录四库，然而四库馆臣的说法也有不当之处，这类题材唐代已经出现，唐李林甫等人写的《月令并时训诗》以及杜仲连《月令诗》，并非"古人无此题"。今略举两首，以供鉴赏。

桃始华

荒郊何处觅芳丛，桃始先开露井东。瞥见无言当震节，细看含笑对春风。

攀梅艳出千花上，映字秾于二月中。犹记去年惊蛰后，小园春雪压群红。②

白露降

仙掌铜盘入太清，金茎玉露可长生。葳蕤法竹三危色，滴沥添荷五夜声。

薙叶易晞霜木结，芦花欲白鹤频惊。但供姑射神人饮，谁助良田黍

---

① 〔清〕纪昀等：《钦定四库全书总目》（整理本），北京：中华书局1997年版，第2513页。

② 〔明〕顾德基：《咏七十二候诗》，见《四库全书存目丛书》（集部第195册），济南：齐鲁书社1997年版，第347页。

穋成。①

"桃始华"是二月惊蛰节的第一个物候,惊蛰为二月节,《月令七十二侯集解》曰:"惊蛰,二月节。《夏小正》曰:'正月启蛰',言发蛰也。万物出乎震,震为雷,故曰惊蛰,是蛰虫惊而出走矣。"② 惊蛰之后,大地气温回升,万物复苏,农家也开始新一年的耕耘。如韦应物《观田家》一诗所云:"微雨众卉新,一雷惊蛰始。田家几日闲,耕种从此起。"③ 虽然鲜花盛开,农夫忙于耕种,但是惊蛰前后的气温幅度很大,还处在一个寒暖交替的时期,所以会有顾氏《桃始华》诗中所言的"桃始先开露井东""细看含笑对春风"风景,也会有"小园春雪压群红"的景色。"白露降"是七月立秋节的第二个物候,立秋是秋天的开始,意味着秋天开始,夏天的结束,天气渐渐变冷,所以有"一场秋雨一场凉"之说。由于白昼与夜晚的温差较大,所以出现了露水。顾氏《白露降》一诗首联运用了汉武帝为成仙而建造金铜仙人承露盘收集甘露的典故,颔联、颈联描写了自然界动植物的变化,尾联与首联呼应,甘露能使人成仙的话,那么什么能协助天下百姓五谷丰登呢,体现了作者对民生社稷的关怀。

上述所列诗歌虽然无法与唐诗宋词相媲美,但细细品读,也有它的美妙之处,并非完全"凡鄙"。他用诗性的语言为我们形象展示了一年的节气变化以及自然界缤纷多彩的外在形象,用栩栩如生的自然万物将抽象的时令表现出来,这点值得肯定。

(二)马国翰《月令七十二候诗》

马国翰(1794—1857),字词溪,号竹吾,草书楼名为玉函山房,济南历城

---

① 〔明〕顾德基:《咏七十二候诗》,见《四库全书存目丛书》(集部第195册),济南:齐鲁书社1997年版,第353页。

② 〔元〕吴澄:《月令七十二侯集解》,见王云五主编:《夏小正经传集解及其他四种》之《月令七十二候集解》,上海:商务印书馆,1936年版,第2页。

③ 〔唐〕韦应物著,孙望编:《韦应物诗集系年校笺·观田家》,北京:中华书局2002年版,第165页。

人，清代著名文献学家、藏书家和目录学家。少时才思敏捷，十九岁考中秀才，道光十一年（1834）中举，次年中进士，曾任陕西洛川、石泉、敷城知县、陇州知州。好藏书，任知县时的俸禄多半用以购书，家人称其"书痴"，每见异书，定会亲手抄录。道光二十九年（1849）时，其所藏古籍达到五万七千余卷，于是仿照晁公武《郡斋读书志》与陈振孙《直斋书目解题》的体例，按照传统经、史、子、集的分类方法，将家藏书目编写成《玉函山房辑藏书薄录》二十五卷，《续编》一册，这是一本具有文献价值的目录著作。道光二十四年（1844）辑成《玉函山房辑佚书》，所收佚书五百九十四种，按经、史、子分编，共三十三类，所辑书目都是宋以前或亡佚、或少有传本之书，为后世学者的研究保存了丰富的史料。此外，还著有《玉函山房文集》五卷、《玉函山房诗集》九卷、《月令七十二候诗自注》四卷等著作。

《月令七十二候诗》①最早的版本是光绪十年（1884）甲申孟秋绣江李氏刻本，光绪十五年（1889）又据光绪十年绣江李氏影印。《四库未收书辑刊》（四辑）（第五册）所收马国翰《月令七十二候诗》就是据光绪十年绣江李氏刻本刊印。本书以《四库未收书辑刊》本为研究对象，对马氏《月令七十二候诗》作以简单介绍。

马国翰《月令七十二候诗》用五言诗的方式对一年中的七十二个物候进行吟咏，每首诗十六句，每句诗皆有来历，马国翰逐一对其进行了注释，所以又叫《月令七十二候诗自注》。如果如四库馆臣评论顾基德《咏七十二候诗》"词旨凡鄙"的话，马国翰此诗看似精雕玉琢实则晦涩枯燥，如不了解诗句的来源出处，很难读明白，比宋人的掉书袋有过之而无不及。如对"桃始华"这一物候的吟咏：

桃始华

笑意青春写，轻红放小桃。囿惊天采散，书合岁华褒。雨色今朝

---

① 《月令七十二候诗》又称《月令七十二候诗自注》。

布，风番昨夜遭。

徐看荣佩绶，乍喜赐宫袍。绒绣新开剪，燕脂细晕毫。蒸成霞一片，涨到水三篙。

偕李将成径，寻源欲泛舟。上林锦华日，万载圣龄高。①

与上文所举顾基德对"桃始华"的形象生动相比，马氏此时却有浓郁的学者气息，全诗十六句，每句都有来历，几乎是一首历代吟咏与桃花相关的粹编。如果马国翰不自注其诗的来源出处，或许很少有人能明白其诗深意。如："笑意青春写"，马氏注曰："张说《桃花诗》'年年含笑舞青春'"②；"圃惊天采散"来源于"谢灵运《从由京口北固应诏诗》：'墟圃散红桃。'杨慎'古隽天采桃花也。'"③；"雨色今朝布"源于"李白《访戴天山道士不遇诗》：'犬吠水声中，桃花带雨浓。'"④；"蒸成霞一片"源于"韩愈《桃花行》：'种桃处处惟开花，川原近远蒸红霞。'周密《武林旧事》：'包家山桃花关，桃花甚盛，旧有"蒸霞"二字。'"⑤；等等。马国翰此诗句句出注，诗歌的知识性大于审美愉悦性，使形象的七十二物候成为其体现学识的对象，用文献学的思维方式作诗，虽句句有典故，但诗歌本身的趣味和情感表达的连贯性却荡然无存。

马国翰《月令七十二候诗》虽然有以学问为诗之嫌，但以月令七十二候为咏唱对象，这一独特的诗歌形式，仍值得关注。

---

① 〔清〕马国翰：《月令七十二候诗》，见《四库未收书辑刊》（四辑）（第五册），北京：北京出版社2000年版，第557页。
② 〔清〕马国翰：《月令七十二候诗》，见《四库未收书辑刊》（四辑）（第五册），北京：北京出版社2000年版，第557页。
③ 〔清〕马国翰：《月令七十二候诗》，见《四库未收书辑刊》（四辑）（第五册），北京：北京出版社2000年版，第557页。
④ 〔清〕马国翰：《月令七十二候诗》，见《四库未收书辑刊》（四辑）（第五册），北京：北京出版社2000年版，第557页。
⑤ 〔清〕马国翰：《月令七十二候诗》，见《四库未收书辑刊》（四辑）（第五册），北京：北京出版社2000年版，第557页。

四、历代"月令体"著作

"月令体"著作是模仿《月令》记时记事方式而产生的一类记时文献,严格意义上说,只能说是模仿《月令》记述形式的一类时令著作,不完全属于《月令》单篇别行著作,只因为这类"月令体"著作记载了中国古代丰富的民俗生活以及社会生产生活,为研究古代民俗文化提供了极其宝贵的文献史料,特在此作以论述。今存的"月令体"文献很多,如崔寔《四民月令》、宗懔《荆楚岁时记》、潘荣陛《帝京岁时纪胜》、冯应京《月令广义》等,或是以月为单位、或是以日为单位,详细记述了当时的社会生产活动。今仅就《敦煌悬泉月令诏条》、陈元靓《岁时广记》以及秦嘉谟《月令粹编》作以简述。

(一)《敦煌悬泉月令诏条》

二十世纪九十年代初,甘肃省文物考古研究所在敦煌悬泉发现了汉元始五年五月以太皇太后名义颁布的"月令诏条",原名为《使者和中所督察诏书四时月令五十条》,因发现在敦煌悬泉,今人称其为《敦煌悬泉汉简月令诏条》。2001年中华书局出版了中国文物研究所与甘肃省文物考古研究所联合整理的《敦煌悬泉汉简月令诏条》,同年上海古籍出版社又出版了胡平生、张德芳《敦煌悬泉汉简释粹》。

《敦煌悬泉月令诏条》共五十条,按春、夏、秋、冬的顺序,记载了一年十二个月的禁令。其中春季二十条、夏季十二条、秋季八条、冬季十条,从诏条分布的数量看,春季的禁令最多,这与春天自然界万物生长、人类社会万事开头的性质有密切关系。每一条诏令后都有对这条诏令的具体说明。如孟春的第二条"禁止伐木"后,解释曰:"谓大小之木皆不得伐也,尽八月,草木令落,乃得伐其当伐者。"[①] 第三条"毋擿巢"解释为"谓巢空实皆不得擿也。空巢尽夏,

---

① 中国文物研究所、甘肃省文物考古研究所编:《敦煌悬泉月令诏条》,北京:中华书局2001年版,第4页。

实者四时常禁。"① 从这两天完整的诏令及释词中，可以看出《敦煌悬泉月令诏条》的特点，它完全体现了《礼记·月令》帝王治政之书的主旨。如果说《礼记·月令》具有善言劝诫意味的话，那么《敦煌悬泉汉简月令诏条》则体现了法令的铁面无私。

虽然《敦煌悬泉月令诏条》残缺不全，但其体现了华夏民族的农业文明以及对自然世界的认识水平。其春季的"毋杀幼虫""毋作大事，以防农事""毋焚山林"；夏季的"毋攻伐""毋大田猎"；秋季的"命百官始收敛""完隄防，谨雍塞"；冬季的"毋治沟渠，决行水泉""土事毋作"②，这些诏令无一不对当下的农业生产，社会生活所遵循，其保护自然界生态平衡的理念，休养生息的以时治国策略，对后世产生了深远影响。《敦煌悬泉月令诏条》的发现，对研究汉代社会历史文化具有重要的作用。

（二）陈元靓《岁时广记》

陈元靓，生卒年事迹不详，宋末元初人。著有《事林广记》四十二卷，《博闻录》十卷，《岁时广记》四十卷、首卷、末卷各一卷。

《岁时广记》今存常见版本有：

1）清光绪年间归安陆心源辑编的《十万楼卷丛书》本；

2）清曹溶辑《学海类编》本；

3）《四库全书》本；

4）《续修四库全书》本；

5）《丛书集成初编》本五种。

其中，《四库全书》本，仅收录春、夏、秋、冬四卷，前有朱监《〈岁时广记〉序》、后有刘纯《〈岁时广记〉后序》，四库馆臣认为《岁时广记》："《宋

---

① 中国文物研究所、甘肃省文物考古研究所编：《敦煌悬泉月令诏条》，北京：中华书局2001年版，第4页。

② 以上条目内容详见中国文物研究所、甘肃省文物考古研究所编：《敦煌悬泉月令诏条》，北京：中华书局2001年版，第4—8页。

志》不著录，惟见于钱曾《读书敏求记》称，'前列《图说》、分四时为四卷'。今此本乃曹溶《学海类编》所载，卷首并无《图说》，盖传抄者佚之。"①《四库全书》本乃依据《学海类编》本所录此书内容刊行，可见为同一版本源流。《续修四库全书》本据清光绪年间《十万楼卷丛书》本影印，实则与陆氏《十万楼卷丛书》本为同一版本，所收的《岁时广记》也最完整，前有刘纯《〈岁时广记〉引》、朱鑑《〈岁时广记〉序》、《岁时广记》正文四十卷及首卷、末卷各一卷。因《学海类编》本所收《岁时广记》仅有前四卷，故《丛书集成初编》本据《十万楼丛书》本排印，这表明《续修四库全书》本以及《丛书集成初编》本皆与《十万楼丛书》本为同一版本源流，也是收录《岁时广记》最全的版本。

综而论之，《岁时广记》的《学海类编》本与《四库全书》本为同一版本，收录内容不全；《十万卷楼丛书本》《丛书集成初编》本及《续修四库全书》本所录最为完备。本书以《续修四库全书》本所收录《岁时广记》为研究对象，对其文本内容及特色作以简单介绍。

《岁时广记》是一部记录和考证南宋之前岁时民俗的类书，按照《月令》春、夏、秋、冬的记录顺序，前四卷分别记载三春、三夏、三秋、三冬的时令节气、物候及相关风俗故事。从卷五到卷四十，依次详细记载了元旦、立春、人日、上元、正月晦、二社日、寒食、清明、上巳、佛日、端午、朝节、天贶节、三伏节、立秋、七夕、中元、中秋、重九、小春、下元、冬至、腊日、交年节、岁除等二十五个节日，每一节日之下又逐条记载此一节日的风俗习惯。如：端午节是中华民族一个重要的节日，所以与端午节相关的民俗格外多，陈元靓《岁时广记》用三卷的长度，详细考察记录了与这一节相关的民俗以及故事，如端午上卷的"备节物""买桃艾""竞龙舟""五彩丝"，端午中卷的"赐公服""赐时服""赐金鱼""赐寿索"，端午下卷则多讲发生在端午的故事，如"进龙镜"

---

① 〔清〕纪昀等：《钦定四库全书总目·时令类》（整理本），北京：中华书局1997年版，第920页。

"除铁吏""诛幻僧""破鬼宅"等。

此外,《岁时广记》除了正文四十卷外,还包括首卷一卷和末卷一卷,首卷为图说,包括二十个与四时、物候、月相等天文方面相关的图文。末卷为总载,此卷主要收录无法归入某一月某一节气却与岁时有关的文献。如"寅午戌月"记载了宋人不在正月、五月、九月三个月份探访名流的原因;"避三长月"记载了唐时在正月、五月、九月三月"不行死刑、禁屠杀"之事由;① "北人打围"记录了辽国人一年十二月的生产生活轨迹。概而言之,《岁时广记》为我们了解研究古代社会的民风民俗保留了丰富的史料。

《岁时广记》搜罗广博,此书所录与时令相关的文字记载遍及经、史、子、集,甚至很多不常见的书均有征引,无怪乎朱鉴评此书曰:"蒐猎经传,多至野史异书,凡有涉于节序者,萃为巨帙,殆靡一遗。仰以稽诸天时,俯以验之人事,题其篇端曰《岁事广记》",② 并认为此书较之前记录秦唐岁时以及荆楚岁时的类书更加精善和完备。

四库馆臣认为陈氏此书以《月令》《孝经纬》以及《三统历》诸书以月为单位的体例,而采撷众书有关节序的记载都详细注明来源,唯独稗官说部多有征引,《尔雅》《淮南》诸书关于时令节序的记载"反多遗缺"。其曰:"是书中撷《月令》《孝经纬》《三统历》诸书为纲,而以杂书所说关于节序者,按月分隶。凡春令四十六条,夏令五十条,秋令三十二条,冬令三十八条,大抵为启札应用而设,故于稗官说部多所征据,而《尔雅》《淮南》诸书所载足资考证者,反多遗缺,未可以称善本。特其于所引典故皆备录原文,详记所出,未失前人遗意,尚与后来类书随意删窜者不同,姑录存之以备参考焉。"③ 然考察《岁时广记》所征引的书目,《淮南子》《吕氏春秋》《尔雅》诸书也有引用,或许不及它书频

---

① 〔宋〕陈元靓:《岁时广记》,见《续修四库全书》(第885册),上海:上海古籍出版社1995年版,第454页。
② 〔宋〕朱鉴:《〈岁时广记〉序》,见《续修四库全书》(第885册),上海:上海古籍出版社1995年版,第142页。
③ 〔清〕纪昀等:《钦定四库全书总目·时令类》(整理本),北京:中华书局1997年版,第920页。

繁征引之故，才有了四库馆臣所认为的不足之处。尽管这样《岁时广记》作为一部岁时民俗资料的类书，为后人研究宋元之前的民俗生活与历史文化保留了珍贵的文献史料。

（三）秦嘉谟《月令粹编》

秦嘉谟，生卒年不详，字味芸，江都（今江苏扬州）人，清代辑佚家。著有《世本辑补》十卷、《干支辑锦》二十四卷、《月令粹编》二十四卷图说一卷等。

《月令粹编》今存版本有：

1）清嘉庆十七年（1812）秦氏琳琅仙馆刻本；

2）清光绪九年（1883）安徽聚文书坊木活字本；

3）《续修四库全书》本。此本乃据嘉庆十七年琳琅仙馆影印，实则同属琳琅仙馆本。

本书便以《续修四库全书》本为研究对象，对秦氏《月令粹编》的体例以及内容特色加以简要介绍。

《月令粹编》仿照《岁华纪丽》及《古今类传》的体例，广采《史记》《汉书》《后汉书》《隋书》、两《唐书》《北史》《宋史》等历代正史资料以及《拾遗记》《述异记》《酉阳杂俎》《后山诗话》《埤雅》《水经注》《本草纲目》等关于笔记、诗话、地理、医药等方面的文献史料，辑录有关月令或民风民俗的时令史料，内容丰富而驳杂，因"汇集诸书时令之说，分二十门。引书甚多，汲取精华，故名《月令粹编》"①，实则远远超出《月令》的记载范围，是以月份为单位，辑录时令典故的一部类书。秦嘉谟在《月令粹编·凡例》中也对此书的体例做了详细说明：

> 《岁华纪丽》简而未备，《古今类传》杂而不纯，是书之成，意在

---

① 赵传仁、鲍延毅、葛增福主编：《中国书名释义大辞典》，济南：山东友谊出版社2007年版，第177页。

第三章 《月令》单篇别行论析

博取,尤在去瑕。

《月令广义》向有成书,但首载正典,次裁养生,无补词章,不敢沿袭。

《类传》取裁,或列正史于杂家之中,或次唐宋于汉晋之上,或一书两见,或割裂本文。是编先经后史、后子、后杂家小说,先后准乎,时代采择必照原书,校之类传,微有体例。

前人诗词原可引用,但如《类传》所取云衣花骨舞蝶歌莺之类,本不甚佳,亦非实典,若斯之类,盖从舍旃。

董书于每段末,妄附以自家著作腐词俚句,任意采入,是为狗尾不知鸡肋矣。丽句通用亦属于恶札,是编不敢袭谬。①

因为秦嘉谟之前记载时令的著作多有不备,《岁华纪丽》过于简单,《古今类传》过于庞杂,且有断章取义之嫌,《月令广义》所载的时令民俗文献又不涉及词章方面,有必要撰写一本全面而翔实的时令著作,所以编写《月令粹编》这样一部广博而求精的类书。此书博采群书,编辑过程中,在尊重原书内容的条件下,按"先经后史、后子、后杂家小说"的顺序编次材料。在诗词材料选择方面,前人之文也可以采用,但应典雅,出处也应翔实,而对于个人的著作,也应该谨慎采入。

《月令粹编》一书包括《图说》一卷和正文二十四卷。《图说》包括二十个图,依次是《月令主属大全图》《气候循环易见图》《日出日没永短图》《月生月尽亏盈图》《经星昏明迭见图》《闰月成岁为章图》《玉衡随气指建图》《招摇逐月推移图》《日月次舍交会图》《阴阳变合消长图》《律管浅深候气图》《律吕损益相生图》《春季气数悉备图》《夏季气数悉备图》《秋季气数悉备图》《冬季气数悉备图》《尔雅十干岁阳图》《尔雅十二岁名图》《尔雅十干月阴图》《尔雅十

---

① 〔清〕秦嘉谟:《月令粹编·凡例》,见《续修四库全书》(第885册),北京:商务印书馆1995年版,第695页。

二月名图》，以图表的形式将抽象复杂的天文问题直观形象地表述出来。

《月令粹编》正文二十四卷分别是岁令总一卷、每月令一卷、春总四卷、夏总四卷、秋总四卷、冬总四卷、闰月令一卷、昼夜时刻一卷、补遗三卷、最后一卷附录蔡邕《明堂月令章句》。其中，春总、夏总、秋总、冬总部分先用一卷记载此季节所涵盖月份相关的节气和物候典故，然后每月以日为单位，详细记载与其月份对应的自然物候变化或者民风民俗，每月一卷，共十二卷。《闰月令》主要记载不同闰月的典故及民俗。文末补遗的《明堂月令章句》，实则是《明堂月令论》《月令章句》《月令问答》的合称。《明堂月令论》侧重古代明堂制度的论述，《月令章句》则是对《礼记·月令》的诠释，《月令问答》则是其《月令章句》写作原因，内容特色的说明，前已论述，此不赘言。

陈寿祺评价此书曰："盖远仿《岁华纪丽》，近仿《古今类传》，而则其尤雅，正其疵谬，其去取颇精当，益信生为笃学士，并惠其成以付梓。生之言曰：古之时序著说者，《管子·五政》与《小正》《月令》相表里，《吕氏》《淮南》祖之，京房治《易》首种卦气，中郎释《礼》则有问答经籍之膏腴也。下至《荆楚岁时》《齐民要术》《四民月令》，大之关乎朝廷政事之美，小之切乎民生日用之实。生所辑掇拾糟粕乌足道，余谓不然，同生于此岁月中，而于前人此岁此月之著于史籍者，茫然不能数一二，是日见苍昊不识汉大也。日用之不知，违言高远乎？"① 虽然秦氏此书内容看似仅仅关乎日常之用，但唯有通识基本的日用之道方能更切实的谈论朝廷郑氏，为国家社稷服务。

此外，秦嘉谟《月令粹编》一书，对清以前有关时令的风俗逐条记录，是古代时令文献的一个汇集，无论是从事古代天文历法领域的研究，还是专注于古代民风民俗领域的探索，蔡氏此书均为后人提供了出处翔实的史料文献。

---

① 〔清〕陈寿祺：《月令粹编·序》，见《续修四库全书》（第885册），上海：商务印书馆1995年版，第694页。

第三节 《月令》单篇别行的原因与价值

《月令》单篇别行除了古书单行的惯例外,其以时施政的思想内容也是其单篇别行的主要原因。通过梳理历代《月令》单篇别行著作,我们发现《月令》不仅体现了先民天人合一的生存理念与以时施政的治国理念,其单篇别行著作以及仿照其记时模式产生的"月令体"文献为我们了解古代的思想、政治、科技、民俗等领域的发展状况提供了有价值的史料。

一、《月令》单篇别行的原因

古书的单篇别行现象虽为普遍,但学者只是从目录学、文献学角度方面的分析①,《月令》单篇别行除了古书编次传播的固有原因外,对天时观念的重视是其单篇别行的主要原因,四时观念体现了古人的生命意识、生存理念,是政治生活乃至人们日常生活的指导纲领,更是中国传统文化的基色。

(一)《月令》体现了先民天人合一的生存理念

时间是一个形象却难以描述的历史性存在,人们只能从自然界的日出日落、月圆月缺、燕归雁去、春花秋雨及生命的生老病死这些运动变化的参照物中感知它的悄然流逝。中国文化传统的时空观念格外重视时间,四时变化不仅是社会生

---

① 余嘉锡《古书通例》认为古书单篇别行的现象可分为三种:"一为本是单篇,后人收入总集,其后又从总集内析出单行也。……二为古书数篇,本自单行,后人收入全书,而其单行之本,尚并存不废也。……三为本是全书,后人于其中抄出一部分,以便诵读也。"《月令》的单篇别行情况与上述第一种情况完全相符,本是一篇独立流传的文本,收入《礼记》后又析出单篇别行。《礼记》四十九篇是后人的撰集非一人一时而作,而其"初本本是零星抄合,故皆可单篇别行,学者随其所用,即从全书内析出,自为一书"。(详见余嘉锡:《目录学发微·古书通例》,北京:中华书局2012年版,第266页。)

产遵循的生物钟，更是一种社会政治指南和人生品格修养的参照，这种重视天时的生存理念，使客观纯粹的自然时间逐渐演变成有意味的时间。

《月令》逐月记载了一年十二个月的物候、星象、祭祀、禁忌、违反时序的惩罚，更是详细记载了天子的衣着、饮食和所应施行的政令，强调了自然界春耕夏作秋收冬藏的不可逆性。在古人眼中，自然界的时间是神圣的，人类的一切活动都要与天时相谐。傅道彬认为：时间是一种结构，也是一种秩序，《月令》中时间意识的觉醒体现了上古人类认识和思想的深化，在他们那里时间逐渐从混沌的变成有序的、从神圣的变成世俗的、从物理的走向文化的，最终形成了中国哲学和文学的四时思想模式，这种"四时节律强烈地影响着华夏民族的精神世界，成为中国文化的思想律和结构律"。①《月令》中的四时观念是先民安排日常生活的准则、精神领域的自然神信仰，这种形而下与形而上的体悟奠定了中国思想文化的四时基调。三春是播种生命的季节，先民感受到了春风春雨、万物复苏、候鸟归来、草萌花开的生命力，于是整理土地种植五谷、保护自然界的幼小生命。夏是春的延续，社会生产活动、国家行政都应与夏天的特点为标准，注重沿承和发展。阵阵肃飒的秋风扭转了春夏宽容博爱的胸怀，自然万物由荣转枯，由幼小到强壮，同时也意味着春夏耕耘的收获，人类所种植的罪恶也应如此，故有秋后问斩之说。冬天的天寒地冻、万物归寂则是生命休养生息的时节，一切沉淀都为来年的丰收储蓄能量。这是自然界的四时循环，也是社会生活和个体生命的活动应该遵循的规律，《月令》中的四时结构体现了古人天人合一的思维模式和与时偕行的生存理念。

《月令》中的四时观念体现了中华民族积极乐观的心态和循环往复的时间思维。时间是线性的、永不停息的，但在古人眼里，时间像四季一样是循环的。先民对《月令》中清晰形象的四时物候变化记忆，表明了他们对人类社会秩序及万物生命的反思，世间万物的存在都按其潜在的规律发展，故有"顺天者昌逆天

---

① 傅道彬：《诗可以观：礼乐文化与周代诗学精神》，北京：中华书局2010年版，第294—306页。

者亡""多行不义必自毙"(《左传·隐公元年》)之说,冥冥中的上天会奖惩人间的一切,只有顺应天时,生命才会延续、社会才会发展。《月令》中"时"的观念,反映了古人对"时"的感知,古人常常会有生不逢时、时过境迁的喟叹,为什么要用"时"来表现人生多舛呢?这点可在《月令》的四时思维中得以印证。动植物的生长和政治制度都与时偕行,那么作为个体的人更应顺时而动,不仅应"待时""知时""随时",更应该"惜时",因为"人的存在是一种时间性的存在。在人与世界的多重性关系中,人与时间的关系最为重要,生命或人生的意义是在时间的流动中获得的。"[①]《月令》对时间、时机的强调体现了天人合一的生存观念,人生活在无法触摸的时空中,唯有顺时方能把握生命和社会的节奏,唯有具备自强不息、厚德载物的气魄,方能坦然地处理生命中的万事万物。

(二)《月令》是以时治政模式的思想根源

古人眼里的时间是神圣,只有德高望重的人才拥有时间的颁布权,故有《尧典》"敬授民时"的说法。《月令》单篇别行的过程中,这种观念体现得尤为明显。唐明皇将《月令》的位置从《礼记》的第四篇提到《礼记》的第一篇,直接原因是重视农业,"敬授人时,此帝尧之急政,圣人之首书,民事之为重可知矣"。[②] 深层原因则是时间背后暗含的权利因素,谁掌控了时间谁就拥有了政治上的绝对领导权,夏商周的"三建"、置闰制度,体现了先民试图掌控时间,进而统治人间事物的政治努力和决心,这也是历朝历代《月令》单篇别行的直接原因。四时观念不仅是社会生产应遵循的准则,更是"敬授天时"的君王应该遵循的自然法典。用《月令》中所记录的四时规律指导社会的各种生产活动,这只是其最基本的功用。

《月令》是古代王官治政的指导纲领,这是《月令》单行的重要原因。"名

[①] 张三夕:《论惜时道德感的诗意表达》,载《浙江大学学报》(人文社会科学版),2002年第4期,第52—59页。

[②] 〔宋〕罗泌:《书唐月令》,见王云五主编:《夏小正经传集解及其他四种》,上海:商务印书馆1936年版,第1页。

曰'月令'者,以其记十二月政之所行也"①,故有"内杂有虞夏商周之法,皆圣王仁恕之政也"之称。②《月令》详细记录了天子一年中的衣着、饮食、祭祀、治政活动、时禁事宜,违反时禁便会受到相应的惩罚,以便制衡人间君王至高无上权利,令其心中有所敬畏。

《月令》强调的是一种顺时而变的秩序,以孟春之月对天子行政的规范为例,春天草木萌发,天地之气相合,为了与主管春天的木德之君太皞和木官之臣句芒相配,天子的衣着、佩饰、驾车的马皆尚青色,象征生命的开始和力量。春天是一年的开始,天子不仅要率领百官迎春、躬耕帝籍、施惠臣民、安排农事、完善祭典祭乐、从事祭祀活动,而且要顺应时令保护幼小的生命以确保自然界的生态平衡、重视个体的生命和国家社稷的兴衰而不妄起兵戎。不变天道、不绝地理、不乱人纪是帝王实行政治制度的重中之重,也是维持社稷稳定亘古不变的至理。天道、地理、人纪的核心就是不可逆的秩序,如有紊乱自然界就会出现种种凶兆,所以冥冥中会有一个监督天子言行的"天"存在,为人间事务主持公正。这是古代以时治政思想的根源,也是历代贤君不得不秉承的自然法则。儒家强调天道、尊重万物生长的秩序,这点在政治上的体现就是仁政。仁政的核心就是博爱,其源头可以追溯到古人对自然万物的保护,君主要王天下,除了注重自身修养之外,更强调天时地利人和,如有违背而强为之,则国必不长久,这种对天道的尊崇节制了人欲。

二、《月令》单篇别行著作的价值

《月令》中的物候由于时间的久远、地域气候的变化,导致所记事物与后世的差异,这一现象造成了《月令》单篇别行文本的多样性,与《礼记》其他单篇别行文本相比,《月令》单篇别行文本在阐释和考证之外衍生了大量月令体著作,为后人解读和研究《月令》提供了文献和思想文化方面的参照。

---

① 〔汉〕郑玄注,〔唐〕孔颖达等疏:《礼记正义·月令》,见阮元校刻《十三经注疏》本,上海:上海古籍出版社2011年版,第1352页。
② 〔唐〕魏征:《隋书·牛弘传》,北京:中华书局1973年版,第1302页。

第三章 《月令》单篇别行论析

（一）《月令》单篇别行的文献价值

历代《月令》单篇别行文本有助于我们研究古人以四时为轴心的治国理念，这些单篇单行著作在延续《月令》思想主旨的同时，体现了所处时代学术风气和社会思潮的转变。

蔡邕《月令章句》对《月令》中的名物制度进行了考证，订正了文本传抄过程中的错误。从中看到了其注解方式与前代的异同，蔡氏以博通的态度注释《月令》，对于儒家记载礼制的典籍产生了质疑，有消解儒家经义的倾向，注重从自然的角度注释《月令》，强调自然的重要性，认为"天子施政是以自然为前提的，因此才可以风调雨顺，"蔡邕《月令章句》"蕴含的'前卫'思想则对后世哲学思潮产生了一定的影响，是汉晋间文化转型的一个支点。"[1]《月令章句》的注解思想和方式体现了汉魏之际的思想变化。

唐李林甫等《唐月令注》因将《月令》改为《礼记》第一篇、注解时又增损改窜了经文，遭后世学者蔑视，"然朱子作《仪礼经传通解》，载《礼记·月令》郑注，并附注《唐本》于《吕览》《淮南》之后，且经文有依《唐月令》删定者，似亦有足取者焉。况立春定为正月之节，至今时宪，相承不改。"[2]朱熹不仅采用了《唐月令注》的经文，而且宋代的社会生活也以唐注本为准则，虽然孙奭向宋真宗上言将其废除，但翰林学士晁迥等人认为"若废林甫之新文，用康成之旧注，则国家四时祭祀，并须更改。详究事理，故难轻议，伏请依旧用李林甫所注《月令》"。[3]宋仁宗采取了晁迥等人的意见。正如《唐月令君臣进注表》所言："气逐闰移，节随斗建，洎乎月朔差异，日星见殊，乃令雩祀愆期，百工作沴，事资革弊，允属宜更。昭代敬天勤民，顺时设教，是以有皇极之敷

---

[1] 高长山、骆洋：《蔡邕解读〈礼记·月令〉的新变》，载《古籍整理研究学刊》，2009年第5期，第81—85页。

[2] 〔清〕茆泮林辑佚：《唐月令注》，见《续修四库全书》（第885册），上海：上海古籍出版社1995年版，第111页。

[3] 〔宋〕李焘：《续资治通鉴长编》，北京：中华书局1985年版，第1950页。

言，亲降圣谟，重有删定。"① 谨奉天时的同时应根据具体情况进行变通，这是《唐月令注》值得称赞的地方，遵循而又注重变通。加之皇帝亲自删定，《月令》对古代政治和日常生活的影响可想而知。

宋张虙《月令解》认为国家行政和人民生活的根本原则是天人合一，人的一切活动都要与四季时令相一致，"陛下守此，则可以裁成天地之道，可以辅相天地之宜"。② 其《进〈月令解〉表》论述了宋代以前《月令》的注疏情况，《吕氏春秋》的十二《纪》继承了周代先贤对"四时"的理解，条分缕析整理成篇，已经具有较强的行政规范意识，"与天同者大治，与天异者大乱"③，强调人事要与天时相应，故《四库全书总目提要》评价此书曰："今考其书，古帝王法政施令之大端，皆彰彰具存，得其意而变通之，未尝非通经适用之一助。"④ 宋范浚《月令论》是一篇研究《月令》作者及成书时代的文章，并不是《月令》的单篇别行本，它以《月令》的官名时事为研究视角，认为《月令》的作者不是周公、吕不韦、刘安，而是出于众人之手，其内容"或取虞夏商周之遗典，或据时事以为说，其后汉诸儒又增加"，⑤ 为后人研究《月令》成篇时代和作者提供了参考。

明黄道周《月令明义》强调《月令》王官之时的本旨，"其所注杂采易象、《夏小正》《逸周书》《管子》《国语》，参稽考证。于经义颇有阐发，其胪举史传亦皆意存规戒，非漫为推衍禨祥"。⑥ 博采众说，延续了天子依照《月令》规律施政的传统。清代出现了众多考证《月令》七十二物候的著作，如曹仁虎《七十二候考》、俞樾《七十二候考》、叶志诜《月令七十二候赞》等，这些严谨

---

① 〔宋〕罗泌：《书唐月令》，见王云五主编：《夏小正经传集解及其他四种》，上海：商务印书馆1936年版，第112页。
② 〔宋〕张虙：《月令解》，见《四库全书》（第116册），台北：商务印书馆1983年版，第540页。
③ 钟哲：《春秋繁露义证》，北京：中华书局1992年版，第341页。
④ 〔清〕纪昀等：《钦定四库全书总目》（整理本），北京：中华书局1997年版，第266页。
⑤ 〔宋〕范浚：《月令论》，见《香溪集》，北京：商务印书馆1935年版，第72页。
⑥ 〔清〕纪昀等：《钦定四库全书总目》（整理本），北京：中华书局1997年版，第268页。

细致的考证性著作,彰显了乾嘉学派的治学态度和方法。

综上所述,《月令》单篇别行在延续其思想主旨的同时,体现了所处时代学术风气和社会思潮的转变。蔡邕《月令章句》的注解思想和方式体现了汉魏之际的思想变化,李林甫等《唐月令注》虽有篡改之嫌却体现了时间从神圣的王官之时向民间之时迈进的进程,宋张虙《月令解》、明黄道周《月令明义》乃至清代的诸多《月令》七十二候考证的著作,《月令》的神圣性已经退隐,剩下的唯有劝诫君王以时施政和指导农时的农政书意味。从《月令》古今地位的演变的过程中,我们看到了古人对时间认识的进步和深入,同时展现了不同时代的人们因政治思想和学术思潮的迥异而造成的对同一著作解读的差异。

(二) "月令体" 文献的史料价值

《月令》篇的思想博大精深,涉及社会生活的方方面面,因此在《月令》单篇别行的过程中形成了一系列较为专业的著作,这些月令体文献展现了古人对自然环境和社会生活诸多领域的认知能力,为我们研究古代的农业、经济、气象、风俗等提供了翔实的文献资料。

《月令》最直观的表现是其对农事、渔猎、采伐、祭祀、举贤、刑罚等诸多方面的规定,关于《月令》对政治和农事的启示和影响,前人多有论述且研究已十分深入。如郭文韬《〈月令〉中的生态农学思想初探》、萧放《〈月令〉记述与王官之时》、薛富兴《〈月令〉:农耕民族的人生模型》、王利华《〈月令〉中的自然节律和社会节奏》等文章①,都对《月令》中蕴含的农业思想、动植物的保护、自然资源的可持续发展都作了详细深刻地论述,今不赘述。此处仅论述月令体文献对我国农业、经济、气象、风俗等领域的贡献。

---

① 关于《月令》对农业生产、国家治理方面的影响,详见郭文韬2000年发表于《古今农业》第1期的《〈月令〉中的生态农学思想初探》、萧放2001年发表于《宝鸡文理学院学报》第1期的《〈月令〉记述与王官之时》、薛富兴2007年发表于《社会科学》第10期的《〈月令〉:农耕民族的人生模型》、王利华2014年发表于《中国社会科学》第2期《〈月令〉中的自然节律和社会节奏》等诸文。

| 《礼记》单篇别行研究 |

20世纪90年代初在敦煌悬泉置遗址发现的《敦煌悬泉月令诏条》，它继承了《月令》四时模式的框架，以法律诏书的形式，要求人事活动和社会生产都应与自然四时的规律相和谐，对如何利用和保护自然资源都作了明文规定，体现了古人天人合一的生存思想。东汉崔寔《四民月令》是仿《月令》所撰写的一部农事著作，详细论述了一年十二个月的农业活动，并对当时谷物、蔬菜、瓜果等栽培技艺，蚕桑、纺织、制药、食品加工等制作工艺，以及农田水利、粜籴货物等社会生活中的诸多事务都有详尽论述。这两部"月令"体著作为我们了解两汉时期的农业、手工业、制造业、经济发展等状况提供了有价值的研究史料。

月令体文献中诸多考证《月令》七十二候的著作，为我国的天文历法、气象史研究提供了有价值的史料。叶志诜《月令七十二候赞序》云：

> 昔蔡邕言："《月令》者，因天时制人事，所以效气物，行王政也。古帝王研覈阴阳，顺动四时，由四时分八节，由八节分二十四气，由二十四气分七十二候，历法渐为周密矣。"载籍之纪，莫古于《夏小正》《明堂月令》《易通卦验》，《吕氏春秋》《淮南子》递相祖述，互有异同。北魏始以七十二候颁为时令，隋马显之景寅元术，唐初傅仁均之称戊寅术，李淳风之麟德术，皆沿袭踵行。至开元时，一行之大衍术出，不用魏隋相沿之节候，专取汲冢周书以为改从古义。宋史志因之，迨金史志改小满末候，小暑至为麦秋，至元史志复改为立春末候，"鱼上冰"为"鱼陟负冰"，小暑末候，"鹰乃学习"为"鹰始挚"，皆参取《夏小正》者也，又改雨水次候，鸿雁来为候，雁北则参取《易通卦验》《吕氏春秋》《淮南子》而互用者也。至仲冬，麋角解经，我朝高宗纯皇帝，目验更定麈角解时。宪书遵纪之，是为今定七十二候。①

---

① 〔清〕叶志诜：《七十二候赞》，见《珍本医书集成》（二），上海：上海科学技术出版1985年版，第1页。

第三章 《月令》单篇别行论析

叶氏纵观古代历法史，从最最原始的四时记年到稍微周密的七十二候记岁、到隋朝《景寅元历》、唐代的《戊寅历》《麟德历》《大衍历》；从二十四节气中节气和中气的混乱情况到最后的有序定型；七十二候在历代文献记载中的文字差异，从中可以看到古人对自然认知的逐渐深入过程。宋朝的社会生产生活延续唐代的历法制度，金元之后，由于时间的久远、地域的和气候的变化，《月令》中的物候、节气逐渐与当下的实际情况不符，于是出现了数部考证《月令》七十二候的著作，从元吴澄《月令七十二候集解》开始，明代莫熹《月令七十二候考》、李泰《四时气候集说》、清秦嘉谟《月令粹编》、曹仁虎《七十二候考》、俞樾《七十二候考》、罗以智《七十二候考》、叶志诜《月令七十二候赞》等考证性著作，这些珍贵的文献具有极高的史料价值。

此外，南朝梁宗懔《荆楚岁时记》、宋陈元靓《岁时广记》、明田汝成《熙朝乐事》、清潘荣陛《帝京岁时纪胜》、秦嘉谟《月令粹编》等月令文献为我们研究中国古代岁时民俗的保存了重要资料。

《荆楚岁时记》记载了一年十二个月楚地的时令民俗，是我国现存最早的岁时节令的著作。如正月初一放爆竹、贴门神，四月八日民间的浴佛节，端午节采艾草、臂系五彩丝，七夕的乞巧节等等，这些风俗至今仍在民间广泛流传。《岁时广记序》曰："有天之时，有地之时，寒暑之推迁，此时运于天者也。历书所载，盖莫详焉，至于因某日而载某事，此时之系于人者。"[①] 认为天地各有之时，人也应有人时，那就是节令习俗。此书以四时为序，秉着"因某日而载某事"的原则，详细记录了元旦、立春、上元、清明、端午、七夕、中秋、重九等民间的节令习俗，并探究其的来源，资料征引丰富，为我们展现了有宋一代的民间风俗，可谓一部记录古代节令的类书。《熙朝乐事》和《帝京岁时纪胜》两书分别记载了杭州和北京两地四时各节令及其有关的民俗活动，是研究杭州、北京两地民俗的重要资料。由《月令》衍生出来的岁时文献，秉承《月令》以时叙事的

---

① 〔宋〕陈元靓：《岁时广记》，见《续修四库全书》（第 885 册），上海：上海古籍出版社 1995 年版，第 142 页。

模式、以时行事的理念,详细记载了古代的民间习俗,对了解古代的风土人情、节令习俗的发展演变极具有史料价值。

本章小结

《月令》篇被收入《礼记》后,又从中析出单篇别行。通过梳理和考察历代《月令》的单篇别行著作及其广泛流传的原因,发现《月令》单篇别行文本与其衍生的月令体著作,体现了古人天人合一的施政思想以及与时偕动的生存原则,为我们了解古代帝王治国理念、社会思潮的细微变化,以及古代农业生产、天文历法、节令民俗等领域的发展状况保存了极有价值的文献史料。

《月令》的单篇别行文本以及衍生的月令体文献体现了先民对自然认识的深化,由神圣的感知逐渐过渡到客观的理性分析,记录了人类思想变化的历程。《月令》所载的四时结构成了华夏思想文化的根基,其时间观念不仅对中国传统的农业生产、政治生活、人类的世俗生活产生深刻地影响,而且潜移默化的渗透到华夏儿女的灵魂深处,成为一种至高无上的自然法则,集中体现了儒家对"时"的思想观念。

第四章
《深衣》单篇别行论析

《深衣》记载了上古深衣之制以及深衣每一部分所象征的礼法意义。深衣是承载着儒家文化精髓的一种传统民族服饰，它的设计以及制作的每一细节均体现中华民族尚礼重德的文化精神。从这个意义上讲，深衣已经不再局限于服饰的内涵之中，它已成为一种抽象的、有意蕴的文化符号，象征着华夏民族的审美理想和民族精神。本章通过考察《深衣》单篇别行著作状况、单篇别行著作的类型与内容，以及单篇别行的原因与价值，以期挖掘深衣这种服饰背后的精神意蕴以及其对后世服饰文化的影响。

第一节 《深衣》单篇别行著作概述

《深衣》是《礼记》四十九篇中的第三十九篇，主要记载了上古深衣之制以及深衣每部分设计所蕴含的礼法思想。据历代公私目录、地方志、图书馆目录以及王锷《三礼研究论著提要》等书关于《深衣》单篇别行文本的相关著录，发现《深衣》收入《礼记》后，自宋代开始出现单篇别行著作。这些单篇别行著作大体可以分为两类，一类是阐释《深衣》经义的释经性单篇别性著作；一类是考辨《深衣》功用与服制的考证性单篇别行著作。此外，还有一类以"深衣"为吟咏对象的文学作品，此类文本虽然不能隶属于《深衣》单篇别行著作的行列,但因题材与《深衣》所体现的礼法品格相关,故亦列表说明。

一、《深衣》释经性单篇别行著作

《深衣》释经性单篇别行著作主要是指以诠释《深衣》古制礼法深意为主旨的一类单篇别行著作,现存此类作品主要有金履祥《深衣小传外传》以及陈栎《深衣说》,如表4-1所示。

表4-1 《深衣》释经性单篇别行著作一览表

朝代	作者	书名	存佚	著录或称引
宋	金履祥	《深衣小传外传》合一卷	存①	〔宋〕金履祥《仁山集》卷二;〔清〕陈梦雷《古今图书集成·理学汇编·经籍典》第二百十八卷、第二百二十六卷与第三百二十一卷;〔清〕永瑢、纪昀等《钦定四库全书总目》卷一百六十五"《仁山集》";〔清〕沈翼机等《浙江通志》卷二百四十二;〔清〕朱彝尊《经义考》卷一百五十;〔清〕罗振玉《罗雪堂先生全集》(三编)第十册卷五"礼乐"条以及王锷著《三礼研究论著提要·礼记类》等著录或称引。
元	陈栎	《深衣说》一卷	存②	〔元〕陈栎《定宇集》卷六;〔明〕汪舜民《弘治徽州府志》卷七;〔清〕黄虞稷《千顷堂书目》卷二;〔清〕朱彝尊《经义考》卷一百五十;〔清〕彭泽修、〔清〕倪灿撰《补辽金元艺文志》;〔清〕魏源《元史新编》卷九十一;〔清〕陈梦雷《古今图书集成·理学汇编·经籍典》第二百十三卷、第二百十八卷、第二百二十六卷与第三百二十一卷;〔清〕曾廉《元书》卷二十三上;〔清〕永瑢、纪昀等《钦定四库全书总目》卷一百六十七"定宇集"条;

---

① 朱彝尊《经义考》著录此书"佚",此书今存《仁山集》卷二、《全元文》第八册。
② 陈栎《深衣说》,《经义考》著录为"佚",今《全元文》第十八册、《定宇集》卷六均有收录。

(续表)

朝代	作者	书名	存佚	著录或称引
				〔清〕钱大昕《补元史艺文志》卷一;〔清〕罗振玉《罗雪堂先生全集》(三编)第十册卷五"礼乐"条;雒竹筼《元史艺文志辑本》卷二;《中国历代经籍典·礼记部》第二百一十三卷以及王锷《三礼研究论著提要·礼记类》等著录或称引。
清	姚鼐	《深衣说》一篇	存	〔清〕姚鼐《惜抱轩九经说》卷十四著录。

《深衣》释经性单篇别行著作虽然现存可见的唯有这两部著作,仍有助于我们对《深衣》礼法意蕴的理解以及对其所蕴含的民族文化与精神的体悟。

二、《深衣》考证性单篇别行著作

《深衣》考证性单篇别行著作主要是对《深衣》服制及其功用进行考辨研究的一类单篇别行著作,这类单篇别行著作注重对《深衣》样式、裁剪之法、上衣、下裳、衣领、袖子等用布尺寸与数量的考查,有些对深衣所佩戴的冠巾、鞋履也有考证说明,如表4-2所示。

表4-2 《深衣》考证性单篇别行著作一览表

朝代	作者	书名	存佚	著录或称引
宋	司马光	《深衣制度》一篇	存	〔宋〕司马光《书仪》卷二;〔明〕王圻《三才图会》器用卷二与珍宝卷二;〔明〕丘濬《文公家礼仪节》卷一"深衣制度"与〔明〕朱载堉《乐律全书》卷二十三著录或称引。
宋	朱熹[①]	《深衣制度》一篇	存	〔宋〕朱子《家礼》卷一;〔宋〕朱熹《御纂朱子全书》卷三十七;〔宋〕朱熹《晦庵集》卷六十八;〔宋〕谢维

---

① 四库馆臣认为《家礼》非朱熹之著作。

《礼记》单篇别行研究

(续表)

朝代	作者	书名	存佚	著录或称引
				新《古今合璧事类备要别集》外集卷三十五；〔元〕柳贯《待制集》卷十三"答宋答宋景濂书"；〔明〕蔡清《四书蒙引》卷六"非帏裳必杀之"条；〔明〕丘濬《文公家礼仪节》卷一"深衣制度"条；〔清〕朱彝尊《经义考》卷一百五十；〔清〕瞿镛《铁琴铜剑楼藏书目录》卷四"纂图集注文公家礼十卷""文公先生家礼七卷"以及"家礼五卷附录一卷"条；〔清〕谈迁《枣林外索》卷三"深衣制度"条；〔清〕陆陇其《读礼志疑》卷三"朱子文集卷六十八"条；〔清〕陈梦雷《古今图书集成·理学汇编·经籍典》第二百十八卷与第三百二十一卷；〔明〕胡广《性理大全书》卷十九；〔清〕叶方蔼、张英监修《御定孝经衍义》卷八十四称引；〔明〕王圻《续文献通考·经籍考》卷一百八以及王锷著《三礼研究论著提要·礼记类》等著录或称引。
宋	文天祥	《深衣吉凶通服说》一篇	存	〔宋〕文天祥《文山集》卷十五；〔清〕陈梦雷《古今图书集成·理学汇编·经籍典》第二百十八卷、第二百二十六卷与第三百二十一卷；〔清〕刘坤一等修，〔清〕刘铎、赵之谦等纂《光绪江西通志》卷一百；〔清〕徐乾学《读礼通考》卷三十一；〔清〕朱彝尊《经义考》卷一百五十；〔清〕罗振玉《罗雪堂先生全集》（三编）第十册卷五"礼乐"条以及王锷《三礼研究论著提要·礼记类》等著录或称引。
明	朱右	《深衣考》一卷	存①	〔明〕朱右《白云稿》卷十二；〔明〕萧良干修、张元忭撰《万历绍兴府志》卷四十；〔明〕张萱、孙能传等《内

---

① 朱右《深衣考》今存《明文衡》第五十二卷、《全元文》第五十册，《白云稿》卷十二，非王锷《三礼研究论着题要》所言亡佚。

(续表)

朝代	作者	书名	存佚	著录或称引
				阁藏书目录》卷三；〔明〕程敏政编《明文衡》卷五十二；〔明〕廖道南《殿阁词林记》卷八《编修朱右》条；〔明〕朱存理《珊瑚木难》卷五《故晋相府长史朱公行状》；〔清〕黄虞稷《千顷堂书目》卷二；〔清〕陈梦雷《古今图书集成·理学汇编·经籍典》第二百二十六卷、第二百十八卷、第三百二十一卷；〔清〕杨守阯《碧川文选·目录》；〔清〕王棻《台学统》卷六十六"长史朱白云先生右"条；〔清〕唐鉴《学案小识》卷五"婺源江先生"条；〔清〕洪颐煊《台州劄纪》卷十二"朱右"条；〔清〕黄宗羲撰，全祖望修定《宋元学案》卷八十二"长史朱白云先生右"条；〔清〕秦蕙田撰《五礼通考》卷首第二；〔清〕朱彝尊《经义考》卷一百五十；〔清〕罗振玉《罗雪堂先生全集》（三编）第十册卷五"礼乐"条；〔民国〕杨晨《台州艺文略·经部》卷一；《中国历代经籍典·礼记部》第二百十四卷以及王锷《三礼研究论著提要·礼记类》等著录或称引。
清	黄宗羲	《深衣考》一卷	存	〔清〕丁仁《八千卷楼书目·经部·礼类》卷二；〔清〕永瑢、纪昀等《钦定四库全书简明目录》卷二；〔清〕永瑢、纪昀等《钦定四库全书总目》卷二十一；〔清〕于鬯撰《读小戴礼记》小戴"深衣"条；〔清〕唐鉴《学案小识》卷十二"余姚黄先生"条；〔清〕江藩《国朝汉学师承记》之《国朝京师讲义》"诗"；〔清〕皮锡瑞《经学通论》"礼"；〔清〕周中孚撰《郑堂读书记》卷五；〔清〕方东树《汉学商兑》卷下；〔清〕李元度《国朝先正事略》卷三十六"余古农先生事略"条；〔清〕阮元《儒林传稿》卷一"黄宗羲传"条；〔民国〕赵尔巽等《清史

（续表）

朝代	作者	书名	存佚	著录或称引
				稿》卷一百四十五、卷四百八十；〔清〕黄本骥《皇朝经籍志·经部》卷二；〔清〕张廷玉等《皇朝文献通考·经籍考》卷二百十四；〔清〕嵇璜、曹仁虎等《皇朝通志·艺文略》卷九十八；舒大刚《儒学文献通论》之《〈礼记〉学文献》；《中国丛书综录·子目·经部·礼记类》之"分篇之属"以及王锷《三礼研究论著提要·礼记类》等著录或称引。
清	江永	《深衣考误》一卷	存	〔清〕丁仁《八千卷楼书目·经部·礼类》卷二；〔清〕永瑢、纪昀等《钦定四库全书总目》卷二十一；〔清〕张惠言《仪礼图》卷第一"深衣 中衣"条；〔清〕胡培翚《仪礼正义》卷十八"大夫主人长衣练冠以受"条；〔清〕胡培翚《研六室文钞》卷六；〔清〕顾广誉《学诗详说学诗正诂》正诂卷一"苤苢"条；〔清〕阮元《文选楼藏书记》卷二"礼书纲目"条；〔清〕冯世瀛《雪樵经解》卷三十"深衣"条；〔清〕林昌彝《三礼通释》卷二百四十"深衣裳前后图"条；〔清〕江永《礼记训义择言》卷五称引；〔清〕永瑢、纪昀等《钦定四库全书简明目录》卷二；〔清〕江永《乡党图考》卷六①；〔清〕曹元弼《礼记学》卷三"深衣 中衣"条与卷五"戴氏震记深衣说"条；〔清〕于鬯《读小戴礼记》小戴"深衣"条；〔清〕吴坤修，〔清〕何绍基纂《光绪重修安徽通志》卷二百十九与卷三百三十六；〔清〕穆彰阿、潘锡恩等《大清一统志》卷一百十三；〔清〕刘宝楠《论语正义》卷十二；〔清〕桂文灿《经学博采录》卷八；〔清〕江藩《国朝汉学师承记》卷五与《国朝京师讲义》"诗"；〔清〕皮锡瑞

---

① 〔清〕江永撰《乡党图考》卷六著录为"《深衣考》"。

第四章 《深衣》单篇别行论析

(续表)

朝代	作者	书名	存佚	著录或称引
				《经学通论》"礼";〔清〕刘大櫆《海峰文集》卷六"江先生传";〔清〕钱大昕《潜研堂集》卷三十九"江先生永传";〔清〕陈澧《东塾集》卷一"深衣说"条;〔清〕王昶《湖海文传》卷六十"江慎修先生行状"条;〔清〕李祖陶《国朝文录》卷二"江先生传"条;〔清〕张之洞《书目答问·经部》之"《礼记》之属";〔清〕方东树《汉学商兑》卷下,〔清〕穆彰阿、潘锡恩等《大清一统志》卷一百十三;〔清〕李元度《国朝先正事略》卷三十四"婺源江先生"条与卷三十六"余古农先生事略"条;〔清〕阮元《儒林传稿》卷一"江永传"条;〔清〕黄本骥《皇朝经籍志·经部》卷二〔清〕嵇璜、曹仁虎等《皇朝文献通考·经籍考》卷二百十四;〔清〕嵇璜、曹仁虎等《皇朝通志·艺文略》卷九十八;〔清〕陈澧《东塾集》卷一;〔民国〕赵尔巽等《清史稿》卷一百四十五;卷四百八十一;傅增湘《藏圆群书经眼录》卷十一"子部五";《中国丛书综录·子目·经部·礼记类》之"分篇之属";舒大刚《儒学文献通论》之《〈礼记〉学文献》以及王锷《三礼研究论著提要·礼类》等著录与称引。
清	任大椿	《深衣释例》三卷	存	〔清〕丁仁《八千卷楼书目·经部·礼类》卷二;〔清〕江藩《国朝汉学师承记》之《国朝京师讲义》"诗";〔清〕张之洞《书目答问·经部》之"《礼记》之属";〔清〕方东树《汉学商兑》卷下;《续修四库全书总目提要·经部·礼类·礼记》;《中国丛书综录·子目·经部·礼记类》之"分篇之属";《中国古籍善本书目·经部·礼类》卷二"礼记"条;舒大刚《儒学文献通论》之《〈礼记〉学文献》以及王锷《三礼研究论著提要·礼记类》等著录。

191

(续表)

朝代	作者	书名	存佚	著录或称引
清	戴震	《深衣解》三卷	存	《中国古籍善本书目·经部·礼类》卷二"礼记"条；舒大刚《儒学文献通论》之《〈礼记〉学文献》以及王锷《三礼研究论著提要·礼记类》等著录或称引。
清	许克勤	《深衣图说》一卷	存	《中国古籍善本书目·经部·礼类》卷二"礼记"条与王锷《三礼研究论著提要·礼记类》著录或称引。

此表所列的《深衣》考证性单篇别行著作，详细考证了"深衣"服制的剪裁之法和样式，为后世研究古代服饰文化提供了参考史料。

三、以"深衣"为吟咏对象的文学作品

以"深衣"为歌咏对象的文学作品，从严格的单篇别行意义上说，并非属于《深衣》单篇别行著作，但以"深衣"意象为吟咏对象的文学作品的出现，从某一角度说明《深衣》篇在中国传统文化中的地位，暗示着"深衣"已不仅仅是一种服饰制度，而逐渐演变成儒者形象的象征，最终定型为一种富有中华民族特色的人格原型。本书文只收录以"深衣"为题名的作品，如表4-3所示。

表4-3 以"深衣"为吟咏对象的部分文学作品一览表①

朝代	作者	书名	存佚	收录
宋	黄庭坚	《王子钧深衣带铭》	存	《山谷集》卷十三。
宋	曾几	《深衣诗》	存	《定宇集》卷六。
宋	魏了翁	《题深衣画像》	存	《鹤山集》卷七。
明	孙一元	《王方伯与时制深衣幅巾大带絇履见遗小诗裁谢》	存	《太白山人漫稿》卷四。

此外，《深衣》还有一些单篇别行著作因亡佚、存佚不详、存而未见等原因而难见其貌，无法准确划分类型，但实际上可归入《深衣》释经性、考证性单

---

① 表4-3仅收录以"深衣"为题目的作品。

第四章 《深衣》单篇别行论析

篇别行著作的类别中,如表4-4所示。

表4-4 难以分类的《深衣》单篇别行著作一览表

朝代	作者	书名	存佚	著录或称引
宋	郑起	《深衣书》（卷数不详）	佚	〔清〕朱彝尊《经义考》卷一百五十；〔清〕陈梦雷《古今图书集成·理学汇编·经籍典》第三百二十一卷；〔清〕罗振玉《罗雪堂先生全集》（三编）第十册卷五"礼乐"条以及王锷《三礼研究论著提要·礼记类》等著录或称引。
宋	冯公亮	《深衣考正》一卷	佚	〔明〕焦竑《国史经籍志》卷二、〔明〕朱睦㮮《万卷堂书目·礼》卷一、〔明〕朱睦㮮《授经图义例》卷二十；〔清〕黄虞稷《千顷堂书目》卷二；〔清〕朱彝尊《经义考》卷一百五十；〔清〕陈梦雷《古今图书集成·理学汇编·经籍典》第二百十八卷与第三百二十一卷；〔清〕罗振玉《罗雪堂先生全集》（三编）第十册卷五"礼乐"条以及王锷著《三礼研究论著提要·礼记类》等著录或称引。
宋	王普	《深衣制度》一卷	佚	〔宋〕王应麟《玉海》卷八十二；〔明〕柯维骐《宋史新编》卷四十七；〔明〕朱右《白云稿》卷十二"深衣考"条；〔元〕脱脱等《宋诗》卷二百二；〔明〕程敏政《明文衡》卷五十二"深衣考"条；〔明〕丘濬《文公家礼仪节》卷一"深衣制度"条；〔清〕朱彝尊《经义考》卷一百五十；〔清〕秦蕙田《五礼通考》卷首第二；〔清〕陈梦雷《古今图书集成·理学汇编·经籍典》第十六卷、第二百十五卷、第二百十八卷、第二百五十五卷与第三百二十一卷；〔清〕罗振玉《罗雪堂先生全集》（三编）第十册卷五"礼乐"条以及王锷《三礼研究论著提要·礼记类》等著录或称引。

193

（续表）

朝代	作者	书名	存佚	著录或称引
宋	何垚①	《深衣图说》（卷数不详）	佚	〔元〕吴澄《吴文正集》卷七十四《故宋文林郎道州判官何君墓碣铭》；〔清〕黄宗羲《宋元学案·水心学案下》；昌彼得等《宋人传记资料索引》"何"部、熊寿松《乐安县志》第四编第一章第四节《历代著作要目辑存》；尚恒元、孙安邦《中国人名异称大辞典》（综合卷）七画"何尧"条；王梓才、冯云濠《宋元学案补遗别附》等著录或称引。
宋	舒岳祥②	《深衣图说》一卷	佚	〔清〕永瑢、纪昀等《钦定四库全书总目》卷一百六十五"《阆风集》"条；〔清〕朱彝尊《经义考》卷一百五十；〔清〕程梦雷《古今图书集成·理学汇编·经籍典》第三百二十一卷；〔清〕罗振玉《罗雪堂先生全集》（三编）第十册卷五"礼乐"条；喻长霖等《台州府志》卷六十八"舒岳祥"条以及王锷《三礼研究论著提要·礼记类》等著录或称引。
宋	车垓	《深衣疑义》一卷	佚	〔明〕王圻《续文献通考·经籍考》卷一百五十九"车垓《内外服通释》"条；〔清〕朱彝尊《经义考》卷一百五十；〔清〕罗振玉《罗雪堂先生全集》（三编）第十册卷五"礼乐"条；〔清〕陈梦雷《古今图书集成·理学汇编·经籍典》第三百二十一卷；〔民国〕杨晨《台州艺文略·经部》卷一 以及王锷《三礼研究论著提要·礼记类》等著录或称引。

---

① "何垚"之"垚"字又作"尧"字。
② "舒岳祥"又名"舒阆风"。

第四章 《深衣》单篇别行论析

(续表)

朝代	作者	书名	存佚	著录或称引
宋	王幼孙	《深衣图辨》一卷	佚	〔元〕程钜夫《雪楼集·自观先生王君墓碣》卷二十；〔清〕朱彝尊《经义考》卷一百五十；〔清〕陈梦雷《古今图书集成·理学汇编·经籍典》第三百二十一卷；〔清〕罗振玉《罗雪堂先生全集》（三编）第十册卷五"礼乐"条；《中国历代经籍典·礼记部》第二百十三卷以及王锷著《三礼研究论著提要·礼记类》等著录。
宋	陈祥道	《深衣制度》		〔宋〕尤袤《遂初堂书目》；〔元〕陶宗仪《说郛》卷十礼类等著录或称引。
宋	赵汝梅	《深衣说》（卷数不详）	不详	〔明〕朱右《白云稿》卷十二"深衣考"；〔明〕朱右《深衣说序》；〔清〕杭世骏《道古堂全集》卷二十六"易序丛书跋"条；①〔明〕程敏政《明文衡》卷五十二"深衣考"条等著录或称引。
元	许判	《古深衣订》一卷	佚	〔清〕黄虞稷《千顷堂书目》卷二；〔清〕朱彝尊《经义考》卷一百五十；〔清〕陈梦雷《古今图书集成·理学汇编·经籍典》第三百二十一卷；〔清〕罗振玉《罗雪堂先生全集》（三编）第十册卷五"礼乐"条；何乔远《闽书》卷之一百二十一《英旧志缙绅》"许潜"条以及王锷《三礼研究论著提要·礼记类》等著录或称引。
元	牟楷	《深衣刊误》一卷	佚	〔清〕朱彝尊《经义考》卷一百五十；〔清〕陈梦雷《古今图书集成·理学汇编·经籍典》第二百十三卷与第三百二十一卷；〔清〕罗振玉《罗雪堂先生全集》（三编）第十册卷五"礼乐"条；〔民国〕杨晨《台州艺文略·经部》卷一；《中国历代经籍典·礼记部》第二百十三卷以及王锷《三礼研究论著提要·礼记类》等著录或称引。

① 按：〔清〕杭世骏《道古堂全集》卷二十六"易序丛书跋"著录："赵汝楳《深衣考》"。

《礼记》单篇别行研究

(续表)

朝代	作者	书名	存佚	著录或称引
元	刘庄孙	《深衣考》一卷	佚	〔清〕朱彝尊《经义考》卷一百五十；〔清〕黄宗羲《宋元学案》卷五十五"隐君刘樗园先生庄孙"条；〔清〕王棻《台学统》卷六十"樗园刘正仲先生庄孙"条；〔清〕魏源《元史新编》卷九十一；〔清〕钱大昕《补元史艺文志》卷一；〔清〕陈梦雷《古今图书集成·理学汇编·经籍典》第三百二十一卷；〔清〕罗振玉《罗雪堂先生全集》（三编）第十册卷五"礼乐"条；〔民国〕杨晨《台州艺文略·经部》卷一以及王锷《三礼研究论著提要·礼记类》等著录或称引。
元	程时登	《深衣翼》（卷数不详）	佚①	〔明〕程敏政《新安文献志》卷七十《宋故辟雍造士程公先生行状》；〔清〕黄虞稷《千顷堂书目》卷二；〔清〕朱彝尊《经义考》卷一百五十与卷四十三之程时登《周易启蒙辑录》；〔清〕魏源《元史新编》卷九十一；〔清〕罗振玉《罗雪堂先生全集》（三编）第十册卷五"礼乐"条；〔清〕陈梦雷《古今图书集成·理学汇编·经籍典》第三百二十一卷；〔清〕钱大昕《补元史艺文志》卷一；雒竹筠《元史艺文志辑本》卷二；《中国历代经籍典·礼记部》第二百二十卷以及王锷《三礼研究论著提要·礼记类》等著录或称引。
元	汪汝懋	《深衣图考》三卷	佚②	〔清〕朱彝尊《经义考》卷一百五十；〔清〕钱大昕《补元史艺文志》卷一；〔清〕陈梦雷《古今图书集成·理学汇编·经籍典》第二百十四卷；〔清〕罗振玉《罗雪堂先

---

① 程时登《深衣翼》亡佚，《新安文献志》卷十八存其《〈深衣翼〉序》。
② 汪汝懋《深衣图考》亡佚，《全元文》第一三六卷及戴良《九灵山房集》第二十一卷收录戴良为此书所作的《〈深衣图考〉序》。

第四章 《深衣》单篇别行论析

（续表）

朝代	作者	书名	存佚	著录或称引
				生全集》（三编）第十册卷五"礼乐"条；雒竹筠《元史艺文志辑本》卷二；《中国历代经籍典·礼记部》第二百十四卷以及王锷《三礼研究论著提要·礼记类》等著录或称引。
明	黄润玉	《考定深衣古制》一卷	佚	〔明〕王圻《续文献通考》卷一百七十四；〔明〕徐纮《明名臣琬琰叙录》卷十三《南山先生墓碣铭》；〔清〕黄虞稷《千顷堂书目》卷二；〔清〕朱彝尊《经义考》卷一百五十；〔清〕陈梦雷《古今图书集成·理学汇编·经籍典》第二百十五卷与第三百二十一卷、〔清〕秦蕙田《五礼通考》卷首第二；〔清〕沈佳《名儒言行录》续编第一"黄润玉"条；〔清〕罗振玉《罗雪堂先生全集》（三编）第十册卷五"礼乐"条；骆志安《河北出版史志资料专辑·经部》以及王锷《三礼研究论著提要·礼记类》等著录或称引。
明	杨遝	《深衣考订》一卷	佚	〔清〕罗振玉《罗雪堂先生全集》（三编）第十册卷五"礼乐"条；〔清〕陈梦雷《古今图书集成·理学汇编·经籍典》第三百二十一卷；〔民国〕杨晨《台州艺文略·经部》卷一以及王锷著《三礼研究论著提要·礼记类》等著录或称引。
明	夏时正	《深衣考》一卷	佚	〔明〕焦竑《国朝献徵录》卷六十九"南京大理寺卿夏公时正墓志铭"；〔清〕邵晋涵《（乾隆）杭州府志·艺文》卷五十七；〔清〕万斯同撰《明史》卷一百三十三；〔清〕秦蕙田《五礼通考》卷首第二；〔清〕黄虞稷《千顷堂书目》卷二；〔清〕朱彝尊《经义考》卷一百五十；〔清〕俞樾《（光绪）镇海县志》卷三十一；〔清〕罗振玉《罗雪堂先生全集》（三编）第十册卷五"礼乐"条；〔清〕

(续表)

朝代	作者	书名	存佚	著录或称引
				程梦雷《古今图书集成·理学汇编·经籍典》第三百二十一卷以及王锷著《三礼研究论著提要·礼记类》等著录或称引。
明	岳正	《深衣注疏》一卷①	佚	〔清〕黄虞稷《千顷堂书目》卷二；〔清〕朱彝尊《经义考》卷一百五十；〔清〕陈梦雷《古今图书集成·理学汇编·经籍典》第三百二十一卷；〔清〕周家楣等《光绪顺天府志》卷一百二十四；〔清〕罗振玉《罗雪堂先生全集》（三编）第十册卷五"礼乐"条；〔清〕孙承泽《天府广记》卷之三十四；〔民国〕王树楠、张国淦等《河北通志稿·文献志·艺文》；《中国历代经籍典·礼记部》第二百十四卷以及王锷《三礼研究论著提要·礼记类》等著录或称引。
明	左赞②	《深衣考正》一卷	佚	〔明〕焦竑《国朝献徵录》卷九十九"广东布政司右布政使左公赞墓表"条；〔清〕刘坤一等修，〔清〕刘铎、赵之谦等《（光绪）江西通志》卷一百；〔清〕黄虞稷《千顷堂书目》卷二；〔清〕罗振玉《罗雪堂先生全集》（三编）第十册卷五"礼乐"条；〔清〕朱彝尊《经义考》卷一百五十；〔清〕陈梦雷《古今图书集成·理学汇编·经籍典》第三百二十一卷以及王锷《三礼研究论著提要·礼记类》等著录或称引。

---

① 〔清〕朱彝尊《经义考》、〔清〕黄虞稷《千顷堂书目》、〔清〕罗振玉《罗雪堂先生全集》均作《深衣纂疏》一卷。

② 〔清〕刘坤一等修，〔清〕刘铎、赵之谦等纂《（光绪）江西通志》卷一百，〔清〕黄虞稷《千顷堂书目》、《古今图书集成》与《三礼研究论着提要·礼记类》"左赟"均作"左赞"。

第四章 《深衣》单篇别行论析

(续表)

朝代	作者	书名	存佚	著录或称引
明	潘葵	《深衣说》一卷	不详	〔清〕清刘铎、赵之谦等纂《（光绪）江西通志》卷一百与卷一百六十二；〔清〕陈梦雷《古今图书集成·理学汇编·经籍典》第二百十八卷与第三百二十一卷；〔清〕陶成等《江西通志》卷九十；〔清〕朱彝尊《经义考》卷一百五十；〔清〕罗振玉《罗雪堂先生全集》（三编）第十册卷五"礼乐"条以及王锷《三礼研究论著提要·礼记类》等著录或称引。
明	杨濂①	《深衣纂要》一卷	佚	〔明〕周广《嘉靖江西通志》卷九；〔清〕刘铎、赵之谦等《光绪江西通志》卷一百；〔清〕万斯同撰《明史》卷一百三十三；〔清〕朱彝尊《经义考》卷一百五十；〔清〕秦蕙田《五礼通考》卷首第二；〔清〕罗振玉《罗雪堂先生全集》（三编）第十册卷五"礼乐"条；〔清〕陈梦雷《古今图书集成·理学汇编·经籍典》第三百二十一卷；〔清〕黄虞稷《千顷堂书目》卷二；易宗礼，曹国庆《明代江右闻人》第四十五"杨廉"条；白潢等修，查慎行等纂《江西省·西江志》卷一百十四以及王锷著《三礼研究论著提要·礼记类》等著录或称引。
明	郑瓛	《深衣图说》一卷	佚	〔清〕黄虞稷《千顷堂书目》卷二；〔清〕朱彝尊《经义考》卷一百五十；〔清〕陈梦雷《古今图书集成·理学汇编·经籍典》第三百二十一卷；〔清〕罗振玉《罗雪堂先生全集》（三编）第十册卷五"礼乐"条以及王锷著《三礼研究论著提要·礼记类》等著录或称引。

---

① "杨濂"又作"杨廉"。

(续表)

朝代	作者	书名	存佚	著录或称引
明	王廷相①	《深衣图论》一卷	佚	〔明〕朱睦㮮《授经图义例》卷二十；〔清〕黄虞稷《千顷堂书目》卷二；罗振玉《罗雪堂先生全集》（三编）第十册卷五"礼乐"条；〔清〕朱彝尊《经义考》卷一百五十；〔清〕陈梦雷《古今图书集成·理学汇编·经籍典》第二百十三卷；《中国历代经籍典·礼记部》第二百十三卷；吕友仁、查洪德撰《中州文献总录》卷二十一"王廷相"条以及王锷《三礼研究论著提要·礼记类》等著录或称引。
明	夏言	《深衣考》一卷	佚	〔明〕王圻《续文献通考》卷一百七十四；〔清〕秦蕙田撰《五礼通考》卷首第二；〔清〕朱彝尊《经义考》卷一百五十；〔清〕陈梦雷《古今图书集成·方舆汇编·职方典下》第八百六十六卷与《古今图书集成·理学汇编·经籍典》第二百十五卷与第二百十八卷以及王锷《三礼研究论著提要·礼记类》等著录或称引。
明	侯一元	《深衣解》一卷	不详	〔清〕朱彝尊《经义考》卷一百五十；〔清〕罗振玉《罗雪堂先生全集》（三编）第十册卷五"礼乐"条；〔清〕陈梦雷《古今图书集成·理学汇编·经籍典》第三百二十一卷以及王锷《三礼研究论著提要·礼记类》等著录或称引。
明	杨遹	《深衣考正》一卷②	佚	〔清〕朱彝尊《经义考》卷一百五十以及王锷《三礼研究论著提要·礼记类》等著录或称引。

---

① 〔明〕朱睦㮮《授经图义例》卷二十"王廷相"作"王庭相"。
② 〔明〕晁瑮撰《晁氏宝文堂书目》著录"《深衣考正》，但未著录作者"，存疑。

第四章　《深衣》单篇别行论析

（续表）

朝代	作者	书名	存佚	著录或称引
明	吴显	《深衣图说》一卷	佚	〔清〕朱彝尊《经义考》卷一百五十；〔清〕罗振玉《罗雪堂先生全集》（三编）第十册卷五"礼乐"条；〔清〕陈梦雷《古今图书集成·理学汇编·经籍典》第三百二十一卷以及王锷著《三礼研究论著提要·礼记类》等著录或称引。
明	邱仲深	《考定深衣制度》	不详	〔明〕何乔新《椒邱文集》卷十六"寄祭酒邱仲深"。
明	高均	《深衣考》一卷	不详	〔清〕黄虞稷《千顷堂书目》卷二著录。
清	陈澧	《深衣说》一篇	存	〔清〕陈澧《东塾集》目录与卷一著录。
清	顾九苞	《深衣考》	不详	〔清〕翁方纲《复初斋文集》卷十二"送顾文子进士归兴化序"称引。
清	郑珍	《深衣考》	不详	〔清〕郑珍《巢经巢诗文集》附录"国史儒林转"之"郑珍"条；〔民国〕赵尔巽等《清史稿》卷四百八十二"郑珍"条著录或称引。
清	邹伯奇	《深衣考》	不详	〔民国〕赵尔巽等《清史稿》卷五百七"邹伯奇"条称引。

上述表格直观地将《深衣》单篇别行著作的类型和存佚状况展示出来，从中我们可以清晰地看出各个朝代对《深衣》的研究接受情况。

第二节 《深衣》单篇别行著作举要

历代《深衣》单篇别行著作可分为：阐释《深衣》经义的单篇别行著作，如陈栎《深衣说》、金履祥的《深衣小传》和《深衣外传》；研究《深衣》制度及功用的单行著作，如司马光《深衣制度》、朱熹《深衣制度》、文天祥《深衣吉凶服通说》、朱右《深衣考》、黄宗羲《深衣考》、江永《深衣考误》、任大椿《深衣释例》以及戴震《深衣解》等著作；第三类是以"深衣"为咏唱对象的文学作品，如黄庭坚《王大钧深衣带铭》、曾几《深衣诗》、魏了翁《题深衣画像》等。为了更好了解历代《深衣》单篇别行著作的概况，今对其单篇别行著作加以简要介绍。

一、《深衣》释经性单篇别行著作举要

《深衣》释经性单篇别行著作主要侧重对《深衣》之制礼法深意的解说，有助于我们理解《深衣》制度所蕴含的礼法精神，今就陈栎《深衣说》以及金履祥的《深衣小传》与《深衣外传》作以简要介绍。

（一）陈栎《深衣说》

陈栎（1252—1334），字寿翁，因室堂名为"定宇"，学者称其为定宇先生，晚年自称东阜老人，休宁（今属安徽）人。聪敏好学，三岁能诵《孝经》《论语》，五岁能读各种经史，七岁通晓科举考试科目，十五岁乡人皆以其为师。南宋灭亡，科举考试废除，于是潜心研究儒学，认为朱熹之学有功于圣门，但诸家之说窜乱了朱子之学的本质，著《四书发明》《礼记集义》《书籍传纂疏》等书，

使朱熹之说大明于世,吴澄称其为"有功於朱氏为多。"① 延祐元年(1314),有司强迫其应乡试,中选却不赴礼部试,后以教书为生。著有《定宇集》十七卷、《定宇诗余》一卷、《感应经》一卷、《勤有堂随录》一卷、《书籍传纂疏》六卷等著作。《深衣说》一篇收入《定宇集》卷六。

陈栎《深衣说》一篇收入《定宇集》卷六,他在参考郑玄注解与诸家之说的基础上,注重诠释《深衣》制度所蕴含的礼意与功用。他认为深衣以应规、矩、绳、权衡的这种古制是"深衣之法象"②,更是儒者品格的象征。深衣之"规、矩、绳、权、衡也,要之不过方、圆、平、直四者耳。曰圣人服之,曰先王贵之,盖以衣之中众意备焉,正所谓先王之法服也,学者舍是将何服哉? 诚能服其服,思其义,践其实则善矣。故上衣下裳有乾坤、定贵贱位之义焉。思其义而上安于上,下安于下可也。裳十二幅又有四时十二月之义焉,思其义而其仁如春,其礼如夏,其义如秋,其智如冬,其发舒如开物之寅,其敛藏如闭物之戌之类可也。应规、矩、绳、权、衡,有方圆平直之义焉,思其义而智则圆,行则方直,其内平其心可也。布色白有质之义,缘,或缋或青,有文之义焉,思其义而文质彬彬可也。衣之长短,酌长短之中,袷与带之高下,酌高下之中。缘之大小文素,酌大小文素之中,思其义而随时取中,以适时措之宜可也。是衣也,无一节而无法,亦无一节而无义,又在乎服之者,能触类而长耳。"③ 深衣之上衣、下裳、领口、领口、腰围、下摆、镶边的颜色,所用布幅数量等皆有明确规定,真是"无一节而无法,亦无一节而无义",将深衣的礼法意义彰显无遗。

此外,陈栎根据曹念斋《深衣图说》《礼记注》《三礼图》以及《朱子家礼》等著述中关于《深衣》古制的阐释,对深衣的曲裾、上衣、下裳的用布幅数、大带、裁衣之法等问题也作了细致考证。

---

① 〔明〕宋濂等撰:《元史·儒学一·陈栎》(第14册),北京:中华书局1976年版,第4321页。

② 〔元〕陈栎:《定宇集》,见景印《文渊阁四库全书》(第1205册),台北:商务印书馆1983年版,第231页。

③ 〔元〕陈栎:《定宇集·深衣说》,见景印《文渊阁四库全书》(第1205册),台北:商务印书馆1983年版,第234—235页。

陈栎《深衣说》诠释了《深衣》古制的礼法含义，揭示了深衣所承载的礼法力量和民族精神。深衣不仅仅是一种日常生活中的服饰，更是传统儒家文化中忠义、仁善、中庸思想的形象外现，更成为儒者理想人格的象征与民族文化精神的符号，为历代士人所吟咏。

（二）金履祥《深衣小传》《深衣外传》

金履祥（1232—1303），字吉父，号次农，自号桐阳叔子，学者称其仁山先生，谥号文安，兰溪（今浙江兰溪）人。其先本刘氏后，避吴越钱武肃王讳而去"劉"字上面的"卯""刀"二字为"金"。聪颖好学，博闻强识，少时父兄所授之书，皆能背诵；"比长，益自策励，凡天文、地形、礼乐、田乘、兵谋、阴阳、律历之书，无不精研。"① 受教于王柏、朱熹再传弟子刘基，学问造诣愈高。南宋末年，元军魏公襄樊，曾上书由海道直趋燕蓟，以救襄樊之师，未被采纳。德祐初，朝廷授其迪功郎、史馆编校，辞而不受。宋亡隐居浙江金华，专心著述。元统初年，同邑国子博士吴师道，于乡学为金履祥立祠。著有《大学疏义》一卷、《通鉴纲目前编》二十五卷、《订正通鉴纲目》二十五卷、《古本尚书表注》二卷、《金氏尚书注》十二卷、《论语集注考证》十卷、《孟子集注考证》七卷（首一卷）、《书经注》十二卷、《仁山集》五卷、辑《濂洛风雅》六卷等著作。

《深衣小传》与《深衣外传》收入《仁山集》卷二，它们秉承了《礼记·深衣》与《礼记·玉藻》两篇对古代深衣形制与大带的佩戴规格的论述，尤其是《深衣外传》一文，更详细论述了深衣所蕴含的民族精神。《深衣外传》先论述深衣之用；其次评论司马温公与朱文公分别所著的《深衣制度》；其次论述深衣每部分形状、尺寸所蕴含的礼法深意；再其次论述深衣因身份不同所佩大带在颜色与质地上的差异；最后论述深衣所蕴含的民族文化精神。

---

① 〔明〕宋濂等撰：《元史·儒学一·金履祥》（第14册），北京：中华书局1976年版，第4316页。

> 君子曰：取义之多乎，其余深衣乎。衣之全也，以象天也。裳之博
> 也，以象地也。袷之矩也，以正义也。袂之规也，以容仁也。背之纯，
> 以中直也。下齐之权衡，以行平也。故深衣者，规矩、准绳之服也。服
> 其服，必思蹈其理焉。是以君子清纯以律天，博厚以律地，仁义以法规
> 矩，直其正以法绳，平其行以法权衡。故诗曰："服之无斁。"又曰：
> "缁衣之宜兮。"《小雅》曰："行归于周，万民所望。"此之谓也。①

深衣的上衣、下裳象征自然界的天与地，衣领、袖口、背缝、下齐分别法象正义、容仁、中直、公平等美好的品行，深衣的每一部分都蕴含着儒家对人性中真善美的追求，对理想社会人生的憧憬。深衣不仅是一件衣服，更是一种民族品格的浓缩，它提取了中国传统文化的精髓，成为一种有意味的符号，规谏着人们的言行，传递着民族文化的内在精神。

二、《深衣》考证性单篇别行著作举要

《深衣》考证性单篇别行著作主要侧重对《深衣》功用以及制法的考证，为后世了解古代深衣制度提供了有价值的参考史料。《深衣》这类单篇别行著作颇多，今仅就司马光《深衣制度》、朱熹《深衣制度》、文天祥《深衣吉凶服通说》、朱右《深衣考》、黄宗羲《深衣考》以及江永《深衣考误》等具有代表性的单行著作加以简要介绍。

（一）司马光《深衣制度》

司马光《深衣制度》对深衣的制法、以及所配冠屦、幅巾、大带的材质、颜色、形制均作了诠释。司马光认为孔颖达的疏解有拘泥之嫌，与实际情况多有不合。他认为在根据深衣固有制法的基础上，应根据人身材的高、矮、胖、瘦来

---

① 〔元〕金履祥：《仁山集·深衣外传》，见李修生主编：《全元文》（第八册），南京：江苏古籍出版社1998年版，第795页。

变通其尺寸,黑履的材质应"从众",即时人所采用的材料。如对"裳有十二幅,交接裁缝"句的解释,"《深衣》曰:'制十有二幅,以应十二月。'郑曰:'裳六幅,分之,为上下之杀。'孔曰:'每幅交解为二,是十二幅也。此谓二分,其幅狭处占狭处,阔处占阔处,占二交解邪。裁颠倒缝之,使狭处皆在上,阔处皆在下。'假使布幅二尺二寸,除裁缝外有一尺八寸,则狭处六寸,阔处一尺二寸是也。其人肥大则幅随而阔,瘦细则幅随而狭,要须十二幅,下倍于上,不必拘以尺寸"。① 深衣固有其裁剪制度,但应根据人的身材适当调整,"不必拘以尺寸"。

再如:对深衣所配之履的要求,"黑履白缘,夏用缯,冬用皮"的注释:"复下曰舄,禅下曰履。《周礼》:舄履用五色。近世惟有赤、黑二舄,赤贵而黑贱。今用黑履白缘,亦从其下者。古者夏葛屦,冬皮屦,今无以葛为屦者,故从众。"② 随着时代的演进,人们服饰的材料质地也随着变化,司马光看到了这一点,他在拟古的同时应适当的与时俱进。文天祥在《深衣吉凶服通说》一文中对冠履之制的论述,与司马光《深衣制度》所提倡的服制应与时变通的观念遥相呼应。

《深衣制度》一文认为孔颖达的注疏有值得商榷之处。如对"袼之高下可以运肘"句的阐释,"郑以肘不能出入袼,衣袂当掖之缝也。孔曰:'袼,谓当臂之处;袂,中高,下宜稍宽大,可以运动其肘。袂二尺二寸,是云运肘也。'按:郑云:'袼,当掖缝。'而孔云:'当臂之处',失其义也。盖为掖下稍宽,容肘出入耳。"③ 袼为上衣与衣袖腋下的缝,而孔《疏》为"当臂之处"。再如对

---

① 〔宋〕司马光:《书仪·深衣制度》,见景印《文渊阁四库全书》(第142册),台北:商务印书馆1983年版,第472页。
② 〔宋〕司马光:《书仪·深衣制度》,见景印《文渊阁四库全书》(第142册),台北:商务印书馆1983年版,第473页。
③ 〔宋〕司马光:《书仪·深衣制度》,见景印《文渊阁四库全书》(第142册),台北:商务印书馆1983年版,第471页。

"交领方"句的解释,郑《注》认为"古者方领如今小儿衣领"。①

而孔颖达曰:"郑以汉时领皆向下交垂,故云古者方领似今拥咽,故云如今小儿衣领,但方折之也。"② 司马光认为孔颖达此注欠妥,因为郑氏所言"袷,交领也。然则领之交会处自方,即谓袷,疑更无他物,今且从之"。③ 可见,袷是深衣衣襟自然交会而成的,并不需要额外的加工。

根据历代公私目录等所记载《深衣》单篇别行著作看,司马光《深衣制度》开启了后世学者研究《深衣》服制的先河,《深衣》的形制问题从此走进学者的研究视域,这种研究趋势一直延伸到清朝晚期。

(二)朱熹《深衣制度》

朱熹(1130—1200),字元晦,又字仲晦,又称紫阳先生、考亭先生,谥号文,后世称朱文公,江西婺源人,南宋理学家,是宋明理学的代表人物之一。一生著述颇多,主要有:《晦安先生文集》《朱子语类》《四书章句》《诗集传》《周易本义》《楚辞章句》《昌黎先生集考异》等著作。

朱熹《深衣制度》是对《深衣》形制的研究和实践,朱熹秉承《礼记·深衣》的形制所承载的礼仪文化意蕴,对深衣所用的材质和颜色、上衣下裳的布幅尺数与长度、袖子与领口的形状、曲裾、冠屦、大带、幅巾的形制与制作方法均作了细致描述,并配图加以说明。

《深衣制度》在遵从《深衣》篇所定古制的基础上又有创新,如"制十有二幅,以应十有二月"④,而是用布十幅:上衣用布二幅、圆袂用布二幅、下裳用

---

① 〔汉〕郑玄注,〔唐〕孔颖达等正义:《礼记正义·深衣》,见阮元校刻《十三经注疏》本,北京:华书局1980年版,第1664页。
② 〔汉〕郑玄注,〔唐〕孔颖达等正义:《礼记正义·深衣》,见阮元校刻《十三经注疏》本,上海:上海古籍出版社2011年版,第1664页。
③ 〔宋〕司马光:《书仪·深衣制度》,见景印《文渊阁四库全书》(第142册),台北:商务印书馆1983年版,第471页。
④ 〔汉〕郑玄注,〔唐〕孔颖达等正义:《礼记正义·深衣》,见阮元校刻《十三经注疏》本,上海:上海古籍出版社2011年版,第1664页。

布六幅。衣"用布二幅，中屈而下垂之，如今之直领衫，但不裁破掖下，每幅之下属裳三幅"。① 裳"用布六幅，每幅裁为二幅，一头广，一头狭。狭头当广头之半，以狭头向上而联其缝以属于衣，每三幅属衣一幅"。② 虽然深衣服制还是象征一年十二个月，但具体的布幅数已经有明显的变化。《深衣》篇所定的服制是深衣所用的总布幅数，而朱熹《深衣制度》却具体到深衣下裳的布幅数。下裳用布六幅，根据"狭头当广头之半"的原则，将六幅布一裁为二，共十二幅之数，以象征一年十二个月。上衣用布两幅，每幅两端，共四端，下裳每三幅与上衣一幅相连缀，象征一年四季，每季三个月，愈加增添了深衣服制的礼法意蕴。

此外，朱熹《深衣制度》对深衣所佩戴的大带、缁冠、幅巾以及黑履的规格也作了说明，方便制作。如对大带形制的规定："带用白缯，广四寸，夹缝之。其长围要，而结于前，再缭之为两耳，及垂其余为绅，下与裳齐。以缯缘其绅之两旁及下，表里各半寸，如缘之色，复以五缘。复以五彩条广二分约其相结处，长与绅齐。"③ 深衣佩戴的大带用白缯，镶边，宽度，长度，制作规格与佩戴方法等都有详细说明。

朱熹《深衣制度》所创制的深衣，世称"朱子深衣"，深受士人喜爱。朱子深衣后又广泛流传到古代的朝鲜和日本，对其服制的发展产生了重要影响。

（三）文天祥《深衣吉凶通服说》

文天祥（1236—1283），初名云孙，字天祥，又字宋瑞、覆善、号文山。庐陵（今江西吉安）人，南宋杰出的民族英雄和爱国诗人。宋理宗宝祐四年（1256）年状元及第，因父丧而居丧三年。开庆元年（1259），任海宁军判，此

---

① 〔宋〕朱熹：《晦庵先生朱文公集·深衣制度》，见《朱子全书》（第23册），上海：上海古籍出版社、安徽教育出版社2002年版，第3296页。
② 〔宋〕朱熹：《晦庵先生朱文公集·深衣制度》，见《朱子全书》（第23册），上海：上海古籍出版社、安徽教育出版社2002年版，第3296页。
③ 〔宋〕朱熹：《晦庵先生朱文公集·深衣制度》，见《朱子全书》（第23册），上海：上海古籍出版社、安徽教育出版社2002年版，第3297—3298页。

时元军入侵,因上书请求斩首鼓动迁都的董宋臣的建议未被采纳而辞官归乡。景定元年(1260)任建昌军仙都观主管。咸淳六年(1270)除军器监兼权直学士,因弹劾贾似道而被免官。咸淳九年(1273)起用为湖南提刑。咸淳十年(1274)为赣州知州,同年九月,元军攻陷鄂州、黄州、蕲州、江州、德安等地,南宋江山岌岌可危。德祐元年(1275),在家乡招兵挽救国难,但因朝廷内部主战派与主降派的分歧而陷于僵局。次年出使元军,结果被扣留,伺机逃脱,经镇江、真州、扬州到通州,后任端宗朝枢密使、都督等职,抵抗元军的侵略,收复失去的土地,虽殊死抗元,但南宋王朝的大势已去。祥兴元年(1278)被俘,因诱逼、劝降无效,四年后被杀。

文天祥用其言行践行了儒家的仁义忠孝,正如其所言:"孔曰成仁,孟曰取义,惟其义尽,所以仁至。读圣贤书,所学何事,而今而后,庶几无愧。"① 有《文山全集》二十卷、《诗史集杜》四卷、《文山别集》十卷、《文山诗钞》一卷、《文山诗集》一卷、《指南后录》三卷等著作。

深衣是古代士大夫的闲居服,庶人的吉服。文天祥《深衣吉凶通服说》一文,根据《檀弓》《曾子问》《杂记》《间传》《丧服记》等篇的文字推断,认为深衣是"丧服之次""凶服之变"、非纯凶亦非纯吉,可用于"不丧不采饰之间"②,既可以作为吉服、亦可作为凶服,并非专为吉服而设。不过只有青色镶边的深衣才可以吉凶服通用,"深衣之制,领缘不同,其间纯以缋者,乃是以尽饰为美,此恐专为吉服,而不当与凶服通。至于用素用缫,自是丧服本色。独用青者,则通于吉凶之间,皆无舛耳"。③ 可见,深衣用于凶服还是有一定的条件限制。

深衣是否应配固定的冠与屦,《深衣》篇并未明言,文天祥针对当时人们的疑惑,通过考察《礼记》其他篇以及汉代深衣制度,认为深衣有定制而冠屦佩戴应该从时。因为"夏之冠曰毋追,殷之冠曰章甫,周之冠曰委貌、又曰元冠。

---

① 〔元〕脱脱等著:《宋史·文天祥传》(第36册),北京:中华书局1985年版,第12540页。
② 〔宋〕文天祥:《文天祥全集》,北京:中国书店1985年版,第260—261页。
③ 〔宋〕文天祥:《文天祥全集》,北京:中国书店1985年版,第261页。

三代之冠，其制已各不同。有虞氏深衣而养老，则深衣自虞已有之，此时自须用虞氏之冠，尚不及有三代之冠也，又安得所谓某官者。以是推之，深衣则古矣，而冠履则无定制也。孔子少居鲁，衣逢掖之衣；长居宋，冠章甫之冠。衣少所居之服，冠长所居之冠，二者参用，各随其宜。初不必曰鲁服则鲁冠，宋冠则必宋服也。以圣人之于时且然，况今世而服深衣者，其为冠履也，既不载于经，则其随时也，为得矣。必欲用某冠某履，则恐又失之泥也。然则所谓随时者，宜何如？其以深衣为吉服，则今之缁冠为不必易也；如其以为凶服，则受吊者，固当以《檀弓》练冠为法，往而吊者，亦须如之，'玄冠不吊故也'。"① 深衣自有虞氏已经存在，当时必定戴有虞氏之冠，而三代又有不同的冠制。圣人孔子衣穿鲁服而头戴宋冠，足见古代冠制是根据时代变动的，并无定制。虽然冠无定制，但文天祥却对吉凶服通用的深衣作了规定：深衣为吉服时戴缁冠，为丧服时戴练冠。文天祥《深衣吉凶通服说》一文，通过考察深衣的适用场合，扩展了今人对深衣功用的认识。

（四）朱右《深衣考》

朱右（1314—1376），字伯贤，又字序贤，自号邹阳子，临海（今属浙江）人，精通《尚书》《春秋》和礼学。洪武三年（1370）被召修《元史》，史成归乡；六年（1373）又被召修《日历》，授翰林院编修；七年（1374）修《洪武正韵》；八年（1375）年，擢升为晋相府长史；九年（1376）病卒，葬兰风乡。著有《书集传发挥》十卷、《禹贡凡例》一卷、《李邺侯传》二卷、《邾子世家》一卷、《性理本原》三卷、《白云稿》十二卷、《秦汉文衡》三卷、《深衣考》一卷、《三史钩元》若干卷，《历代统纪要览》一卷以及《元史补遗》十二等著作。宋濂在为其《白云稿》所做《序》中说："吾友朱先生伯贤以纯笃之资，而留意于辞章，先秦两汉以至近代诸文无不周览，用功之久，灼见其是非之真。"② 足

---

① 〔宋〕文天祥：《文天祥全集》，北京：中国书店1985年版，第261—262页。
② 〔明〕宋濂：《宋濂全集》，杭州：浙江古籍出版社1992年版，第494页。

第四章 《深衣》单篇别行论析

见朱右的渊博与勤奋。

朱右《深衣考》今存《明文衡》，他认为轩辕氏制作衣裳是为了区别尊卑秩序，而《深衣》在历代沿革的过程中，其古制因时代久远而众说纷纭，莫衷一是，故在参考辨析先儒之说以及礼经关于《深衣》之制注解基础上，著《深衣考》以求探赜深衣古制的礼法深意。这点在其《深衣考·序》中有明确的说明：

> 上古巢居穴处间，衣鸟兽之皮以自蔽。轩辕氏作制衣裳，以示象公、侯等数，上下不紊。自夫王泽一熄，嬴、刘迭兴，古制茫昧，曲台讲礼，仅存《深衣》一篇。郑氏笺注，既有未当，世代没革，袭以成俗，无复复古之意矣。宋司马文正公始制深衣，为燕居常服，士大夫往往效之。绍兴间，太常博士王普著《深衣制度》，追合古人；文公朱子修入《家礼》；赵公汝梅又著《深衣说》，明白简易，未免互有得失。近世天台牟氏仲裴《刊误》、慈溪冯氏公亮《考证》，皆有发明。右生也晚，不获承诸君子绪论，而窃有志焉。辄考礼经及先儒诸氏之说，求合古制，使宜今可服，庶几好古博雅者有所稽，而不惑于纷纭之议。作《深衣考》。①

关于深衣的古制，宋代的司马光《深衣制度》、王普《深衣制度》、朱熹《朱子家礼》、赵汝梅《深衣说》等人已经有专门的篇章论及，元代牟楷《深衣刊误》、冯公亮《深衣考》也有考述，朱右在继承这些论说的基础上，对深衣的裁剪方法及尺寸规格，上衣、衣衽、下裳所用布幅数，对深衣所佩戴的头冠、幅巾以及鞋子的材质和颜色皆作了明确地考订说明，为后人考证《深衣》服制的考证性著作提供了参考，故朱彝尊《曝书亭集·朱右传》曰："《深衣考》，备受学者称焉。"②

---

① 〔明〕朱右：《深衣考·序》，见任继愈主编：《中华传世文选·明文衡》，长春：吉林人民出版社1998年版，第500页。
② 〔明〕朱彝尊：《曝书亭集》，上海：世界书局1937年版，第728页。

(五)黄宗羲《深衣考》

黄宗羲(1610—1695),字太冲,又字德冰,号南雷,学者称梨洲先生,浙江余姚人。博学多才,精通天文、地理、诸子之学,明末清初著名的思想家、经学家、史学家,与顾炎武、王夫之并称清初三大思想家。一生著述甚丰,有《明文海》《宋元学案》《明儒学案》《易学象数论》《明夷待访录》《深衣考》《历代甲子考》《水经注》《四明山志》《南雷文案》等著作。

黄宗羲《深衣考》可分为三个部分:第一部分是对深衣之制以及所佩戴冠巾、鞋履材质、颜色的规定,并配图对深衣的样式作以讲解;第二部分是对《深衣》经文的注解;第三部分收录了朱熹、吴澄、朱右、黄润玉、王廷相五人关于《深衣》古制的研究性文字,并对这些文章的不当之处略加评论。黄润玉《考定深衣古制》与王廷相《深衣图论》本已亡佚,却依赖黄宗羲《深衣考》而有所保留,值得庆幸。

然而,黄宗羲《深衣考》对《深衣》古制的考辨,多有臆断、谬误之处。如:衣、裳所用布幅之数的规定,对"衽当旁""续衽""袂圆以应规"的注释,多穿凿附会之嫌。四库馆臣评价黄宗羲此书云:"宗羲经学淹贯,著述多有可传,而此书则变乱旧诂,多所乖谬。"[①]黄宗羲虽为一代名儒,但读此书时应多加思考辨别。

黄宗羲《深衣考》今存版本有《南菁书院丛书》《借月山房汇钞》《续修四库全书》三种。

(六)江永《深衣考误》

江永(1681—1762),字慎修,又字慎斋,自号弄丸主人,徽州府婺源县(今江西婺源)人,清代著名的经学家、音韵学家、天文学家和教育家。博学多才,贯通古今,于"三礼"、音律用功最深,对天文、地理、算学皆有研究。江

---

① 〔清〕纪昀等:《钦定四库全书总目》(整理本),北京:中华书局1997年版,第269页。

第四章 《深衣》单篇别行论析

永治学严谨,精通考据之学,对朴学有深远地影响,其一生淡泊名利,以教书授徒为业,弟子有戴震、程瑶田、金榜等人,在清代的思想界具有重要地位。

江永一生著述颇丰,且多有创见,主要有:《周礼疑义举要》七卷、《礼记训义择言》六卷、《深衣考误》一卷、《律吕阐微》十卷、《律吕新论》二卷、《春秋地理考实》四卷、《乡党图考》十一卷、《读书随笔》十二卷、《古韵标准》四卷、《四声切韵表》四卷、《音学辨微》一卷、《河洛精蕴》九卷、《推步法解》五卷、《近思录集注》十四卷等著作。

江永做《深衣考误》是因为自从孔颖达等人疏解《深衣》后,因对郑玄注解《深衣》的文字理解出现了分歧,导致了深衣古制众说纷纭的局面。

> 《深衣》之义,郑《注》、孔《疏》皆得之,独其裳衽之制、裁布之法与续衽钩边之文,郑氏本不误,而疏家皇氏、熊氏、孔氏皆不能细绎郑说,遂失其制度,后儒承讹袭舛,或以臆为之,考辨愈详而误愈甚,其失自《玉藻》疏始,今为考订如左。①

江永认为郑玄的注解是错误的,只因后代注疏者对郑《注》理解的偏差,导致了之后诸家的以讹传讹,以臆为之而离本义愈来愈远的混乱局面,而这一切的源头都是因对《玉藻》的注疏错误开始,所以《深衣考误》从对《玉藻》"深衣三袪,缝齐倍要,衽当旁"之文开始,在郑注孔疏以及诸家注解的基础上,对深衣的续衽钩边、方领、曲裾之制以及剪裁尺寸、方法进行考证。

《钦定四库全书总目》对江永《深衣考误》的评价极其高,认为:"深衣之制,众说纠纷。永据《玉藻》:'深衣三袪,缝齐倍要,衽当旁'之文。知裳前后,当中者,为襟,为裾,皆不名衽,惟当旁而斜杀者乃名衽。今以永说求之训诂诸书,虽有合有不合,而衷诸经文,其义最当。……其说亦考证精核,胜前人多矣。"②

---

① 〔清〕江永:《深衣考误》,见景印《文渊阁四库全书》(第128册),台北:商务印书馆1983年版,第390页。
② 〔清〕纪昀等:《钦定四库全书总目》(整理本),北京:中华书局1997年版,第274页。

江永《深衣考误》对其弟子戴震《深衣解》产生了一定的影响。戴震《深衣解》也是以《玉藻》"深衣三袪，缝齐倍要，衽当旁"之句的考辨开始，以郑注孔疏为参考，在疏解《深衣》经义的同时，对深衣尺寸、裁剪方法等进行考证，并绘出深衣正副与削服精确的尺寸和图样。

《深衣考误》有《四库全书》《皇清经解》《艺海珠尘》三个版本。

三、以"深衣"为吟咏对象文学作品

《深衣》本记录上古深衣之制，以及为何设计这种服制缘由的著作。因深衣之制，对应"规、矩、绳、权、衡"，① 而"规、矩、绳、权、衡"这五法，象征着正直、公平、无私这类人性中的美德，所以"深衣"已经从具体的服饰名称，上升到人性美的高度，成为儒者的文化代码。历代以"深衣"为吟咏对象的诗作很多，本书只选取以"深衣"为题名的文学作品作以介绍。

王子钧深衣带铭

〔宋〕黄庭坚

养心欲诚，择术欲精。自知欲明，责人欲轻。

深衣诗

〔宋〕曾几

皇天分四时，寸晷不少留。敛取着边幅，危坐岁一周。

题深衣画像

〔宋〕魏了翁

言忠信，行笃敬。言若易，圣犹病。

---

① 〔汉〕郑玄注，〔唐〕孔颖达等正义：《礼记正义·深衣》，见阮元校刻《十三经注疏》本，上海：上海古籍出版社2011年版，第1164页。

| 第四章 《深衣》单篇别行论析 |

申六言,以自儆,行顾言,言顾行。

王方伯与时制深衣幅巾大带絇履见遗小诗裁谢

〔明〕孙一元

教化尊方伯,能令风俗敦。人文今更焕,吾道喜犹存。
居士香山社,先生独乐园。兴来风日好,行傍柳花村。

曾几《深衣诗》是对《深衣》"十有二幅,以应十有二月"句的诗化阐释;① 黄庭坚《王子钧深衣带铭》一篇是因深衣而作的一篇自戒性的铭文;魏了翁《题深衣画像》更是一篇儒者修身养性的自警性文字;孙一元之诗乃为酬谢"王方伯与时制深衣幅巾大带絇履"之事而作。在这些作品中,"深衣"已经成为一种文学意象,象征着儒者美好的品格、理性处世态度以及无形的礼法约束。

《礼记》传承着中华民族的传统礼乐文化,《深衣》虽为其中一篇讲述深衣服制的文字,其服制不仅广为流行于士大夫阶层,而且其礼法深意已渗入到中华民族的精神生活中,成为民族品格和精神气质的文化符号。

第三节 《深衣》单篇别行的原因及价值

《深衣》体现了华夏民族的崇礼尚德的文化精神,"成为一种意蕴深邃的文化符号,凝聚和承载了民族的历史和记忆"。② 深衣不仅体现了儒家的礼制思想,代表了儒者的身份,而且体现了古人的审美思想与治国理念。历代《深衣》单

---

① 〔汉〕郑玄注,〔唐〕孔颖达等正义:《礼记正义·深衣》,见阮元校刻《十三经注疏》本,上海:上海古籍出版社2011年版,第1164页。
② 杨雅丽:《深衣:意蕴深邃的文化符号——兼释"深衣"之"完且弗费"》,载《名作欣赏》,2011年第35期,第95页。

篇别行著作，既有助于我们了解《深衣》古制，又为中国服饰史留存了宝贵的史料。

一、《深衣》单篇别行的原因

深衣本是中国古老的一种服制，为何历代都有单篇别行著作，这与其身上所承载的礼法深意密切相关。深衣不仅是儒家礼制思想在服饰上的体现，同时也是儒者身份的象征，又因为所穿戴的人群比较广泛，所以历代皆有单篇别行著作，或阐释其礼法深意、或考证其古制、或以其为吟咏对象而托物言志。

（一）《深衣》体现了儒家的礼制思想

服饰本是御寒遮羞之物，是日常生活中必备的生活用品，但中国古代的思想界却赋予其更为重要的礼法功用——区别尊卑之序、维护社会秩序。《周易·系辞》曰："黄帝尧舜，垂衣裳而天下治，盖取诸乾坤。"[①] "垂衣裳而天下治"已将日常生活中的服饰囊括在礼法的范围内，成为礼法约束中的一个最为明显、最易可行的工具，衣裳的用途和制作也更倾向于其所蕴含的礼仪文明与法制力量。

汉代独尊儒术，衣服本身的质地、花纹、颜色均成区别尊卑地位的标识，服饰的政治功用备受重视。"圣人所以制衣服何？以为絺绤蔽形，表德劝善，别尊卑也。"[②] "凡衣裳之生也，为盖形暖身也，然而染五采、饰文章者，非以为益肌肤血气之情也，将以贵贵尊贤，而明别上下之伦，使教亟行，使化易成，为治为之也。若去其度制，使人人从其欲，快其意，以逐无穷，是大乱人伦而靡斯财用也，失文采所遂生之意矣。上下之伦不别，其势不能相治，故苦乱也。嗜欲之物无限，其势不能相足，故苦贫也。今欲以乱为治，以贫为富，非反之制度不可。

[①] 〔魏〕王弼、韩康伯注，〔唐〕孔颖达等正义：《周易正义·系辞》，见阮元《十三经注疏》本，北京：中华书局1980年版，第87页。

[②] 〔汉〕班固撰，陈立疏证：《白虎通义》（下），上海：商务印书馆1937年版，第363页。

古者天子衣文，诸侯不以燕，大夫衣缘，士不以燕，庶人衣缦，此其大略也。"[①]衣裳之制皆有明确的规定，而这一精心的服饰设计只为区分上下、尊卑等级，处在不同地位的人只能按服制要求穿戴。上下之伦以及贵贱之位分明，社会秩序才会稳定，国家才能长治久安。

服制的等级是礼法的外在体现，也是对个体言行最直接最可见的约束，故有"虽有贤才美体，无其爵不敢服其服。"[②] 如果违反规定的服制，还会有严肃的法律处分："作淫声、异服、奇技、奇器以疑众，杀。"[③] 服制所体现的伦理思想以及森严的等级制度不言自明，这也是《深衣》历代为何单篇别行的一个原因。

（二）深衣是儒者身份的符号象征

历代士人皆以儒家的修齐治平思想作为个体人生价值的最高追求，而承载着伦理思想精髓的《深衣》也逐渐成为历代士人灵魂的归宿之地，历代对《深衣》的阐释、研究与吟咏，在体现其政治见解的同时，更是他们人生理想的寄托与表达。

真正的儒者除了儒言、儒行之外、还必须具备儒服，而作为儒者服饰之一的深衣，便成为他们生活中的必备之物。深衣因古制渺茫，其裁制之法也多有不明，所以宋代的王普、司马光、朱熹三人均有《深衣制度》、黄宗羲《深衣考》、江永《深衣考误》、任大椿《深衣释例》、戴震《深衣解》等《深衣》单篇别行著作均对古代深衣之制作了详备地考证，尤其是朱熹所考订与创制的深衣制度，后来传至日本、韩国，对这两国的服饰产生了深远的影响。这些大儒对《深衣》古制的考证和阐释，一方面自觉维护了儒家的服制制度，另一方面在探究古深衣服制的过程中宣扬中国传统文化的精神。

---

① 〔汉〕董仲舒撰，曾振宇、傅永聚注：《春秋繁露·度制》，北京：商务印书馆2010年版，第165页。

② 〔汉〕董仲舒撰，曾振宇、傅永聚注：《春秋繁露·服制》，北京：商务印书馆2010年版，第160页。

③ 〔汉〕郑玄注，〔唐〕孔颖达等人正义：《礼记正义·王制》，见阮元校刻《十三经注疏》本，上海：上海古籍出版社2011年版，第1344页。

曾几《深衣诗》、黄庭坚《王子钧深衣带铭》、魏了翁《题深衣画像》、孙一元《王方伯与时制深衣幅巾大带絢履》这四部以"深衣"题名的文学作品用韵文的方式阐释了"深衣"的礼法深蕴，更使"深衣"成为儒者身份的象征，成为后世文学作品中的一个文学意象，备受吟唱。如：

草堂诸陈同游崧山精舍冕仲携琴先归用壁间韵
朱樨

来伴秋风十日闲，笔端久已识波澜。烦君一醉双峰月，乞与儿曹白眼看。

破尘妙语慰畸人，鹤发深衣雨垫巾。独自抱琴山下去，石桥月色为谁新。

鹧鸪天
陆游

杖屦寻春苦未迟，洛城樱笋正当时。三千界外归初到，五百年前事总知。

吹玉笛，渡清伊，相逢休问姓名谁，小车处士深衣叟，曾是天津共赋诗。

七十翁吟七言十绝之十
方回

少陵诗诧古来希，老病余生曷不归。不信神仙不信佛，死时惟裹破深衣。

古时叹
王冕

箕子奴而比干死，屈原以葬湘江水。痛哭书生不见归，朱董何人呼得起。

深衣大老为腐儒,纨袴小儿称丈夫。学士时为八风舞,将军日醉千金壶。

人间赤子苦钳钦,抱麟反袂空流涕。呜呼!噫嘻!不有祝鮀之佞,宋朝之美,难乎免于今世矣。

朱棹诗中"鹤发深衣"、陆游词中身"深衣老叟"、方回诗中"死时惟裹破深衣"的儒士以及王冕"深衣大老","深衣"这一意象无不是儒者身份的象征。深衣不仅暗示了儒者的身份,更承载了儒者所应具有的操守和信仰,对传统儒家文化的那份虔诚和崇敬。中国思想文化的根基是儒家文化,儒者是这一文化的构建者和传承者,而象征其尊贵身份的深衣在儒士生活中具有重要的地位,这也是历来人们为何注重《深衣》的又一原因。

(三)社会各阶层对深衣的需求

中国古代的服制虽然有严格的等级要求,但是深衣的使用范围较广,除了是天子、诸侯、大夫、士人的常服外,庶人吉礼也可穿此服。吕大临认为:"深衣之用,上不嫌同名,吉凶不嫌同制,男女不嫌同服。诸侯朝朝服,夕深衣;大夫、士朝玄端,夕深衣;庶人吉服,深衣而已。此上下同也。有虞氏深衣而养老,将军文子除丧受吊,练冠深衣,亲迎女在途,而壻之父母死,深衣缟总以趋丧,此吉凶男女之同也。盖简便之服,非朝祭皆可服之也者。"①

深衣不仅各个阶层的人、男女皆可穿戴,而且吉凶也可通用。又马端临《文献通考》言:"玄端则自天子至士皆可服之,盖玄端者,国家之命服也,深衣者,圣贤之法服也。……至于深衣则裁制缝衽,动合礼法,故贱者可服,贵者亦可服,朝廷可服,燕私亦可服,天子服之以养老,诸侯服之以祭膳,卿大夫服之以夕视私,庶人服之以宾祭,盖亦未尝有等级也。古人衣服之制不复存,独深衣

---

① 〔元〕陈澔注,万久富整理:《礼记集说》,南京:凤凰出版社2010年版,第453页。

则《戴记》言之甚备。"① 玄端之服仅限于天子至士这些阶层的人穿戴，而深衣不同，上至天子，下至庶人都可穿戴，唯独庶人穿戴时有特别的规定。

关于这一点文天祥《深衣吉凶通服说》、陈栎《深衣说》两篇《深衣》单篇别行著作皆有详述。文天祥根据《檀弓》《丧服记》《曾子问》《杂记》《间传》等《礼记》各篇的文字推断，深衣是"丧服之次""凶服之变"、非纯凶亦非纯吉，可用于"不丧不采饰之间"，② 可以作为吉服、亦可作为凶服，并非专为吉服而设。陈栎《深衣说》认为："善衣，朝祭之服也。自士以上有位于朝，有职于祭，自有朝祭之服，除朝祭外，皆可以服深衣，则深衣为朝祭服之次者也。庶人无位，则深衣其盛服矣，无次矣。"③ 深衣是有爵位之人退朝后的长居之服，是庶人的盛服。

深衣既然是人们日常生活中不可缺少的服饰，关于深衣的古制、用途以及其礼法意蕴，必须考证清楚，唯有这样才能更好地维护这种尊尊亲亲有等阶的社会秩序，这也是《深衣》单篇别行的一个原因。

二、《深衣》单篇别行的价值

历代《深衣》单篇别行著作，它们的关注点主要集中在《深衣》之制以及其所承载的礼法意蕴上，强调深衣的设计理念而忽视其作为服饰最根本的审美观念。深衣作为一种服饰，首先是衣服，然后才承载礼法意义的服制，为何古人强调深衣的礼法意义而忽视其本身的服饰美感，这与中国古人的美学观念有密切的关系。历代《深衣》的单篇别行著作从一个侧面为我们揭示了中国古代审美观念的特质——古人往往将现实社会中的伦理观念附着于单纯的物体之上，遮蔽了存在物的原本之用与美感，而过分强调其所体现的道德伦理观念。此外，《深

---

① 〔元〕马端临著，上海师范大学古籍研究所、华东师范大学古籍研究所点校：《文献通考·王礼考·君臣冠冕服》（第6册），北京：中华书局2011年版，第2301页。
② 均见〔宋〕文天祥：《文天祥全集》，北京：中国书店1985年版，第260—261页。
③ 〔元〕陈栎：《定宇集》，见景印《文渊阁四库全书》（第1205册），台北：商务印书馆1983年版，第235页。

衣》单篇别行著作为中国乃至日韩服饰的发展产生了深远影响。

（一）《深衣》单篇别行著作体现了古人的审美观念

《深衣》单篇别行著作体现了古人重功用而轻审美的审美观念。历代《深衣》单篇别行著作颇多，从今存《深衣》单行文本的内容性质看，多侧重阐释《深衣》之制以及其设计理念，如司马光《深衣制度》、朱熹《深衣制度》、朱右《深衣考》、江永《深衣考误》、戴震《深衣解》，皆注重对深衣服制的考证，很少讨论深衣的审美思想。《深衣》单篇别行著作的内容很大程度受限于《深衣》本身的内容的影响，但阐释可以是多维度的，为何仅注重儒家伦理纲纪思想的阐释而忽视深衣美感的诠释，这与儒家的审美观念有密切关系。

儒家往往是将单纯的艺术审美与伦理纲纪融为一体，艺术的美感不是因为存在物本身而是因其赋予的伦理思想。《深衣》备受历代推崇并不是单纯因为深衣本身的设计美感，而是因为其所承载的礼法力量。"儒家之所以对服饰制度如此看重，是因为在宗法文化背景下，服饰已经超越了实用和审美的功能，成为维系宗法伦理秩序和成就个体德行的一个重要载体，服饰制度因而也有着丰富的伦理意蕴。"[①] 作为服饰的深衣，在儒家礼法的构架中，已经超越了其本身的审美和实用范畴，其设计原则、色彩、所佩戴的冠、带、鞋履，都深深烙有尊卑、上下之别的伦理印痕。

（二）《深衣》单篇别行著作体现了古人治国理念

《深衣》体现了中国古人天人合一的治国思维。如深衣"十有二幅，以应十有二月"的设计理念体现了古人天人合一的思想，[②] 天地孕育了世界万物的生命，唯有尊崇天地自然之道，国家方能长治久安，这一点历代《深衣》单篇别行著作多有论及，今不赘述。

[①] 夏高发：《〈礼记〉服饰制度的伦理意蕴》，载《孔子研究》，2010年第6期，第55页。
[②] 〔汉〕郑玄注，〔唐〕孔颖达等正义：《礼记正义·深衣》，见阮元校刻《十三经注疏》本，上海：上海古籍出版社2011年版，第1164页。

今人有一观点认为深衣"袂圆以应规，曲裾如矩以应方，负绳及踝以应直，下齐如权、衡以应平"体现了古人的"帝王崇拜"。① 因为《淮南子·天文训》曰："东方，木也，其帝太昊，其佐句芒，执规而治春……南方，火也，其帝炎帝，其佐朱明，执衡而治夏……中央，土也，其帝皇帝，其佐后土，执绳而治四方……西方，金也，其帝少昊，其佐蓐收，执矩而治秋……北方，水也，其帝颛顼，其佐玄冥，执权而治冬。"② 因为东方之帝太昊执规，南方之帝炎帝执衡、西方之帝少昊执矩、北方之帝颛顼执权，中央之帝皇帝执绳，所以"衣装款式及细部因为吻合规、矩、权、衡、绳，便有资格与天地五方图腾帝王崇拜联系起来了，天人合一在这里表现的直接而具体"。③ 将深衣的规、矩、绳、权、衡"五法"与五方之帝的法器联系起来，这一理解是否牵强暂且不论，但为我们理解《深衣》古制提供了多向的思考维度。

古代先民习惯将国家治理与天地万物的运行规律合为一体而论，人世间的一切活动都应秉承自然万物的规律，从"顺天者昌，逆天者亡"这句俗语中便可以窥探天地观念在古人思维世界中的重要地位，这种思维模式对中国思想界产生的影响。

（三）《深衣》单篇别行著作为古代服饰史保留了珍贵的史料

《深衣》保留了上古时期服饰裁剪的方法，虽然记载的比较模糊，但是后世单篇别行的考辨著作均对古深衣之制进行了推测和考证，这些著作不管正确与

---

① 〔汉〕郑玄注，〔唐〕孔颖达等正义：《礼记正义·深衣》，见阮元校刻《十三经注疏》本，上海：上海古籍出版社2011年版，第1164页。朱华《解析深衣之深意》一文认为深衣的设计"十有二幅，以应十有二月。袂圆以应规，曲裾如矩以应方，负绳及踝以应直，下齐如权、衡以应平"的设计理念体现了古代"天人合一"以及"帝王崇拜"的观念。深衣之制体现古人天人合一的观念显而易见，但认为深衣之规、矩、绳、权、衡的设计理念是古人"帝王崇拜"思想的体现这一观点，笔者认为有新颖之处，为我们解读《深衣》提供了另一独特的视角。

② 〔民国〕刘文典撰，冯逸、乔华点校：《淮南鸿烈集解·天文训》，北京：中华书局2011年版，第88—89页。

③ 朱华：《解析深衣之深意》，载《四川丝绸》，2008年第3期，第53页。

否,都为我们研究《深衣》提供了史料,都对后世服装的设计产生了深远影响。"由于深衣这一形制,即衣裳相连的衣式,对后来服饰产生了极大的影响。汉时的命妇以此为礼服;唐代的袍下加襕;宋代士大夫亦有复制深衣而服者;元代的质孙服、腰线袄子;明代的曳撒等都采用这种上下连衣裳的形式。甚至现今的连衣裙,都是古深衣的沿革,其意义不可谓不深远。"① 足见深衣服制对后世服饰设计的深刻影响。

(四)"朱子深衣"对朝鲜、日本服饰的影响

受宋代推崇古礼思想的影响,深衣在当时复兴,宋代《深衣》出现了单篇别行著作,如司马光、王普、朱熹分别著有《深衣制度》、冯公亮《深衣考正》、何垚、舒岳祥分别撰写的《深衣图说》、车垓《深衣疑义》等著作,都对深衣古制以及礼法意义进行了考察,由于朱熹学说的东传,朱子所论述的深衣制度对古朝鲜、日本的服制也产生了深远的影响。

日本学者吾妻重二《深衣考——关于近世中国、朝鲜、日本的儒服问题》一文,详细论述了14世纪随着朱子学的东传,朱熹的《深衣制度》对这两个国家产生了影响。朝鲜14世纪开始使用深衣,有关深衣的著述整个朝鲜王朝都有书写,如郑逑《深衣制造法》、韩百谦《深衣说》、郑经世《深衣图》、金干《深衣附论》《深衣篇》以及《深衣制度考证》等等《深衣》研究著作;日本江户时代积极接受朱子学,但深衣这种服饰并没有在日本稳固的流传,仅仅成为日本学者的研究对象。② 古朝鲜、日本两个国家对《深衣》的接受情况虽存在较大的差异,但从日本和服的包裹设计来看,与深衣重包裹形制以突出民族内敛性格的设计不能说没有必然联系。

由此可见,深衣古制虽然茫昧,作为华夏民族的古老服制之一,其衣裳相连的设计理念和裁剪之法对后世袍服、连衣裙、旗袍的设计具有重要的启示作用。

---

① 周锡保:《中国古代服饰史》,北京:中国戏剧出版社1984年版,第50页。
② [日]吾妻重二:《深衣——关于近世中国朝鲜日本儒服问题》,见李申、陈卫平主编:《哲学与宗教》(第六辑),上海:上海人民出版社2012年版,第143—180页。

本章小结

《深衣》形象地展现了古代服制与礼法制度之间的密切关系。服饰的设计不再仅仅满足取暖遮羞的功能与美感需要，而更关注于其所体现的尊尊亲亲的伦理秩序。中国古人将服饰的设计与权力融为一体，并在一套冠冕堂皇的服饰礼仪辅助之下，构建成功了尊卑有别、上下有序的伦理制度。深衣，不再是一种单纯的服制，而成为儒家传统文化以及儒者身份的符号象征，成为中国文学作品中的一个文学母题。历代《深衣》单篇别行著作，始终贯穿着儒家这种独特的审美趣味和伦理思想，希望通过服饰这种外在的尊礼行为而达到个体内在的修为。这些单篇别行著作为我们了解深衣古制提供了多维思考，更为研究中国乃至东亚地区的服制史保留了宝贵的文献史料。

第五章
《投壶》单篇别行现象论析

《投壶》是《礼记》四十九篇中的第四十篇，投壶是古代士大夫宴请宾客时席间所玩的一种文雅游戏，《投壶》篇详细记载了投壶之礼、投壶规则、劝酒之法、投壶所用之乐。郑《目录》云："名曰《投壶》者，以其记主人与宾客燕饮，讲论才艺之礼。此与《别录》属吉礼，亦实《曲礼》之正篇。"①《大戴礼》也收录《投壶》，除了没有鲁鼓、薛鼓的乐谱外，内容比《礼记》此篇完整。此节就《投壶》在历代的单篇别行情况，单篇著作的类型和内容以及单篇别行的原因和价值作以论述。

第一节 《投壶》单篇别行著作概述

根据历代公私目录、地方志、图书馆目录以及王锷《三礼研究论著提要》等书关于《投壶》单篇别行文本的相关著录，《投壶》收入《礼记》后，自三国魏开始已有单篇别行著作，主要是对《投壶》礼意、壶具、技艺以及规则的研究性单篇别行著作。此外，还有一类以"投壶"为题材的文学作品，虽不属于

---

① 〔汉〕郑玄注，〔唐〕孔颖达等正义：《礼记正义·投壶》，见阮元校刻《十三经注疏》本，上海：上海古籍出版社2011年版，第1665页。《经典释文》云："皇云：'与射为类，宜属嘉礼。'或云：'宜属宾礼。'"

《投壶》单篇别行著作，今亦列表说明。

一、《投壶》研究性单篇别行著作

魏晋南北朝时期，《投壶》单篇别行著作已经出现，惜大多亡佚。从现存单篇别行著作以及留存的序跋，可知《投壶》单篇别行著作主要是研究《投壶》仪制、游戏规则以及投壶之礼意的研究性著作，如刘敞《投壶义》、司马光《投壶新格》、朱熹《投壶说》、王恽《投壶引》、汪禔《投壶仪节》、丁晏《投壶考原》等，或阐释古代投壶游戏的技艺和规则，或阐释投壶之礼的深意，如表5-1所示。

表5-1 《投壶》研究性单篇别行著作一览表

朝代	作者	书名	存佚	著录或称引
晋	虞潭	《投壶变》一卷	残存①	〔唐〕魏征等《隋书》卷三十四著录；〔宋〕郑樵《通志》卷六十九著录；〔明〕焦竑《国史经籍志》卷四下著录；〔清〕朱彝尊《经义考》卷一百四十七著录；〔清〕臧琳、臧镛堂《经义杂记》卷十九著录；〔清〕丁辰《补晋书艺文志》卷三著录；〔清〕姚振宗《隋书经籍志考证》卷三十三著录；〔清〕翁方纲《经义考补正》卷六著录；〔清〕马国翰《玉函山房辑佚书》总目、卷七十八著录；〔清〕严可均《全上古三代秦汉三国六朝文》卷八十二"全晋文"之"虞潭"条著录；〔清〕沈翼机等《浙江通志》卷二百四十七著录；〔清〕陈梦雷《古今图书集成·理学汇编·经籍典》第十一卷、第三十卷、第二百十八卷、第三百二十一卷与第四百五十二卷；〔清〕丁晏《投壶考原》称引；〔清〕罗振玉《罗雪堂先生全集》（三

---

① 〔晋〕虞潭《投壶变》原书已亡佚，今存辑佚本，见马国翰《玉函山房辑佚书·子编·艺术类》。

| 第五章　《投壶》单篇别行现象论析 |

(续表)

朝代	作者	书名	存佚	著录或称引
				编）第十册卷五"礼乐"条；舒大刚《儒学文献通论》之《〈礼记〉学文献》；赵传仁等《中国书名释义大辞典》第七画、栾贵明《〈永乐大典〉索引》"虞潭"条；《余姚市志》第三十编之一章《历代学术著述》①；汪叔子《文廷式集》卷四《补晋书艺文志》之丙部下；孙启治,陈建华编《古佚书辑本目录·子部》"艺术类"以及王锷《三礼研究论著提要·礼记类》等著录或称引。
宋	刘敞	《投壶义》一卷	存	〔宋〕刘敞《公是集》卷三十七著录；〔明〕何乔新《椒邱文集》卷十八"《题刘原夫投壶义后》"著录；〔清〕朱彝尊《经义考》卷一百四十七著录；〔清〕秦蕙田《五礼通考》卷一百六十五；〔清〕丁晏《佚礼扶微》附录之"刘敞《士相见义》"篇著录；〔清〕戴震《经考》卷四著录；〔清〕刘铎、赵之谦等《(光绪)江西通志》卷一百"经部·艺文略"；〔清〕陈梦雷《古今图书集成·理学汇编·经籍典》第二百十二卷、第二百十八卷、第二百二十六卷与第三百二十一卷；〔清〕林昌彝《三礼通释》第一百八十四称引；〔清〕丁晏《投壶考原》称引；〔清〕毛奇龄撰《经问》卷十六称引；〔清〕朱景英《畲经堂集诗集六卷诗续集四卷文集八卷》文集卷二"逸经考"篇称引；〔清〕孔广森撰《大戴礼记补注》卷十二"投壶第七十八"称引；〔清〕罗振玉《罗雪堂先生全集》(三编)第十册卷五"礼乐"条著录；舒大刚《儒学文献通论》之《〈礼记〉学文献》；《中国历代经籍典·礼记部》卷二百十二以及王锷《三礼研究论著提要·礼记类》等著录或称引。

---

① 《余姚市志》《文廷式集》著录虞潭还有《投壶经》一卷。

（续表）

朝代	作者	书名	存佚	著录或称引
宋	司马光	《投壶新格》一卷①	存	〔宋〕司马光《傅家集》卷七十五"格"条；〔宋〕晁公武《郡斋读书志》卷二著录；〔宋〕王应麟《玉海》卷六十三"《唐投壶经》"条；〔元〕马端临《文献通考·经籍考》卷二百二十九；〔元〕脱脱等《宋史》卷二百七；〔元〕陶宗仪《说郛》卷一百一上；〔明〕马密《文公年谱》卷之三；〔明〕方以智《通雅·戏具》卷三十五；〔明〕徐应秋《玉芝堂谈荟》卷三十一《金龙戏格》；〔明〕柯维骐《宋史新编》卷五十二；〔明〕焦竑《国史经籍志》卷四下；〔明〕陈第《世善堂藏书目录》卷下；〔明〕祁承㸁《澹生堂藏书目》子部三；〔明〕顾起元《说略》卷二十四；〔清〕张英《御定渊鉴类函》卷三百三十"巧艺部"之"投壶"条；〔清〕朱彝尊《经义考》卷一百四十七；〔清〕顾栋高《温国文正公年谱》卷之六；〔清〕谢启昆《小学考》卷三十一；〔清〕程哲《蓉槎蠡说》卷十一；〔清〕丁晏《投壶考原》称引；〔清〕黄虞稷《千顷堂书目》卷十五；〔清〕永瑢、纪昀等《钦定四库全书总目》卷四十二"《切韵指掌图》"；〔清〕吴士玉、沈宗敬等《御定骈字类编》卷二百二十五"全壶"条；〔清〕吴士玉、吴襄等《御制子史精华》卷一百二十二"射粉团"条；〔清〕张玉书、陈廷敬等《御制佩文韵府》卷七之五"目录"；〔清〕陈梦雷《古今图书集成·理学汇编·经籍典》第十九卷、第三十卷、第二百十二卷、第二百十八卷、第二百二十六卷、第三百二十一卷、第四百六十一卷与地五百卷；〔清〕罗振玉《罗雪堂先生

---

① 〔清〕黄虞稷《千顷堂书目》卷十五著录"《投壶新格谱》"，疑为《投壶新格》所作的谱，但未注明作者。

| 第五章　《投壶》单篇别行现象论析 |

(续表)

朝代	作者	书名	存佚	著录或称引
				全集》(三编)第十册卷五"礼乐"条；〔清〕陈梦雷《古今图书集成·理学汇编·经籍典》第二百十二卷；舒大刚《儒学文献通论》之《〈礼记〉学文献》；赵传仁等《中国书名释义大辞典》第七画；《丛书集成续编总目·艺术类》之"投壶"；《中国历代经籍典·礼记部》第二百十二卷以及王锷《三礼研究论著提要·礼记类》等著录或称引。
宋	朱熹	《投壶说》一卷①	存	〔宋〕朱熹《晦庵集》卷六十八；〔明〕倪复《钟律通考》卷一；〔清〕朱彝尊《经义考》卷一百四十七著录；〔清〕陈梦雷《古今图书集成·理学汇编·经籍典》第二百十八卷与三百二十一卷著录；〔清〕罗振玉《罗雪堂先生全集》(三编)第十册卷五"礼乐"条以及王锷《三礼研究论著提要·礼记类》等著录或称引。
元	王恽	《投壶引》一篇	存②	〔清〕朱彝尊《经义考》卷一百四十七；〔清〕罗振玉《罗雪堂先生全集》(三编)第十册卷五"礼乐"条；〔清〕陈梦雷《古今图书集成·理学汇编·经籍典》第三百二十一卷以及王锷《三礼研究论著提要·礼记类》等著录或称引。

---

① 〔宋〕朱熹《投壶说》又称"《壶说》"，见《经义考》第一百四十七卷与《晦庵集》第六十八卷。

② 〔元〕王恽《投壶引》今存王恽《秋涧集》卷四十一、《中州名贤文表》卷二十五。

朝代	作者	书名	存佚	著录或称引
明	汪禔	《投壶仪节》一卷①	存	〔明〕焦竑《国朝献征录》卷一百十四"樊庵汪先生禔行状"条；〔清〕张廷玉等奉敕撰《明史》卷一百三十四；〔清〕吴坤修、何绍基纂《（光绪）重修安徽通志·人物志·儒林》卷二百十九；〔清〕丁仁《八千卷书目·子部·艺术类》卷十一条；〔清〕永瑢、纪昀等《钦定四库全书总目》卷一百七十八"《樊庵集》二卷"条；〔清〕朱彝尊《经义考》卷一百四十七②；〔清〕赵弘恩、黄之隽等《江南通志》卷一百六十四"汪禔"以及卷一百九十"艺文志"；〔清〕黄虞稷《千顷堂书目》卷二与卷十五；〔清〕陈梦雷《古今图书集成·理学汇编·经籍典》第二百十八卷与第三百二十一卷；〔清〕罗振玉《罗雪堂先生全集》（三编）第十册卷五"礼乐"条；舒大刚《儒学文献通论》之《〈礼记〉学文献》、赵传仁等《中国书名释义大辞典》第七画以及王锷《三礼研究论著提要·礼记类》等著录或称引。
清	丁晏	《投壶考原》一卷	存③	〔清〕丁仁《八千卷楼书目·经部·礼类》卷二与卷十一；〔民国〕赵尔巽撰《清史稿》卷一百四十五"艺文志

---

① 〔元〕陶宗仪撰《说郛》卷一百一上著录"《投壶仪节》，司马光"；〔清〕钱谦益《绛云楼书目》卷二著录，但未记录作者名字。〔清〕张玉书、陈廷敬等奉敕撰《御制佩文韵府》卷十六之十一目录"纯"字条著录为"司马光《投壶仪节》"、卷二十之一目录"先歌"条著录"司马光《投壶仪节》"。〔清〕陈梦雷《古今图书集成·理学汇编·经籍典》第五百卷著录："《投壶仪节》司马光、《投壶新格》司马光"，《古今图书集成·博物汇编》第七百九十七卷著录："《投壶仪节》司马光"，毕业疑为汪禔《投壶仪节》，有待考证，存疑。

② 〔清〕朱彝尊撰《经义考》卷一百四十七著录，汪氏禔《投壶仪节》一卷未见。

③ 〔清〕丁晏《投壶考原》一卷，王锷《三礼研究论着提要》云："《清史稿·艺文志》载之，今存佚不详。"实则《丛书集成续编·子部》（第八十七册）以及《续修四库全书·子部·艺术类》（第一一六册）收录此书。

(续表)

朝代	作者	书名	存佚	著录或称引
				一"与卷一百四十七"艺文志三";《丛书集成续编总目·艺术类》之"投壶";朱记荣《国朝未刊遗书志略·经目》;吴枫《简明中国古籍辞典》以及王锷《三礼研究论著提要·礼记类》等著录或称引。
清	吴宝谟	《投壶说》(附图)一篇	存	〔清〕吴宝谟《经义图说》卷五下著录。

二、以"投壶"为题材的文学作品

以"投壶"为题材的文学作品是指以投壶游戏为描写对象的一类诗文作品,如邯郸淳《投壶赋》、王粲《投壶赋》并序(今仅存序)以及傅玄《投壶赋》,等等,实则不属于《投壶》单篇别行著作,只因内容关涉投壶,今亦胪列,如表5-2所示。

表5-2 以"投壶"为题材的文学作品

朝代	作者	书名	存佚	著录或称引
三国魏	邯郸淳	《投壶赋》一篇	存①	〔陈〕徐陵撰,〔清〕吴兆宜注《徐孝穆集笺注》卷一"谢敕赉烛盘赏答齐国移文启";〔唐〕虞世南《北堂书钞》卷第一百二"诗三十"条;〔唐〕欧阳询撰《艺文类聚》卷五十六"杂文部·投壶"条以及"卷七十四"巧艺部·投壶"条;〔宋〕李昉《太平御览》五百八十七"赋"条、卷七百五十"投壶"条以及卷八百一十八"帛"条;〔宋〕吴棫《韵补》卷四"壶"字条;〔宋〕

---

① 王锷《三礼研究论着提要》曰:此书"《经义考》卷一百四十七云阙,今存佚不详"。邯郸淳《投壶赋》今残存,《历代赋汇》卷一百三有收录。

(续表)

朝代	作者	书名	存佚	著录或称引
				郑樵《通志》卷一百五十下；〔宋〕王钦若等《册府元龟》卷五百五十"恩奖"条；〔宋〕孙逢吉《职官分纪》卷八；〔宋〕潘自牧《记纂渊海》卷七十八"投壶"条；〔元〕郝经《郝氏续后汉书》卷六十六下上"吴质"条；〔明〕李贽《明一统志》卷一百五十一"邯郸淳"条；〔明〕陈第《屈宋古音义》卷一"壶"字条；〔明〕郭元鸿《壶史》目录、卷一"魏客邯郸淳投壶赋"条；〔明〕陈仁锡《八编类纂》卷之一百十六；〔明〕张自烈《正字通》卷二"壶"字条；〔明〕方日升《古今韵会举要小补》卷三"壶"字条；〔明〕夏树芳《奇姓通》卷四"邯郸义"条；〔明〕吕一《古今字考》卷之一"壶"字条；〔清〕王植《韵学》卷五"壶"字条；〔清〕和坤等《大清一统志》卷一百五十一"邯郸淳"条；〔清〕杭世骏《石经考异》卷上"正始石经非邯郸淳书"；〔清〕倪涛《六艺之一录·石刻文字》卷三十四"正始石经非邯郸淳书"条；〔清〕康发祥《三国志补义》卷四"颍川邯郸人淳"条；〔清〕朱彝尊《经义考》卷一百四十七；〔清〕梁章钜《三国志旁证》卷十五；〔清〕刘承干《晋书斠注》卷三十六；〔清〕姚振宗《三国艺文志》卷四"魏给事中邯郸淳集二卷录一"；〔清〕穆彰阿、潘锡恩等《大清一统志》卷一百八十八；〔清〕梁诗正、蒋溥《钦定叶韵汇集》卷三十五"壶"字条；〔清〕姚振宗《隋书经籍志考证》卷三十三、卷三十九之三；〔清〕程颂万《石巢诗集》卷五；〔清〕卢文昭《常郡八邑艺文志》卷三之上；〔清〕丁晏《投壶考原》；〔清〕毛奇龄《古今通韵》卷三；〔清〕严可均辑《全上古三代秦汉三国六朝文》之全三国文卷二十六；〔清〕孙星衍《续古文苑》目

(续表)

朝代	作者	书名	存佚	著录或称引
				录与卷二；〔清〕张惠言《七十家赋钞》目录与卷四；〔清〕陈梦雷《古今图书集成·理学汇编·文学典》第二十一卷；《古今图书集成·经济汇编·食货典》第三百十五卷；《古今图书集成·理学汇编·经籍典》第二百十八与三百二十一卷；《古今图书集成·明伦汇编》卷第五百九十三卷；《古今图书集成·博物汇编》第七百九十七与七百九十八卷；〔清〕李调元《赋话》卷七著录；〔清〕溥铣《历代赋话》卷四；〔清〕李调元撰《赋话》卷七；〔清〕张玉书《御定康熙字典》卷五"寓"条；〔清〕张玉书、陈廷敬等《御制佩文韵府》卷二十六之八"投"之条目下"毕投"与卷六十六之三"投壶赋"条下；〔清〕张英《御定渊鉴类函》卷一百九十八、三百三十"投壶二"条、卷三百六十六"帛二"条与卷二百二十二；〔清〕和绰、陈鹏年等《御定分类字锦》卷四十四"投壶十四"条；〔清〕陈元龙《格致镜原》卷六十"投壶"条；〔清〕陈元龙《御定历代赋汇》目录下与卷一百三"投壶赋 魏·邯郸淳"条；〔清〕罗振玉《罗雪堂先生全集》（三编）第十册卷五"礼乐"条以及王锷《三礼研究论著提要·礼记类》等著录或称引。
三国魏	王粲	《投壶赋》并序	佚①	〔明〕张溥《汉魏六朝百三家集》卷二十九；〔清〕李星沅《李文恭公遗集》卷四；严可均《全后汉文》卷九十、费振刚等《全汉赋》；吴云《建安七子集校注》；吴云、唐绍忠《王粲集注》等著录或称引。

---

① 〔三国魏〕王粲《投壶赋》已亡佚，今存《投壶赋·序》。

(续表)

朝代	作者	书名	存佚	著录或称引
晋	傅玄	《投壶赋》	佚①	〔宋〕李昉等编《太平广记》卷七百五十三；〔明〕陈耀文撰《天中记》卷四十一"投壶"条著录或称引。②
宋	俞琰	《钱舜举所画美人并坐投壶图》	存	〔宋〕俞琰《林屋山人漫稿》一卷称引。
宋	韦骧	《投壶格》	存	〔宋〕韦骧《钱塘集》卷五著录。
宋	刘子翚	《投壶》	存	〔宋〕刘子翚《屏山集》卷十六著录。
清	查嗣瑮	《题又微侄投壶图》	存	〔清〕查嗣瑮《查浦诗钞》卷四著录。
清	查慎行	《题又微姪投壶图小照》	存	〔清〕查慎行《敬业堂诗集》卷十三著录。
清	吴嵩梁	《题李子仙孝廉投壶图》	存	〔清〕吴嵩梁《香苏山馆诗集》卷九著录。
清	杨芳灿	《题玉女投壶图》	存	〔清〕杨芳灿《芙蓉山馆全集》诗钞卷六著录。
清	沈寿榕	《题闵贞玉女投壶图十六韵》	存	〔清〕沈寿榕《玉笙楼诗录》卷六著录。
清	王文治	《玉女投壶图》	存	〔清〕王文治《梦楼诗集》卷十五著录。
清	杨夔生	《玉女摇》	存	〔清〕杨夔生《真松阁词》卷一著录。

① 〔晋〕傅玄《投壶赋》已亡佚，今存《投壶赋·序》。
② 〔明〕陈耀文撰《天中记》卷四十一"投壶"条著录为"晋傅玄《投壶赋序》"。

第五章 《投壶》单篇别行现象论析

此外，还有一些《投壶》单篇别行著作因亡佚、存佚不详、存而未见等原因而难窥其内容，无法确定类型，如表5-3所示。

表5-3 难以确定类型的《投壶》单篇别行著作一览表

朝代	作者	书名	存佚	著录或称引
唐	郝冲	《投壶道》一卷	佚	〔唐〕魏征等《隋书》卷三十四"《皇博法》一卷"下；〔宋〕郑樵《通志》卷六十九；〔明〕焦竑《国史经籍志》卷四下"梁有大小博法一卷"条；〔清〕朱彝尊《经义考》卷一百四十七；〔清〕臧琳、臧镛堂《经义杂记》第十九"虞潭《投壶变》"条；〔清〕丁辰《补晋书艺文志》卷三"《投壶变》一卷"条；〔清〕马国翰《玉函山房辑佚书》卷七十八"《投壶变》"条；〔清〕陈梦雷《古今图书集成·理学汇编·经籍典》第十一卷、第三十卷、第二百十八卷、第三百二十一卷与第四百五十二卷；〔清〕罗振玉《罗雪堂先生全集》（三编）第十册卷五"礼乐"条与汪叔子《文廷式集》卷四著录或称引。
唐	上官仪	《投壶经》一卷	佚	〔唐〕白居易撰；〔宋〕孔传续撰《白孔六帖》卷三十三"投壶"条；〔宋〕王应麟《玉海》卷六十三"《唐投壶经》"条；〔宋〕晁公武《郡斋读书志》后志卷二；〔宋〕赵兴岢《宾退录》卷四；〔宋〕李诫《营造法式》卷二"《乌头门》"条；〔宋〕郑樵《通志》卷二十二；〔元〕马端临《文献通考》卷二百二十九；〔元〕陶宗仪《说郛》卷九十四下"觞政述"；〔元〕脱脱等《宋史》卷二百七；〔明〕顾起元《说略》卷二十四；〔明〕柯维骐《宋史新编》卷五十二；〔明〕焦竑《国史经籍志》卷四下；〔明〕陈第《世善堂藏书目录》卷下；〔明〕郭元鸿《壶史》卷一"《投壶经》"条；〔明〕徐应秋《玉芝堂谈荟》卷三十一；〔清〕丁晏《投壶考原》；〔清〕程哲撰《蓉槎蠡说》卷十一；〔清〕赵弘恩《江南通志》卷一百

(续表)

朝代	作者	书名	存佚	著录或称引
				九十二;〔清〕张英《御定渊鉴类函》卷三百三十"投壶三"条;〔清〕姚振宗《隋书经籍志考证》卷三十三;〔清〕陈梦雷《古今图书集成·明伦汇编·交谊典》第六十一卷;《古今图书集成·博物汇编·艺术典》第七百九十八卷;《古今图书集成·理学汇编·经籍典》第十五卷、第十九卷、第三十卷、第二百十八卷、第三百二十一卷、第四百五十二卷、第四百六十一卷与第五百卷;〔清〕朱彝尊《经义考》卷一百四十七;〔清〕沈炳震《唐书合钞》卷第七十四;〔清〕佚名《唐书艺文志注四卷》卷三;〔清〕张玉书,陈廷敬等《御制佩文韵府》二十四之一"投壶经"条;〔清〕罗振玉《罗雪堂先生全集》(三编)第十册卷五"礼乐"条 以及王锷《三礼研究论著提要·礼记类》等著录或称引。
唐	史玄道①	《续投壶经》一卷	佚	〔清〕朱彝尊《经义考》卷一百四十七;〔清〕罗振玉《罗雪堂先生全集》(三编)第十册卷五"礼乐"条;〔清〕陈梦雷《古今图书集成·理学汇编·经籍典》第二百十八卷与第三百二十一卷以及王锷《三礼研究论著提要·礼记类》等著录或称引。
宋	卜恕	《投壶新律》一卷	佚	〔清〕朱彝尊《经义考》卷一百四十七;〔元〕脱脱等奉敕《宋史》卷二百七;〔元〕陶宗仪《说郛》卷二十四;〔明〕柯维骐《宋史新编》卷五十二;〔明〕徐应秋《玉芝堂谈荟》卷三十一《金龙戏格》;〔明〕顾起元《说略》卷二十四;〔清〕程哲《蓉槎蠡说》卷十一;〔清〕罗振

---

① 《古今图书集成·理学汇编·经籍典》第三百二十一卷作"史元道","元""玄"故避讳时通用。

| 第五章　《投壶》单篇别行现象论析 |

（续表）

朝代	作者	书名	存佚	著录或称引
				玉《罗雪堂先生全集》（三编）第十册卷五"礼乐"条；〔清〕陈梦雷《古今图书集成·理学汇编·经籍典》第十九卷、第二百十八卷、第三百二十一卷、与第五百卷以及王锷《三礼研究论著提要·礼记类》等著录或称引。
宋	钟唐卿	《投壶格》一卷①	佚	〔清〕朱彝尊《经义考》卷一百四十七；〔清〕陈梦雷《古今图书集成·理学汇编·经籍典》第二百十八卷；第三百二十一卷；〔清〕罗振玉《罗雪堂先生全集》（三编）第十册卷五"礼乐"条以及王锷《三礼研究论著提要·礼记类》等著录或称引。
宋	王趯	《投壶礼格》二卷	佚	〔元〕脱脱等《宋史》卷二百七；〔明〕柯维骐《宋史新编》卷五十二；〔明〕徐应秋《玉芝堂谈荟》卷三十一"《金龙戏格》"条；〔明〕顾起元《说略》卷二十四；〔明〕柯维骐《宋史新编》卷五十二；〔清〕朱彝尊《经义考》卷一百四十七；〔清〕陈梦雷《古今图书集成·理学汇编·经籍典》第十九卷、第二百十八卷与第三百二十一卷；〔清〕罗振玉《罗雪堂先生全集》（三编）第十册卷五"礼乐"条著录或称引。

---

① 〔清〕曾国荃、张煦等修，王轩、杨笃等纂《山西通志》卷十八著录为："《投壶格》一卷、《七国象棋》一卷，宋司马光撰"，认为《投壶格》为司马光所写，恐误。因不满"世传投壶格图，皆以奇隽难得者为右，是亦投琼探阄之类耳，非古礼之本意也"，所以作《投壶新格》。

《礼记》单篇别行研究

(续表)

朝代	作者	书名	存佚	著录或称引
宋	方承瓒①	《投壶图》一卷	佚	〔清〕朱彝尊《经义考》卷一百四十七；〔清〕罗振玉《罗雪堂先生全集》（三编）第十册卷五"礼乐"条；〔清〕陈梦雷《古今图书集成·理学汇编·经籍典》第二百十八卷与三百二十一卷著录或称引。
元	熊朋来	《投壶说》一卷	不详	〔清〕朱彝尊《经义考》卷一百四十七；〔清〕陈梦雷《古今图书集成·理学汇编·经籍典》第二百十八卷与三百二十一卷；〔清〕罗振玉《罗雪堂先生全集》（三编）第十册卷五"礼乐"条以及王锷《三礼研究论著提要·礼记类》等著录或称引。
明	刘仁敏	《倾壶集》三卷	佚	〔宋〕郑樵《通志》卷六十九；〔明〕焦竑《国史经籍志》卷四下；〔明〕徐应秋《玉芝堂谈荟》卷三十一"金龙戏格"条；〔明〕顾起元《说略》卷二十四；〔清〕朱彝尊《经义考》卷一百四十七；〔清〕程哲《蓉槎蠡说》卷十一；〔清〕陈梦雷《古今图书集成·理学汇编·经籍典》第三十卷、第二百十八卷、第三百二十一卷与第四百五十二卷；〔清〕罗振玉《罗雪堂先生全集》（三编）第十册卷五"礼乐"条以及王锷《三礼研究论著提要·礼记类》等著录或称引。

---

① 〔明〕焦竑辑《国史经籍志》卷四下著录："《投壶图》一卷张承斌撰。"〔清〕陈梦雷《古今图书集成·理学汇编·经籍典》第三十卷著录："《投壶图》一卷，张承斌撰。"第三百二十一卷著录："方承瓒《投壶图》一卷，佚，方或作张。"第四百五十二卷又著录为："《投壶图》一卷，注张承斌撰。"〔宋〕郑樵撰《通志·艺文略》卷六十九著录"《投壶图》一卷，张承斌撰"。〔明〕顾起元《说略》卷二十四与明徐应秋撰《玉芝堂谈荟》卷三十一"《金龙戏格》"条均著录："张承赋有《投壶图》"。〔清〕朱彝尊撰《经义考》卷一百四十七著录："方氏承瓒《投壶图》，或作张。"王锷《三礼研究论着提要·礼记类》作"方承养"，不知孰是，此书可能出自同一人，人名应是抄写之误，今列举以便参考。

第五章 《投壶》单篇别行现象论析

(续表)

朝代	作者	书名	存佚	著录或称引
明	李孝先①	《投壶谱》一卷	佚②	〔清〕朱彝尊《经义考》卷一百四十七；〔清〕陈梦雷《古今图书集成·理学汇编·经籍典》第二百十四卷、第二百十八卷与第三百二十一卷；〔清〕嵇璜、曹仁虎等《钦定续通志》卷一百六十五；〔清〕王太岳等《四库全书考证》卷四十六；〔清〕翁方纲《经义考补正》卷六；〔清〕陈昌图《南屏山房集》卷十九；〔清〕秦蕙田《五礼通考》卷首第二；〔清〕罗振玉《罗雪堂先生全集》（三编）第十册卷五"礼乐"条；《中国历代经籍典·礼记部》第二百十四卷以及王锷《三礼研究论著提要·礼记类》等著录或称引。
明	纪模	《投壶谱拾遗》一卷	佚③	〔清〕朱彝尊《经义考》卷一百四十七；〔清〕陈梦雷《古今图书集成·理学汇编·经籍典》第二百十四、第二百十八卷与第三百二十一卷；〔清〕罗振玉《罗雪堂先生全集》（三编）第十册卷五"礼乐"条以及《中国历代经籍典·礼记部》第二百十四卷著录或称引。
明	周履靖	《投壶仪制》一卷④	佚	〔清〕朱彝尊《经义考》卷一百四十七；〔清〕陈梦雷《古今图书集成·理学汇编·经籍典》第二百十八卷与第三百二十一卷；〔清〕沈翼机等《浙江通志》卷二百四十七；〔清〕罗振玉《罗雪堂先生全集》（三编）第十册卷五"礼乐"条以及王锷《三礼研究论著提要·礼记类》等著录或称引。

---

① 《经义考》卷一四七作"李孝光"、《钦定续通志》卷一百六十五作"李孝元"。
② 〔明〕李孝先《投壶谱》已亡佚，今存杨大宽为此书作的《序》。
③ 〔明〕纪模《投壶谱拾遗》已亡佚，今《经义考》卷一百四十七存纪模《投壶谱拾遗序》。
④ 〔清〕卞宝第、李瀚章等修，〔清〕曾国荃、郭嵩焘等纂《湖南通志》卷著录"明《投壶仪制》，郴州喻国人撰"，未著录作者，只注明朝代，且周履靖是嘉兴人，不属于郴州。另〔明〕祁承爜撰《澹生堂书目》子部三著录"《投壶仪制》一卷，已上俱射，附投壶"，未注明著作和时代。

（续表）

朝代	作者	书名	存佚	著录或称引
明	何宗姚	《投壶新式》一卷	佚	〔元〕马端临《文献通考》卷二百二十九"《希古集》一卷"条；〔明〕陈第《世善堂藏书目录》卷下；〔明〕郭元鸿《壶史》卷一；〔清〕沈翼机等《浙江通志》卷二百四十七"《希古集》一卷"条；〔清〕朱彝尊《经义考》卷一百四十七；〔清〕陈梦雷《古今图书集成·理学汇编·经籍典》第二百十八、三百二十一卷与四百六十一卷、罗振玉《罗雪堂先生全集》（三编）第十册卷五"礼乐"条以及王锷《三礼研究论著提要·礼记类》等著录或称引。
明	詹景凤	《投壶说》一篇	不详	〔清〕朱彝尊《经义考》卷一百四十七；〔清〕陈梦雷《古今图书集成·理学汇编·经籍典》第二百十八卷与三百二十一卷；〔清〕罗振玉《罗雪堂先生全集》（三编）第十册卷五"礼乐"条以及王锷《三礼研究论著提要·礼记类》等著录或称引。
清	周赟	《投壶谱》一卷①	不详	〔清〕徐鼒《小腆纪传》卷六十九；〔清〕钱林《文献徵存录》卷十；〔清〕沈翼机等《浙江通志》卷一百七十九"周赟"条；〔清〕朱彝尊《经义考》卷一百四十七；〔清〕朱彝尊《曝书亭集》卷七十二《布衣周君墓表》条；〔清〕陈梦雷《古今图书集成·理学汇编·经籍典》第二百十八卷与第三百二十一卷；〔清〕罗振玉《罗雪堂先生全集》（三编）第十册卷五"礼乐"条以及王锷《三礼研究论著提要·礼记类》等著录或称引。

---

① 〔清〕嵇曾筠等监修，沈翼机等编纂《浙江通志》卷二百四十七作"《投壶仪谱》一卷"、《经义考》卷一百四十七作"《投壶谱》一卷"。

第五章 《投壶》单篇别行现象论析

(续表)

朝代	作者	书名	存佚	著录或称引
不详	无名氏	《投壶经》一卷	佚	〔后晋〕刘昫等《旧唐书》卷四十七；〔宋〕欧阳修等《新唐书》卷五十九；〔宋〕王应麟《玉海》卷六十三"唐投壶经"条；〔明〕徐应秋《玉芝堂谈荟》卷三十一《金龙戏格》；〔清〕朱彝尊《经义考》卷一百四十七以及《御定佩文韵府》卷二十四之一等著录或称引。
不详	无名氏	《投壶考正》一卷	佚	〔明〕杨士奇《文渊阁书目》卷三"画谱"条；〔明〕叶盛《叶氏菉竹堂书目》卷五"画谱"条；〔清〕陈梦雷《古今图书集成·理学汇编·经籍典》第二百十八卷与三百二十一卷；〔清〕傅维鳞《明书》第五十五卷"艺谱"条；〔清〕罗振玉《罗雪堂先生全集》（三编）第十册卷五"礼乐"条与王锷《三礼研究论著提要·礼记类》等著录或称引。
不详	不详	《投壶谱》	不详	〔清〕钱曾《钱遵王述古堂书目录》卷第六；〔清〕钱曾《读书敏求记》卷三；〔清〕丁丙《善本书室藏书志》卷十七著录或称引。

上述诸表直观呈现了历代《投壶》单篇别行著作的概貌，虽大多亡佚，但是这些存世《投壶》单篇别行著作，亦为我们了解古代投壶游戏的兴衰、投壶形制与技艺的变化、古人的娱乐观念以及游艺旨趣提供了参考。

第二节 《投壶》单篇别行著作举要

《礼记·投壶》篇内容简短，内容相比《礼记》其他诸篇较为浅显，今存单篇别行著作或注重考证投壶技艺的玩法与变化，或注重以诗赋的形式吟咏古代的投壶精神，借此传达投壶礼的深层意蕴，今分类对《投壶》的这两种单篇别行著作进行简要介绍。

一、《投壶》考证性单篇别行著作举要

《投壶》考证性单篇别行著作侧重考察投壶游戏的礼法意义、玩法、技巧等问题。如虞潭《投壶变》、刘敞《投壶义》、司马光《投壶新格》、朱熹《壶说》、王恽《投壶引》、汪褆《投壶仪节》、丁晏《投壶考原》等著作，或侧重研究投壶礼产生的礼法功用，或侧重考察投壶技巧与游戏规则。今就虞潭《投壶变》、刘敞《投壶义》、司马光《投壶新格》、汪褆《投壶仪节》，丁晏《投壶新格》五部单篇别行著作加以简单介绍。

（一）虞潭《投壶变》

虞潭（259—337），字思奥，谥号孝烈，会稽余姚人，东晋将领。父虞忠，东吴宜都太守，晋灭吴时为国捐躯；母亲为孙权的孙女，识见过人，对虞潭的影响很大。虞潭清贞而有胆识，在动荡的时期，历平张昌、陈敏、杜弢之、王含与沈充之乱，为维护东晋政局的稳定做出了积极贡献。曾任祁乡令、醴陵令、南康太守、琅琊国中尉、会稽内史、辅国将军、镇军将军、吴兴太守、吴国内史、武昌县侯、开府仪同三司、光禄大人等职，享年七十九岁，"追赠左光禄大夫、开府、侍中如故"。[①] 有《投壶变》一卷、与郝冲合写《投壶经》一卷。

《投壶变》与《投壶经》今均无传本。《玉函山房辑佚书·子部·艺术类》收入的虞潭《投壶变》是马国翰根据《太平御览》第七百五十三卷辑录，但支离破碎，难窥其貌。虽然臧琳《经义杂记》、王锷《三礼研究论著提要》以及赵转仁等人主编的《中国书名释义大辞典》皆认为《太平御览》第七百五十三卷保存了

---

① 〔唐〕房玄龄等：《晋书·虞潭列传》（第7册），北京：中华书局1974年版，第2014页。

《投壶变》的部分内容①，然细观《太平御览》此条，并未标示其所引用出自《投壶变》，唯言"《投壶》曰"，是否是《投壶变》原文值得怀疑。《太平御览》此卷凡引用关于《投壶》的文献史料均说明出处，如"《左传》曰""《艺经》曰""《神异经》曰""《晋阳秋》曰"，诸如此类，唯独此条为"《投壶》曰"，怎能断定此条就是《投壶变》的内容，若出自《投壶变》为何不直言？马国翰又根据什么断定此条所引内容出自《投壶变》，笔者虽不敢断定《太平御览》所引文字是《投壶变》，但这段文字的确记载了投壶游戏在流传过程中产生的细微变化，今录其内容如下，以供参考。

谓之投壶者，取名藉蒛。渐而转易，铸金代焉。建之于后人，事生矣。壶底去一尺，其下笋以龙元。运之以鼄虾燕尾。矢十二，长二尺八寸。古者投壶，击鼓为节。带剑十二。倚十人。狼壶二十。剑骄七十。三百六十筹得一马，三马成都。②

从这段支离破碎的文字可知，此时投壶所投的矢数由四支增加到十二支，壶具的形制与样式也出现了变化，今录其文，"以待通数者解之"。③

（二）刘敞《投壶义》

刘敞（1019—1068），字原甫，又作原父，号公是，世称公是先生，临江新

---

① 〔清〕臧琳《经义杂记》言："《太平御览》载虞潭《投壶变》，文颇讹阙难解。"王锷《三礼研究论着提要》："《七录》载之，《经义考》卷一百四十七云佚，原书已佚，马国翰据《太平御览》等书，辑有其《投壶变》一卷，收入《玉函山房辑佚书·子编艺术类》，可见梗概。"赵传仁、鲍延毅、葛增福主编的《中国书名释义大辞典》曰："《太平御览》七百五十三卷，保存了该书的部分内容。……该书因记投壶器具和格谱变化而得名。有马国翰《玉函山房辑佚书》本。"皆认为《太平御览》所收录为虞潭《投壶变》的文字。

② 〔晋〕虞潭：《投壶变》，见《续修四库全书》（第1204册），上海：上海古籍出版社1995年版，第557—558页。

③ 〔晋〕虞潭：《投壶变》，见《续修四库全书》（第1204册），上海：上海古籍出版社1995年版，第558页。

喻（今江西新余）人，北宋著名的经学家、天文学家、散文家。庆历六年（1046）进士，曾任大理评事通判蔡州、太子中允、吏部南曹、尚书考功、始事中、阶朝散大夫、勋上轻车都尉、开国彭城爵公等职。为人正直，勇于进谏；学问广博，兼通百家，尤善《春秋》学。

欧阳修称其："于学博，自六经、百氏、古今传记，下至天文、地理、卜医、数术、浮图、老庄之说，无所不通。其为文章，尤敏赡。"① 全祖望《公是先生文钞序》中赞其经术"自负独步，虎视一时"。② 其著作有《春秋权衡》十七卷、《春秋意林》二卷、《春秋释例》十五卷、《春秋传说例》一卷、《公是集》五十四卷、《七经小传》三卷、《公是先生弟子记》四卷等。

《投壶义》是刘敞《公是集》中的一篇，主要论述古代燕饮中设置投壶之礼的目的和功用，所谓"盖释礼经《投壶》之义也"。③ 公是先生认为，宴席间投壶的原因有：一是运用投壶这种有礼有节的游戏避免酒祸，达到愉悦的功效；二是投壶主宾之间的揖让之礼，有助于培养人际间的敬让之礼；三是投壶这种张弛有度的游戏，可以达到修身养性的功效。故《投壶义》言：

> 古者投壶之礼，主人以宾燕而后投壶也。燕者，礼之轻者也，轻则易，易则亵，亵则慢，酒之祸，恒由此作，是以君子恶其亵以慢也。为壶矢以节其礼，全其欢也。君子之于人，苟有以欢之，必有以礼之；苟有以礼之，必有以乐之；苟有以乐之，必有以言之。宾者所法也，非法人也；所养也，非养人也。主人奉矢以亲之，言卑其身以事贤也。主人三请不怠，宾三辞不烦，尊礼重乐之义也。尊礼则敬矣，重乐则和矣，敬以和，故上下能相亲也。君子之所异乎人者，其惟易事而难说乎？不

---

① 余冠英、周振甫、启功等主编：《唐宋八大家全集·集贤院学士刘公墓志铭》（上），北京：国际文化出版公司1997年版，第980页。
② 〔清〕黄宗羲著，〔清〕全祖望补修，陈金生、梁运华点校：《宋元学案·庐陵学案》，北京：中华书局1986年版，第208页。
③ 〔明〕何乔新《投壶义跋》，见《古今图书集成》（第573册），北京：中华书局1985年版，第10页。

襃其接，所以致难悦也。主人拜送，宾辟，宾拜受，主人辟，授受之礼也。授受者人道之大也，不可以不敬也，拜以敬之也。胜饮不胜者罚也，辞不曰"罚"，曰"养"，不尚人以胜也，不耻人以不能也。饮曰"赐灌"不耻过也，不忌人以胜已也。故尚人以胜则矜，耻人以不能则怨，自耻其过则忿，忌人以胜也则愬，矜以怨，忿以愬，此辨讼之所由作也。胜者有爵贵也，有马富也，内不失其乐，外不失其功，然后富贵可保也。投顺为入，不顺虽入不释，明顺而后有功也。乐以《狸首》，以顺为节也。侍于先生长者，不角不擢马，以顺为礼也。顺为功，故弗非也；顺为节，故节可守也；顺为礼，故礼不悖也。故曰：古之君子乎，不必（一作"心"）相与言也，以礼与行示之而已矣。《诗》云："示我显德行"，此之谓也。①

《投壶义》言简意赅地阐明了《投壶》篇所载投壶游戏主宾之间的三请三辞、以乐节射、劝酒仪式等言行背后的礼仪深意。古之君子多谨言慎行，虽属宴席间的娱乐活动，仍可从中体现一个人的修养，所以刘敞曰："古之君子乎，不必（一作"心"）相与言也，以礼与行示之而已矣。"刘咸炘认为："理文之长，又得三家。北宋文疏通而不冗，则原父（刘敞）、介甫（王安石）有长焉。石斋（黄道周）晚出，而骎骎魏晋、近古所希也。"② 并列举刘敞《公是集》中《投壶义》《师以道德民论》《三代同道论》《四代养老论》《仕者世禄论》《复仇议》《处士号义》《百工说》《为政》九篇文章，认为这些文章是以理见长的典范，足见《投壶义》在阐释投壶游戏背后礼仪内涵的成功。

（三）司马光《投壶新格》

司马光（1019—1086），字公实，又字君实，号迂夫，晚号迂叟，谥号文正，

---

① 〔宋〕刘敞：《公是集·投壶义》（第6册），见《丛书集成初编》本，上海：商务印书馆1935年版，第422—423页。

② 〔清〕刘咸炘：《推十书》，上海：上海科学技术出版社2009年版，第157页。

世称涑水先生。陕州夏县（今山西夏县）人，历仕宋仁宗、宋英宗、宋神宗、宋哲宗四朝，北宋著名的文学家、史学家、政治家。司马光谦逊温和、廉洁忠义、刚正不阿的品格堪称儒家理想人格的典范，在当时与后世都备受敬仰。他一生的政治功绩远逊于文史上的成就，他主持编纂的《资治通鉴》是中国第一部编年体通史，此书不仅通过陈述国家的盛衰和民族的兴亡的事实达到了警醒后人的功效，而且为中国史书的修纂提供了典范。

司马光今存著述除了《资治通鉴》这部大部头的史书外，还有《稽古录》二十卷、《道德真经论》四卷、《古局象棋图》一卷、《集注太玄经》十卷、《家范》十卷、《类编》四十五卷、《潜虚述义》四卷、《涑水记闻》十六卷、《切韵指掌图》一卷、《投壶新格》一卷、《洛中耆英会》一卷、《温国文正司马公文集》等著作。

熙宁五年（1072），司马光任端明殿学士判西京留守御史台时，由于当时的投壶之戏不合礼意，且"恶其多取奇中者以为侥幸，因尽改之"①，故作《投壶新格》。又见《渑水燕谈录》载："司马温公既居洛，每对客赋诗谈文，或投壶以娱宾。公以旧格不合礼意，更定新格。以为倾邪险诐不足为善，而图反为其箭，多与之算，如依竿、带箭之类，今皆废其算以罚之；颠倒反复恶之大者，奈何以为上赏，如倒中之类，今当尽废壶中算以明顺逆。大抵以精审者为上，偶中者为下，使夫用机侥幸者无所措乎，此足以见公之志，虽嬉戏之间，亦不忘于正也。"②

司马光不仅对《投壶》进行了礼法层面的诠释，更制定了新的规范，因以往"倾邪险诐""颠倒反复"等投壶之法不合礼意，且对其计分法则进行了适当的调整。其《投壶新格序》云：

---

① 〔元〕马端临著，上海师范大学古籍研究所、华东师范大学古籍研究所点校：《文献通考·经籍志·子·杂艺类》（第10册），北京：中华书局2011年版，第6278页。

② 〔宋〕王辟之：《渑水燕谈录》，见《丛书集成初编》本，上海：商务印书馆1935年版，第72页。

第五章 《投壶》单篇别行现象论析

《传》曰:"张而不弛,文武弗能也;弛而不张,文武弗为也;一张一弛,文武之道也。"君子学道从政,勤劳罢倦,必从容晏息以养志游神,故可久也。荡而无度将以自败,故圣人制礼以为之节。因以合朋友之和,饰宾主之欢,且寓其教焉。夫投壶细事,游戏之类,而圣人取之以为礼,用诸乡党,用诸邦国,其故何哉?

郑康成曰:"投壶,射之细也。"古者君子射以观德,为其心平体正,端壹审固,然后能中故也。盖投壶亦犹是矣,夫审度于此而取中于彼,仁道存焉。疑畏则疎,惰慢则失,义方象焉。左右前却,过分则差,中庸着焉;得一失二,成功尽弃,诚慎明焉;是故投壶可以治心,可以修身,可以为国,可以观人,何以言之?

夫投壶者,不使之过,亦不使之不及,所以为中也;不使之偏颇流散,所以为正也;中正,道之根柢也。圣人作礼乐,修刑政,立教化,垂典谟,凡所施为不啻万端,要在纳民心于中正而已。然难得而制者,无若人之心也。自非大贤守道敦固,则放荡倾移无不至,求诸少选且不可得,是故圣人广为之术以求之,投壶与其一焉。

观夫临壶发矢之际,性无粗密莫不耸然恭谨,志存中正,虽不能久,可以习焉,岂非治心之道欤?一矢之失犹一行之亏也,岂非修身之道乎?兢兢业业,慎终如始,岂非为国之道欤?君子之为之也,确然不动其心,俨然不改其容,未得之而不慑,既得之而不骄。小人之为之也,俯身引臂,挟巧取奇,苟得而无愧,岂非观人之道欤?由是言之,圣人取以为礼宜矣。彼博奕者,以诡谲相高,以残贼相胜,孔子犹曰:饱食终日无所用心,为之犹贤乎已?况投壶者,又可鄙略而轻废哉?

古者壶矢之制,揖让之容,今虽阙焉,然其遗风余象犹彷佛也。世传投壶格图,皆以奇隽难得者为右,是亦投琼探阄之类耳,非古礼之本意也。余今更定《新格》,增损旧图,以精密者为右,偶中者为下,使夫用机侥幸者,无所措其手焉。壶口径三寸,耳径一寸,高一尺,实以小豆,壶去席二箭半。箭十有二枚,长二尺有四寸。以全壶不失者为贤；苟不能全，则积算先满百二十者胜，后者负；俱满，则余算多者胜，少者负；为图列之左方，并各释其指意焉。①

古之君子从政、学道皆追求一种张弛有度的生活状态，由射礼演变而来的投壶游戏，在宴会娱乐中，不仅"合朋友之和，饰宾主之欢，且寓其教焉"，而且"射以观德"，是游戏者品行的体现。"投壶可以治心，可以修身，可以为国，可以观人"，投壶的张弛之礼体现了古人生活娱乐中的揖让之容、谦逊之态、中庸之道、修身之术及养志之法，所以不能废弃。但当时流行的投壶游戏，虽有古投壶之遗风，却崇尚投壶的技法，而投壶所蕴含的中正之道、修身之意荡然无存，有必要重新诠释其古意，更定其游戏规则。

此外，《投壶新格》对壶具的大小、箭的长短都有明确的规定，并对投壶游戏的技法、计分法则用图画的方式展示出来，便于掌握。司马光认为"壶口径三寸，耳径一寸，高一尺，实以小豆，壶去席二箭半"，这与《投壶》篇"壶，颈修七寸，腹修五寸、口径二寸半，容豆五升"不同②，壶据投射地点的距离没有变化，唯独矢数由古代的四枚演变成十二枚，壶的口径较古代宽了半寸、壶的高度成了一尺且有双耳，与古代的投壶的外形有明显的差异。

投壶的样式有：有初、连中、有初贯耳、贯耳、连中贯耳、败箭、③全壶、有终、骁箭、横耳、横壶、依竿、龙首、龙尾、狼壶、带剑、耳依竿、倒中、倒耳等二十种，每一种都详述计分规则。其中以"全壶"为贤，以"有初""有终""有初贯耳""连中贯耳"四法为上，"有初"即首箭投中，记十算，意味

---

① 〔宋〕司马光：《投壶新格》，见王德毅主编：《丛书集成续编》（第102册），台北：新文丰出版公司1989年版，第543—544页。
② 〔汉〕郑玄注，〔唐〕孔颖达等正义：《礼记正义·投壶》，见阮元校刻《十三经注疏》本，上海：上海古籍出版社2011年版，第1666页。
③ 司马光《投壶新格》所言的败壶分两种情况：一种是"一箭不中，次箭皆为败壶"；另一种是"十二箭俱不中，若两人俱败，则亦计余算以决胜负"。

"君子做事谋始以其能慎始古赏之";① "有初贯耳"指首箭投入耳径,因耳径小却能投中,可以专心,故记二十算;"连中贯耳"即连续两次投入耳径,记二十算。此与古法不同,"旧图初箭二筹,其次每箭加二筹,尽四箭而止,甚非劝功之道。今自两箭以下,连中不绝者,皆赏之,所以勉人于不懈也。"② "有终"即最后一箭投中,记二十算,如果是有终贯耳,则记四十算,取有始有终之义,"末箭也,靡不有初,鲜克有终,故比之有初,又加算也"。③ 以"依竿""龙首""龙尾""狼壶""带剑""耳依竿"为下,因为其"倾邪险诐不在于善",④即使投中也不计算;以"倒中""倒耳"为最下,因为此类投法皆"倾倒反复,恶之大者,奈何为上赏,今尽废其算,以明顺逆之理"。⑤《投壶新格》所记录的投壶样式及记分法则均赋予儒家礼法的意味,虽然强调了投壶之礼的古礼意蕴,却影响了投壶的娱乐性。

《投壶新格》所宣扬的思想有益于治世,明清两代屡被重刊。现流传的版本主要有:

1)《居家必备》本,明刻本;

2)《说郛》本,据清顺治三年(1646)宛委山堂刻本影印;

3)《丽瘦丛书》本,清光绪三十二年(1906)九月长沙叶氏刊行。《郋园先生全书》本、《丛书集成初编》及《丛书集成续编》所收录的《投壶新格》皆属于这一版本源流。

---

① 〔宋〕司马光:《投壶新格》,见王德毅主编:《丛书集成续编》(第102册),台北:新文丰出版公司1989年版,第544页。

② 〔宋〕司马光:《投壶新格》,见王德毅主编:《丛书集成续编》(第102册),台北:新文丰出版公司1989年版,第545页。

③ 〔宋〕司马光:《投壶新格》,见王德毅主编:《丛书集成续编》(第102册),台北:新文丰出版公司1989年版,第546页。

④ 〔宋〕司马光:《投壶新格》,见王德毅主编:《丛书集成续编》(第102册),台北:新文丰出版公司1989年版,第547页。

⑤ 〔宋〕司马光:《投壶新格》,见王德毅主编:《丛书集成续编》(第102册),台北:新文丰出版公司1989年版,第547页。

(四)汪禔《投壶仪节》

汪禔,生卒年不详,字介夫,号檗庵,祁门(今属安徽)人。根据《投壶仪节·引》可知汪禔曾在太平后岗胡味泉书舍执教,于礼学颇有研究。今存作品有《投壶仪节》一卷、《檗庵集》二卷。

《投壶仪节》一书包括《合用之人》《合用之物》《仪节》《鲁鼓有节》《〈狸首〉声调》《诗乐作止之节》《奏诗投壶之节》《投壶义》《疑义》、图谱十个部分,分别就举行投壶古礼时需要的辅助人数、各自的职务、投壶游戏所用器物、投壶礼仪、诗乐对投壶节奏的调节、投壶的礼法意蕴、投壶的计分方法、宾主投壶时各自所处的位置等问题做了细致地考察和诠释。

此外,在投壶原有样式的基础上,设计了"及第登科""双龙入海""双凤朝阳""三教同流""戴冠拖入""辕门射戟""背用兵机""蛇入燕巢""双桂联芳"以及"七贤过关"十种投壶新样式,增加了投壶游戏的难度。《投壶仪节》在司马光《投壶新格》基础上,对古代投壶技术进行了革新,使投壶运动逐步远离了严肃的礼法规范,更加接近娱乐的宗旨。

汪禔为何作《投壶仪节》,此书的宗旨是什么呢?这点《投壶仪节·引》有简明论述:

> 岁丁亥,余读书太平之后岗,王主大忠谓余致功太苦,请以投壶为游息之娱。余歆其意,因取《礼记》考其礼,辨其位,约为仪节,画为图,取鲁鼓之半之犹可知者而按其节,揭《狸首》之文犹可信者而审期音。令诸生演习之,请舍馆主人所谓胡味泉者主焉。每倦眼一举行,实足以畅精神,荡血脉也。且因慨夫是礼固射礼之变,古人所甚重焉者,而世俗举莫知重焉,乃取前所辑者,命王生录为一帙,题曰《投壶仪节》。复缀集儒先之说,间附己意,著《投壶仪节》附于其后,将以告诸吾同志者,想与讲行焉,则亦庶几复古之一端云耳。是岁孟秋,

第五章 《投壶》单篇别行现象论析

新安汪禔识后岗之味泉书舍。①

从这段文字可知汪禔作《投壶仪节》的目的是：通过考证古代投壶的玩法，以备今人游息之娱。在古代，投壶是一种游戏，更是一种礼仪，而《投壶仪节》更强调其"畅精神，荡血脉"的健身功效，所以《投壶仪节》在追溯古投壶之礼意的同时，根据现存的鼓谱和《狸首》之乐重新规定投壶的节奏，并设计了新的投壶样式，增加了投壶游戏的趣味性、竞技性与娱乐性。

《投壶仪节》虽强调投壶游戏的娱人功用，但对《投壶》篇所蕴含的古礼意蕴做了全面的诠释。如对投壶所用矢的材质、长短，壶具的大小、宾主的授受之礼、胜负劝酒之礼、奏诗作乐之礼所蕴含的礼法内涵均做了注解。投壶之矢选用不去皮的柘棘是崇尚质朴；矢的长短、壶具的大小则法天地阴阳之数；主宾之间的三请三辞旨在传达彼此的敬意；奏诗作乐为避免投壶游戏流俗无序；赐灌敬养体现了君子的儒雅风度。《投壶》篇的一系列礼仪旨在强调尊尊、中庸的仁爱之道以及温文尔雅的儒者形象，《投壶仪节》对古代投壶礼的礼仪内蕴均做了诠释。

《投壶仪节》对投壶壶具的制法和明代社会所流行的壶具也进行了论述。如此时壶具的"壶口径三寸，耳径一寸，高一尺"。② 与司马光《投壶新格》所记载的壶具大小相同。此时还有"秋千壶之制，又有丈二壶之制。或二耳，或四耳，具能转运，矢之入反复不定，令人难中。不知古人以壶乐宾，不过作此以劝饮耳。故投壶之法，不在壶而在矢，不在矢而在心。置之几案之上，即高壶也，若乌龙入海、白云归洞之类，即鞦韆壶"。③ 不仅壶具的形状有了较大的变化，而且需要更高超的投壶技艺，这些变化标志着投壶游戏完全从古礼的温婉中庸走向了高调的炫技潮流中。

---

① 〔明〕汪禔：《投壶仪节》，见王云五主编：《投壶仪节及其他一种》之《投壶仪节》，上海：商务印书馆1936年版，第1—2页。
② 〔明〕汪禔：《投壶仪节》，见王云五主编：《投壶仪节及其他一种》之《投壶仪节》，上海：商务印书馆1936年版，第40页。
③ 〔明〕汪禔：《投壶仪节》，见王云五主编：《投壶仪节及其他一种》之《投壶仪节》，上海：商务印书馆1936年版，第40—41页。

《投壶仪节》本为燕息娱乐提供一套有法可依的游戏规则，开始本为小范围人群参考，后因汪禔从弟汪廉夫将此书示之程鉴亭，而使其广为流传。程鉴亭认为讲解古礼的书多文简意奥，而"《投壶仪节》，辞明义著，一览晓然。得之，不啻拱璧，以为吾宿志可偿也。爰命儿辈讲习，且命工镂广其传，以与同志者共焉"。① 既然《投壶仪节》一书可以使后人了解投壶之礼的古意，又便于学习和演练，所以付梓刊印，以共享于同道中人。

据汪禔《投壶仪节·引》"嘉庆八年吴悦五日檗庵书"②，以及"是岁二月朔日休易程源、程（王巳）"的题识③，可知此书最早的刊本应在嘉庆年间。今存版本有：

1）明万历刻本；

2）《夷门广牍》本；

3）《说郛》本，清顺治三年（1646）宛委山堂刻本；④

4）《观自得斋丛书》本。

《夷门广牍》所收《投壶仪节》实则据上海涵芬楼影印明万历刻本，《丛书集成初编》本又据《夷门广牍》本影印，可见《夷门广牍》本、《丛书集成初编》本同属于万历刻本。

---

① 〔明〕汪禔：《投壶仪节·引》，见王云五主编：《投壶仪节及其他一种》之《投壶仪节》，上海：商务印书馆1936年版，第1页。

② 〔明〕汪禔：《投壶仪节·引》，见王云五主编：《投壶仪节及其他一种》之《投壶仪节》，上海：商务印书馆1936年版，第2页。

③ 〔明〕汪禔：《投壶仪节·引》，见王云五主编：《投壶仪节及其他一种》之《投壶仪节》，上海：商务印书馆1936年版，第1页。

④ 《说郛》本认为《投壶仪节》作者的司马光，经比勘发现，此篇的作者应是汪禔。因为《说郛》卷一百零一收录的此文实则是汪禔《投壶仪节》的《合用之人》《仪节》《诗乐作止之节》《奏诗投壶之节》四部分，唯独有个别字句的差异。如：《说郛》本《投壶仪节》"赞者""鼓"字，汪禔《投壶仪节》作"赞者""鼙"；《说郛》本"请主人"条下的注释为"司射请"，汪禔《投壶仪节》作"司请宾"。此外，文字完全相同，可见此篇是汪禔《投壶仪节》无误。

（五）丁晏《投壶考原》

丁晏（1794—1875），字俭卿，亦字柘堂，晚号石亭居士，清代经学家。江苏山阳（今淮安）人，道光元年（1821）举人，因咸丰年间在籍团练有功而授三品衔。笃好郑学，精通"诗笺""礼注"，"熟于《通鉴》"，关于清末的禁烟、立法问题多有见解。有《尚书余论》二卷、《毛诗郑释》四卷、《郑氏诗谱考正》一卷、《诗考补注》二卷、《三礼释注》八卷、《周易述传》二卷、《周易讼卦浅说》一卷、《孝经述注》一卷、《投壶考原》一卷、《天问笺》一卷，辑《郑康成年谱》《禹贡集释》二卷等四十七种，共一百三十六卷，有《颐志斋丛书》等著作。①

《投壶考原》一卷，今有《续修四库全书》本，主要内容分《礼典》《传记》《赋文》《图经》四个部分。《礼典》篇是对《礼记·投壶》经文的注解；《传记》篇辑录了历史上有关投壶游戏、投壶技艺的文字资料；《赋文》篇收录了邯郸淳、王褒、张见、宋徽宗、孙逊等人以投壶为歌咏对象的诗、赋文字；《图经》篇先记载了《隋志》、新旧《唐志》中对《投壶》著作的著录、再收录《艺经》、虞潭《投壶变》以及司马光《投壶新格序》三篇对投壶的论述，最后是对投壶图谱、记分规则和投壶游戏所蕴含的深层意蕴的解说，是司马光《投壶仪节》图谱和思想的延续。

丁晏在咸丰丙辰（1856）年夏四月所作的《投壶考原》自序中说：

> 投壶，古礼之正经也。汉戴德、戴圣传之为大、小戴记。自朱子析分经、记，吴草庐定为礼之正经，即《逸礼》三十九篇之文，孔壁之古礼经也。古者射为六艺之一，投壶又射之一事。汉魏以来，祭遵、袁绍戎马之间，犹习其艺，至如王辅嗣之易学，邵康节之数理，亦从事投

---

① 参考《清儒学案·柘唐学案》第一百六十卷、《清史稿·儒林传》卷二百六十九以及《碑传集》卷七十四关于丁晏的介绍。

壶之仪。元明以后，此事寝废矣。宋司马文正公有《投壶新格》，尚可仿而行之，虽未知于古礼何如，然告朔饩羊之事存，不犹愈于樗蒲、枚猜之戏乎！余征之古籍，辑礼典、传记、赋文、图格四篇，共为《考原》一卷，以备燕宾席射之娱，庶几志正体直，反求诸身考礼正俗，此其嚆矢也夫。①

投壶之礼是古射礼的演变，汉魏之后在民间广泛流传，宋代司马光《投壶新格》旨在对当时的投壶游戏进行礼仪规范，但是阻碍了投壶运动的广泛流传，但从《镜花缘》与《金瓶梅》两部小说对投壶技艺的记载中，投壶运动在元明还有流传，只是偏离古之礼意更远。所以丁晏作《投壶考原》，希望能考证投壶游戏的古礼意蕴，在修身养志的同时，"以备燕宾习射之娱"。

二、以"投壶"为吟咏对象的文学作品

以"投壶"为吟咏对象的作品很多，今仅选取以"投壶"为题名的文学作品加以简要分析。王粲、傅玄和邯郸淳皆写有《投壶赋》，但王粲和傅玄两人之赋皆亡佚，仅残存序言。唯独邯郸淳的《投壶赋》残存。

据《魏略》载："邯郸淳，字符淑，作《投壶赋》千余言。奏之文帝，以为工，赐帛十疋。"② 今虽残阙，但对投壶之礼的设置缘由、壶具规格、投矢材质和数量、投壶的程序和仪式等均用韵文表现了出来。今胪列其残文如下。

> 古者诸侯问于天子之事，则相朝也。以正班爵，讲礼献功。于是乃

---

① 〔清〕丁晏：《投壶考原》，见王德毅主编：《丛书集成续编》（第102册），台北：新文丰出版公司1989年版，第553页。
② 《三国志·魏志·王卫二刘傅传》一文中，裴松之对邯郸淳的注解条曰："《魏略》曰：淳一名竺，字子叔。……淳作《投壶赋》千余言奏之，文帝以为工，赐帛千匹。"详见〔晋〕陈寿撰，〔宋〕裴松之注：《三国志·魏志·王卫二刘傅传》（第3册），北京：中华书局1975年版，第603页。

第五章 《投壶》单篇别行现象论析

崇其威仪,恪其容貌。繁登降之节,盛揖拜之数。机设而弗倚,酒澄而弗举。肃肃济济,其惟敬焉。敬不可久,礼成于饫,乃设大射,否则投壶。植兹华壶,凫氏所铸。厥高二尺,盘腹修颈。饰以金银,文以雕镂。□□□□,象物必具。距筵七尺,杰焉植驻。矢维二四,或柘或棘。丰本纤末,调劲且直。执笴奉中,司射是职。曾孙侯氏,与之乎皆得。然后观夫投者之闲习,察妙巧之所极。骆驿联翩,爰爰兔发。翻翻隼集,不盈不缩。应壶顺入,何其善也。每投不空,四矢退效。既入跃出,荏苒偃仰。俛俛趋下,馀势振掉,又足乐也。拟议于此,命中于彼,动之如志,靡有违也。譬诸为政,群职罔弛也。左右毕投,效奇数钧。列置功笴,称善告贤。三载考绩,幽明始分也。比投不释,增是自遂。虽往有功,义所不贵。《春秋》贬翚,亦犹是类也。若乃摄矢作骄,累掇联取。一往之纳二,巧无与耦,斯乃绝伦之才,尤异之手也。柯列苑布,匪罕匪稠。虽就置犹弗然,矧迺绝之所投,惟兹巧之妙丽,亦希世之寡俦。调心术于混冥,适容体于便安,纷纵奇于施舍,显必中以微观。悦举坐之耳目,乐众心而不倦。瑰玮百变,恶可穷赞!①

从这篇赋文中我们得知,古代天子诸侯朝会或举行射礼或举行投壶之礼,目的是保持君臣之间的敬意与敬容,因为"敬不可久,礼成于饫,乃设大射,否则投壶",通过射礼或者投壶之礼可以延续这种尊敬之容。投壶礼的三揖三让以及投壶时以音乐作为节奏皆是这种"肃肃济济,其惟敬焉"的体现。投壶除了"悦举坐之耳目,乐众心而不倦"外,还可以"调心术于混冥,适容体于便安,纷纵奇于施舍,显必中以微观"。邯郸淳此赋对投壶之礼的产生缘由、投壶程序以及功用都有论及,使投壶礼增添了艺术韵味。

王粲、傅玄二人的《投壶赋》今已亡佚,从残留的序言中我们可以看出这两篇皆有强调投壶正己修身的礼法意蕴。如王粲《投壶赋序》曰:"夫注心锐

---

① 韩格平:《全魏晋赋校注》,长春:吉林文史出版社2008年版,第70页。

念,自求诸身,投壶是也。"① 傅玄《投壶赋序》云:"投壶者,所以矫懈而正心也。"②

再如:刘子翚《投壶》诗所云:"暇日宾朋集,投壶雅戏同。旁观惊妙手,一矢废前功。礼盛周垂宪,词夸晋起戎。区区论胜负,转眼事还空。"③ 投壶游戏所承载的儒家礼仪已经淡薄了很多,成为亲朋好友宴集时的遣兴方式,孰胜孰负均无关紧要,重在当时的尽兴,"转眼事还空"则多了一层理性的感伤。

第三节 《投壶》单篇别行的原因与价值

投壶作为古代燕饮中的一种娱宾遣兴的游戏,因其寓教于乐的性质,故均有单篇别行著作流传。从历代《投壶》单篇别行著作中,我们看到古代投壶礼的发展演变过程,为我们研究古人的娱乐生活保留了历史文献。

一、《投壶》单篇别行的原因

郑玄认为投壶是宾客燕饮时讲论才艺的一种礼仪,"名曰《投壶》者,以其记主人与宾客燕饮,讲论才艺之礼。"④ 吕大临认为投壶是简易后的射礼,射礼因对场地和参加人数的多少均有严格的限制,当"庭之修广或不足以张侯置鹄,宾客之众或不足以备官比耦"时,燕礼之中可以举行此礼。投壶不仅可以"乐

---

① 吴云、唐绍忠:《王粲集注》,郑州:中州书画社1984年版,第56页。
② 〔宋〕李昉等撰:《太平御览》(卷七百五十三),见景印《文渊阁四库全书》(第899册),台北:商务印书馆,第665页。
③ 〔宋〕刘子翚:《屏山集·投壶》(卷十六),见景印《文渊阁四库全书》(第1134册),台北:商务印书馆,第页。
④ 〔汉〕郑玄注,〔唐〕孔颖达等正义:《礼记正义·投壶》,见阮元校刻《十三经注疏》本,上海:上海古籍出版社2011年版,第1665页。《经典释文》云:"皇云:'与射为类,宜属嘉礼。'或云:'宜属宾礼。'"

第五章 《投壶》单篇别行现象论析

宾""习容"以及"讲艺",还可以从中观察人的德行,所以一直流传不废。

> 投壶,射礼之细也。射者,男子之所有事,因而饰之以礼乐也。古者诸侯之射也,必先行燕礼。卿大夫士之射也,必先行乡饮酒之礼。因燕礼之闲,且以乐宾,且以习容,且以讲艺也。投壶者,不能尽于射礼而行其节也。庭之修广或不足以张侯置鹄,宾客之众或不足以备官比耦,则是礼也。弧矢之事虽不能行,其容体比于礼,其节比于乐,志正体直,审固而求中,所以观德者犹在此,先王所以不废也。壶之为器,所以实酒而置之席间者也,原其始也,必以燕之间,谋以乐宾,或病于不能为射也,举席间之器,以寄射节焉,此投壶所由兴也。①

吕大临对投壶礼产生的源头和功用作了推测,既然投壶是"不能尽于射礼而行其节"的诞生的一种燕饮游戏,是射礼功用的浓缩,那么投壶所蕴含的礼法思想不言自明。古代举行射礼是为了表明君臣之义和长幼之序,参加射礼之人的言行举止皆应合乎立法规定。这点《礼记·射义》有详细的记载:

> 古者诸侯之射也,必先行燕礼。卿大夫士之射也,必先行乡饮酒之礼。故燕礼者,所以明君臣之义也。乡饮酒之礼者,所以明长幼之序也。故射者进退周还必中礼。内志正,外体直,然后持弓矢审固;持弓矢审固,然后可以言中。此可以观德行矣。……是故天子以备官为节,诸侯以时会天子为节,卿大夫以循法为节,士以不失职为节。故明乎其节之志以不失其事,则功成而德行立;德行立,则无暴乱之祸矣。功成则国安,故曰射者,所以观盛德也。是故古者天子以射选诸侯、卿、大夫、士。射者,男子之事也,因而饰之以礼乐也。故事之尽礼乐而可数

---

① 〔宋〕卫湜:《礼记集说》卷一百四十六,见《中华再造善本·唐宋编·经部》,北京:国家图书馆出版社2005年版。

为，以立德行者莫若射，故圣王务焉。①

天子、诸侯、卿、大夫之间的射礼具有浓郁的政治伦理意味，射礼不仅表明了君臣长幼之序，而且是与射者德行修养的集中体现；不仅是一场政治性质的雅集，而且是男子走向仕途之路的必备修养，更是维护国家内部秩序的重要礼乐工具。投壶之礼源于射礼，其身上的礼法意蕴甚浓，也正因为这一点《投壶》从《礼记》中析出单行，其记载的宾主的三揖三让、投壶时宾主所处的位置、以鼓为节的投壶节奏、投壶者以及敬酒者的仪容与言行，无一不凸显儒家礼法之"敬"，以此为基点而考察参与者的言行举止，"是投壶可以治心，可以修身，可以为国，可以观人，"②投壶成为一种寓教于乐的游戏活动。

《投壶》体现了古人谦和的处世态度，参加投壶游戏的双方在此过程中都极度的专注和谦让，体现了中国人张弛有度而彬彬有礼的处事态度。胜者不因胜而傲慢，输者不因输而恼怒，"胜饮不胜者罚也，辞不曰'罚'，曰'养'，不尚人以胜也，不耻人以不能也。饮曰'赐灌'不耻过也，不忌人以胜已也"。③胜者的"敬养"，饮酒者的"赐灌"，投壶之礼沉浸在其乐融融的娱宾过程中。投壶是古代士人宴席中常玩的一种游戏，这种以"敬"为中心的娱乐方式，奠定了古人儒者谦和的性格底色，从另一侧面展示了古人的胸怀气度和人格精神。

投壶作为燕饮间娱宾助兴的游戏，同时又体现了古人于游戏中观人的功利目的，投壶礼仪所蕴含的这种双重功能，有助于《投壶》出现单篇别行著作，并促使投壶游戏在后世的传播过程中产生了众多有趣的玩法。

此外，投壶游戏还具有调节气血，修身养性的作用。宋代理学家胡瑗曾告诫

---

① 〔汉〕郑玄注，〔唐〕孔颖达等正义：《礼记正义·投壶》，见阮元校刻《十三经注疏》本，上海：上海古籍出版社2011年版，第1686—1687页。
② 〔宋〕司马光：《投壶新格》，见王德毅主编：《丛书集成续编》（第102册），台北：新文丰出版公司1989年版，第543页。
③ 〔宋〕刘敞：《公是集·投壶义》（第六册），见《丛书集成初编》本，上海：商务印书馆1935年版，第422—423页。

门下弟子曰:"食饱未可据按或久坐,皆于气血有伤,当习射投壶游息焉。"① 汪禔《投壶仪节引》亦曰"每倦暇一举行,实足以畅精神,荡血脉也"。② 投壶即可调节气血,又可使人养志游神,矫懈正心,即"夫注心锐念,自求诸身,投壶是也"。③ 投壶的这种养生功用,也可以算为其单篇别行的一个主要原因。

二、《投壶》单篇别行著作的价值

投壶之戏在春秋时期已经产生,《左传》所载晋侯与齐侯之间的一次具有政治争斗意味的投壶游戏④,便反映了投壶之戏在社会上层的流行。秦汉之后,投壶游戏广泛流传,壶具由无耳变为二耳、四耳;投壶样式多样,难度也随之增加,除了最原始的投壶之法外,汉武帝时郭舍人⑤,石崇的婢女的隔屏而投,《晋阳秋》中王胡之的闭目投壶,乃至后世《投壶新格》详细记录了有初、连中、有初贯耳、贯耳、连中贯耳、全壶、有终、骁箭、横耳、横壶、依竿、龙首、龙尾、狼壶等二十种投壶样式和具体的计分规则。

汪禔《投壶仪节》在司马光《投壶新格》的基础上设计了"及第登科""双龙入海""双凤朝阳""三教同流""戴冠拖人""辕门射戟""背用兵机""蛇入燕巢""双桂联芳""七贤过关"十种投壶新样式,一改司马光去奇巧炫技的规

---

① 〔宋〕邵伯温:《闻见录》(卷八),见景印《文渊阁四库全书》(第1038册),台北:商务印书馆1983年版,第758页。

② 〔明〕汪禔:《投壶仪节》,见《丛书集成初编》本,上海:商务印书馆1936年版,第1页。

③ 吴云、唐绍忠:《王粲集注》,郑州:中州书画社1984年版,第56页。

④ 按:《左传·昭公二十年》:"晋侯以齐侯宴,中行穆子相。投壶,晋侯先。穆子曰:'有酒如淮,有肉如坻。寡君中此,为诸侯师。'中之。齐侯举矢曰:'有酒如渑,有肉如陵。寡人中此,与君代兴。'亦中之。伯瑕谓穆子曰:'子失辞,吾固师诸侯矣。壶何为焉?其以中俑也。齐君弱,吾君归,弗来矣。'穆子曰:'吾军帅强御,卒乘竞劝,今犹古也,齐将何事?'公孙傁趋进,曰:'日旰君勤,可以出矣。'以齐侯出。"

⑤ 〔晋〕葛洪撰《西京杂记》记载曰:"武帝时,郭舍人善投壶,以竹为矢,不用棘也。古之投壶取中而不求还,故实小豆于中,恶其矢跃而出也。郭舍人则激矢令还,一矢百余反,谓之为骁。言如博之擎枭于掌中,为骁杰也。每为武帝投壶,辄赐金帛。"北京:中华书局1985年版,第37—38页。

范，更加突出投壶游戏的技巧性和娱乐性。

从历代《投壶》单篇别行著作以及记录投壶游戏的相关资料看，虽然燕饮过程中仍有投壶之礼，但先秦时代其所蕴含的礼法深意逐渐消退，汉魏之后娱宾遣兴的意味愈长愈浓，虽然司马光极力想扭转当时投壶之礼娱乐化的倾向，但反而使投壶之礼逐渐衰落。汪禔《投壶仪节》虽言投壶古礼，但更倾向投壶的娱乐性与竞技性。曾经象征中正之道的玩法逐渐被炫技遣兴夺取了风头，投壶游戏渐渐褪去礼法的严肃外衣，融入俗世遣兴的娱乐游戏之中。

投壶是射礼之细，这一特点体现了古代体育运动重礼法而轻竞技的特点。投壶之礼的产生就是强调君臣长幼之间彬彬有礼的状态，注重对人言行举止的节制与约束，从而达到维护儒家伦理道德的功用。正如刘敞所言："古者投壶之礼，主人以宾燕而后投壶也。燕者，礼之轻者也，轻则易，易则亵，亵则慢，酒之祸，恒由此作，是以君子恶其亵以慢也。为壶矢以节其礼，全其欢也。君子之于人，苟有以欢之，必有以礼之；苟有以礼之，必有以乐之；苟有以乐之，必有以言之。"[①]

古代投壶礼除了具备射礼严肃的政治意蕴外，还主张对个体言行的约束，从中我们可以看到，中国古代的体育活动，名为娱宾遣兴实则礼法韵味十足，注重谦和有礼而非精湛技巧。《投壶》单篇别行著作为我们解说了投壶之礼的精髓，更为我们了解古人的游艺文化提供了珍贵的体育史料。

以《投壶》为吟咏对象的诗赋作品留存虽然不多，却使古代投壶之礼走进文学作品的表现视域，而本书所收录的那些涉及"投壶"游戏的文学作品，不仅拓展了文学作品表现社会生活的范围和广度，而且极大程度为我们展示了古人日常生活的雅趣，有助于我们研究古代的娱乐精神和民俗文化。

本章小结

《投壶》虽然内容简短，却体现了古人对个人修养的重视。历代《投壶》单

---

① 〔宋〕刘敞：《公是集》（第六册），见《丛书集成初编》本，上海：商务印书馆1935年版，第422—423页。

篇别行著作，或以投壶为吟咏对象，或注重考证投壶的玩法与技术演变，体现了投壶游戏从儒家燕饮礼仪向俚俗娱乐的演变。投壶之礼的下移与以"投壶"为吟咏对象的文学作品的出现，不仅表明了儒家寓教于乐方法的成功，更为我们揭开了古人精神娱乐生活的一隅，为后人研究古人的游艺生活提供了珍贵史料。

| 结语 |
《礼记》单篇别行的原因与价值

《礼记》诸篇本来单篇流传,收入《礼记》后,有些篇目又从中析出单篇别行。通过考察《檀弓》《王制》《月令》《深衣》《投壶》单篇别行著作,发现这些单篇别行篇目不仅内容精善完整,而且与人们的日常生活和国家治理息息相关,虽出现单篇别行著作的时间早晚及数量多寡均存在差异,却为《礼记》研究开拓了新的学术增长点。《礼记》单篇别行著作传承了中国传统文化,为我们了解古代社会的伦理建构、学术思潮、科技水平以及古人的思想观念保存了极具价值的史料,对当下和谐社会的建设仍具有重要的指导意义。

一、《礼记》单篇别行的原因

单篇别行是古书常见的现象,余嘉锡先生已有论述,但任何一个文本都有个体差异性,只从古书流传惯例这个角度看待这种现象显然是有遮蔽的。为何《礼记》会有一半篇目单篇别行,而且出现时间早晚、数量多寡不同,我们可以从社会政治需要和文本内容两个方面再去思考。《礼记》是一部古代礼法的百科全书,礼不仅是个体修身养性的需要,而且也是历代帝王治理国家的核心思想,有必要用新时代的思想诠释经典礼学的篇目,这是《礼记》单篇别行现象产生的原因之一。加之《礼记》诸篇皆内容相对独立,且文义精善,亦可单篇别行。

礼是经过漫长的时间沉淀而形成的一种约定俗成的礼仪规范,是人类性情的外在表现形式,是个体自身处世的必备修养,更是维护社会稳定、国家昌盛的保

结语 《礼记》单篇别行的原因与价值

证,所谓"兴于《诗》,立于《礼》,成于《乐》"是也。① 礼存在于社会生活的每个角落,故有"人有礼则安,无礼则危,故曰:礼者不可不学也"之说。② 《礼记》所记礼之文包括丧服制度、丧礼、祭礼、婚礼、冠礼、王者之法、夫妇之法、养老之法、育子之法、君臣之道、夫子之道等众多方面,在处理人与人、人与社会、社会各阶层之间的关系方面,提供了礼仪规范,这也是《礼记》诸篇单篇别行的主要原因。

礼是治国之利器,强调内在的等差秩序。人与人之间、个人与宗族之间、个体与国家之间的诸多关系,唯有以礼来规范方能有条不紊。礼不仅可以"定亲疏,绝嫌疑,别同异,明是非"③,而且构建了封建王朝亲亲尊尊的社会伦理秩序,维护了国家社会的稳定。"道德仁义,非礼不成;教训正俗,非礼不备;分争辨讼,非礼不决;君臣上下,父子兄弟,非礼不定;宦、学事师,非礼不亲;班朝、治军,莅官、行法,非礼威严不行;祷祠、祭祀、供给鬼神,非礼不诚不庄。是以君子恭、敬、撙、节、退、让以明礼。鹦鹉能言,不离飞鸟。猩猩能言,不离禽兽。今人而无礼,虽能言,不亦禽兽之心乎!夫唯禽兽无礼,故父子聚麀。是故圣人作,为礼以教人,使人以有礼,知自别于禽兽。"④ 是否懂礼是人与动物的区别之一,更是顺利处理人类社会各种复杂关系的前提,抽象的道德仁义思想唯有通过礼法才可以落到实处;人与人之间出现问题纠纷时,唯有礼法才能明辨是非;君臣、上下、父子、兄弟之间的名分,唯有利用礼法才能明确制定;大到社会职务、宗庙祭祀、小到个人言行举止,礼都做了明确的规定。由于礼的存在,复杂的伦理纲常才能井然有序,各行各业才能根据自己所处的社会地

---

① 〔魏〕何晏等注,〔宋〕刑昺疏:《论语注疏·泰伯》,见阮元校刻《十三经注疏》本,上海:上海古籍出版社2011年版,第2487页。
② 〔汉〕郑玄注,〔唐〕孔颖达等正义:《礼记正义·曲礼》,见阮元校刻《十三经注疏》本,上海:上海古籍出版社2011年版,第1231页。
③ 〔汉〕郑玄注,〔唐〕孔颖达等正义:《礼记正义·曲礼》,见阮元校刻《十三经注疏》本,上海:上海古籍出版社2011年版,第1231页。
④ 〔汉〕郑玄注,〔唐〕孔颖达等正义:《礼记正义·曲礼》,见阮元校刻《十三经注疏》本,上海:上海古籍出版社2011年版,第,1231页。

位从事相应的职务，整个国家的管理才能井井有条，否则人类社会便陷入无序混乱的状况。"国家之败，有事而无业，事则不经；有业而无礼，经则不序；有礼而无威，序则不共；有威而不昭，共则不明。不明弃共，百事不终，所由倾覆也。"① 如果治国不以礼，或者礼法不严明，国家社稷便会有颠覆的危险，礼制在维护国家稳定方面的作用不言而喻，这便为以德治国思想提供了理论上的依据。

《礼记》单篇别行的各篇皆与维护国家社稷息息相关，所以历代都有单篇别行著作。如《月令》体现了古代天人合一的治国思维和与时偕行的生存理念，古人认为人类社会的一切活动都应与自然界的四时规律一致。蔡邕《月令章句》认为《月令》可以为王者治国提供指南，因为"法象莫大乎天地，变通莫大乎四时，悬象著明莫大乎日月，故先建春以奉天，奉天然后立帝，立帝然后言佐，言佐然后列昆虫之别。物有形可见，然后言声可闻，故陈音。有音然后清浊可听，故言钟律。均声可以章，故陈酸膻之属也。群品以著五行，为用于人，然后宗而祀之，故陈五祀。此以上者圣人记事之次也，东风以下者，效初气之序也。二者既立，然后人君承天时行庶政，故言：帝者，居处之宜，衣服之制，布政之节，所明钦若昊天，然后奉天时也"。② 人类社会存在都有一定的秩序，身处宇宙之中的人类，唯有遵循四时变化这一规律才能与自然和谐相处，才能处理好社会生活中的种种事务，这是天时观念对人类言行举止的规范，对国家治理的启示。唐玄宗敕令李林甫等人作《唐月令注》，并亲自刊定，将《月令》从《礼记》第五篇移至第一篇。宋张虙撰写《月令解》的目的也是希望君王能够以《月令》中所蕴含的自然规律自警，以便更好地治理国家。若"陛下守此，则可以裁成天地之道，可以辅相天地之宜，岂为修养之术哉？"③ 足见《月令》的时政观念不仅在国家政治思想领域占有重要地位，而且对个体的修身养性也具有指

---

① 〔晋〕杜预注，〔唐〕孔颖达等正义：《春秋左传正义·昭公十三年》，见阮元校刻《十三经注疏》本，上海：上海古籍出版社2011年版，第2071页。
② 〔清〕马国翰：《玉函山房辑佚书》（经编第24册），长沙嫏嬛馆光绪9年。
③ 〔宋〕张虙：《奏〈月令解〉劄子》，见《月令解》，《四明丛书》本。

结语 《礼记》单篇别行的原因与价值

导作用。

《曲礼》《檀弓》《祭义》三篇多言侍奉长辈之礼、丧葬之礼、祭祀之礼，传递了中国传统的孝文化，而以"孝"治天下是历代君王常用的一种治国策略。"孝，礼之始也。"① 孝是中国礼乐文化的根基，在中国礼法构建过程中具有重要地位。孝本来是具有血缘关系的晚辈对长辈的一种自然而然的情感流露，随后推及同辈之间的尊让友善，最后延伸到无血缘关系的人之间。"身也者，父母之遗体也。行父母之遗体，敢不敬乎？居处不庄，非孝也。事君不忠，非孝也。莅官不敬，非孝也。朋友不信，非孝也。战陈无勇，非孝也。五者不遂，灾及于亲，敢不敬乎？亨、熟、膻、芗，尝而荐之，非孝也，养也。君子之所谓孝也者，国人称愿然曰：'幸哉有子如此'，所谓孝已。众之本教曰孝，其行曰养，养可能也，敬为难；敬可能也；安为难，可能也，卒为难。父母既没，慎行其身，不遗父母恶名，可谓能终矣。仁者，仁此者也。礼者，履此者也。义者，宜此者也。信者，信此者也。强者，强此者也。乐自顺此生，刑自反此作。"② 从中我们可以看到孝对人们言行的约束，看到了单纯的亲情之孝向君臣之间的忠孝、朋友之间的诚信以及仕宦之途的忠义等内涵拓展的痕迹。

儒家以"孝"为基础建立了一套三纲五常社会伦理秩序，从而实现维护政治稳定的目的。若没有对孝的规范与宣扬，因孝而建立起来的一切秩序都会瞬间崩塌。而《曲礼》多言事长辈之礼、《檀弓》篇多言丧葬之礼，《祭义》篇多言祭祀之礼，与国家政治生活中提倡的以"孝"治国理念息息相关，故皆有单篇别行著作流传。无怪乎林居仁雕印孙濩孙《檀弓论文》时言："圣门教人兴《诗》立《礼》，而《檀弓》一书读之令人油然兴仁孝之心，是亦《礼》亦可以兴也。"③

---

① 〔晋〕杜预注，〔唐〕孔颖达等正义：《春秋左传正义·文公三年》，见阮元校刻《十三经注疏》本，上海：上海古籍出版社2011年版，第1839页。

② 〔汉〕郑玄注，〔唐〕孔颖达等正义：《礼记正义·祭义》，见阮元校刻《十三经注疏》本，上海：上海古籍出版社2011年版，第2071页。

③ 〔清〕孙濩孙：《檀弓论文》，见《四库全书存目丛书》（第102册），济南：齐鲁书社1996年版，第566页。

《礼记》单篇别行研究

《礼记》"义之精者"皆可单篇别行。《礼记》诸篇并非一人一时所作，每篇都有完整的思想内容，未收入《礼记》时，诸篇本是单篇流传于世，收入《礼记》之后，篇与篇之间也没有必然的联系，仍可单篇别行。皮锡瑞认为："《礼记》非一人所撰，义之精者本可以单行。……蔡邕作《月令章句》及《问答》，宋太宗令以《儒行》篇刻于版，印赐近臣及新第举人。司马光《书仪》云：《学记》《大学》《中庸》《乐记》，为《礼记》之精要。黄道周作《月令明义》《表记》《坊记》《缁衣》《儒行集传》、黄宗羲作《深衣考》、江永作《深衣考误》、邵泰衢作《檀弓疑问》、焦循谓于《礼运》《礼器》《中庸》《大学》得其微，是皆于四十九篇之中，分篇别出者。锡瑞谓《王制》为今文大宗，用其说可以治天下，其书应分篇别出。《礼运》说礼极精，应亦分篇别出。"① 皮氏从文本的思想内容方面指出了《礼记》单篇别行的原因，但《王制》在宋代时已有单篇别行著作，或许因时代久远，文本亡佚等诸多原因皮氏未见。《礼运》的单篇别行文本出现在清代，廖平《礼运三篇合解》、康有为《礼运注》、方思仁《礼运大同篇注释》，除了当时社会思潮的需要外，或许与皮锡瑞此论有一定联系。

纵观《礼记》一书，思想内容精善者举不胜举。《曲礼》所记之礼琐碎，涉及起居、洒扫、敬老、立身、处事等礼仪规范，对礼的本质，宗旨和意义也进行了细致阐述。《檀弓》专论丧葬之礼，从丧葬的角度强调了礼制亲亲、尊尊的等阶本质。《王制》和《月令》可谓王者的施政大纲，前者注重阐述禄爵、养老、祭祀等方面的法度，后者侧重王者天人合一，以时为政的治国理念。《内则》主要记录家庭内部的各种人际关系，如夫妇与舅姑之间的礼仪规范、夫妇之礼、男女之礼、庶子事宗子之礼、养老之礼以及养育后代之礼，为处理日常生活中人与人之间的关系提供了可依的章法。《学记》论述了古代教学的方法、教育原则以及目的，是我国最早的一篇对古代教学理论进行系统总结的教育类著作。《投壶》记录了古代士大夫娱宾遣兴之法，体现了古人的娱乐精神。《明堂位》记载

---

① 〔清〕皮锡瑞：《经学通论》，北京：中华书局2011年版，第79页。

| 结语 《礼记》单篇别行的原因与价值 |

了古代诸侯朝见周天子之礼,为后世朝见之礼提供了轨范。《深衣》短而精悍,论述了深衣之制的礼法深意,体现了古人谨言慎行的中庸性格,彰显了古人中正的精神气节。《冠义》《昏义》分别论述了古代男女的成人礼及其意义、婚姻在社会生活中的重要性。《礼记》单篇别行诸篇涉及社会生活众多方面的礼仪轨范,小到个体家庭,大到国家社稷都有精辟论述,这是《礼记》各篇单篇别行的又一原因。

《礼记》作为一部经典的古代礼学著作,是人们日常生活必备的礼仪规范。小到饮食、言语、揖让、洒扫等方面的礼仪规范,大到婚丧嫁娶、宗庙祭祀之礼,《礼记》或有专篇论述,或有零星记录,与人们的生活息息相关,所以历代都有单篇别行著作,以方便参考使用及广泛传播。文人依照《礼记》的规范达到了修齐治平的人生理想,帝王根据《礼记》所规范的礼法规范,维护了社会政治的稳定与繁荣。

《礼记》所体现的礼法,既是理想人格的体现,又是一种治政工具,将个体、宗族、国家紧密地融为一体,而生命个体无形中也自觉地用这套礼制约束着自己,以便实现个体的人生价值、宗族的荣誉,维护着家国的稳定、社会的繁荣。正如伽达默尔所说:"权威并不依赖教条的力量,而是依靠教条的接受生存。……真正的权威所具有的遵从既不是盲目的,也不是奴性的服从。"① 《礼记》单篇别行著作体现了历代士人与王朝政治对古代礼法的自觉接受和遵从,展示了《礼记》诸篇对当时人们的日常生活以及国家事物的巨大影响。

二、《礼记》单篇别行的价值

任何一个文本所表述的内容以及其身上所体现的时代特色,都为我们研究当时的学术思潮提供了宝贵的史料。历代《礼记》单篇别行著作,展现了两汉至民国期间学术思潮的变化。通过对历代《礼记》单篇别行著作的纵向考察,一个微观的学术思潮演变过程清晰地呈现出来,为我们考察古代学术史与社会史提

---

① 〔德〕伽达默尔:《哲学解释学》,上海:上海译文出版社1994年版,第3页。

供了有价值的参考资料。

从当时学者对经典著作的阐释中，我们可以了解当时学术思潮演变的蛛丝马迹。因为"文本是学术思想言说的符号踪迹，是学术思想交往的理性工具，是学术精神超越的信息桥梁。学者总是通过对一定文本的理解、诠释，才能凝练体现时代精神的学术核心话题，体现学术的人文关怀，并融入民族生命智慧的人文语境"。① 学者通过诠释经典著作来传递他们的学术思想和政治见解，以便时代话题得到详尽地阐释，时代精神得以理想地安顿。《礼记》单篇别行著作便是时代核心话题的理想载体，它们反映了每个时代的学术精神和主旨，是抽象的学术精神渗透到社会生活诸多领域的媒介。

以《檀弓》为例，《檀弓》的单篇别行文本最早出现在宋代，主要侧重《檀弓》文章之法的鉴赏，这与唐宋时期的古文运动有密切的关系。明代的《檀弓》单篇别行著作则呈现出释经和鉴赏融为一体的倾向，在对《檀弓》鉴赏性单篇别行著作传统的继承基础上，更多是借训诂经文发挥著者的思想。明代《檀弓》单篇别行著作的这种倾向与明代文坛有密切关系，无论是散文的"复古"还是"反复古"运动，其根源都可以追溯到《檀弓》时代的散文艺术，明代延续了宋学的怀疑精神，秉承了朱熹以"经"言"经"，"惟本文本义是求"的经典诠释原则②，注重阐发文本自身的义理。故此时《檀弓》单篇别行著作所阐发的义理，除了少数值得肯定外，多有臆断之嫌，如杨慎《檀弓丛训》"于诸家撷其英华纪载之蒙发焉"③，陈与郊《檀弓辑注》对"《檀弓》名称以及《檀弓》章节中的字词释义颇有可采之处"④，姚应仁《檀弓原》"删节陈氏《集说》，益以诸家评注，而参以己意，亦往往失之臆断"。⑤ 清代学术为纠正宋明理学重义理阐发，浮游无根的学术风气，重视证据的考据学从边缘走到了学术的中心。这一时

---

① 张立文、祁润兴：《中国学术通史》（宋元明卷），北京：人民出版社2004年版，第16页。
② 〔清〕朱熹：《朱文公文集·答吕子约》，《四部丛刊初编》本。
③ 〔明〕杨慎：《檀弓丛训》，上海：商务印书馆1939年版，第1页。
④ 〔清〕纪昀等：《钦定四库全书总目》（整理本），北京：中华书局1997年版，第304页。
⑤ 〔清〕纪昀等：《钦定四库全书总目》（整理本），北京：中华书局1997年版，第305页。

| 结语　《礼记》单篇别行的原因与价值 |

期的《檀弓》单篇别行著作多考证性著作，如毛奇龄《檀弓订误》、邵泰衢《檀弓疑问》、夏炘《檀弓辨诬》等，这些考证性单篇别行著作对《檀弓》的文本内容、名物制度、作者问题等都用详实的史料去考察印证。

《月令》《投壶》《深衣》等单篇别行著作到了清代也一改先前注重经义训诂阐发的风格，多出许多考证性、辑佚性的著作，如莫熺《月令考》、孙国仁《月令辑佚》和《礼记月令考异》、俞樾《七十二候考》、丁晏《投壶考原》、黄宗羲《深衣考》、江永《深衣考误》等著作。经典著作成为当时学术话题阐释发挥的载体，也是当时学术思潮得以广泛传播的载体，从历代《礼记》单篇别行著作的流传过程中，我们看到了学术思潮的变化以及其与经典文本阐释之间的密切关系。

此外，《礼记》单篇别行著作保留了大量关于中国学术史、经济史、音乐史、服饰史、科技史等领域的文献史料。如蔡邕《月令章句》对冰雹、霜、彩虹等自然现象形成原因的描述，反映了当时东汉人们的认知水平；其对钟律产生原因的论述，常被后代的历史学家、考据学家和音乐家所征引。因仿《月令》而产生的一系列"月令体"文献，如《荆楚岁时记》《四民月令》《秦中岁时记》《岁时广记》《帝京岁时纪胜》等文献，为我们了解古代社会的农业、经济、民风民俗保留了大量的宝贵文献。戴震《深衣考》、江永《深衣考误》、任大椿《深衣释例》对深衣制度以及所蕴含的深意都有透彻考证，为我们研究古代服制变化提供了珍贵的参考资料。黄道周的《月令明义》《表记集传》《坊记集传》《缁衣集传》《儒行集传》虽有改经之嫌，但意存规诫，有益于世教，黄道周《礼记》"五书"，反映了明代学术由空谈心性向经世致用的转变。《礼记》单篇别行著作凝结了中国古人的智慧，传承了中国传统文化，展示了中国学术演变的轨迹，是我们研究古代社会的礼俗风尚、政治理念、科学技术、农业经济等领域的一座史料库。

历代《礼记》单篇别行著作凸显了《礼记》以及其单篇别行篇目在中国思想史中的重要地位，涉及古人的日常社会生活、治国理念、社会伦理观念、处世哲学、自然生态观等诸多认识领域中的关键问题，对当下和谐社会与平安中国的建设具有重要的指导意义。通过对《礼记》单篇别行这一现象的考察，我们可以清晰地看到儒家礼法思想的一个微观传播史，这些单篇别行著作不仅使中国传统文化的精髓薪火相传，清晰再现了中国思想史和学术史的波澜起伏与微妙转变，而且使我们体悟到个体生命面对社会变革时的精神状态以及处世态度，对当下生活仍具有启示作用。

附录一

历代《礼记》其他诸篇单篇别行著作一览表

篇目	朝代	作者	书名	存佚	著录或称引
《曲礼》	隋	王劭	《勘定曲礼》（卷数不详）	佚	〔清〕朱彝尊《经义考》卷一百四十八；〔清〕罗振玉《罗雪堂先生全集》（三编）第十册卷五"礼乐"条；〔清〕陈梦雷《古今图书集成·理学汇编·经籍典》第三百二十一卷以及王锷《三礼研究论著提要·礼记类》等著录或称引。
	宋	上官均	《曲礼讲义》二卷	佚	〔元〕脱脱等《宋史》卷二百二；〔明〕廖道南《楚纪》卷五十二；〔明〕柯维骐《宋史新编》卷四十七；〔明〕何乔远《崇祯闽书》卷一百十五"上官凝"；〔明〕朱睦㮮《授经图义例》卷二十；〔清〕陈梦雷《古今图书集成·理学汇编·经籍典》第十六卷、第二百十五卷、第二百十八卷、第二百五十五卷与第三百二十一卷；〔清〕郝玉麟等《福建通志》卷四十八与卷六十八；〔清〕朱彝尊《经义考》卷一百四十八；〔清〕秦蕙田撰《五礼通考》卷首第二；〔清〕罗振玉《罗雪堂先生全集》（三编）第十册卷五"礼乐"条；〔清〕李清馥《闽中理学渊源考》卷十三《龙图上官彦衡先生均》；卓朗然《邵武市志》第四十篇第一章"上

(续表)

篇目	朝代	作者	书名	存佚	著录或称引
					官均"条；方品光《〈福建通志〉艺文志索引》以及王锷《三礼研究论著提要·礼记类》等著录或称引。
《曲礼》	宋	戴溪	《曲礼口义》二卷	佚	〔宋〕陈振孙撰《直斋书录解题》卷二"礼类"；〔元〕马端临《文献通考·经籍考》卷一百八十一；〔元〕脱脱等《宋史·艺文志》卷二百二；〔明〕柯维骐《宋史新编》卷四十七；〔明〕王朝佐《东嘉录》卷八"戴文端"条；〔明〕焦竑《国史经籍志》卷二；〔明〕朱睦㮮《授经图义例》卷二十；〔明〕王继明《（万历）温州府志·艺文四》卷十七；〔明〕王朝佐《东嘉先哲录》卷八《名儒》"戴文端"条；〔清〕黄宗羲《宋元学案》卷五十三；〔清〕沈翼机等《浙江通志》卷二百四十二；〔清〕朱彝尊《经义考》卷一百四十八；〔清〕王棻等《（光绪）永嘉县志·艺文》卷二十五；〔清〕孙诒让《温州经籍志》卷四；〔清〕陈梦雷《古今图书集成·理学汇编·经籍典》第十六卷、第二十二卷、二百十五卷、第二百十八卷、第二百五十五卷与第三百二十一卷；〔清〕孙诒让《温州经籍志》卷四；〔清〕秦蕙田《五礼通考》卷首第二；〔清〕罗振玉《罗雪堂先生全集》（三编）第十册卷五"礼乐"条；栾贵明《〈永乐大典〉索引》；郭厚安、赵吉惠编《中国儒学辞典》"戴溪"条以及王锷《三礼研究论著提要·礼记类》著录或称引。

附录一　历代《礼记》其他诸篇单篇别行著作一览表

（续表）

篇目	朝代	作者	书名	存佚	著录或称引
《曲礼》	宋	邵囦	《曲礼解》一卷	佚	〔明〕焦竑《国史经籍志》卷二；〔明〕高儒《百川书志》卷一；〔清〕朱彝尊《经义考》卷一百四十八；〔清〕罗振玉《罗雪堂先生全集》（三编）第十册卷五"礼乐"条；〔清〕陈梦雷《古今图书集成·理学汇编·经籍典》第二十一卷、第二十二卷与第二百十五卷；王锷《三礼研究论著提要·礼记类》等著录或称引。
	宋	杨翼之	《曲礼讲义》①	不详	〔明〕廖道南《楚纪》卷五十二著录。
	元	吴澂	《曲礼考注》十卷	佚	〔明〕焦竑《国史经籍志》卷二；〔明〕高儒《百川书志》卷一；〔清〕钱谦益《绛云楼书目》卷一；〔清〕陈梦雷《古今图书集成·理学汇编·经籍典》第二十一卷、二十二卷与二百十五以及〔清〕金门诏《补三史艺文志》等著录或称引。
	明	邓元锡	《曲礼》二卷	佚	〔清〕黄虞稷《千顷堂书目》卷二；〔清〕朱彝尊撰《经义考》卷一百四十八；〔清〕陈梦雷《古今图书集成·理学汇编·经籍典》第二百十八卷与三百二十一卷；〔清〕罗振玉《罗雪堂先生全集》（三编）第十册卷五"礼乐"条以及王锷著《三礼研究论著提要·礼记类》著录或称引。

---

① 〔明〕廖道南撰《楚纪》卷五十二载："杨伟，字子奇，幼学于兄亿。天禧元年献颂，召试学士院，赐进士及第试，秘书省校书郎，补蕲州录事参军，入为国子监直讲。又杨文仲，字时发，彭山人。淳祐七年胄试入大学，调复州教授转运使印应飞辟入幕明。娶妇冤狱，应飞荐之荆，湖宣抚使。赵葵辟佐属幕文。有杨翼之，字元礼，淳熙六年为永州博士，著《曲礼讲义》，诸生诵说。又杨日严，字垂训，河南人，进士及第试。校书郎迁大理寺丞，出知襄州召，为太常少卿兼集贤殿学士。"

《礼记》单篇别行研究

(续表)

篇目	朝代	作者	书名	存佚	著录或称引
《曲礼》	明	柯尚迁	《曲礼全经类释》十四卷	存	〔清〕陈梦雷《古今图书集成·理学汇编·经籍典》第二百二十四卷、第二百十七卷、第二百二十六卷与第三百二十一卷；〔清〕朱彝尊《经义考》卷一百四十四；〔清〕王太岳等《钦定四库全书考证》卷四十六"柯始曲礼全经类释"条；〔清〕翁方纲《经义考补正》卷六；〔清〕张廷玉等《明史》卷一百三十四；〔清〕秦蕙田《五礼通考》卷首第二；舒大刚《儒学文献通论》第七章《〈礼记〉学文献》；王宝平《中国馆藏和刻本汉籍书目》《中国历代经籍典·礼记部》第二百十四卷；《中国古籍善本书目·经部》以及王锷著《三礼研究论著提要·礼记类》著录或称引。
	明	刘永澄	《曲礼删注》二卷	佚	〔清〕朱彝尊《经义考》卷一百四十八；〔清〕黄虞稷《千顷堂书目》卷二；〔清〕陈梦雷《古今图书集成·理学汇编·经籍典》卷二百十八与三百二十一；〔清〕罗振玉《罗雪堂先生全集》（三编）第十册卷五"礼乐"条以及王锷《三礼研究论著提要·礼记类》著录或称引。
	明	周梦华	《曲礼注》一卷	佚	〔清〕朱彝尊《经义考》卷一百四十八；〔清〕陈梦雷《古今图书集成·理学汇编·经籍典》第二百十八卷与第三百二十一卷；〔清〕罗振玉《罗雪堂先生全集》（三编）第十册卷五"礼乐"条以及王锷著《三礼研究论著提要·礼记类》等著录或称引。

| 附录一　历代《礼记》其他诸篇单篇别行著作一览表 |

（续表）

篇目	朝代	作者	书名	存佚	著录或称引
《曲礼》	明	章潢	《曲礼说》一篇	存	〔清〕陈梦雷《古今图书集成·理学汇编·经籍典》第二百十四卷与三百二十一卷以及《中国历代经籍典·礼记部》第二百二十四卷著录或称引。
	清	吴桂森	《曲礼说注释》卷数不详①	佚	〔清〕陈梦雷《古今图书集成·理学汇编·经籍典》第二百十八卷、第二百二十六卷、第三百二十一卷与第三百五十七卷；〔清〕张夏《雒闽源流录》卷十二；〔清〕邹钟泉《道南渊源录》卷五；〔清〕高廷珍《东林书院志》卷二十；〔清〕黄虞稷《千顷堂书目》卷二；〔清〕罗振玉《罗雪堂先生全集》（三编）第十册卷五"礼乐"条以及王锷《三礼研究论著提要·礼记类》著录或称引。
	清	王德瑛	《日省吾斋读〈曲礼〉〈内则〉》二卷	不详	《续修四库全书总目：经部·礼类·礼记》；章钰《清史稿艺文志补编·经部·礼类》以及王锷《三礼研究论著提要·礼记类》等著录或称引。
	清	刘岳云	《曲礼正义》四卷	不详	江庆柏《江苏艺文志·扬州卷》与王锷《三礼研究论著提要·礼记类》著录或称引。
	民国	宋育仁	《礼记〈曲礼〉上下〈内则〉说例》一卷	存而未见	《中国丛书综录·子目·经部·礼记类》之"分篇之属"以及王锷《三礼研究论著提要·礼记类》著录或称引。

---

① 《江南通志》卷一百九十吴氏此书名为"《曲礼注》"。

《礼记》单篇别行研究

(续表)

篇目	朝代	作者	书名	存佚	著录或称引
《曲礼》	民国	唐文治	《礼记〈曲礼〉篇》一卷	存	《中国丛书综录·子目·经部·礼记类》之"分篇之属"以及王锷《三礼研究论著提要·礼记类》著录或称引。
	不详	佚名	《曲礼绎》卷数不详	不详	赵琦美《脉望馆书目·天字号》之《经书一·总类》著录。
《曾子问》	明	熊过	《读曾子问》一篇	不详	〔清〕朱彝尊《经义考》卷一百四十九;〔清〕陈梦雷《古今图书集成·理学汇编·经籍典》第二百十八卷与三百二十一卷;〔清〕罗振玉《罗雪堂先生全集》(三编)第十册卷五"礼乐"条以及王锷《三礼研究论著提要·礼记类》著录或称引。
	明	陈际泰	《读曾子问》一篇	存	〔明〕陈际泰《五经读·礼记》著录。
	清	毛奇龄	《曾子问讲录》四卷	存①	〔清〕丁仁《八千卷楼书目·经部·礼类》卷二;〔清〕周中孚撰《郑堂读书记》卷五;〔清〕永瑢、纪昀等《钦定四库全书总目》卷二十四与八十三;〔清〕沈翼机等《浙江通志》卷二百四十二;〔清〕张廷玉等《皇朝文献通考·经籍考》卷二百十四;〔清〕嵇璜等《皇朝通志·艺文略》卷九十八;〔清〕黄本骥《皇朝经籍志·经部》卷二;《续修四库全书总目录索引·经部》"礼类";舒大刚《儒学文献通论》第七章《〈礼记〉学文献》;朱林宝《中华文化典籍指要》"《西河合集》"条;《别宥斋藏书目录》(下)"《西河合集》"条;《山东

---

① 《曾子问讲录》今存《四库全书存目丛书·经部》第96册,并非王锷《三礼研究论著提要》所言亡佚。

| 附录一　历代《礼记》其他诸篇单篇别行著作一览表 |

（续表）

篇目	朝代	作者	书名	存佚	著录或称引
《曾子问》					文献书目·儒家类》《成都古籍联合目录·子部·儒家》；饶国庆《伏跗室藏书目录》；王锷《三礼研究论著提要·礼记类》以及曾军《义理与考据：清中期〈礼记〉诠释的两种策略》第一章等著录或称引。
	清	钱彦隽	《曾子问大学讲录》卷数不详	佚	〔清〕邵晋涵《（乾隆）杭州府志》卷五十七著录。
《文王世子》	明	熊过	《读文王世子》一篇	存	〔清〕朱彝尊《经义考》卷一百四十九；〔清〕罗振玉《罗雪堂先生全集》（三编）第十册卷五"礼乐"条；〔清〕陈梦雷《古今图书集成·理学汇编·经籍典》第三百二十一卷以及王锷《三礼研究论著提要·礼记类》等著录或称引。
	明	陈际泰	《读文王世子》一篇	存	〔明〕陈际泰《五经读·礼记》著录。
	明	金渊	《读文王世子》	存	〔明〕金渊《读礼日知》上卷著录。
《礼运》	清	廖平	《礼运三篇合解》	存	舒大刚《儒学文献通论》之《〈礼记〉学文献》与王锷《三礼研究论著提要·礼记类》等著录或称引。
	清	康有为	《礼运注》一卷	存	〔清〕康有为《万木草堂丛书目录·经部》；章钰《清史稿艺文志补编·经部·礼类》；舒大刚《儒学文献通论》之《〈礼记〉学文献》《续修四库全书总目·经部·礼类·礼记》以及王锷《三礼研究论著提要·礼记类》等著录或称引。

277

(续表)

篇目	朝代	作者	书名	存佚	著录或称引
《礼运》	不详	方思仁	《礼运大同篇注释》	存	王锷《三礼研究论著提要·礼记类》著录。
《内则》	清	福临	《御定内则衍义》十六卷	存	〔清〕丁仁撰《八千卷楼书目》卷十；〔清〕永瑢、纪昀等《钦定四库全书总目》卷九十四；〔清〕永瑢、纪昀等《钦定四库全书简明目录》卷九；〔清〕昭梿撰《啸亭续录》卷一；〔清〕张廷玉等《皇朝文献通考·经籍考》卷二百二十五；〔清〕嵇璜等《皇朝通志·艺文略》卷一百一；〔民国〕徐珂《清稗类钞·著述类》等著录或称引。
《内则》	清	顾陈垿	《内则章句》一卷	存	〔清〕沈起元《敬亭诗草八卷文稿九卷补遗一卷》文稿卷一"顾玉停内则章句序"篇；郎焕文《历代中州名人存书版本录》第"1163"条；《中国丛书目录及子目索引汇编》"《味菜庐丛刻》"条；《中国丛书综录·子目·经部·礼记类》之"分篇之属"；《续修四库全书总目录索引·经部》"礼类"；邓之诚《邓之诚文史札记》"民国三十八年'八月二十九'"条；王锷《三礼研究论著提要·礼记类》；顾洪《顾颉刚文库古籍书目》卷一以及曾军《义理与考据：清中期〈礼记〉诠释的两种策略》"第一章"等著录或称引。
《内则》	清	王德瑛	《日省吾斋读曲礼内则》一卷	不详	《续修四库全书总目提要：经部·礼类·礼记》《清史稿艺文志补编·经部·礼类》以及王锷《三礼研究论著提要·礼记类》等著录或称引。

| 附录一　历代《礼记》其他诸篇单篇别行著作一览表 |

（续表）

篇目	朝代	作者	书名	存佚	著录或称引
《内则》	清	宋育仁	《礼记曲礼上下内则说例》一卷	存	《中国丛书综录·子目·经部·礼记类》之"分篇之属"与王锷著《三礼研究论著提要·礼记类》著录或称引。
《内则》	民国	唐文治	《礼记内则篇》一卷	存	《中国丛书综录·子目·经部·礼记类》之"分篇之属"与王锷《三礼研究论著提要·礼记类》著录或称引。
《明堂位》	汉	高诱	《明堂月令》四卷	佚	〔清〕陈梦雷《古今图书集成·理学汇编·经籍典》第三百二十一卷著录。
《明堂位》	汉	蔡邕	《明堂月令论》一卷	存	〔明〕冯琦《经济类编》卷四十一"明堂月令"条；《中国历代经籍典·礼记部》卷二百二十三；〔民国〕赵尔巽等《清史稿·艺文志》第一百四十五卷以及《中国丛书综录·子目·经部·礼记类》之"分篇之属"等著录或称引。
《明堂位》	不详	佚名	《明堂阴阳》三十三篇	佚	〔汉〕班固《汉书》卷三十；〔清〕罗振玉《罗雪堂先生全集》（三编）第十册卷五"礼乐"条；〔清〕陈梦雷《古今图书集成·理学汇编·经籍典》第三百二十一卷等著录或称引。
《明堂位》	不详	佚名	《明堂阴阳说》五篇	佚	〔汉〕班固撰《汉书》卷三十；〔清〕罗振玉《罗雪堂先生全集》（三编）第十册卷五"礼乐"条；〔清〕陈梦雷《古今图书集成·理学汇编·经籍典》第三百二十一卷等著录或称引。
《明堂位》	三国魏	王肃	《明堂议》三卷	佚	〔清〕吴塮修、陆继辂《续修郯城县志》卷九"著述"类；〔清〕侯康《补三国艺文志》卷一；舒大刚《儒学文献通论》之《〈礼记〉学文献》以及王锷《三礼研究论著提要·礼记类》等著录或称引。

（续表）

篇目	朝代	作者	书名	存佚	著录或称引
《明堂位》	魏	袁躍	《明堂议》卷数不详		宋章定《名贤氏族言行类稿》卷十三著录。
	晋	挚虞	《明堂议奏》一篇	存	〔明〕张溥《汉魏六朝百三家集》卷四十二《挚虞集》"奏"类著录。
	北魏	李谧	《明堂制度论》一卷	存①	〔北齐〕魏收《魏书》卷九十《李谧列传》；〔唐〕李延寿《北史》卷三十三《李谧列传》；〔宋〕郑樵《通志》卷一百七十八；〔宋〕李觏《盱江集》卷十五；〔宋〕王钦若等《册府元龟》卷五百七十二；〔宋〕王应麟《玉海》卷九十五以及九十六；〔明〕董斯张《广博物志》卷三十六《居处》；〔清〕朱彝尊《经义考》卷一百四十七；〔清〕秦蕙田《五礼通考》卷二十六"明堂"条；〔清〕惠士奇《礼说》卷十四；〔清〕翁方纲《经义考补正》卷第六；〔清〕王太岳《四库全书考证》卷四十六；〔清〕陈梦雷《古今图书集成·理学汇编·经籍典》第三百二十一卷；〔清〕罗振玉《罗雪堂先生全集》（三编）第十册卷五"礼乐"条；《续修四库全书总目·经部·礼类·礼记》；朱祖延《北魏佚书考·经部·礼类》以及王锷《三礼研究论著提要·礼记类》等著录或称引。

---

① 〔清〕罗振玉《罗雪堂先生全集》（三编）第十册卷五"礼乐"条著录曰"佚"。〔清〕翁方纲《经义考补正》卷第六云："丁杰按：《魏书·逸士传》此篇全载无阙、不得云佚。"此书存《魏书·隐逸传》，〔清〕马国翰《玉函山房辑佚书·经编礼记类》也有收录。

| 附录一　历代《礼记》其他诸篇单篇别行著作一览表 |

（续表）

篇目	朝代	作者	书名	存佚	著录或称引
《明堂位》	隋	牛弘	《明堂议》一卷	存①	〔宋〕章定撰《名贤氏族言行类稿》卷三十三；〔明〕张溥《汉魏六朝百三家集》卷一百十七《牛弘集》；舒大刚撰《儒学文献通论》之《〈礼记〉学文献》；王锷《三礼研究论著提要·礼记类》以及《甘肃通志稿·艺文志》等著录或称引。
	隋	宇文恺	《明堂议》一篇②	存	〔唐〕魏征等《隋书》卷六"《礼仪》"与卷六十八《宇文恺列传》；〔宋〕王钦若等《册府元龟》卷五百八十四"掌礼部"；〔明〕贺复徵《文章辨体汇选》卷一百五十三；〔明〕梅鼎祚编《隋文纪》卷七；〔明〕黄淮、杨士奇等《历代名臣奏议》卷十五；〔清〕秦蕙田《五礼通考》卷二十六以及《陕西通志》卷七十四等著录或称引。
	唐	魏征	《明堂议》一篇	存③	〔宋〕李昉等《文苑英华》卷七百六十二；〔宋〕姚铉《唐文粹》卷四十；〔明〕黄淮、杨士奇等《历代名臣奏议》卷十五；〔清〕朱彝尊《经义考》卷一百四十七；〔清〕罗振玉《罗雪堂先生全集》（三编）第十册卷五"礼乐"条；〔清〕陈梦雷《古今图书集成·理学汇编·经籍典》第三百二十一卷；《中国历代经籍典·礼记部》卷二百二十三以及王锷《三礼研究论著提要·礼记类》等著录或称引。

---

① 〔隋〕牛弘《明堂议》今存《汉魏六朝百三家集》卷一百十七《牛弘集》"议"类，非王锷《三礼研究论著提要》所著录的"今存佚不详"。

② 〔隋〕宇文恺《明堂议》，《隋文纪》卷七名"《上隋炀帝明堂议表》"，《陕西通志》卷七十四作"《明堂图议》二卷、《释疑》一卷"。

③ 〔唐〕魏征《明堂议》今存《文苑英华》卷七百六十二，并非王锷《三礼研究论著提要》所著录的"今存佚不详"。

(续表)

篇目	朝代	作者	书名	存佚	著录或称引
《明堂位》	唐	颜师古	《明堂议》一篇	存①	〔宋〕李昉等《文苑英华》卷七百六十二；〔宋〕姚铉《唐文粹》卷四十；〔明〕黄淮、杨士奇等《历代名臣奏议》卷十五；〔清〕朱彝尊《经义考》卷一百四十七；〔清〕王太岳《四库全书考证》卷八十九；〔清〕罗振玉《罗雪堂先生全集》（三编）第十册卷五"礼乐"条；〔清〕陈梦雷《古今图书集成·理学汇编·经籍典》第三百二十一卷；《中国历代经籍典·礼记部》卷二百二十三；舒大刚撰《儒学文献通论》之《〈礼记〉学文献》以及王锷著《三礼研究论著提要·礼记类》等著录或称引。
	唐	陈贞节	《明堂议》一篇	存	〔宋〕李昉等《文苑英华》卷七百六十二与《中国历代经籍典·礼记部》卷二百二十三著录或称引。
	唐	冯宗	《明堂大享议》一篇	存②	〔宋〕姚铉《唐文粹》卷四十；〔清〕朱彝尊《经义考》卷一百四十七；〔清〕罗振玉《罗雪堂先生全集》（三编）第十册卷五"礼乐"条；〔清〕陈梦雷《古今图书集成·理学汇编·经籍典》第三百二十一卷以及王锷《三礼研究论著提要·礼记类》等著录或称引。
	唐	孔元义	《明堂大飨议》一篇	存	《中国历代经籍典·礼记部》卷二百二十三著录。

---

① 〔唐〕颜师古《明堂议》今存《山东通志》卷三十五之二，并非王锷《三礼研究论著提要》所著录的"今存佚不详"。

② 〔唐〕冯宗《明堂大享义》今存《唐文粹》卷十四，非王锷《三礼研究论著提要》所著录的"今存佚不详"。

| 附录一 历代《礼记》其他诸篇单篇别行著作一览表 |

（续表）

篇目	朝代	作者	书名	存佚	著录或称引
《明堂位》	唐	李袭誉	《明堂序》一卷	佚	〔宋〕欧阳修等《新唐书》卷五十八；〔宋〕郑樵《通志·艺文略》卷六十四；〔清〕朱彝尊《经义考》一百四十七；〔宋〕王应麟《玉海》卷九十六；〔清〕罗振玉《罗雪堂先生全集》（三编）第十册卷五"礼乐"条；〔清〕陈梦雷《古今图书集成·理学汇编·经籍典》第三百二十一卷以及王锷《三礼研究论著提要·礼记类》等著录或称引。
	唐	孔颖达	《明堂议》一篇	存①	〔宋〕姚铉《唐文粹》卷四十；〔明〕黄淮、杨士奇等《历代名臣奏议》卷十五；〔清〕朱彝尊《经义考》卷一百四十七；〔清〕罗振玉《罗雪堂先生全集》（三编）第十册卷五"礼乐"条；〔清〕陈梦雷《古今图书集成·理学汇编·经籍典》第三百二十一卷以及王锷《三礼研究论著提要·礼记类》等著录或称引。
	唐	闾仁谞	《明堂告朔议》一篇	存	《中国历代经籍典·礼记部》卷二百二十三著录。
	唐	王方庆	《明堂告朔议》一篇	存②	〔宋〕姚铉《唐文粹》卷四十；〔清〕朱彝尊《经义考》卷一百四十七；〔清〕罗振玉《罗雪堂先生全集》（三编）第十册卷五"礼乐"条；〔清〕陈梦雷《古今图书集成·理学汇编·经籍典》第三

① 〔唐〕孔颖达《明堂议》今存《唐文粹》卷四十，并非王锷《三礼研究论著提要》所著录的"今存佚不详"。

② 〔唐〕王方庆《明堂告朔议》今存《中国历代经籍典·礼记部》卷二百二十三，并非王锷《三礼研究论著提要》所著录的"今存佚不详"。

（续表）

篇目	朝代	作者	书名	存佚	著录或称引
《明堂位》					百二十一卷、《中国历代经籍典·礼记部》卷二百二十三以及王锷著《三礼研究论著提要·礼记类》等著录或称引。
	唐	张大颐	《明堂仪》一卷	佚	〔后晋〕刘昫《旧唐书》卷四十六；〔宋〕欧阳修等《新唐书》卷五十八；〔宋〕郑樵《通志·艺文略》卷六十四；〔宋〕王应麟《玉海》卷九十六；〔清〕张廷玉、陈廷敬《御定佩文韵府》卷四之二；〔清〕朱彝尊《经义考》卷一百四十七；〔清〕罗振玉《罗雪堂先生全集》（三编）第十册卷五"礼乐"条；〔清〕陈梦雷《古今图书集成·理学汇编·经籍典》第三百二十一卷以及王锷《三礼研究论著提要·礼记类》等著录或称引。
	唐	姚璠等	《明堂仪注》三卷①	佚	〔后晋〕刘昫《旧唐书》卷四十六；〔宋〕欧阳修等《新唐书》卷五十八；〔宋〕郑樵《通志·艺文略》卷六十四；〔宋〕王应麟《玉海》卷九十六；〔清〕朱彝尊《经义考》卷一百四十七；〔清〕罗振玉《罗雪堂先生全集》（三编）第十册卷五"礼乐"条；〔清〕陈梦雷《古今图书集成·理学汇编·经籍典》第三百二十一卷以及王锷《三礼研究论著提要·礼记类》等著录或称引。
	唐	郭山恽	《大享明堂仪注》二卷	佚	〔后晋〕刘昫撰《旧唐书》卷四十六；〔宋〕欧阳修等《新唐书》卷五十八；〔宋〕郑樵《通志·艺文略》卷六十四；〔宋〕王应麟《玉海》卷九十

---

① 《旧唐书·经籍志》卷四十六载"《明堂仪注》七卷"非"三卷"。

| 附录一　历代《礼记》其他诸篇单篇别行著作一览表 |

（续表）

篇目	朝代	作者	书名	存佚	著录或称引
《明堂位》					六、〔清〕朱彝尊《经义考》卷一百四十七；〔清〕罗振玉《罗雪堂先生全集》（三编）第十册卷五"礼乐"条；〔清〕陈梦雷《古今图书集成·理学汇编·经籍典》第三百二十一卷以及王锷著《三礼研究论著提要·礼记类》等著录或称引。
	唐	王焘	《明堂序》一篇	存	〔唐〕王焘《外台秘要方》卷三十九著录。
	不详	佚名	《明堂记纪要》二卷	佚	〔宋〕郑樵《通志·艺文略》卷六十四；〔清〕朱彝尊《经义考》卷一百四十七；〔清〕罗振玉《罗雪堂先生全集》（三编）第十册卷五"礼乐"条；〔清〕陈梦雷《古今图书集成·理学汇编·经籍典》第三百二十一卷以及王锷《三礼研究论著提要·礼记类》等著录或称引。
	不详	徐虔	《明堂议》卷数不详	不详	〔唐〕欧阳询等《艺文类聚》卷三十八著录。
	宋	夏竦	《明堂制度论》	佚	〔宋〕吴处厚《青箱杂记》卷五以及〔清〕王太岳撰《四库全书考证》卷七十七"别九州圣功埶大论"著录或称引。
	宋	张齐贤	《明堂告朔议》一篇	存	《中国历代经籍典·礼记部》卷二百二十三著录。
	宋	李觏	《明堂定制图》一卷	佚①	〔清〕朱彝尊《经义考》卷一百四十七与卷十七李觏"删定易图序论"条；〔清〕嵇璜等《续通志·

① 〔宋〕李觏《明堂定制图》今佚亡佚，仅存《〈明堂定制图〉序》。

(续表)

篇目	朝代	作者	书名	存佚	著录或称引
《明堂位》					艺文略》卷五百四十一；〔清〕罗振玉《罗雪堂先生全集》（三编）第十册卷五"礼乐"条；〔清〕陈梦雷《古今图书集成·理学汇编·经籍典》第二百一十二卷；《中国历代经籍典·礼记部》第二百十二卷；王锷《三礼研究论著提要·礼记类》以及左赞《请建祠表墓疏》等著录或称引。
	宋	周必大	《明堂议》一篇	存	〔宋〕周必大《文忠集》卷一百三十九与〔明〕黄淮、杨士奇等《历代名臣奏议》卷十五称引。
	宋	朱熹	《明堂图说》一卷	不详	〔清〕朱彝尊《经义考》卷一百四十七；〔清〕陆世仪《思辨录辑要》卷二十一；〔清〕陆陇其《四书讲义困勉录》卷二十五；〔清〕罗振玉《罗雪堂先生全集》（三编）第十册卷五"礼乐"条；《续修四库全书总目提要：经部·礼类·礼记》以及王锷《三礼研究论著提要·礼记类》等著录或称引。
	宋	陈藻	《明堂问》一篇	不详	〔清〕朱彝尊《经义考》卷一百四十七；〔清〕罗振玉《罗雪堂先生全集》（三编）第十册卷五"礼乐"条以及王锷著《三礼研究论著提要·礼记类》著录或称引。
	宋	王炎	《明堂议》一卷	佚	〔清〕朱彝尊《经义考》卷一百四十七；〔清〕罗振玉《罗雪堂先生全集》（三编）第十册卷五"礼乐"条；〔清〕陈梦雷《古今图书集成·理学汇编·经籍典》第三百二十一卷以及王锷著《三礼研究论著提要·礼记类》等著录或称引。

| 附录一　历代《礼记》其他诸篇单篇别行著作一览表 |

（续表）

篇目	朝代	作者	书名	存佚	著录或称引
《明堂位》	宋	姚舜哲	《明堂训解》一卷	佚	〔明〕董斯张《吴兴备志》卷十一；〔清〕朱彝尊《经义考》卷一百四十七；〔清〕沈翼机等《浙江通志》二百四十二；〔清〕罗振玉《罗雪堂先生全集》（三编）第十册卷五"礼乐"条；〔清〕陈梦雷《古今图书集成·理学汇编·经籍典》第三百二十一卷以及王锷《三礼研究论著提要·礼记类》等著录或称引。
	宋	姚舜仁	《明堂定制图序》一篇①	佚	〔清〕朱彝尊《经义考》卷一百四十七；〔清〕沈翼机等《浙江通志》卷二百四十二；〔清〕罗振玉《罗雪堂先生全集》（三编）第十册卷五"礼乐"条；〔清〕陈梦雷《古今图书集成·理学汇编·经籍典》第三百二十一卷；昌彼得等《宋代传记资料索引》第九画"姚"字以及王锷《三礼研究论著提要·礼记类》等著录或称引。
	宋	宋祁	《明堂通义》二篇	不详	〔宋〕章如愚《群书考索》卷二十八与张昕《安陆古代人物传》"宋祁"条著录或称引。
	宋	刘舜臣	《明堂议并图》二卷	不详	〔宋〕章如愚《群书考索》卷二十八称引。
	宋	范祖禹	《明堂议》一篇	存	〔明〕冯琦《经济类编》卷四十一"明堂月令"条著录。
	宋	毕仲游	《明堂议》一篇	存	〔宋〕毕仲游《西台集》卷四著录。

---

① 《吴兴备志》卷十一与〔清〕嵇曾筠等监修，沈翼机等编纂《浙江通志》卷二百四十二均作"《明堂定制图并序》"。

（续表）

篇目	朝代	作者	书名	存佚	著录或称引
《明堂位》	宋	王溥	《飨明堂议》一篇	存	〔宋〕王溥《唐会要》卷十二著录。
	宋	方回	《明堂位辨》一篇	不详	〔清〕朱彝尊《经义考》卷一百五十；〔清〕罗振玉《罗雪堂先生全集》（三编）第十册卷五"礼乐"条；〔清〕陈梦雷《古今图书集成·理学汇编·经籍典》第三百二十一卷以及王锷《三礼研究论著提要·礼记类》等著录或称引。
	明	章潢	《明堂位辨》一篇	存	〔明〕章潢《图书编》卷十三与《中国历代经籍典·礼记部》第二百二十四卷著录。
	清	毛奇龄	《明堂问》一卷	存	〔清〕沈翼机等《浙江通志》卷二百四十二；〔清〕永瑢、纪昀等《钦定四库全书总目》卷二十五；〔清〕张廷玉等《皇朝文献通考·经籍考》卷二百十四；〔清〕嵇璜等《皇朝通志·艺文略》卷九十八；〔清〕黄本骥《皇朝经籍志·经部》卷二；杜泽逊《四库存目标注》卷五以及王锷《三礼研究论著提要·礼记类》等著录或称引。
	清	惠栋	《明堂大道录》八卷	存	〔清〕永瑢、纪昀等《钦定四库全书总目》卷六之"《周易述》二十三卷"条与卷十四"《别本尚书大传》三卷《补遗》一卷"条；〔清〕张之洞《书目答问·经部》之"《礼记》之属"；《丛书集成初编总目索引·社会科学类》之"古仪礼"类以及《丛书集成新编总目·社会科学类》之"古仪礼"条等著录或称引。
	清	李惇	《明堂考辨》卷数不详	佚	江庆柏《江苏艺文志·扬州卷》与王锷《三礼研究论著提要·礼记类》著录。

| 附录一　历代《礼记》其他诸篇单篇别行著作一览表 |

（续表）

篇目	朝代	作者	书名	存佚	著录或称引
《明堂位》	清	钱公辅	《仁宗配明堂议》一篇①	存	〔宋〕孙逢吉《职官分纪》卷十八；〔清〕徐乾学等《御选古文渊鉴》卷四十三；〔清〕圣祖仁皇帝御制《圣祖仁皇帝御制文集》第三集卷三十八著录或称引。
	清	姚圣臣	《明堂定制图》	不详	〔清〕嵇璜、曹仁虎等《钦定续通志》卷一百六十六著录。
	清	孙星衍	《明堂考》三卷	存	〔民国〕赵尔巽等《清史稿》卷一百四十五；《续修四库全书总目提要：经部·礼类·礼记》以及王锷《三礼研究论著提要·礼记类》等著录或称引。
	清	孔广林	《明堂亿》一卷《孔丛伯说经五稿》本	存	〔民国〕赵尔巽等《清史稿》卷一百四十五以及王锷《三礼研究论著提要·礼记类》著录。
	清	孙冯翼	《明堂考》三卷《问经堂丛书》本	存	王锷《三礼研究论著提要·礼记类》著录。
	清	赵振祚	《明堂考》一卷	不详	江庆柏《〈江苏艺文志·常州卷〉》与王锷《三礼研究论著提要·礼记类》著录。
	清	熊罗宿	《明堂图考》一卷	不详	王锷《三礼研究论著提要·礼记类》著录。
	清	胡寊	《明堂考》一卷	存	王锷《三礼研究论著提要·礼记类》著录。

---

① "《仁宗配明堂议》"，《职官分纪》名为"《仁宗配飨明堂议》"。

(续表)

篇目	朝代	作者	书名	存佚	著录或称引
《明堂位》	清	王渐鸿	《明堂礼制考》四卷	存	王绍曾《山东文献书目》与王锷《三礼研究论著提要·礼记类》著录或称引。
《明堂位》	不详	朱遂	《明堂论》一卷	不详	〔宋〕郑樵《通志·艺文略》① 与《崇文总目》卷三著录。
《少仪》	宋	张九成	《少仪论》一篇	存	〔宋〕张九成《横渠集》卷五；〔宋〕刘荀《明本释》卷上；〔明〕焦竑《国史经籍志》卷二；〔清〕朱彝尊《经义考》卷一百五十；〔清〕陈梦雷《古今图书集成·理学汇编·经籍典》第二百十八卷与三百二十一卷；〔清〕邵晋涵《（乾隆）杭州府志·艺文》卷五十七；〔清〕沈翼机等《浙江通志》卷二百四十二；〔清〕罗振玉《罗雪堂先生全集》（三编）第十册卷五"礼乐"条以及王锷《三礼研究论著提要·礼记类》等著录或称引。
《少仪》	宋	吕祖谦	《少仪外传》一卷	存②	〔宋〕陈振孙《直斋书录解题》卷九；〔宋〕黎靖德《朱子语类》卷一百二十二；〔元〕马端临《文献通考》卷一百九十；〔元〕脱脱等《宋史·艺文志》卷二百二；〔明〕杨士奇《文渊阁目》卷一；〔明〕朱睦㮮《授经图义例》卷二十；〔明〕胡广等《性理大全书》卷四十二"吕祖谦"条称引；〔明〕柯维骐《宋史新编》卷四十八；〔明〕焦竑

---

① 《通志·艺文略》云：《唐志》"朱"作"米"。
② 此书今有《四库全书》本，并非王锷《三礼研究论著提要》所言"今存佚不详"。

附录一 历代《礼记》其他诸篇单篇别行著作一览表

（续表）

篇目	朝代	作者	书名	存佚	著录或称引
《少仪》					《国史经籍志》卷二；〔清〕丁仁《八千卷楼书目》卷十；〔清〕丁丙《善本书室藏书志》卷十五；〔清〕朱彝尊《经义考》卷一百五十；〔清〕陈梦雷《古今图书集成·理学汇编·经籍典》第十六卷、第二十三卷、第二百十二卷、第二百十八卷、第三百八卷、第三百九卷、第三百十卷与第三百二十一卷；〔清〕沈翼机等《浙江通志》卷二百四十二；〔清〕永瑢、纪昀等《钦定四库全书总目》卷九十二；〔清〕永瑢、纪昀等撰《钦定四库全书简明目录》卷九；〔清〕嵇璜、曹仁虎等《钦定续通志》卷一百六十；〔清〕宫梦仁《读书纪数略》卷二十四"辨志录序"；〔清〕戴殿江《金华理学粹编》卷一；〔清〕钱大昕《廿二史考异》"宋史其"；〔清〕刘锦藻《皇朝续文献通考》卷七十三；〔清〕张澍《蜀典》卷十一下"眉氏"条；〔清〕胡凤丹《退补斋诗文存》卷三"《少仪外传序》"称引；〔清〕缪荃孙《艺风堂文续集》卷四；〔清〕王韬《蘅华馆日记》子部；〔清〕罗振玉《罗雪堂先生全集》（三编）第十册卷五"礼乐"条；〔清〕陈梦雷《古今图书集成·理学汇编·经籍典》第三百二十一卷；〔民国〕赵尔巽等《清史稿·艺文三》卷一百四十七；《中国历代经籍典·礼记部》第二百十二卷以及王锷《三礼研究论著提要·礼记类》等著录或称引。

(续表)

篇目	朝代	作者	书名	存佚	著录或称引
《学记》	宋	戴溪	《学记口义》二卷	佚	〔元〕马端临《文献通考》卷一百八十一；〔元〕脱脱等《宋史·艺文志》卷二百二；〔元〕保八《周易系辞述》卷一百五十；〔明〕柯维骐《宋史新编》卷四十七；〔明〕王朝佐《东嘉录》卷八"戴文端"条；〔明〕焦竑《国史经籍志》卷二；〔明〕王继明《（万历）温州府志》卷十七；〔明〕朱睦㮮《授经图义例》卷二十；〔明〕蔡芳《弘治温州府志》卷十八；〔明〕胡宗宪、薛应旂等《嘉靖浙江通志》卷五十三；〔清〕李琬等《乾隆温州府志》卷二十七；〔清〕朱彝尊《经义考》卷一百五十；〔清〕黄宗羲《宋元学案》卷五十三；〔清〕王轩、杨笃等《山西通志》卷八十七；〔清〕王棻等《（光绪）永嘉县志》卷二十五；〔清〕孙诒让《温州经籍志》卷四；〔清〕乾隆十三年敕撰《钦定礼记义疏》卷首；〔清〕沈翼机等《浙江通志》卷二百四十二；〔清〕陈梦雷《古今图书集成·理学汇编·经籍典》第十六卷、第二十二卷、第二百十五卷、第二百十八卷、第二百五十五卷与第三百二十一卷；〔清〕秦蕙田《五礼通考》卷首第二以及王锷《三礼研究论著提要·礼记类》等著录或称引。
	明	翁汝进	《学记节解》一卷	佚	〔清〕邵晋涵《（乾隆）杭州府志》卷五十七；〔清〕沈翼机等《浙江通志》卷二百四十二以及王锷《三礼研究论著提要·礼记类》等著录或称引。
	清	杨葆彝	《学记章句》一卷	佚	江庆柏《江苏艺文志·常州卷》与王锷《三礼研究论著提要·礼记类》等著录与称引。

附录一 历代《礼记》其他诸篇单篇别行著作一览表

(续表)

篇目	朝代	作者	书名	存佚	著录或称引
《学记》	清	李塨	《学记》五卷	存	〔清〕黄本骥《皇朝经籍志·经部》卷二与杜泽逊《四库存目标注》卷五著录或称引。
	清	宋育仁	《学记补注》一卷	存	《中国丛书综录·子目·经部·礼记类》之"分篇之属";王锷《三礼研究论著提要·礼记类》以及王锷《三礼研究论著提要·礼记类》等著录或称引。
	民国	刘光蕡	《学记臆解》一卷	存	《续修四库全书总目·经部·礼类·礼记》;《中国丛书综录·子目·经部·礼记类》之"分篇之属";林庆彰《民国时期经学家丛书》第四辑第3册;舒大刚《儒学文献通论》之《〈礼记〉学文献》以及王锷《三礼研究论著提要·礼记类》等著录或称引。
	民国	王树枏	《学记笺证》四卷	存	《成都市古籍联合目录》第0581条;《中国丛书综录·子目·经部·礼记类》之"分篇之属";《1900—1980八十年来史学书目》第203470条;林庆彰《民国时期经学家丛书》第四辑第3册;郎焕文《历代中州名人存书版本录》第1174条;舒大刚《儒学文献通论》之《〈礼记〉学文献》以及王锷《三礼研究论著提要·礼记类》等著录或称引。
	民国	杜通明	《学记考释》	存	林庆彰《民国时期经学家丛书》第四辑第3册与王锷《三礼研究论著提要·礼记类》著录。
	民国	姚明辉	《学记集义训俗》	存	林庆彰《民国时期经学家丛书》第四辑第32册著录。
	今人	顾树森	《学记今译》	存	王锷《三礼研究论著提要·礼记类》著录。

(续表)

篇目	朝代	作者	书名	存佚	著录或称引
《学记》	今人	傅任敢	《学记译述》	存	王锷《三礼研究论著提要·礼记类》著录。
	今人	刘震	《学记释义》	存	王锷《三礼研究论著提要·礼记类》著录。
《乐记》	宋	邵囦	《乐记解》一卷	佚	〔清〕朱彝尊《经义考》卷一百六十七;〔清〕陈梦雷《古今图书集成·理学汇编·经籍典》卷二百五十九以及王锷《三礼研究论著提要·礼记类》等著录或称引。
	元	金履祥	《考订乐记》一卷	佚	〔清〕朱彝尊《经义考》卷一百六十七以及王锷《三礼研究论著提要·礼记类》等著录或称引。
	明	黄佐	《乐记解》十一卷	存	〔清〕陈澧《(光绪)香山县志》卷二十一;〔清〕武念祖修,陈昌齐纂《(道光)广东通志》卷一百八十九;〔清〕朱彝尊《经义考》卷一百六十七;〔清〕陈梦雷《古今图书集成·理学汇编·经籍典》卷二百五十九与三百二十一卷;《中国历代经籍典》第二百五十九卷三"礼部"以及王锷著《三礼研究论著提要·礼记类》等著录或称引。
	清	陈燽	《乐记逸篇》卷数不详	不详	〔清〕吴寿旸《拜经楼藏书题跋记》;王锷《三礼研究论著提要·礼记类》以及朱记荣《国朝未刊遗书志略·经目》等著录或称引。
	清	丁晏	《乐记补疏》一卷	存	《北京图书馆古籍善本书目》;《中国古籍善本书目·经部》以及王锷《三礼研究论著提要·礼记类》著录或称引。
	清	吴汝纶	《乐记章句》一卷	存	蒋元卿《皖人书录》与王锷《三礼研究论著提要·礼记类》著录或称引。
	今人	吉联抗	《乐记译注》	存	王锷《三礼研究论著提要·礼记类》著录。

附录一 历代《礼记》其他诸篇单篇别行著作一览表

（续表）

篇目	朝代	作者	书名	存佚	著录或称引
《祭法》	宋	刘敞	《祭法小传》一卷	不详	〔宋〕刘敞《公是先生集录》著录；〔清〕陈梦雷《古今图书集成·理学汇编第二百十八与三百二十一卷；〔清〕朱彝尊《经义考》卷一百五十；〔清〕罗振玉《罗雪堂先生全集》（三编）第十册卷五"礼乐"条以及王锷《三礼研究论著提要·礼记类》著录或称引。
《祭法》	清	王启元	《祭法记疑》二卷	佚	〔民国〕赵而巽等《清史稿·艺文一》卷一百四十五以及王锷《三礼研究论著提要·礼记类》著录或称引。
《祭义》	民国	唐文治	《礼记祭义篇》一卷	存	《中国丛书综录·子目·经部·礼记类》之"分篇之属"与王锷《三礼研究论著提要·礼记类》著录或称引。
《孔子闲居》	宋	杨简	《孔子闲居讲义》一卷①	佚	〔元〕马端临《文献通考》卷一百八十一；〔宋〕陈振孙《直斋书录解题》卷二"礼类"；〔元〕脱脱等《宋史·艺文志》卷二百二；〔明〕朱睦㮮《授经图义例》卷二十；〔明〕焦竑《国史经籍志》卷二；〔明〕陈第《世善堂藏书目录》；〔清〕秦蕙田《五礼通考》卷首第二；〔清〕沈翼机等《浙江通志》卷二百四十二；〔清〕罗振玉《罗雪堂先生全集》（三编）第十册卷五"礼乐"条；〔清〕陈梦雷《古今图书集成·理学汇编·经籍典》第二百十二卷；《中国历代经籍典·礼记部》第二百十二卷陈第《世善堂藏书目录·经类》之"礼记"条；舒大刚《儒学文献通论》之《〈礼记〉学文献》以及王锷《三礼研究论著提要·礼记类》等著录或称引。

① 此书名朱彝尊《经义考》卷一百五十载为《孔子闲居解》。

(续表)

篇目	朝代	作者	书名	存佚	著录或称引
《坊记》	明	黄道周	《坊记集传》二卷	存	〔明〕黄道周《黄石斋先生文集》卷七《坊记集传序》；〔明〕朱睦㮮《授经图义例》卷二十；〔清〕永瑢、纪昀等《钦定四库全书总目》卷二十一；〔清〕朱彝尊《经义考》卷一百五十；〔清〕陈梦雷《古今图书集成·理学汇编·经籍典》第二百十四卷、第二百十八卷与第三百二十一卷；〔清〕万斯同《明史》卷一百三十三；〔清〕周中孚《郑堂读书记》卷五；〔清〕张廷玉等《明史》卷一百三十四；〔清〕丁仁《八千卷楼书目·经部·礼类》卷二；〔清〕徐乾学《传是楼书目》卷一；〔清〕何绍基《东洲草堂文钞》卷十一；〔清〕嵇璜、曹仁虎等《钦定续通志·艺文略》卷一百五十七；〔清〕嵇璜、曹仁虎等《钦定续文献通考》卷一百五十二；〔清〕阮元《文选楼藏书记》卷一；〔清〕邹钟泉《道南渊源录》卷十一；〔清〕谢道承等《福建通志》卷六十八"漳州府"；〔清〕洪思《黄子年谱》一卷；〔清〕徐乾学《传是楼书目》卷一；〔清〕查继佐《罪惟录》列传卷十二下"黄道周"条；〔清〕邹钟泉《道南渊源录》卷十一；《中国历代经籍典·礼记部》第二百十四卷；《中国社会科学院图书馆藏中文古籍善本书目·经部·礼类》之"礼记"条；《中国丛书综录·子目·经部·礼记类》之"分篇之属"；李瑞良《福建省志·出版志》第三章第二节"古代图书内容"；舒大刚《儒学文献通论》第七章《〈礼记〉学文献》以及王锷《三礼研究论著提要·礼记类》等著录或称引。

| 附录一　历代《礼记》其他诸篇单篇别行著作一览表 |

（续表）

篇目	朝代	作者	书名	存佚	著录或称引
《坊记》	清	廖平	《坊记新解》不分卷	存	《中国丛书综录·汇编·独纂类》"民国"条《新订六译馆丛书》；《续修四库全书总目·经部·礼类·礼记》；王锷《三礼研究论著提要·礼记类》以及曾军《义理与考据：清中期〈礼记〉诠释的两种策略》第一章等著录或称引。
《表记》	明	黄道周	《表记集传》二卷	存	〔明〕黄道周《黄石斋先生文集》卷七《表记集传序》；〔明〕朱睦㮮《授经图义例》卷二十；〔清〕永瑢、纪昀等《钦定四库全书总目》卷二十一；〔清〕朱彝尊《经义考》卷一百五十；〔清〕陈梦雷《古今图书集成·理学汇编·经籍典》第二百十四卷、第二百十八卷与三百二十一卷；〔清〕查继佐撰《罪惟录》列传卷十二下"黄道周"条；〔清〕邵廷采《东南纪事》卷三；〔清〕洪思《黄子年谱》一卷；〔清〕徐乾学《传是楼书目》卷一；〔清〕丁仁《八千卷楼书目》卷二；〔清〕周中孚《郑堂读书记》卷五；〔清〕嵇璜、曹仁虎等《钦定续通志·艺文略》卷一百五十七；〔清〕谢道承等《福建通志》卷六十八"漳州府"；〔清〕嵇璜、曹仁虎等《钦定续文献通考》卷一百五十二；〔清〕蔡世远《二希堂文集》卷六"黄道周"条；〔清〕王太岳等《四库全书考证》卷四十六；〔清〕阮元《文选楼藏书记》卷一；〔清〕翁方纲《经义考补正》卷六；〔清〕邹钟泉《道南渊源录》卷十一；《中国历代经籍典·礼记部》第二百二十四卷；李瑞良《福建省志·出版志》第三章第二节"古代图书内容"；《中国丛书综录·子目·经部·

(续表)

篇目	朝代	作者	书名	存佚	著录或称引
《表记》					礼记类》之"分篇之属";《中国社会科学院图书馆藏中文古籍善本书目·经部·礼类》之"礼记"条;舒大刚《儒学文献通论》第七章《〈礼记〉学文献》以及王锷《三礼研究论著提要·礼记类》著录或称引。
《缁衣》	明	黄道周	《缁衣集传》四卷	存	〔明〕黄道周《黄石斋先生文集·进缴书录疏》卷二;〔清〕陈梦雷《古今图书集成·理学汇编》第二百十四卷、二百十八卷与三百二十一卷;〔清〕张夏《雒闽源流录》卷十七;〔清〕高廷珍《东林书院志》卷二十;〔清〕丁仁《八千卷楼书目·经部·礼类》卷二;〔清〕周中孚《郑堂读书记》卷五;〔清〕邵懿辰《半岩庐遗集·题黄忠端公謇骚卷》称引;〔清〕永瑢、纪昀等《钦定四库全书总目》卷二十一;〔清〕永瑢、纪昀等《钦定四库全书简明目录》卷二;〔清〕嵇璜、曹仁虎等《钦定续文献通考》卷一百五十二;〔清〕黄虞稷《千顷堂书目》卷二;〔清〕朱彝尊《经义考》卷一百五十;〔清〕邹钟泉《道南渊源录》卷十一"黄石斋先生著"条;〔清〕郭起元《介石堂集》古文卷九"《跋黄石斋先生文集》"条;《中国历代经籍典·礼记部》第二百十四卷;舒大刚《儒学文献通论》第七章《〈礼记〉学文献》;李瑞良《福建省志·出版志》第三章第二节"古代图书内容";《中国丛书综录·子目·经部·礼记类》之"分篇之属";《中国社会科学院图书馆藏中文古籍善本书目·经部·礼类》之"礼记"条以及王锷《三礼研究论著题要·礼记类》等著录或称引。

| 附录一　历代《礼记》其他诸篇单篇别行著作一览表 |

（续表）

篇目	朝代	作者	书名	存佚	著录或称引
《缁衣》	明	钱士馨	《缁衣说》一卷	今佚	〔清〕陈梦雷《古今图书集成·理学汇编·经籍典》第二百十八卷与第三百二十一卷；〔清〕朱彝尊《经义考》卷一百五十；〔清〕沈翼机等《浙江通志》卷二百四十二以及王锷《三礼研究论著题要·礼记类》著录或称引。
《缁衣》	清	朱琦	《读缁衣集传》一卷	不详	《续修四库全书总目·经部·礼类·礼记》；《清史稿艺文志补编·经部·礼类》以及王锷《三礼研究论著提要·礼记类》等著录或称引。
《儒行》	魏	王肃	《儒行解》一篇	存	《孔子家语》卷一著录。
《儒行》	宋	李觏	《读儒行》一篇	存	〔宋〕李觏《盱江集》卷二十九；〔清〕陈梦雷《古今图书集成·理学汇编·经籍典》第三百二十一卷；〔清〕朱彝尊《经义考》卷一百六十二；舒大刚《儒学文献通论》第七章《〈礼记〉学文献》以及王锷《三礼研究论著提要·礼记类》著录或称引。
《儒行》	宋	苏总龟	《儒行解》一卷	佚	〔清〕朱彝尊《经义考》卷一百六十二与王锷《三礼研究论著提要·礼记类》著录或称引。
《儒行》	明	朱睦㮮	《读儒行》一篇	存	《五经稽疑》卷八称引。
《儒行》	明	黄道周	《儒行集传》二卷①	存	〔明〕徐𤊹兴《徐氏家藏书目》卷之一；〔明〕黄道周《黄石斋先生文集》卷二"《进缴书录疏》"条；〔清〕邵懿辰《半岩庐遗集·题黄忠端公睿骚

---

①　《经义考》卷一百五十作"一卷"。

(续表)

篇目	朝代	作者	书名	存佚	著录或称引
《儒行》					卷》称引；〔清〕永瑢、纪昀等《钦定四库全书总目》卷十一，〔清〕永瑢、纪昀等《钦定四库全书简明目录》卷二；〔清〕陈寿祺《左海文集》卷一；〔清〕彭蕴章《松风阁诗钞》卷十一《黄忠端公儒行集传跋》条；〔清〕张夏《雒闽源流录》卷十七；〔清〕高廷珍《东林书院》卷之二十；〔清〕徐乾学《传是楼书目》卷一；〔清〕丁仁《八千卷楼书目·经部·礼类》卷二；〔清〕卢文弨《经籍考》卷一；〔清〕彭蕴璨《历代画史汇传》卷三十一"黄道周"条；〔清〕嵇璜、曹仁虎等《钦定续通志·艺文略》卷一百五十七；〔清〕嵇璜、曹仁虎等《钦定续文献通考·经籍考》卷一百五十二；〔清〕蔡世远《二希堂文集》卷六"《黄道周传》"称引；〔清〕蓝鼎元《鹿洲初集》卷十八"《请黄石斋先生崇祀乡贤文》"条；〔清〕彭定求《南畇文稿》卷一"《重刻黄石斋先生儒行集传序》"条；〔清〕阮元《文选楼藏书记》卷一；〔清〕邹钟泉《道南渊源录》卷之十一；〔清〕陈梦雷《古今图书集成·理学汇编·经籍典》第二百十四卷；〔清〕皮锡瑞《经学通论·礼》称引；〔清〕朱彝尊《经义考》卷一百五十；《中国历代经籍典·礼记部》第二百十四卷；舒大刚《儒学文献通论》第七章《〈礼记〉学文献》；李瑞良《福建省志·出版志》第三章第二节"古代图书内容"、《中国丛书综录·子目·经部·礼记类》之"分篇之属"；《中国古籍善本书目·经部·礼类》卷二"礼记"条以及王锷《三礼研究论著提要·礼记类》著录或称引。

附录一　历代《礼记》其他诸篇单篇别行著作一览表

（续表）

篇目	朝代	作者	书名	存佚	著录或称引
《儒行》	清	唐文治	《礼记儒行篇》一卷	存	《中国丛书综录·子目·经部·礼记类》之"分篇之属"与王锷《三礼研究论著提要·礼记类》著录或称引。
	今人	胡楚生	《儒行研究》	存	王锷《三礼研究论著提要·礼记类》著录。
《冠义》	民国	唐文治	《礼记冠义篇》一卷	存	《中国丛书综录·子目·经部·礼记类》之"分篇之属"与王锷《三礼研究论著提要·礼记类》著录或称引。

| 附录二 |
二十一世纪以来《礼记》研究现状

《礼记》一书，包蕴了政治、经济、伦理、教育、礼仪等日常生活中方方面面的内容，历来都有很多研究文章和丰硕的成果，目前关于《礼记》的研究，也主要集中在这几个方面。

一、《礼记》的成书、编者、流传、版本等问题的研究

关于《礼记》的成书问题，主要集中在成书时间和编撰者。关于此问题，学术界有三种声音：李学勤、杨天宇先生等认为《礼记》编撰者是西汉的戴圣；洪业先生在《礼记引得》一书中认为《礼记》成书在二戴之后郑玄之前；钱玄先生则认为《礼记》成书于东汉。众说不一，目前学界关于《礼记》成书和编者的问题也主要持这三种观点。徐喜辰《〈礼记〉的成书年代及其史料价值》(《史学史研究》，1984年第4期) 一文，认为"《礼记》中固多孔门著述，但是出于汉儒手者，也颇不少"。"成书年代不在汉初或其以前，但却认为那时确实已经有了一种杂无条理的礼学类书，也就是古文家伪造的《古文记》。"姜亦刚《〈礼记〉成书与西汉考》(《齐鲁学刊》，1990年第2期) 认为《礼记》成书时期在西汉。王锷《戴圣生平和〈礼记〉的编选》(《中国文化研究》2006年春之卷) 认为"《礼记》四十九篇是戴圣所编选，四十九篇选自《记》百三十一篇等五种和《汉志》记载的《曾子》《子思子》等儒家文献，编选时间在汉宣帝甘露三年（公元前51）以后，汉成帝阳朔四年（公元前21）以前的三十年中，大概在汉元帝时期"。黄娜、潘斌、郑雨欣《〈礼记〉成书在考》(《四川教育学院学

报》，2007年第11期）一文，认为"《隋书·经籍志》的相关记载并不能成为《礼记》并非戴圣纂集的证据；汉代今古文之争多为利禄之争，而非学术之争，所以戴圣纂集《礼记》时收入古文经作品是完全可能的；《汉书·艺文志》所记载的"记百三十一篇"便包括《礼记》四十九篇。"叶国良《二戴〈礼记〉编纂的几个问题》（《齐鲁文化研究》，2011年第十辑）认为，"二戴《礼记》的编纂者是戴德、戴圣，二者各自成书，虽有部分篇章重迭，但大戴不是从小戴扩充，小戴的篇章也非取自大戴，而且汉时小戴的竞争力已超越大戴，导致大戴后来残缺。该二书的编纂，是为了补充《仪礼》内容的不完整性，其性质和叔孙通或曹褒奉敕编撰汉仪或根据白虎观会议编成的《白虎通义》，在目的、性质与内容方面完全不同"。王锷《〈礼记〉成书考》（中华书局，2007年版）一书，结合地下出土文献资料，详细考察了《礼记》所收四十六篇各篇的编者、成篇年代及编纂时间，是近十年《礼记》研究著作中较具有创新性和学术价值突出的一部著作。

关于《礼记》的版本和流传问题的研究。乔秀岩《〈礼记〉版本杂识》（《北京大学学报》，2006年第9期）一文，通过分析《礼记》经注各版本之间的关系和价值，认为现存版本可以分为两个系统："《唐石经》，抚州公使库本，八行本为一类，《唐石经》为始祖，抚本为现存最精最完整本；余仁仲本，纂图互注本，十行本以及闽、坚、毛本为一类。"此文系统地梳理了《礼记》的版本源流，为《礼记》版本研究提供了新的学术增长点。王锷在《〈礼记〉成书考》一书详细论述了《礼记》在东汉的传播情况，其2010年在《井冈山大学学报》第5期和第6期上发表的《东汉以来〈礼记〉的流传》上、下两篇文章，详细论述《礼记》在魏晋南北朝至近代的流传情况。此外，翁贺凯《两汉〈礼记〉源流新考——从〈郭店简与《礼记》〉谈起》[《福建论坛》（文史哲版），1995年第5期]、张鹤泉《略论北朝儒生对"三礼"的传授》（《社会科学战线》，2009年第7期）、潘忠伟《唐初〈礼记〉地位的提升与北朝礼学传统》（《中国文化论坛》，2011年第3期）、潘斌《宋代〈礼记〉学文献综论》（古籍整理研究学刊，2008年第6期）、张学智《明代三礼学概述》（《中国哲学史》，2007年第1期）诸文分别论述了《礼记》在两汉、北朝、宋明两代的流传状况。

二、《礼记》思想文化研究

《礼记》能够薪火相传的原因是其博大精深的思想，最近几十年关于《礼记》思想阐释的文章很多，主要集中在《礼记》一书所蕴含的政治、经济、伦理、美学、哲学、礼乐诸多思想的研究方面。

《礼记》思想研究，代表文章有：崔大华《论〈礼记〉思想》（《中国哲学史》，1996年第4期）一文从社会的、人性的、超越的三个理论层面全面考察了《礼记》的思想，同时就原始儒学与孟、荀儒学思想不同的变化和发展做了论述。肖群忠《〈礼记〉孝道思想及其泛化》[《西北师范大学学报》（社会科学版），1995年第2期]、李翔德《儒家"和谐社会系统论"——〈礼记〉的伦理美学思想体系》[《山西大学学报》（哲学社会科学版），2005年第4期]、赖换初《〈礼记〉"敬""让"思想探析》（《伦理学研究》，2012年第3期）、杨明《个体道德 家庭伦理 社会理想——〈礼记〉伦理思想探析》（《道德与文明》，2012年第5期）、〔韩〕朴炳久《〈礼记〉的和谐世界思想》（《国际政治科学》，2008年第3期）、吴蕴慧《〈礼记〉对构建和谐社会礼仪体系的启示》（《前沿》，2009年第13期）及其《〈礼记〉和谐思想阐微》（《名作欣赏》，2012年第14期）等文章都对《礼记》所蕴含的伦理思想、社会理想及其对当下的影响从不同角度进行了论述。杨明将《礼记》的伦理思想分为个体道德、家庭伦理、社会理想三个部分，并对各个部分加以论述，认为《礼记》包含的道德伦理思想对当下生活仍具有重要意义。韩国学者朴炳久从《礼记》"内圣外王"思想的时代背景和理论依据为出发点，阐述《礼记》一书中内圣外王的和谐思想对现代国际体系建构的意义。王启发《〈礼记〉的礼治主义思想》（《孔子研究》，1990年第1期）及《〈礼记〉中的人格理想与社会理想》（《中国社会科学院研究生院学报》，1990年第4期）、郑韶《〈礼记〉与中国封建正统经济思想》（《上海经济研究》，1988年第2期）、孙荣春《〈礼记〉美育思想探析》（《徐州师范大学学报》，2009年第6期）、李砚祖《人伦物序：〈礼记〉的设计思想》[《南京艺术学院学报》（美术与设计版），2009年第2期]、石磊《礼以顺天：〈礼记〉中的天道思想述论》(《暨南大学学报》(哲学社会科学版),2012年第1期)、魏勇《义生,然后礼作——〈礼记〉"义"思想探析》[《西南民族大学学报》(人文社科版),2008年第2期]、杨雅丽《〈礼记〉与礼学蕴涵的忧患意识》(《理论导刊》,2008年第11期)、王道行《试析〈礼记〉中的心理学思想》(《孔子研究》,1988年第4期)、吴蕴慧《〈礼记〉尊老养老保障机制探究》(《兰台世界》,2011年第13期)等文章则从经济、美学、哲学、心理学等角度对《礼记》文本进行解读,凸显了《礼记》内容的博大精深。

此外,薛柏成《论〈礼记〉有关篇章与墨家思想的关系》(《社会科学版》,2004年第5期)一文针对学界关于《礼记》思想归属问题做了论述,认为任何思想的形成和发展都有其复杂性和现实性,"我们既要尊重历史事实,又要尊重思想发展线索的规律性,这才是我们对待中国传统思想文化的正确方式"。《礼记》有些篇章吸收了当时各家学派的优秀思想,这是时代的原因也是一种思想想要长期存活的需要,虽然吸收了墨家的思想,但还是儒家的重要典籍。

《礼记》中的礼乐文化研究。林中坚《〈礼记〉中的礼乐与礼制》(《中山大学学报论丛》,2004年第4期)、闵卓《〈礼记〉的思想精华及其局限》[《东南大学学报》(哲学社会科学版),2005年第6期]、盛邦和《〈礼记〉与中国礼文化》(《江苏社会科学》,2009年第1期)、贺更粹《和:〈礼记〉礼乐的教化的旨归》[《西北师大学报》(社会科学版),2011年第4期]、尚学锋、李翠叶《中国礼乐文化的学术传承与〈礼记〉的文体研究》[《河北师范大学学报》(哲学社会科学版),2012年第3期]、赵逵夫《〈礼记〉与现代精神文明》[《西北师大学报》(社会科学版),2008年第1期]、韩丽娟的博士论文《〈礼记〉中的礼乐教化美育思想与儒家审美人格的建构》(山东大学,2012年)、洪蓉的博士论文《〈礼记〉文艺思想研究》(辽宁大学、2012年)、成守勇的博士论文《礼乐生活——以文本〈礼记〉为中心》(华东师范大学,2010年)、王黎黎的硕士论文《礼文之美:〈礼记〉美学思想研究》(首都师范大学,2008年)、曹国洲的硕士论文《〈礼记〉所见的礼学和人的完善思想初探》(西北大学,2011年)等文章从宏观的角度对《礼记》中礼乐教化思想的内涵、特征、影响等方面都做了全面的论述。

《礼记》民俗文化研究。《礼记》是中国礼仪文化的渊薮，丧葬、服饰制度、佩玉文化、左与右的象征、生产礼仪都是《礼记》研究关注点。武宇嫱的博士论文《礼与俗的演绎——民俗学视野下的〈礼记〉研究》（北京师范大学，2007年）从民俗学的角度对《礼记》的思想文化进行了全面的阐释。顾洪《试论"三年之丧"起源》（《齐鲁学刊》，1989年第3期）、丁鼎《〈礼记〉与〈仪礼·丧服〉经、传所载丧服制度之比较研究》（《孔子研究》，2000年第5期）、王文东《〈礼记〉中的生产礼仪及其意义解读》（《孔子研究》，2008年第1期）、夏高发《〈礼记〉服饰制度的伦理意蕴》（《孔子研究》，2010年第6期）、吴凤玲《中国传统文化中右与左的象征——以〈礼记〉为例》（《西北民族研究》，2011年第3期）、石荣传、陈杰《〈礼记〉所载佩玉制度的考古学研究》（《文史哲》，2012年第3期）等文都集中对这些问题作了阐述。如：夏高发先生认为，《礼记》中包含的生产礼仪，体现了远古先民对天地、鬼神、自然、人事之道的认识，也在一定程度上反映了上古时期的生产方式、取食方法、分配形式，为我们理解先秦时期为何重视生产礼仪提供了借鉴。

《礼记》语言学角度的研究。平心《释稽（禾焦）》（《学术月刊，1957年第10期》）、王作新《从语境诂解〈礼记〉之语义举隅》[《华中师范大学学报（哲学社会科学版），1991年第4期》]、刘安志《大祥、中祥、小祥》（《文献》，1992年第2期）、张全民《"礼不下庶人"发覆》（《吉林大学学报》，1997年第1期）、王月婷《〈礼记〉"煎盐"新诂》（《古汉语研究》，2010年第2期）、党代莉《〈礼记〉训释二则》（《集宁师专学报》，2010年第9期）等文就《礼记》中单个的语词、概念、句义进行细致深刻剖析。其中王作新《从语境诂解〈礼记〉之语义举隅》一文，运用现代语言学理论，从上下文语境和社会文化语境两方面，诂解《礼记》的语义，拓展了古典文献整理研究的视野，值得借鉴。王月婷《〈礼记〉"煎盐"新诂》一文，通过分析《礼记》所记载的"煎盐"一词的意思，断定此"煎盐"是未经加工的盐，而非经煎炼的盐，这一名词意义的敲定，在中国盐业史上具有重要的意义。张全民《"礼不下庶人"发覆》一文认为，庶人也是有"礼"的，"'礼不下庶人'是指具体的礼仪规定，不能抽象成阶级原则"。这一观点为我们理解"礼不下庶人"提供了新的思路。刘新颖的硕士论文《〈礼记〉语言学思想研究》（陕西师范大学，2012年）、黄城烟的硕士论文《〈仪礼〉〈礼记〉升降类动词组合关系研究》（南京大学，2012年）、王琳的硕士论文《〈礼记〉祭祀词语的起源与流变》（长春理工大学，2010年）、陈谢的硕士论文《古汉语常用介词在〈礼记〉中的语法分析》（陕西师范大学，2006年）、林琳的硕士论文《〈礼记〉成语研究》（东北师范大学，2006年）、沙莹的硕士论文《〈礼记〉婚、丧二礼文化词语语义系统研究》（山东大学，2006年）等论文从成语、词汇、语法、语义等语言学的角度，对《礼记》文本的语言现象和思想做了系统的阐述。

三、《礼记》单篇文章的研究

目前学界对《礼记》单篇的研究并不平衡，《礼记》单篇的研究主要集中在《曲礼》《檀弓》《王制》《月令》《礼运》《学记》《乐记》《缁衣》《深衣》《投壶》十篇，且具有系统的论述，故作以细致梳理。然而在这些篇目中，《学记》和《乐记》两篇是当下学界研究最多的，无论是单篇文章、学位论文，还是学术专著，都是《礼记》其他各篇无法比及的。《孔子闲居》《少仪》《儒行》《冠义》《昏义》《内则》《玉藻》等篇因研究文章很少，故合为一点只作概括性的简述。

（一）《曲礼》

《曲礼》是《礼记》的第一篇，主要论述了礼的重要性、卿大夫和士日常生活之礼、君臣之礼、丧葬祭祀等礼仪规范，内容比较博杂。关于《曲礼》的研究，目前研究主要集中在：《曲礼》的成篇年代和编者、礼仪制度、官职、字句的释义四个方面。

《曲礼》的成篇年代和编者。王锷《〈礼记·曲礼〉成篇年代考》（《南京师范大学文学院学报》，2006年第3期）一文将《曲礼》与《仪礼》《大戴礼记》

《孝经》《孟子》《荀子》《韩诗外传》《新书》及郭店楚简《尊德义》等文献中的相关文字进行比较研究，认为《曲礼》成篇于春秋战国初期，整理编辑者可能是曾子或者他的弟子。

《曲礼》的官职。顾颉刚《〈曲礼〉中的古代官职及卜、祝之由尊而贱》(《中国社会科学院研究生院学报》，1986年第2期)集中论述了《曲礼》中的官职问题，以及随着生产工具和人们认识自然能力的进步，卜、祝等掌管沟通天地鬼神之职的没落。澳门大学的邓国光《〈尚书·顾命〉册仪的讨论——关于〈曲礼〉"六大"和〈小盂鼎〉"三左三右"的决疑》(《中国文化》，1993年第1期)，通过复原《顾命》册仪的场面，结合有关文献以及出土资料分析《小盂鼎》"三左三右"的性质，认为郭沫若《周官质疑》根据《尚书·顾命》的册仪推论《小盂鼎》的"三左三右"一词指的人物是《礼记·曲礼》中的"六大"（即：大宰、大宗、大史、大祝、大夫、大卜、典司）这一说法是错误的，"三左三右"应该是"处理三酒的左内酒和处理三酒的右内酒"，他们的职位很低。

《曲礼》的礼仪制度。夏高发《〈礼记·曲礼〉中的男女之大防》(《宜宾学院学报》，2007年第5期)，认为《曲礼》规定的"男女之大防"是为了防止乱伦、通奸、防止见物思淫。这样做的目的是为了使人有别于禽兽、保证种族的蕃息昌盛、维护父系继承的宗法制度，从而实现社会安定有序。薛立芳《由〈曲礼〉探传统文化中的敬、节、让》(《前沿》，2011年第14期)，通过探讨《曲礼》中"敬""节""让"，进而延伸到这三种传统礼节在维护社会和谐方面的作用。

《曲礼》字句的释义。王锷《读〈礼记·曲礼〉札记》(《南京师范大学文学院学报》，2012年第2期)对《礼记·曲礼》郑玄注及其他训释作了考辨。秦佳慧《〈曲礼〉"君大夫"释义辨正》(《浙江社会科学》，2010见第7期)，认为"君大夫"应该是"国君和大夫"，而不应该是郑玄注中说的"辟天子之子未除丧之名。君大夫，天子大夫有土地者"。并指出后来《礼记·曲礼》注疏者沿袭郑注的错误。

（二）《檀弓》

《檀弓》是《礼记》的第二篇，主要记载的是孔子及其弟子、再传弟子讨论丧葬礼仪的文字。关于《檀弓》的研究，主要集中在以下几个方面。

《檀弓》的作者和成书年代。历来关于《檀弓》作者及其年代的论断、蠡测众说纷纭。作者有檀弓说、孔子再传弟子说（如子游门人之作、曾参门人、七十子弟子、孔子嫡派）、秦末时人说、战国人作等。成书年代有三种声音，作于春秋之末与孔子同时代的檀弓之时、作于秦汉诸儒之时、成书于战国。关于此问题目前学术界多认为成书于战国。郭东明《〈礼记·檀弓〉的作者及其年代》（《齐鲁学刊》，1990 年第 4 期）认为《檀弓》成书于战国中期的儒生之手。王锷《〈礼记〉成书考》（中华书局 2007 年版，第 268 页）认为："《檀弓》上下篇，是经过孔子及其弟子、再传弟子先后写定一些章节，直到战国晚期，才有人参考《左传》《国语》和其他儒家文献，整理编纂成目前我们看到的面貌。"杜明德《〈礼记·檀弓〉中的孔子形象——兼论〈礼记·檀弓〉可能的成篇时代》（《齐鲁文化研究》，2009 年刊）根据《檀弓》中的孔子的"非圣形象"以及《檀弓》杂糅的道家、法家思想，认为其成书于战国中晚期。李洪良的硕士论文《〈檀弓〉散文研究》（西北师范大学，2001 年）也系统论述了《檀弓》的作者和成书时代、散文思想、艺术特色及其对后世散文的影响。

对《檀弓》篇中字、句的阐释。刘永耕《〈礼记·檀弓〉"问丧于夫子"辨》（《古汉语研究》，1993 年第 2 期），李景泉、侯晓菊《〈礼记·檀弓〉"壹似重有忧者"解——兼说对先秦文献几个"壹"字的误释》（《汉字文化》，2001 年第 3 期）及《〈礼记·檀弓〉"壹似重有忧者"解》（《古汉语研究》，2002 年第 1 期），程邦雄《释"美轮美奂"》（《古汉语研究》，1997 年第 1 期），高培华《〈礼记·檀弓〉曾子责子夏考辨——兼谈孔门弟子是"和而不同"的君子群体》（《史学月刊》、2013 年第 2 期），褚俊海《"美轮美奂"的词义及其成词过程——兼论词汇化与词法构式的关系》（《古汉语研究》，2013 年第 1 期），都是从微观的角度对《檀弓》中的字、句、成语进行考辨和论述。

《檀弓》文本的阐释和翻译。李衡眉《"嫂叔无服"新论》（《齐鲁学刊》，1990年第5期）、聂安福《宋人"文法"〈檀弓〉说解读》（《文学遗产》，2010年第2期）、卢静《从古代评点看〈檀弓〉的文学阐释》（《求索》、2012年第6期）、李贻萌《霍理斯巧译〈檀弓〉》（《中国翻译》，1993年第3期）等文章都对《檀弓》的文本内容、思想和文学影响等方面做了论述。卢静《从古代评点看〈檀弓〉的文学阐释》一文，以古代《檀弓》文本阐释历程为考察点，揭示了经学与文学相互演进的关系，这种研究视角值得借鉴。

（三）《王制》

《王制》是《礼记》的第三篇，主要记载了以周代为主的爵禄、封国、职官、祭祀、丧葬、田猎等制度。关于《王制》的研究主要集中在《王制》的作者和成篇年代、所反映的社会制度和思想、古人的空间叙事模式、以及对清代《王制》研究学者的研究等几个方面。

《王制》的作者和成篇年代。王锷《清代〈王制〉研究及其成篇年代考》（《古籍整理研究学刊》，2006年第1期）一文通过将《王制》与《孟子》《荀子》等文献比较研究，认为"《王制》经文部分写成于战国中期，与郭店楚简的写作年代大致相当。刘向以前，经文部分和后面解释性文字已经抄写在一起，成为我们目前看到的样子"。刘小枫《〈王制〉与大立法者之"德"》（《书城》，2005年第6期）接受俞樾和皮锡瑞的观点，认为《王制》是孔子所做之说。

《王制》所反映的社会制度和思想。甄金忠《从〈礼记·王制〉看先秦时期的社会救助制度》[《河南教育学院学报》（哲学社会科学版），2006年第1期]论述了《王制》中所体现的积蓄防灾、养老制度和残疾人救助等社会保障制度，以及这些思想对后世传统社会救助思想和救助体系的形成和发展产生的影响。鲁丹《从〈王制〉中礼仪与法律的合一看儒教的宗教性》[《太原师范学院学报》（社会科学版），2008年第6期]认为儒教是宗教，因为"《王制》篇是古代儒者从礼的角度阐述国家管理的各种最重要的制度，其中不仅有很多在今天看来属于世俗的法律制度，也有很多是关于宗教礼仪的具体规定"。而且"在古代儒者看来,宗教规范同时就是国家的法律制度,国家的法律制度也是他们的宗教规范"。梁奇《浅论〈礼记·王制〉的教育制度》[《安徽农业大学学报》(社会科学版),2012年第4期]论述了《王制》所描述的周代教育制度对之后封建王朝育才选士制度以及当下教育的影响。常柑《〈礼记·王制〉、〈周礼·大司徒〉封国制度异同辨》(《运城师专学报》,1986年第2期)比较分析了这两篇文章所记载封国制度的异同。此外,刘正民《〈礼记·王制〉浅析》(《荆州师专学报》,1983年第3期)一文也对《王制》的思想内容做了系统的梳理。

《王制》所反映的古人空间叙事模式。唐启翠《"五方之民"叙事中的空间模式再探——以〈礼记·王制〉为中心》[《湘潭大学学报》(哲学社会科学版),2008年第6期]认为,《王制》中描述世界的'五方'格局呈现的是一种"王者"天下的认知图式,即"'中国'统辖四方疆域的'认识地图'"。这种认知图式与"'五方之民'叙事中所隐含的'纳异'与'攘夷'心态形成了某种同构,而这正是一统天下的政治诉求与礼仪文明别夷夏之矛盾心态的曲折反映"。

对《王制》研究学者的研究。赵沛《廖平的〈王制〉研究》[《四川大学学报》(哲学社会科学版),2006年第6期]对廖平的《王制》研究做了系统的梳理和评述。吴仰湘《皮锡瑞〈王制〉研究评析》[《湖南大学学报》(社会科学版),2013年第1期]通过对皮锡瑞对《王制》的研究及其对郑注的态度,探讨他的治经历程。

此外,章可《〈礼记·王制〉的地位升降与晚清今古文之争》[《复旦学报》(社会科学版),2011年第2期],通过探讨《礼记·王制》在晚清地位的上升,进而探讨了晚清今古文之争对经学的影响,认为"晚清的今古文之争在相当程度上促成了近代经学的边缘化和史学走向中心"。以《王制》为中心,为我们了解清代经学的发展状况提供了新的视角。

(四)《月令》

《月令》是《礼记》的第四篇,主要记载一年十二个月的物候以及对王者言行、衣着等的规范。它是上古时代具有重要地位的时历书,同时也是一部与政治密切相关的政书，这种双重的性质决定了其被研究的方向。历来对《月令》的研究主要集中在：《月令》的成篇年代和作者、《月令》文本思想的阐释、《月令》与农业和政治关系、《月令》所反映的民俗文化等方面。

《月令》的成篇年代和作者。关于《月令》的成篇年代，自汉以来，形成了以下七种观点：贾逵、马融等认为《月令》是周公所作，成篇于周代；郑玄、卢植等认为《月令》出于《吕氏春秋》；晋束皙认为是夏代所作；隋朝的牛弘主张杂有虞、夏、殷、周法说；明朝方以智认为《月令》是周公所作，不过因袭了《夏小正》；汪鏊认为，《月令》是周、秦书，经过了汉人的修改；杨宽认为《月令》是战国时期晋人所作。杨宽先生的《月令考》（《齐鲁学报》，1941年第2期）一文，对前六种观点一一作了考辨，认为《礼记·月令》上承《七月》《夏小正》，是战国末期阴阳五行家之作，作者是晋国人之后裔。王锷《〈礼记〉成书考》一书和其《〈月令〉与农业生产的关系及其成篇年代》（《古籍整理研究学刊》，2006年第5期），关于《月令》的成篇年代和作者，也赞同杨宽先生的说法。

《月令》文本内容的阐释。乐爱国《〈管子〉与〈礼记·月令〉科学思想之比较》（《管子学刊》，2005年第2期），叶舒宪《〈礼记·月令〉的比较神话学解读——以仲春物候为例》（《山西师范大学学报》，2006年第3期），高长山、骆洋《蔡邕解读〈礼记·月令〉的新变》（《古籍整理学刊》，2009年第9期），闫祥岭的硕士论文《〈礼记·月令〉中的五行学说研究》（山东大学，2008年），张春樱的硕士论文《上古月令研究》（东北师范大学，2010年），王超的硕士论文《〈礼记·月令〉天人思想研究》（山东大学，2011年），王璐的硕士论文《汉代月令思想研究》（苏州大学，2011年）等文章集中论述了《月令》篇中所蕴含的哲学思想、科学思想、时政思想。其中叶舒宪《〈礼记·月令〉的比较神话学解读——以仲春物候为例》一文从知识考古学的立场出发，采用比较神话学的研究视野，对我国上古的礼书经典进行阐释，认为古典文献解读应该提倡三重证据法。此外，傅道彬《诗可以观：礼乐文化与周代诗学精神》（中华书局2010年版）的第九章《〈月令〉模式的思想意义与文学的四时结构》中探讨了《礼记·月令》的四时思维模式对古典文学情感的影响，为我们理解古典诗歌中那些经典意象的文化意蕴提供了新颖的视角，更加突出了《礼记·月令》对中国传统文学思维乃至哲学思维的影响。

《月令》与政治和农业关系。代表文章有杨振红《月令与秦汉政治再探讨——兼论月令源流》（《历史研究》，2004年第3期），樊志民、朱宏斌《月令书与中国传统农业管理思想之嬗变》（《中国农史》，2002年第3期），张京华《月令——中国古代的"时政"思想》（《长沙理工大学学报》，2007年第3期），萧放《〈月令〉记述与王官之时》[《宝鸡文理学院学报》（社会科学版），2001年第4期]等文章从不同角度论述了《月令》的自然时间规范及治政角度的国家政治和社会人事的时间指南和规范，突出了《月令》的双重品格。

此外，萧放《中国上古岁时观念论考》（《西北民族研究》，2002年第2期）和《明堂与月令关系新证》（《民族艺术》，2001年第1期）、张树国《诗性时历——〈月令〉与汉代祭事诗关系探析》[《杭州师范大学学报》（社会科学版），2012年第5期]、杨雅丽《〈礼记〉"月令"之"令"考辨》[《西北工业大学》（社会科学版），2002年第3期]、杨孟衡《〈礼记·月令〉傩仪考》（《寻根》，1996年第3期）、梁韦弦《〈礼记·月令〉〈吕氏春秋·十二月纪〉及〈周髀算经〉所记之节气》（《古籍整理研究学刊》，2001年第5期）等文章则对月令观念、源流、月令与明堂位的关系、二十四节气等问题进行了探讨。

（五）《礼运》

《礼运》是《礼记》的第七篇。近些年关于《礼运》的研究，主要集中在思想内容、作者的问题、成篇时间、错简问题。

关于《礼运》成篇时间、作者问题论述的代表文章有：龚敏《〈礼记·礼运〉篇的作者问题》（《古籍整理学刊》，2005年第1期）认为"《礼运》为周秦之际，是子游氏之儒所作，其出约稍晚于《系辞》《中庸》，而略早于《孟》《荀》"。杨朝明《〈礼运〉成篇与学派属性等问题》（《中国文化研究》，2005年春之卷）认为，《礼运》编成在汉代，成篇更早，属于儒家思想，作者应该是孔子的弟子。杨朝明、卢梅《子游生年与〈礼运〉的可信性问题》(《史学月刊》，2010年第7期)和王锷《"大同""小康"与〈礼运〉的成篇年代》[《西北师大学报》(社会科学版)，2006年第6期]都认为《礼运》是子游记录的。王锷又对《礼运》的成书进行了论述，认为其成书于战国前期，"在流传过程中，大约于战国晚期掺入了阴阳五行家之言，又经后人整理而成为目前我们看到的面貌"。而范友芳、赵宏伟、康德文《〈礼运〉篇出于荀子后学考辩——兼谈〈礼运〉与〈易传〉的关系》[《九江师专学报》(哲学社会科学版)，2001年第1期]一文认为《礼运》出自荀子及其后学。《礼运》的作者问题之所以出现争论，这与其思想归属有直接的关系。关于《礼运》思想归属，历来有三种观点：孔门后学记孔子之说；黄老道家之学说；墨家学说，因为思想归属差异导致了《礼运》成篇年代差异。

关于《礼运》错简问题的讨论。最早提出这个问题的是清人邵懿辰，他在《礼经通论》中说："《礼运》一篇，先儒每叹其言之精，而不甚表彰者，以不知道章有错简，而疑其发端近乎老氏之意也。今以'禹汤文武成王周公由此其选也，此六君子者未有不谨于礼者也'二十六字，移置'不必为己'之下，'是故谋闭而不兴'之上，则文顺而意无病也。"今人永良受语言学家徐仁甫先生古汉语讲座的影响，在《〈礼记·礼运〉首段错简应当纠正》[《西南民族大学学报》(哲学社会科学版)增刊，1996年第6期]一文中对《礼运》中的错简进行了复原，并作了详细的说明。

关于《礼运》中"大同""小康"概念的讨论。裴传永《"礼运大同"思想之我见》[《山东大学学报》(哲学社会科学版)，1999年第3期]一文认为，"大同"并不是孔子的政治理想，其政治理想应该是"有道"。姚中秋《天下为公：一个永恒的政治秩序意向——〈礼运〉"大同"章义疏》(《当代儒学》，2011年第1期)则详细探讨了儒家政治秩序"天下为公"的三个原则，并对"大同"章的意蕴进行了阐释。

运用比较研究的方法探讨《礼运》的社会理想。张俊峰《董仲舒社会理想的内涵与特点——兼论董仲舒与〈礼记·礼运〉的社会理想的异同》[《西南民族大学学报》(人文社科版),2008年第3期],通过分析董仲舒和先秦儒家的社会理想,认为董仲舒的理想社会是德治和专制的结合体,具有很强的现实意味,而《礼运》中的理想社会是追求"天下为公",注重道德层面,具有一定的理想性。张海燕《柏拉图〈理想国〉与〈礼记·礼运〉的乌托邦思想比较研究》(《河北学刊》,1994年)、王黎明《古代东西方乌托邦思想之比较——读〈理想国〉与〈礼记·礼运〉有感》(《喀什师范学院学报》,2009年第3期)、黄小晏《中西早期和谐观的比较研究——以〈礼记〉"大同社会"与柏拉图"理想国"为中心的考察》(《理论学刊》,2008年第5期)通过比较研究的视角对《礼运》中的社会理想进行了阐释。

此外,卢梅的硕士学位论文《〈礼运〉篇研究》(曲阜师范大学,2010年)在梳理《礼记》成篇时代和学派属性的基础上,将《礼记》和《孔子家语》对读,探察其出现差异的原因,并对《礼运》的思想意蕴进行了解读。

(六)《学记》

《学记》是《礼记》的十六篇,是我国古代最早的一部教育文献,其所蕴含的教育思想对当今的教育仍具有重要的影响。历来关于《学记》的研究,主要集中论述《学记》的成篇年代、所体现的教育思想以及《学记》中文句的阐释。

关于《学记》成篇时代、作者的研究。仁铭善在《礼记目录后案》(齐鲁书社,1982年,第45页)认为《学记》的作者是汉代人,"此篇汉人所作,言学之义则精,考学之制则托古而难据,不可不善择也。三引《兑命》,伪《古文尚书》采之。两引记文,不知所出。惟'三王四代惟其师'语,甚与《白虎通》引《论语谶》文相似,或即出诸其书也。汉人称纬书或曰说,亦曰记"。吕友仁在《礼记全译》(贵州人民出版社,1998年,第668页)认为《学记》是思孟学派的作品,"《学记》是战国后期思孟学派的作品,它对我国先秦时期的教育和教学第一次从理论上做了比较全面、系统的总结"。王锷《〈礼记〉成书考》(中华书局2007年版,第65页)认为:"《表记》《缁衣》是子思的作品,其成篇于战国前期。《学记》文风与《表记》和《缁衣》相近,也应该是同时代的作品,即当成篇于战国前期。这不仅与《学记》的内容相符合,也与《汉书·艺文志》所言'七十子后学者所记也'的记载相吻合。"

关于《学记》教育思想的阐述,主要包括教育原则、教育方法、教学艺术,师德观、师生心理等方面。覃照《〈学记〉教学管理思想探微》(《教育科学》,1995年第3期),汪子为《〈学记〉教育思想新探》(《江汉论坛》,2003年第10期),刘素英《浅议〈学记〉的现实意义》[陕西师范大学学报》(哲学社会科学版),2003年第S1期],刘振宇《论〈学记〉教育思想的现代转换及其超越》(《学术交流》,2005年第11期),张传燧、周文和《〈学记〉教学艺术思想探微》(《教育评论》,2002年第5期),邹玉观《略论〈学记〉教学原则及其渊源》[《山西大学学报》(哲学社会科学版),1991年第4期],杨鑫辉《〈学记〉心理学思想初探》(《心理学探新》,1981年第1期),张文山《〈学记〉中教育心理学思想初探》(《心理科学通讯》,1982年第1期),常校珍《〈学记〉的教育心理思想研究》[《四川师院学报》(社会科学版),1985年第2期],凌枫芝《〈学记〉中教师心理学思想探索》(《云南师范大学学报》,1995年第2期)王玮光《〈礼记·学记〉学习方法的当今接受》[《宁夏大学学报》(人文社会科学版),2000年第1期],邬智《〈学记〉之学生观初探》[《西南师范大学学报》(哲学社会科学版),1994年第4期],杨胜才《〈学记〉中的为学之道论析》(《中南民族大学学报》,2003年第7期),侯辉《〈礼记·学记〉的师德观与当代教师荣辱观》(《中国成人教育》,2007年第10期)等文章从教学原则、教学艺术、教育心理、学习方法、师德观等角度对《学记》所蕴含的教学思想作了全面考察和论述。王天平的硕士论文《〈学记〉中教学制度思想研究》(西南大学,2008)从规则和规范的角度出发,探讨《学记》关于教学制度的基本观点,结合当下的新课程改革,阐释《学记》教学思想在当下的价值。谌安荣的博士论文《阐释与反思:〈学记〉教学哲学思想研究》(湖南师范大学,2007年)一文,从教学目的论、规律、艺术论以及教学理想境界的追求等方面对《学记》教育思想进行全面深入地考察和阐述。

关于《学记》文句的阐释。刘晓东《先秦〈学记〉"禁于未发"章新诠》

[《南京师大学报》（社会科学版），2008年第2期]从《学记》的哲学立场、古人的入学年龄、文字训诂和文本内部对读四个方面，对"禁于未发谓之豫"进行了阐释，用功之深值得借鉴。彭慧《〈礼记·学记〉"离经辨志"释义辨疑》[《郑州大学学报》（哲学社会科学版），2011年第5期]通过考察历来学者对"离经辨志"阐释的基础上，认为"'辨志'之'辨'当为学生向内'自辨'而非考官从旁'外辨'"。袁健惠《〈礼记·学记〉中歧义断句的语法视角考证》（《山东师范大学学报》（人文社会科学版），2009年第4期）针对各家对《礼记·学记》"大学之教"部分断句和注解方面歧见，从语言学层面进行了细致地分析。

（七）《乐记》

《乐记》是《礼记》中的第十七篇，它是一部集中体现先秦儒家礼教思想和音乐美学思想的重要文献，在中国文学批评史乃至音乐史上具有重要的地位。目前学界对其研究主要集中在：

《乐记》的成书时间和作者问题。关于《乐记》的作者，人们大多认为是孔子的再传弟子公孙尼子所编纂，清代的钱大昕、康有为、现代的蒋伯潜、钱穆、郭沫若等人都持此说。王锷《〈礼记〉成书考》（中华书局，2007年，第99页）也认为"《乐记》的作者是七十子之弟子的公孙尼子，成篇于战国前期"。但刘心明《〈礼记·乐记〉作于公孙尼子之说辨误》[《山东大学学报》（人文社会科学版），2002年第1期]一文认为，"《乐记》是由西汉武帝时期河间献王刘德等人自儒家经典与孔门后学有关礼乐的论述中择录资料汇编而成的。认为《乐记》是由公孙尼子所撰的观点肯定是错误的，应该予以否定"，在探讨《乐记》作者问题上值得借鉴。陈野《从文献比较中看〈乐记〉的撰写年代》[《杭州大学学报》（哲学社会科学版），1987年第3期]及其《〈乐记〉撰写年代再辨析》（《浙江学刊》，1987年第3期）两篇文章都认为《乐记》成书于战国。薛永武《从先秦古籍通例谈〈乐记〉作者》（《文学遗产》，2005年第6期）一文认为："《乐记》的作者肇始于战国时期的公孙尼子，中经诸子的润色，最后定型于刘德、毛生等人。"张小平《〈礼记·乐记〉非作于西汉考》[《四川师范大学学报》（社会科学版），2010年第4期]，根据《汉纪》所载的刘向语，判断《乐记》是古文书，撰写年代应该是秦始皇三十四年焚书之前。肖磊《〈乐记〉作者问题新论》[《中南大学学报》（社会科学版），2010年第5期]认为，《乐记》的作者历来争论纷纷，但这个"争论可能是一个难以有结果的结果"，当前关于《乐记》的研究应该以"治道"为中心研究《乐记》的思想。富世平《〈乐记〉的撰写年代与作者问题研究述评》(《图书馆杂志》，2005年第7期)针对历来各家对《乐记》撰写年代和作者问题的梳理，认为《乐记》"非一人一时之作"，这种观点最合理。

《乐记》的篇次、流传、版本等问题。郝明朝《〈礼记·乐记〉非〈王禹记〉考》(《中国文化研究》，2004年秋之卷)认为《乐记》是河间献王所作《乐书》的一部分但绝对不是《王禹记》，而高新华《〈乐记〉篇次、流传考》(《中国音乐学》，2011年第3期)认为今本《乐记》和《乐书》可能属于《王禹记》系统，刘向校本和《王禹记》可能属于不同的传本。刘跃进、孙少华《〈礼记·乐记〉版本材料与成书问题》(《古籍整理研究学刊》，2006年第4期)一文以版本材料的来源及传承为立足点，认为学界关于《乐记》成书问题的争论，是人们把撰写者和转述者的概念混为一谈，"《乐记》一名及其名篇的得名与最后成书，当在汉武帝之时，当时关于此书的材料早有流传"。王祎《〈礼记·乐记〉产生佚文的原因及佚文钩稽》(《古籍整理研究学刊》，2010年第6期)分析了《乐记》散佚的原因，并从《史记·乐书》《说苑·修文》《白虎通》《风俗通义》《吕氏春秋》几类文献中钩稽出《礼记·乐记》所没有的文字，为《乐记》研究提供了新的材料。

《乐记》的礼乐政教思想。中国的礼乐文化包含着政教的色彩，而作为官方礼乐典范的《乐记》则完全担负起这种政教的责任。周艳《声音之道，与政通矣——从〈乐记〉看乐与政的关系》[《华中师范大学学报》（人文社会科学版）增刊，1998年第2期]、朱承《〈礼记·乐记〉与儒家政治美学》(《人文杂志》，2009年第4期)、陆学凯《〈礼记·乐记〉与先秦礼乐思想》（《北方论丛》，

2003年第2期)、杨隽《〈礼记·乐记〉与孔子的"兴观群怨"》(《北方论丛》,2005年第6期)、谭钟琪《〈乐记〉与中国古代的乐教》(《社会科学家》,2005年第2期)、吾淳《〈乐记〉:以治道为目的的音乐观》(《中国哲学史》,2011年第4期)、石磊《从〈乐记〉看儒家传统思想中的礼乐关系》(《浙江社会科学》,2010年第8期)、朱志荣《论〈乐记〉中的审美教育功能思想》[《陕西师范大学学报》(哲学社会科学版),2011年第5期]等文章论述了《礼记·乐记》的礼乐文化,它不仅仅是为了审美愉悦,重要的是为了儒家的政教目标。

《乐记》的音乐美学思想。刘楚材《"乐记"的音乐美学思想》(《中国音乐》,1981年第1期)、蔡仲德《〈乐记〉音乐思想述评》(《中央音乐学院学报》,1981年第2期)、周来祥《论〈乐记〉的美学思想》(《人民音乐》,1984年第1期)、修海林《〈乐记〉音乐美学思想试析》(《音乐研究》,1986年第2期)、余虹《从〈乐记〉之"乐"的变迁看中国人美意识的发展》[《四川师范大学学报》(社会科学版),1995年第1期]、蔡德予《〈乐记〉美学思想五题》(《中国音乐学》,1998年第2期)、石蔚《〈乐记〉音乐美学思想探析》(《管子学刊》,2002年第1期)、李成《〈乐记〉"和合"美学思想的表现形式》(《学术交流》,2004年第6期)、陶礼天《〈乐记〉的音乐美学思想与"遗音遗味"说》[《首都师范大学学报》(社会科学版),2006年第1期]、钟仕伦《论〈乐记〉的"和乐"美学思想》(《文学评论》,2010年第6期)等文章具体阐释了《乐记》的音乐美学史思想。王耀贵《〈乐记〉的中和思想》(《南开学报》,1994年第6期)、赵东栓《〈易传〉的哲学体系与〈乐记〉的文艺理论体系》(《孔子研究》,2002年第2期)、薛永武《"乐由中出":〈乐记〉对乐的生命本体论阐释》(《文学评论》,2008年第1期)及《从格式塔视域看〈乐记〉中的心物同构》(《中国文化研究》,2008年第4期)这些文章宏观论述了《乐记》所蕴含的"和乐"、中和、乐教等美学思想中的诸多问题。

此外,也有对《乐记》中理论术语进行了细致论述的文章,王祎《〈礼记·乐记〉之"心"与〈孟子〉之"心"》[《中南大学学报》(社会科学版),2010年第6期]、牛月明《〈礼记·乐记〉之"象德"考论》[《中国海洋大学学报》

(社会科学版),2011年第2期]、刘顺利《〈乐记〉之"和"论》[《天津师大学报》(社会科学版),2000年第4期]、刘伟生《〈礼记·乐记〉"声""音""乐"辨》(《船山学刊》,2002年第4期)、张雪敏《〈乐记〉之"气"论》(《天中学刊》,2003年第1期)、轩小杨《论〈乐记〉"和"的思想与表征》[《沈阳师范大学学报》(社会科学版),2006年第2期]等文分别就《乐记》中的"声""音""乐""和""心""象德""气"等概念作了细致的论述。

与其他音乐文献的比较研究。吴乃恭《荀子〈乐论〉及其同〈乐记〉关系探讨》(《社会科学战线》,1987年第4期)、王福雅《〈礼记·乐记〉与〈声无哀乐论〉音乐美学的比较》(《求索》,1997年第6期)、邹华《郭店楚简与〈乐记〉》[《西北师大学报》(社会科学版),2004年第6期]、王超《〈礼记·乐记〉与贺拉斯〈诗艺〉的比较阐释》(《中外文化与文论》,2008年第1期)、黄意明《〈荀子·乐论〉与〈礼记·乐记〉思想比较》(《戏剧艺术》2008年第1期)、洪永稳《〈淮南子〉和〈乐记〉的"物感说"比较》[《安徽农业大学学报》(社会科学版),2008年第5期]、杨合林《〈礼记·乐记〉与〈史记·乐书〉对读记》(《文学遗产》,2011年第1期)、薛永武《论〈吕氏春秋〉与〈乐记〉音乐美学思想的趋同》[《山东大学学报》(哲学社会科学版),2011年第6期]等文章,通过与其他艺术评论文本的对读,在异同中探讨《乐记》的学术文化价值。

近十年关于《礼记·乐记》研究的学位论文研究的热点主要是:《乐记》的音乐美学思想、乐教思想、伦理思想、注疏思想等。具有代表性的硕士论文有:王琴《〈乐记〉美学范畴研究》(四川师范大学,2002年)、易薇《论〈乐记〉的音乐美学》(湖南师范大学,2007年)、秦婷《宋儒对〈乐记〉的诠释》(复旦大学,2010年)、王誉轩《关于〈乐记〉注疏思想流变之考察》(西安音乐学院,2013年)、刘泳《〈乐记〉音乐哲学思想论要》(山东大学,2008年)、王晓丽《〈礼记·乐记〉之"象德"观探析》(中国海洋大学,2011年)、王珥《〈礼记·乐记〉中乐舞的美学思想及其意境》(陕西师范大学,2012年)等关于这些问题都有系统的论述。王祎的博士论文《〈礼记·乐记〉研究论稿》(暨南大学,

2009年),对《礼记·乐记》的文本、文献、文化、哲学思想、逻辑体系及对中国文学理论的影响作了全面深刻的论述,此论文后经整理修改于2011年由上海世纪出版社出版。

关于《月令》的研究专著。孙星群《音乐美学之始祖:〈乐记〉与〈诗学〉》(北京:人民出版社,1997年版)将《礼记·乐记》与亚里士多德的《诗学》进行比较,对中西方音乐的异同之处作了详细全面的论述。薛永武、牛明月《〈乐记〉与中国文论精神》(北京:社会科学文献出版社,2012年)一书梳理了《乐记》与中国文论发展史的关系,深刻论述了《乐记》所包含的生命精神、超越精神、艺术精神等对中国文论的影响。

(八)《缁衣》

《缁衣》是《礼记》的第三十篇,主要论述了君臣之间的关系和言行,以及君子的言行和交友之道。关于《缁衣》的研究,近些年主要集中在文献的角度和思想阐释两个方面,研究方法多采用的是王国维先生所倡导的"二重证据法",即将上博简《缁衣》、郭店《缁衣》与传世本《缁衣》进行比勘研究,为《缁衣》的研究注入了新鲜的血液。

文献学角度的研究,主要涉及了《缁衣》的成篇时代、作者、版本、流传、文字差异等方面。关于《缁衣》的作者,历来有两种观点,一种是以沈约为代表的子思说,一种是以刘瓛、陆德明、任铭善为代表的公孙尼子说。今人王锷在其《〈礼记〉成书考》(中华书局2007年版,第95页)认为,"《缁衣》应该是战国前期子思的著作"。

关于《缁衣》版本、流传、文本差异的研究。虞万里《上博简、郭店简〈缁衣〉与传本合校补证》(上)、(中)、(下)(分别发表在《史林》2002年第2期、2003年第3期、2004年第1期)通过对读郭店、上博竹简中《缁衣》及传世本《缁衣》的文字,对传世本的异文、别字、章次、句式进行了考证,认为两个竹简《缁衣》源于同一祖本,但却是不同的传本。王平《上博简、郭店简和今本〈缁衣〉文献结构差异》(《汉语史研究集刊》,2003年)将上博简

《缁衣》与郭店简、今本《缁衣》进行比勘,发现者三个版本在章数、章序、体例、字数、引《书》、引《诗》等文献结构方面存在差异。认为上博简和郭店《缁衣》是比较接近原貌的本子,最迟在战国中期《缁衣》就有了定本。周泉根《原〈缁衣〉古本初步》(《文学遗产》,2012年第5期)通过对勘《缁衣》的竹简本和传世本的引《诗》舛误、受话主体和章序差异,发现《缁衣》引《诗》一章一引的体例,认为《缁衣》的古本应该是由这两部分缀合而成的,这两部分可能是两种文献,后来因断烂一处,致使缀合之初已有舛误,且对古本的章序也作了部分调整。骈慧娟《从三种〈缁衣〉看先秦文献的传播》[《上海师范大学学报》(哲学社会科学版),2003年第4期],任树民《〈表记〉〈缁衣〉引〈诗〉考》(《殷都学刊》,2010年第4期),陈成国、延瑞芳《先秦至西汉〈礼记·缁衣〉学术溯源》(《衡阳师范学院学报》,2011年第2期)等文则从不同视角对《缁衣》的流传、引《诗》情况、学术源流做了论述。

《缁衣》思想内容的阐释。晁福林《〈礼记·缁衣〉文本的一桩历史公案——早期儒家思想变迁的一个例证》[《山西大学学报》(哲学社会科学版),2013年第1期]通过探讨《礼记·缁衣》第二十章"君子好其正"中的"正"字,认为《缁衣》此章文本的变化应当是编定《缁衣》篇的战国秦汉时期的儒者更动了早期文本的结果,从这一字的讹误可以看出儒家思想发展与调整的一个侧面。胡治洪《原始儒家德性政治思想的遮蔽与重光——〈缁衣〉郭店本、上博本与传世本斠论》(《孔子研究》,2007年第1期)一文,通过考察《缁衣》的作者和传承情况,认为《缁衣》是子思或思孟学派的著述,只是经过汉代经师的改动而纲纪观念得到了凸显,原始儒家德性政治思想被遮蔽。此外,郜同麟《试论早期儒家经典的文本歧变——简本〈缁衣〉与传世本〈礼记〉在对比》(《浙江社会科学》,2010年第2期)、吴默闻《治世之道与君子之德——〈礼记·缁衣〉的政治哲学思想探析》(《湖湘论坛》,2011年第2期)、晁福林《早期儒家政治理念中的"止民淫"与"见(现)民欲"——简本〈礼记·缁衣〉"上人疑"章补释》(《文史哲》,2013年第1期)等文从不同角度对《缁衣》思想进行了论述。

（九）《深衣》

《深衣》是《礼记》的第三十六篇，主要记载深衣的形制、作用和意义。深衣是中国传统的民族服装，具有浓郁的民族文化意蕴。关于《深衣》的研究，历来论述主要集中在《深衣》的成篇年代，深衣背后的文化意蕴和深衣款式演变这三个主要方面。

《深衣》的成篇年代。王锷《〈礼记〉成书考》（中华书局，2007年，第213页）认为，"《深衣》由经文和传记两部分组成，大约编成于战国末期"。

深衣背后的文化意蕴。潘建华《中国深衣制研究》（《戏剧艺术》，1987年第4期），袁建平《中国古代服饰中的深衣研究》（《求索》，2000年第2期），尹浩英《论汉代深衣的礼教色彩和实用功能》[《云南民族大学学报》（哲学社会科学版），2004年第6期]，兰宇《中国传统服饰中深衣的民族文化涵义和美学意蕴》（《理论导刊》，2007年第6期），王悦《春秋战国时期深衣探析》（《装饰》，2008年第3期），朱华《解析深衣制深意》（《四川丝绸》，2008年第3期），刘婵英、朱励恭《深衣礼制考》（《科技信息》，2009年第21期），范君、杨勇《浅论深衣及其文化蕴涵》（《黑龙江纺织》，2010年第3期），杨雅丽《深衣：意蕴深邃的文化符号学——兼释"深衣"之"完且弗费"》（《名作欣赏》，2011年第35期）等文章或全面考察，或从某一视角研究深衣与中国传统文化的关系。如尹浩英《论汉代深衣的礼教色彩和实用功能》认为汉代深衣具有特殊的礼教色彩和实用装饰功用，这种服饰所体现的文化具有时代特征，对后代的服饰产生重要的影响。袁建平《中国古代服饰中的深衣研究》一文，对深衣的形制、起源、形成、发展等问题做了系统的论述，首次明确提出深衣有直裾和曲裾之分，《礼记·深衣》记载的是曲裾深衣，深衣流传时间长，对现代的服饰仍具有深刻的影响。兰宇《中国传统服饰中深衣的民族文化涵义和美学意蕴》认为深衣是中国传统的民族服装的代变性款式，自从中国民族服装款式在周代基本定型后，"深衣几乎影响了中国服饰发展的整个脉络"，"它本身蕴藏着人类社会文化学、历史文化学、地域文化学和民族文化学等诸多的美学意蕴，能够引发我们对人类服饰发展与演变的更多文化学和美学方面的思考"。

深衣的款式及其演变。鲍怀敏《儒服深衣的形制变化与款式特征研究》（《管子学刊》，2012年第2期）中说："深衣是华夏民族传统服饰中最具影响力的一种上下连属的袍服，深衣所代表的是以儒家思想为精髓的传统华夏文化，后世亦称儒服。"通过论述儒服深衣的起源与发展、儒服形制变化的四个阶段及其款式特征，说明儒服深衣在款式上象征了儒家文化的公平正直、包容万物、天人合一的东方美德，其朴素典雅、庄重大方、谦和恭敬，彰显了华夏礼仪文明的精髓。邱春林《〈礼记〉的深衣制度与设计》（《东南文化》，2007年第4期）、姜欣《试论深衣及其演变过程》（《吉林工商学院学报》，2012年第3期）、齐志家《深衣与深衣制》（《美术界》，2009年第1期）和《深衣制"衽"解析》（《理论界》，2012年第6期）等文也从不同角度对深衣制度、设计思维、款式的演变历程等问题做了论述。其中邱春林《〈礼记〉的深衣制度与设计》一文，根据《礼记·深衣》《礼记·玉藻》和后人关于深衣的记载，对深衣的剪裁样式进行了考释，有助于后学加深对深衣体制的印象，具有一定的学术价值。

（十）《投壶》

《投壶》是《礼记》的第三十七篇，主要记录了古代投壶礼的过程。投壶活动是由古代射礼演变而来的一项娱乐活动，关于《礼记·投壶》的研究，主要集中在《投壶》的成篇时间、投壶运动的历史文化意蕴、从投壶活动中探察古人的娱乐生活等方面。

《投壶》的成篇时间。王锷《〈礼记〉成书考》（中华书局，2007年，第127页至128页）认为："《礼记·投壶》的'经文'部分，约成篇于战国中期，后在流传中，出现两种不同的版本，附有各自的'记文'，'记文'也是战国时期之作。汉代，它们分别被收入大、小戴《礼记》，并流传到现在。"加深了我们对《投壶》文本的流传情况的认识。

投壶活动的历史文化意蕴研究。李小成《投壶考》（《江汉论坛》，2005年第4期）、从《礼记》文本、历史文献记载的发展变化中考察投壶之礼，并结合出土文物加以证实，揭示中国礼乐文化的强大生命力。汝安、张越《"投壶"历史文化考》（《成都体育学院学报》，2009年第8期）、魏声《宋代投壶活动述考》（《兰台世界》，2012年第27期）、张旭敏《古代投壶活动考述》（《档案》，2010年第6期）、郑利辉《中国古代投壶活动考述》（《兰台世界》，2010年第19期）、王文军《汉代投壶活动考略》（《兰台世界》，2010年第19期）、金爱秀《投壶考论》（《南都学坛》，2011年第4期）、秦海生《我国古代投壶运动考》（《成都体育学院学报》，2012年第2期）、庞宇《两汉时期投壶游戏玩法的发展变化研究》（《兰台世界》，2013年第6期）等论文根据历史文献、文物图片考察了投壶礼的发展变化，并对投壶运动的文化意蕴、社会功能做了论述。

张永、邓丽星《中国古代投壶发展盛衰考证》（《玉林师范学院学报》（自然科学版），2007年第5期）从传世文献和出土文物两个方面，梳理了投壶游戏产生、发展、消亡的历程，使我们对投壶游戏的发展脉络有了清晰的认识。张元《谈投壶和蹴鞠产生之原因》（《成都体育学院学报》，1980年第1期）、马晓玲《从礼教手段到娱乐方式——"投壶礼"解析》（《语文知识》，2009年第3期）、王少良《"投壶"与古代士人的礼乐文化精神》（《沈阳师范大学学报》（社会科学版），2012年第3期）等文探析了投壶产生的原因、与礼乐文化的关系。熊纪涛《投壶活动在两汉魏晋时期的道教化》（《中国道教》，2008年第5期）认为投壶活动起源周朝的宴会礼仪，随着礼乐制度的衰落，秦汉以后呈现出民间娱乐的性质，汉末时期融入宗教仪式，魏晋时期完成了道教化的过程。

李红雨《六朝的休闲娱乐活动——以投壶和围棋为例》（《中央民族大学学报》（哲学社会科学版），2011年第5期）通过对投壶和围棋两项活动的发展情况进行论述，探讨了六朝时期人们的休闲娱乐活动。邵凤莲《南阳汉画体育研究》（《体育文化导刊》，2010年第7期）通过分析南阳汉画中的舞蹈、射箭、投壶等休闲体育文化形态的画像，认为汉画中的休闲娱乐活动继承了荆楚文化，注重技巧和表演性，其动作造型系统化、多样化、特色化，蕴含了汉代昂扬的自信和博大雄浑的风度气象、蓬勃向上的乐观主义精神、彰显了汉代"天人合一"的宇宙观和孝悌伦理思想。揣静硕士论文《中国古代投壶游戏研究》（陕西师范大学，2010年）详细梳理了先秦至明清各个时期投壶游戏的形制、玩法、参与人群等发展演变，并对投壶游戏的社会文化功能做了全面的论述。

（十一）《内则》《玉藻》《少仪》等篇研究

《内则》是《礼记》的第十篇，主要记录成婚女子在家庭中应遵守的礼仪规范。关于《内则》的研究，主要涉及成篇时代、《内则》中礼仪规范的本质以及所反映的民俗文化、《内则》的文本内容阐释。王锷《〈礼记〉成书考》（中华书局，2007年，第198页）认为《内则》成篇年代应该是战国中期。明岩《周代男女防嫌礼仪研究——以〈礼记·内则〉为中心》（《文教资料》，2010年9月号上旬刊），以《内则》为中心，探讨了周代男女防嫌之礼的遵守、规定和意义。他的另一篇文章《浅析郑玄对〈礼记·内则〉的研究——以郑玄〈礼记注〉为中心》（《文学界》，2010年第10期）归纳了郑玄注解《内则》的六个特点，并对其注解存在的四处疑误进行了辨析。马荣良《由〈礼记·内则〉看两周时期的事佩习俗》（《民俗研究》，2011年第4期），根据《内则》所记载的事佩文字，探讨西周时期的事佩习俗，认为"西周时期，事佩多为成年男女佩系，除了用了装饰，还兼具实用价值。男女所佩之事佩，可谓名目繁多，但又同中有异。"为我们研究古代人腰佩习俗提供了新的视野。董莲池、李庆生《〈礼记·内则〉"少者执床与坐"解》（《古籍整理研究学刊》，1995年第4期）和赵海宝、秦曰龙《〈礼记·内则〉"月辰"考辨》（《古籍整理研究学刊》，2006年第3期）两篇文章对《内则》中的文句进行了考辨，前篇文章通过对"床"的考辨，进而认为"少者执床而坐"是指少者在父母姑舅起床之时，前来整理他们夜间所卧之床以便于他们去坐。后篇文章则认为"月辰"是指农历初一，而非"月经"，通过对文句词语的诠释，为我们深刻地理解《内则》的内容和思想提供了新的思路。

《玉藻》是《礼记》的第十一篇，主要记载了服饰的礼制规定和日常的行为规范。关于《玉藻》的研究主要集中在其成篇年代、作者、内容阐释及反映的民俗文化。王锷《〈礼记〉成书考》（中华书局，2007年，第199页）认为：

"《玉藻》是战国中期由某一儒家弟子整理而成的一篇专门记载礼服之制和礼容的文献。"张磊《〈礼记·玉藻〉研究》（《齐鲁文化研究》，2009年刊）认为《玉藻》成书时间接近战国中期，保存了孔子、子游关于礼的主张，其作者可能是子游的弟子或者再传弟子，并结合出土文献对《玉藻》所记载的先秦冠冕制度进行了论述。陈莉《周代贵族的生活方式及其审美观念——以〈礼记·玉藻〉篇为中西的探析》（《延安大学学报》（社会科学版），2010年第4期），认为周代贵族的生活方式具有等级化、规范化、精细化的特点。在这种生活方式的影响下，周代贵族注重行为举止、日常生活细节的审美化。郝琳《温润和婉 华美坚强——从〈礼记·玉藻〉看中国玉文化》（《郑州铁路职业技术学院学报》，2011年第6期）通过对《玉藻》中记载玉的功用进行分析，探讨中国古代的玉文化。

《明堂位》是《礼记》的第十二篇，主要记录了诸侯在明堂朝见周公时各自的位置等内容。《明堂位》的研究，主要涉及成篇年代、作者和《明堂位》所反映的古人空间叙事模式。王锷《〈礼记〉成书考》（中华书局，2007年）认为《明堂位》是一篇关于鲁国历史的文献，其成篇大约在是战国中晚期，其整理者可能是鲁国的某一儒家弟子，目的是为了警示后人或者怀念祖国。唐启翠《圣俗之间：〈礼记·明堂位〉的礼仪空间探讨》（《百色学院学报》，2009年第2期）一文，借助仪式理论和考古建筑遗址复原图，从仪式空间的角度对明堂建筑进行微观探讨，"揭示那些潜藏在"明堂"之"位"中的观念及其与明堂建筑的象征关联，从仪式空间的三个层面思考人们怎样通过模式化的叙事建构一个有意义的文化空间"。

《大传》是《礼记》的第十四篇，主要从血缘亲近、宗法制度等方面论述了丧服制度、祭祀制度。关于《大传》的研究，主要是其成篇时间和丧服制度两个方面。王锷《〈礼记〉成书考》（中华书局，2007年）认为它成篇于战国中期。丁鼎《"服术有六"：试论〈礼记·大传〉中的制度原则》（《齐鲁学刊》，2001年第5期），从《礼记》的丧服制度探讨《大传》的制服原则，即："尊尊、亲亲、名、出入、长幼、从服"，其中"尊尊""亲亲"是纲领性的两条基本原则，后四条则是前两条的派生。

《少仪》是《礼记》的第十五篇,主要记录了吊丧、祭祀、相见、侍奉长者等礼仪。目前关于《少仪》的研究,主要是其成篇年代和字句的阐释。王锷《〈礼记〉成书考》(中华书局,2007年)认为《少仪》成书应在战国前期。瞿林江、王锷《〈礼记·少仪〉"祭左右轨、范"校析》(《古籍整理研究学刊》,2013年第5期)对《少仪》经、注、疏中"轨"的最初字形和字义进行了细致辨析,并结合《礼记》的不同版本,对《少仪》"祭左右轨、范"句进行了校勘分析。

《祭统》是《礼记》的第二十三篇,主要记录的祭祀的本质,祭祀的意义、祭祀的四时名称及区别、祭祀时鼎上铭文的性质、内容和意义。关于《祭统》的研究只要是考述其成篇年代和思想内容。王锷《〈礼记〉成书考》(中华书局,2007年)认为其成篇于战国中期。王丹《试论〈礼记·祭统〉中的儒家思想及铭文文体特点》[《湖北经济学院学报》(人文社会科学版),2012年第2期]一文,揭示儒家思想观念的根源和传达其思想的铭文的文体特征。

《仲尼燕居》是《礼记》的第二十五篇,主要记录的是孔子及其弟子讨论礼及其与社会、政治的文字。关于《仲尼燕居》的研究主要是探讨其作者、成篇时代、文本衍文以及所记载的古代礼仪。代表文章有:王锷《〈哀公问〉和〈仲尼燕居〉成篇年代考》(《古籍整理研究学刊》,2006年第2期)认为这两篇是孔子的著作,成篇于春秋末期至战国初期。宁镇疆《由〈孔子家语·论礼〉说〈礼记·仲尼燕居〉的一处衍文》(《中国典籍与文化》,2012年第3期),通过将《孔子家语·论礼》与《礼记·仲尼燕居》比读,发现《仲尼燕居》多出"子产犹众人之母"句,认为:"此句乃错简所致,其原始位置应该是《家语·正论解》的子游问孔子关于子产之事章,这说明古本《礼记》材料中也应该有此章之内容。郑玄所见已是今本的样子,说明此章从《礼记》材料中亡失远在郑玄之前,辨伪学者习惯指《家语》此篇系王肃袭今本《礼记》而来明显是站不住脚的。"袁青《试论〈礼记·仲尼燕居〉对古礼的阐述——兼论〈仲尼燕居〉与〈论语〉论礼的比较》(《牡丹江大学学报》,2010年第8期)一文论述了古礼的内容、特征和功能,将《仲尼燕居》与《论语》对读,为我们理解孔子对古礼的态度提供了借鉴。

《孔子闲居》是《礼记》的第二十六篇，主要记录了孔子和子夏的问答之辞。关于《孔子闲居》的研究主要是其成篇时代、作者和思想内容。王锷《〈礼记〉成书考》（中华书局，2007年，第45页）认为："《孔子闲居》的基本文字可能是子夏记录的，也可能是子夏弟子根据子夏记录或讲述整理而成的，时间在春秋末期至战国前期。该篇应该是孔子的著作。"于媛《浅析〈礼记·孔子闲居〉"五至"》（《文学理论》，2010年第15期）对"五至"的内容及其关系展开了简要的论述，在此基础上，认为"仁"是礼乐之原，"志"是"五至"的核心。

《坊记》是《礼记》的第二十七篇，主要讲述如何防范人们作违反礼义、孝悌等礼仪规范。关于《坊记》的研究文章，主要探讨《坊记》的作者、成书时代以及《坊记》引《诗》研究。王锷《〈礼记〉成书考》（中华书局2007年版，第75页）一书认为"《坊记》是战国前子思的著作。"曾小梦《儒家礼制思想的理论依据——〈礼记·坊记〉引〈诗〉考论》（《求索》，2007年第8期）通过对《坊记》中所引《诗》的梳理和研究，认为《诗》的功能不断扩展，由政教、交际的工具演变成为儒家阐释、论证其礼制思想的理论依据。它的思想意蕴因其文本的特征和众多解释者的不断"重铸"而愈加丰富。

《表记》是《礼记》的第二十九篇，主要论述儒家君子的各种行为表率。关于《表记》的研究主要是探讨其成篇时间、作者及引《诗》研究。王锷《〈礼记〉成书考》（中华书局，2007年，第82页）认为"《表记》应该是战国前期子思的著作。"赵俪生《儒道两家存在争议的几种古籍之剖析——〈管子〉四篇、〈中庸〉（包括〈大学〉〈表记〉）〈道德经〉〈易系辞传〉四种对读记》（《齐鲁学刊》，1993年第3期），认为《表记》是第二代儒家的作品，成篇年代应该在公元前5世纪后半期。任树民《〈表记〉〈缁衣〉引〈诗〉考》（《殷都学刊》，2010年）通过统计《表记》和《缁衣》引用《诗》的数量，分析两篇文章引《诗》的规律，认为它们引《诗》方法多样，本义、喻义、断章取义交织运用，为后世文学用典开辟了道路。

《儒行》是《礼记》的第三十八篇，主要论述了孔子和鲁哀公的对话，从自立、容貌、刚毅等方面阐释了儒者应该具备的德行。关于《儒行》的研究主要集中在《儒行》作者、成篇年代以及儒者形象的研究。王锷在《春秋末期儒者德行和〈儒行〉的成篇年代》(《中国典籍与文化》,2006年第4期)和《〈礼记〉成书考》(中华书局,2007年,第48页至第49页)认为:"《儒行》是孔子的著作,当成篇于春秋末期战国前期。"宋宝林、孙宝华《读〈儒行〉札记》(《管子学刊》,2010年第3期),认为《儒行》是孔门弟子所记,成篇在春秋战国之际,《儒行》比《孔子家语·儒行解》更为原始,是理解孔子思想和原始儒学的宝贵资料。杨世文《谁最早疑〈儒行〉》(《宋代文化研究》,2001年刊),针对谁最早提出质疑《儒行》非孔子所制定的儒者行为规范这一问题,认为在吕大临之前,李觏和程颐已经指出"《儒行》非圣人之言",也"不能真正反映圣人为儒者制定的行为规范的精髓或核心"。冯超《儒行——儒者完美形象的高度概括——浅析〈礼记·儒行〉》(《辽宁行政学院学报》,2010年第3期)论述了儒者在"未出仕""出仕""不仕"三种情况下的所应具备的言行进行了论述。丛瑞华《透射教师人生准则的一面镜子——〈礼记·儒行〉对教师发展的借鉴作用》[《现代教育科学》(中学校长),2007年第4期]详细论述了《儒行》中记载的儒者品德和言行对当下教育事业的影响。

《冠义》是《礼记》的四十篇,主要论述了冠礼的仪式和意义。关于《冠义》的研究,主要论述《冠义》的成篇年代、作者、冠礼的成礼过程和背后的文化意蕴。关于《冠义》的成篇年代和作者。沈文倬在《宗周礼乐文明考论》(杭州大学出版社,1999年)认为是战国中期之作,孙希旦《礼记集解》(中华书局1995年版,第1411页,第1446页)说:"此下六篇(《冠义》至《聘义》),皆据《仪礼》正经之篇而言其义,其辞气相似,疑一人所作。"又说"自《冠义》以下七篇,疑皆汉儒所为,其辞义颇浅近。"杨天宇《礼记译注》(上海古籍出版社,1997年,第1047页)认为:"此篇与经(《仪礼·士冠礼》)后所附之《记》决非一时一人之作,而很可能出于汉代经师之手。"王锷《〈礼记〉成书考》(中华书局,2007年)认为《冠义》成书于战国中晚期。关于冠礼的成礼过程和背后的文化意蕴的研究。周绚隆《试论中国古代的冠礼》[《西北师大学报》(社会科学版),1993年第4期],对冠礼的起源、仪式和内涵作了细致的论述。彭林《冠者礼之始也：冠礼》(《文史知识》，2002年第7期)，论述了冠礼的渊源、仪式、以及冠礼的意义。戴庞海《论中国古代冠礼的特征属性》(《中州学刊》，2006年第3期)，认为："中国古代的冠礼有诸多特征，重要的如其主体是汉族、儒家色彩鲜明、仪式日渐简约化、明显的等级色彩、极强的教育性、明显的性别差异以及象征性、交际性等。"成守勇《冠礼：成人的期待与认同——从文本〈礼记〉的视角看》[《淮阴师范学院学报》(哲学社会科学版)，2009年第1期]，认为冠礼是个体从家庭生活进入公共社群生活的标志，"通过程序化的仪式，冠礼实际上蕴含着社会对个体生命的期待和认同，即对'成为人'的生活的自觉，对个体生命应尽职责的担当"。为我们理解古代冠礼的重要性提供了借鉴。吴蕴慧《基于〈礼记〉和〈仪礼〉的儒家冠礼解读》(《名作欣赏》，2013年第20期)通过对《仪礼》和《礼记》中冠礼的过程、仪式、致辞等的论述，认为"行冠礼不仅是古代贵族男子明确期伦理道德和社会责任从而步入社会的开始，同时也彰显了其父子相继的宗法伦理精神"。

《昏义》是《礼记》的四十一篇，是研究先秦婚俗的重要文献。目前的研究主要是《昏义》的成篇年代、作者、婚礼的意义以及所反映的女性地位。王锷认为《昏义》的部分内容是汉人所作，"《昏义》第一部分是该篇的主体，即原文，当成篇于战国中晚期。第二部分文字，就内容来看，与昏礼、昏义关系不大，应该是后人补充的文字，或他篇烂简于此"(王锷《〈礼记〉成书考》，中华书局2007年版，第217页)。梁韦弦《〈礼记·昏义〉之"合体同尊卑"解——辨夫妇关系有两种古礼说》(《古籍整理研究学刊》，1994年第3期)，针对学界对古代夫妻关系的两种论述，认为《昏义》所体现的并不是原始社会平等的夫妻关系，而是礼制社会中男尊女卑的夫妻关系。彭林的《合二姓之好：婚礼》(《文史知识》，2002年第8期)，从婚姻的意义，婚娶的主要仪节，探讨了古代的婚姻制度。夏高发《从〈礼记·士昏礼〉与〈礼记·昏义〉中看传统妇女地位的双重性》(《沧桑》，2007年第5期)，认为婚礼进行之初的"六礼"彰显了女性地位的重要，但妇女的依顺和从属，则又强化了男尊女卑的地位。武倩《〈礼记·昏义〉所体现的先秦婚姻观》(《安徽文学》，2008年第2期)论述了先期时期婚姻的目的、原则、要求。丁成际 成守勇《生命之完足与他者的接纳——从〈礼记〉看古代婚礼的意义》(《现代哲学》,2012年第4期)一文对古代婚礼的意义进行了深刻地阐释,昏礼不仅是人伦之始,同时也是生命完足的必然,婚姻是个体生命进程中的必要环节。

四、历代《礼记》注疏及今人《礼记》研究著作的研究

《礼记》自从列入经后,历代学者关于《礼记》文本的阐释文本很多,因此在研究《礼记》文本之外,形成了对历代《礼记》注疏本及研究著作的研究。

(一) 对历代《礼记》注疏本的研究

关于《礼记》的注疏本,影响较大的有:东汉时期,马融《礼记注》、卢植《礼记解诂》、郑玄《礼记注》;三国魏晋南北朝时期,王肃《礼记注》、孙炎《礼记注》、射慈《礼记音义隐》、皇侃《礼记义疏》、熊安生《礼记义疏》;隋唐五代时期,陆德明《经典释文·礼记释文》、孔颖达等撰《礼记正义》;宋元时期,〔宋〕卫湜《礼记集说》、〔元〕陈澔《礼记集说》、〔元〕吴澄《礼记纂言》;明清时期,明代的《礼记大全》、清代的《日讲礼记义疏》《钦定礼记义疏》、〔清〕孙希旦《礼记集解》、〔清〕朱彬《礼记训纂》;今人著述,王梦鸥《礼记今译今注》、王文锦《礼记译解》、杨天宇的《礼记译注》、吕友仁、吕友梅《礼记全译》,等等。

对历代《礼记》注疏本的研究,主要集中在:郑玄《礼记注》、孔颖达《礼记正义》、卫湜《礼记集说》、陈澔《礼记集说》等几部《礼记》注疏著作。

关于《礼记正义》研究的文章有:简硕《关于〈礼记正义〉的体例》(《编辑学刊》,2000年第5期),王锷的《孔颖达〈礼记正义〉及其版本》(《文教资料》,2001年第3期),《八行本〈礼记正义〉传本考》(《古籍整理研究学刊》,2001年第6期)及《字大如钱 墨光似漆——八行本〈礼记正义〉的刊刻、流传和价值》(《图书与情报》,2006年第5期),张帅、丁鼎《〈礼记正义〉据皇侃〈礼记义疏〉删理成书考述》(《古典文献研究》(第十五辑),2012年7月)及

《〈礼记正义〉二次征引〈礼记〉旧疏探析》(《古籍整理研究学刊》,2012 年第 3 期),曾晓梅、毛远明《阮元校勘〈礼记正义〉存在的问题》(《图书情报工作》,2011 年第 2 期),周越《越州本〈礼记正义〉版本述略》(《图书馆学刊》,2009 年第 4 期),徐文新《〈礼记正义〉标点商榷》[《石河子大学学报》(哲学社会科学版),2003 年第 4 期],常虚怀的硕士论文《〈礼记正义〉校读札记》(南京师范大学,2007 年),刘金鑫的硕士论文《〈礼记正义〉解经研究》(南京师范大学,2011 年)等文章对《礼记正义》版本、体例、校勘、流传、解经方式等作了细致的研究。其中张帅和丁鼎的《〈礼记正义〉据皇侃〈礼记义疏〉删理成书考述》一文,根据现存日本早稻田大学图书馆《礼记子本疏义》残卷,认为《礼记正义》是对皇侃《礼记义疏》的删理,运用流传至海外的汉籍与本土文本对比,研究当时礼学著作的编著特点及礼学思想,这种研究视野和方法值得借鉴。王锷的三篇文章对《礼记正义》的版本、收藏和流传作了详细的考察,为我们了解《礼记正义》的版本情况提供了清晰的脉络。

关于郑玄《礼记注》的研究。李萍《郑玄〈礼记注〉据境释义新探》[《陕西师范大学》(哲学社会科学版),1995 年第 1 期],邓军、李萍《郑玄〈礼记注〉随文释义的语境研究》(《云梦学刊》,2000 年第 4 期),王锷《郑玄〈礼记注〉的学术特点及其版本》(《图书与情报》,2002 年第 3 期)及其《南宋婺州本〈礼记注〉研究》(《齐鲁文化研究》,2011 年第十辑),马君花《郑玄〈礼记注〉训诂用于浅析》(《图书馆理论与实践》,2005 年第 2 期)以及其硕士论文《论郑玄〈礼记注〉在训诂学史上的成就》(宁夏大学,2005 年)等文从训诂、版本方面探讨了《礼记注》的注疏特点及其所反映当时的训诂学水平,具有较大的学术价值。

关于卫湜《礼记集说》的研究。潘斌《卫湜〈礼记集说〉探论》(《儒藏论坛》,2012 年)和陈杏珍《宋严州刻本〈礼记集说〉》(《故宫博物院院刊》,1999 年第 4 期),潘文对《礼记集说》的编撰特点、学术价值及其对后代礼书编纂体例的影响作了细致的论述,陈文则对宋严州刻本《礼记集说》版本情况作了详细的描述以及改本所保存的刻工姓氏在版本学研究中的意义。

| 《礼记》单篇别行研究 |

关于陈澔《礼记集说》的研究。曾军《从民间著述到官方教材——从元陈澔〈礼记集说〉看经典诠释的独特现象及其思想史意义》[《华中师范大学学报》（人文社会科学版），2007年第7期]，通过探讨陈澔《礼记集说》由私人著述到官方教材的原因及过程，揭示了时代思想和政治等因素对一部学术著作的影响。苏成爱的硕士论文《〈陈氏礼记集说〉研究》（南京师范大学，2007年）对《礼记集说》的不同版本、文字错讹进行考察，重新评估了《礼记集说》的价值。戴雅萍的硕士论文《陈澔〈礼记集说〉平议》（南京师范大学，2012年）通过与其他《礼记》注疏比较的方法，从该书的解经方式和特点入手，探讨《礼记集说》的价值。

朱彬《礼记训纂》研究。蓝瑶的硕士论文《朱彬〈礼记训纂〉研究》（南京师范大学，2007年）对《礼记训纂》的写作方法、优缺点及在清代《礼记》研究中的地位和成就进行了论述。曾军的博士论文《义理与考据——清中期〈礼记〉阐释的两种策略》（华中师范大学，2008年）通过对朱彬《礼记训纂》和孙希旦《礼记集解》的研究，探析义理和考据诠释的具体方法及其历史发展和变化，从而探讨经典诠释的现代命运。王文忠的硕士论文《朱彬〈礼记训纂〉的学术继承》（安徽大学，2011年）对朱彬的学术思想渊源、其对皖派礼学思想和扬州学派学术思想的吸收和继承，以及《礼记训纂》在礼学史上的地位等问题做了全面的论述。

其他《礼记》注疏文本的研究。潘斌《卢植〈礼记解诂〉探微》（《青海社会科学》，2007年第3期），根据现存文献对《礼记解诂》的训诂内容和方法作了探析。其《王安石〈礼记〉学探论》（《社会科学辑刊》，2008年第1期）和《王安石佚书〈礼记发明〉辑考》（《古代文明》，2010年第2期）主要论述了王安石《礼记》的特色，即"讲求义理的推求，力图用自己的主观判断来把握圣人的言外大意"，其训释《礼记》明显体现出尊崇周公和周礼的倾向。许建平《唐写本〈礼记音〉考》（《敦煌研究》，1991年第2期）及《〈礼记音〉补校》（《敦煌研究》，1998年第3期）对敦煌写卷《礼记音》的作者进行了考辨，认为徐邈为其作者值得商榷，并对《礼记音》进行了补校。王锷《宋本〈纂图互注礼记〉二十卷平议》(《图书与情报》,2007年6月)论述婺州本《礼记注》版本特征、递藏源流、文献学价值以及婺州本在《礼记》研究中的地位。焦桂美《庾蔚之〈礼记略解〉评述》(《船山学刊》,2009年第1期)详细论述了刘宋庾蔚之《礼记略解》的注疏方法,揭示了南朝的这种注疏方法对唐宋明清《礼记》注疏的影响。瞿林江《魏了翁〈礼记要义〉发覆》(《广西职业技术学院学报》,2013年第1期)一文,依据《中华再造善本》所影印的《礼记要义》及历代相关的题跋和藏书记,讨论了《礼记要义》的成书、版本、内容、体例及版本价值。

(二) 对今人《礼记》研究著作的评价

近年关于《礼记》研究的著作影响较大的主要有：王锷的《〈礼记〉成书考》(中华书局,2007年)、丁鼎《礼记解读》(中国人民大学出版社,2011年)、潘斌《宋代〈礼记〉学研究》(吉林人民出版社,2011年)、杨雅丽《〈礼记〉语言学与文化学阐释》(人民出版社,2011年)等著作。范秀美《丁鼎〈礼记解读〉评介》(《潍坊学院学报》,2011年3月),张华青《礼学研究新成果——评丁鼎先生新著〈礼记解读〉》(《孔子研究》,2011年第4期)、彭耀光《〈礼记〉研究的新进展——丁鼎教授〈礼记解读〉评介》[《鲁东大学学报》(哲学社会科学版)2012年第1期],焦桂美《〈礼记〉研究的新拓展——读王锷先生〈《礼记》成书考〉》(《孔子研究》,2009年第2期),刘平中《宋代〈礼记〉学研究的新拓展——〈宋代《礼记》学研究〉评介》(《社会科学研究》2012年第4期),段国超《执著探求,收获丰厚——序杨雅丽〈《礼记》语言学与文化学阐释〉》(《长江师范学院学报》,2010年第11期)等文对这些《礼记》研究著作进行了客观的评论,尤其是王锷的《〈礼记〉成书考》和潘斌《宋代〈礼记〉学研究》拓展了《礼记》研究的新视角和新方法,值得仔细研阅。

综上所述,这些都是近些年关于《礼记》及其单篇的研究的聚焦点。研究文章之多、成果之丰富是许多古代文学典籍无法比及的,从中我们看到了《礼记》思想的博大精深。

参考文献

凡例

参考文献按照古籍、今人著作、论文分为三类。古籍以传统经、史、子、集分类,每一类又按《钦定四库全书总目》小类的分类此序,以作者生平先后为序;今人著作则以书名拼音顺序排序;论文按发表时间排序。

一、古籍

(一) 经部

易类

[1]〔魏〕王弼、韩康伯注,〔唐〕孔颖达等正义:《周易正义》,见阮元校刻《十三经注疏》本,上海:上海古籍出版社2011年版。

诗类

[1]〔汉〕郑玄注,〔唐〕孔颖达等正义:《毛诗正义》,见阮元校刻《十三经注疏》本,上海:上海古籍出版社2011年版。

礼类

[1]〔汉〕郑玄注,〔唐〕贾公彦疏:《周礼注疏》,见阮元校刻《十三经注疏》本,上海:上海古籍出版社2011年版。

[2]〔汉〕郑玄注,〔唐〕贾公彦疏:《仪礼注疏》,见阮元校刻《十三经注疏》本,上海:上海古籍出版社2011年版。

[3]〔汉〕郑玄注,〔唐〕孔颖达等正义:《礼记正义》,见阮元校刻《十三

经注疏》本，上海：上海古籍出版社2011年版。

[4]〔宋〕司马光：《书仪》，见景印《文渊阁四库全书》本，台北：商务印书馆1983年版。

[5]〔宋〕卫湜：《礼记集说》，见《中华再造善本》，北京：北京图书馆出版社2003年版。

[6]〔宋〕张虙：《月令解》，见景印《文渊阁四库全书》本，台北：商务印书馆1983年版。

[7]〔宋〕张虙：《月令解》，见《四库全书珍本初集》本，上海：商务印书馆1935年版。

[8]〔宋〕张虙：《月令解》，见《四明丛书》本，四明张氏约园，出版年不详。

[9]〔宋〕谢枋得：《檀弓批点》，见《丛书集成初编》本，北京：中华书局1991年版。

[10]〔元〕陈澔著，万久富整理：见《礼记集说》，南京：凤凰出版社2010年版。

[11]〔明〕杨慎：《檀弓丛训》，见《丛书集成初编》本，上海：上海商务印书馆1939年版。

[12]〔明〕黄道周：《月令明义》，见景印《文渊阁四库全书》本，台北：商务印书馆1983年版。

[13]〔明〕黄道周：《表记集传》，见景印《文渊阁四库全书》本，台北：商务印书馆1983年版。

[14]〔明〕黄道周：《坊记集传》，见景印《文渊阁四库全书》本，台北：商务印书馆1983年版。

[15]〔明〕黄道周：《缁衣集传》，见景印《文渊阁四库全书》本，台北：商务印书馆1983年版。

[16]〔明〕黄道周：《儒行集传》，见景印《文渊阁四库全书》本，台北：商务印书馆1983年版。

[17]〔明〕姚应仁:《檀弓原》,见《四库全书存目丛书》本,济南:齐鲁书社1997年影印本。

[18]〔明〕林兆珂:《檀弓述注》,见《四库全书存目丛书》本,济南:齐鲁书社1997年影印本。

[19]〔清〕黄宗羲:《深衣考》,见景印《文渊阁四库全书》本,台北:台湾商务印书馆1983年版。

[20]〔清〕江永:《礼记训义择言》,北京:中华书局1985年版。

[21]〔清〕江永:《深衣考误》,见景印《文渊阁四库全书》本,台北:台湾商务印书馆1983年版。

[22]〔清〕任大椿:《深衣释例》,见《续修四库全书》本,上海:上海古籍出版社1995年版。

[23]〔清〕戴震:《深衣解》,见《续修四库全书》本,上海:上海古籍出版社1995年版。

[24]〔清〕毛奇龄:《檀弓订误》,见《丛书集成初编》本,上海:商务印书馆1939年版。

[25]〔清〕孙濩孙:《檀弓论文》,见《四库全书存目丛书》本,济南:齐鲁书社1997年影印本。

[26]〔清〕孙濩孙:《檀弓论文》,光绪七年(1881)刻本。

[27]〔清〕夏炘:《檀弓辨诬》,见《续修四库全书》本,上海:上海古籍出版社1955年版。

[28]〔清〕耿极:《王制管窥》,见《丛书集成初编》本,上海:商务印书馆1960年版。

[29]〔清〕耿极:《王制管窥》,见《丛书集成续编》本,台北:新文丰出版有限公司1989年版。

[30]〔清〕皮锡瑞:《王制笺》,长沙思贤书局清光绪三十四年(1908)刻本。

[31]〔清〕皮锡瑞:《王制笺》,见《续修四库全书》本,上海:上海古籍

出版社 1995 年版。

[32]〔清〕顾陈垿：《内则章句》，见《续修四库全书》本，上海：上海古籍出版社 1995 年版。

[33]〔清〕谈泰：《王制里亩算法解》，见《丛书集成初编》，上海：商务印书馆 1960 年版。

[34]〔清〕谈泰：《王制井田算法解》，见《丛书集成初编》，上海：商务印书馆 1960 年版。

[35]〔清〕廖平撰：《坊记新解》，见《续修四库全书》本，上海：上海古籍出版社 1995 年版。

[36]〔清〕刘光蕡：《学记臆解》，见《关中丛书》，上海：通志馆 1934 年版。

[37]〔清〕刘光蕡：《学记臆解》，见《民国时期经学家丛书》本（第四辑），台中：文听阁图书有限公司 2009 年版。

春秋类

[1]〔晋〕杜预注，〔唐〕孔颖达等正义：《春秋左传正义》，见《十三经注疏》本，北京：中华书局 1980 年影印版。

孝经类

[1]〔唐〕李隆基注，〔宋〕刑昺疏：《孝经注疏》，《十三经注疏》本，北京：中华书局，1980 年版。

五经总义类

[1]〔唐〕陆德明、张一弓点校：《经典释文》，上海：上海古籍出版社 2012 年版。

[2]〔清〕皮锡瑞：《皮氏经学八种》，湖南思贤书局光绪二十五年（1890）刻本。

[3]〔清〕皮锡瑞：《皮氏经说十种》，湖南思贤书局光绪丁未年（1907）刻本。

四书类

[1]〔魏〕何晏等注，〔宋〕刑昺疏：《论语注疏》，《十三经注疏》本，北

京：中华书局，1980 年版。

[2]〔汉〕赵岐注,〔宋〕孙奭疏：《孟子注疏》,《十三经注疏》本，北京：中华书局，1980 年版。

(二) 史部

正史类

[1]〔汉〕司马迁著,〔宋〕裴骃集解，张守杰正义：《史记》，北京：中华书局 2013 年版。

[2]〔汉〕班固著,〔唐〕颜师古注：《汉书》，北京：中华书局 1975 年版。

[3]〔南朝宋〕范晔著,〔唐〕李贤等注：《后汉书》，北京：中华书局 1973 年版。

[4]〔晋〕陈寿著,〔宋〕裴松之注：《三国志》，北京：中华书局 1975 年版。

[5]〔唐〕房玄龄等著：《晋书》，北京：中华书局 1974 年版。

[6]〔唐〕李延寿著：《南史》，北京：中华书局 1975 年版。

[7]〔唐〕李延寿著：《北史》，北京：中华书局 1974 年版。

[8]〔唐〕魏征、令狐德棻等著：《隋书》，北京：中华书局 1973 年版。

[9]〔唐〕令狐德棻等著：《周书》，北京：中华书局 1974 年版。

[10]〔唐〕李百药著：《北齐书》，北京：中华书局 1973 年版。

[11]〔唐〕姚思廉著：《陈书》，北京：中华书局 1974 年版。

[12]〔后晋〕刘昫等著：《旧唐书》，北京：中华书局 2002 年版。

[13]〔南朝梁〕萧子显著：《南齐书》，北京：中华书局 1974 年版。

[14]〔宋〕欧阳修、宋祁等著：《新唐书》，北京：中华书局 1975 年版。

[15]〔宋〕欧阳修著：《新五代史》，北京：中华书局 1974 年版。

[16]〔北齐〕魏收著：《魏书》，北京：中华书局 1974 年版。

[17]〔元〕脱脱等著：《宋史》，北京：中华书局 1985 年版。

[18]〔明〕宋濂等著：《元史》，北京：中华书局 1976 年版。

[19]〔清〕张廷玉等著:《明史》,北京:中华书局 2010 年版。

[20]〔民国〕赵尔巽等著:《清史稿》,北京:中华书局 1977 年版。

编年类

[1]〔宋〕司马光:《稽古录》,北京:北京师范大学出版社 1988 年版。

[2]〔南宋〕李心传:《建炎以来系年要录》,北京:中华书局 1988 年版。

纪事本末类

[1]〔宋〕袁枢:《通鉴纪事本末》,北京:中华书局 1955 年版。

[2]〔清〕高士奇:《左传纪事本末》,长沙思贤书局光绪戊戌年（1898）刻本。

别史类

[1]〔宋〕郑樵:《通志》,北京:中华书局 1987 年版。

杂史

[1]〔西汉〕刘向集录:《战国策》,上海:上海古籍出版社 2012 年版。

[2]徐元诰:《国语集解》,北京:中华书局 2016 年版。

诏令奏议类

[1]〔明〕杨士奇等奉敕编:《历代名臣奏议》,见景印《文渊阁四库全书》本,台北:商务印书馆 1983 年版。

时令类

[1]〔唐〕李林甫等,〔清〕茆泮林辑:《唐月令注》(《补遗》《续补遗》《续考》),《续修四库全书》本,上海:上海古籍出版社 1995 年版。

[2]〔宋〕陈元靓:《岁时广记》,见景印《文渊阁四库全书》本,台北:商务印书馆 1983 年版。

[3]〔宋〕陈元靓:《岁时广记》,见《续修四库全书》本,上海:上海古籍出版社 1995 年版。

[4]〔宋〕陈元靓:《岁时广记》,见《丛书集成初编》本,上海:上海古籍出版社 1939 年版。

[5]〔宋〕陈元靓:《岁时广记》,见《十万卷楼丛书》本,光绪五年

（1879）归安陆氏刻本。

[6]〔宋〕张鉴：《赏心乐事》，见《续修四库全书》本，上海：上海古籍出版社 1995 年版。

[7]〔元〕吴澄：《月令纂言》，见《续修四库全书》本，上海：上海古籍出版社 1995 年版。

[8]〔明〕李泰：《四时气候集解》，见《续修四库全书》本，上海：上海古籍出版社 1995 年版。

[9]〔明〕卢翰：《月令通考》，见《四库全书存目丛书》本，济南：齐鲁书社 1996 年版。

[10]〔明〕冯应京：《月令广义》，见《四库全书存目丛书》本，济南：齐鲁书社 1996 年版。

[11]〔清〕李光地：《御定月令辑要》，见景印《文渊阁四库全书》本，台北：商务印书馆 1983 年版。

[12]〔清〕潘荣陛：《帝京岁时纪胜》，见《续修四库全书》本，上海：上海古籍出版社 1995 年版。

[13]〔清〕曹仁虎：《七十二候考》，见《续修四库全书》本，上海：上海古籍出版社 1995 年版。

[14]〔清〕秦嘉谟：《月令粹编》，见《续修四库全书》本，上海：上海古籍出版社 1995 年版。

[15]〔清〕徐卓：《节序日考》，见《续修四库全书》本，上海：上海古籍出版社 1995 年版。

地理类

[1]〔梁〕宗懔：《荆楚岁时记》，北京：中华书局 1991 年版。

[2]〔宋〕孟元老、伊永文笺注：《东京梦华录笺注》，北京：中华书局 2007 年版。

[3]〔元〕袁桷：《延祐四明志》，见景印《文渊阁四库全书》本，台北：商务印书馆 1983 年版。

[4]〔明〕谢肇淛：《滇略》，见景印《文渊阁四库全书》本，台北：商务印书馆1983年版。

[5]〔清〕赵弘恩等监修，黄之隽等编纂：《江南通志》，见景印《文渊阁四库全书》本，台北：商务印书馆1983年版。

[6]〔清〕觉罗石麟等监修，储大文等编纂：《山西通志》，见景印《文渊阁四库全书》本，台北：商务印书馆1983年版。

[7]〔清〕嵇曾筠监修，沈翼机编纂：《浙江通志》，见景印《文渊阁四库全书》本，台北：商务印书馆1983年版。

[8]〔清〕迈柱等监修，夏力恕等编纂：《湖广通志》，见景印《文渊阁四库全书》本，台北：商务印书馆1983年版。

[9]〔清〕郭尔泰等监修，靖道谟等编纂：《云南通志》，见景印《文渊阁四库全书》本，台北：商务印书馆1983年版。

[10]〔清〕郭尔泰等监修，靖道谟等编纂：《贵州通志》，见景印《文渊阁四库全书》本，台北：商务印书馆1983年版。

[11]〔清〕刘于义等监修，沈青崖等编纂：《陕西通志》，见景印《文渊阁四库全书》本，台北：商务印书馆1983年版。

[12]〔清〕田文镜、王士俊等监修，孙灏、顾栋高等编纂：《河南通志》，见景印《文渊阁四库全书》本，台北：商务印书馆1983年版。

[13]〔清〕岳浚等监修，杜诏等编纂：《山东通志》，见景印《文渊阁四库全书》本，台北：商务印书馆1983年版。

[14]〔清〕黄廷桂等监修，张晋生等编纂：《四川通志》，见景印《文渊阁四库全书》本，台北：商务印书馆1983年版。

[15]〔宋〕施宿等：《会稽志》，见景印《文渊阁四库全书》本，台北：商务印书馆1983年版。

政书类

[1]〔唐〕杜佑：《通典》，北京：中华书局1988年版。

[2]〔元〕马端临：《文献通考》，北京：中华书局2011年版。

[3]〔清〕清高宗敕撰：《续文献通考》，杭州：浙江古籍出版社1988年版。

[4]〔清〕清高宗敕撰：《续通典》，见景印《文渊阁四库全书》本，台北：商务印书馆1983年版。

[5]〔清〕刘锦藻等：《皇朝文献通考》，浙江书局光绪八年刻本。

[6]〔清〕曹仁虎等：《皇朝通典》，上海图书集成局光绪二十七年影印本。

[7]〔清〕曹仁虎等：《皇朝通志》，上海图书集成局光绪二十七年影印本。

目录类

[1]〔南朝梁〕阮孝绪：《七录序目》，见《丛书集成续编》本，台北：新文丰出版有限公司1989年版。

[2]〔汉〕班固、颜师古注，张祖伟整理：《汉书艺文志》，见《二十五史艺文经籍志考补萃编》（第一卷），北京：清华大学出版社2014年版。

[3]〔宋〕王尧臣等：《崇文总目》，上海：商务印书馆1939年版。

[4]〔宋〕晁公武、孙猛校证：《郡斋读书志》，上海：上海古籍出版社2011年版。

[5]〔宋〕尤袤：《遂初堂书目》，见《丛书集成初编》本，上海：上海商务印书馆1935年版。

[6]〔宋〕高似孙：《子略》，北京：中华书局1957年版。

[7]〔宋〕陈振孙：《直斋书录解题》，上海：上海古籍出版社1987年版。

[8]〔宋〕王应麟、张三夕、杨毅点校：《汉制考；汉艺文志考证》，北京：中华书局2011年版。

[9]〔宋〕张耒：《宛丘题跋》，见《丛书集成初编》本，上海：商务印书馆1939年版。

[10]〔宋〕洪迈：《容斋题跋》，见《丛书集成初编》本，上海：商务印书馆1939年版。

[11]〔元〕胡世安：《元西湖书院重整书目》，见《丛书集成续编》本，台北：新文丰出版有限公司1989年版。

[12]〔明〕孙能传：《内阁藏书目录》，北京：文物出版社1922年版。

[13]〔明〕周弘祖：《古今书刻》，上海：上海古籍出版社2005年版。

[14]〔明〕高儒：《百川书志》，上海：上海古籍出版社2005年版。

[15]〔明〕焦竑：《国史经籍志》，见《丛书集成新编》本，台北：新文丰出版有限公司1985年版。

[16]〔明〕杨士奇等：《文渊阁书目》，见《丛书集成初编》本，上海：商务印书馆1935年版。

[17]〔明〕朱睦㮮：《授经图义例》，见景印《文渊阁四库全书》本，台北：商务印书馆1983年版。

[18]〔明〕朱睦㮮：《万卷堂书目》，见《丛书集成续编》本，台北：新文丰出版有限公司1989年版。

[19]〔明〕叶盛：《菉竹堂书目》，见《丛书集成初编》本，上海：商务印书馆1935年版。

[20]〔明〕陈第：《世善堂藏书目录》，见《丛书集成初编编》本，上海：商务印书馆1937年版。

[21]〔明〕毛扆：《汲古阁珍藏秘本书目》，见《丛书集成初编编》本，上海：商务印书馆1937年版。

[22]〔明〕毛晋：《隐湖题跋》，见《丛书集成续编》本，台北：新文丰出版有限公司1989年版。

[23]〔明〕李鹗翀：《江阴李氏得月楼书目摘录》，见《丛书集成续编》本，台北：新文丰出版有限公司1989年版。

[24]〔明〕祁承爜：《澹生堂藏书目》，见《续修四库全书》本，上海：上海古籍出版社1995年版。

[25]〔明〕赵琦美：《脉望馆书目》，见《丛书集成续编》本，台北：新文丰出版有限公司1989年版。

[26]〔明〕李廷相：《濮阳蒲汀李先生家藏目录》，见《丛书集成续编》本，台中：新文丰出版有限公司1989年版。

[27]〔清〕钱谦益：《绛云楼书目》，见《丛书集成初编》本，上海：商务

印书馆1935年版。

［28］〔清〕钱谦益、潘景郑辑校：《绛云楼题跋》，上海：商务印书馆2005年版。

［29］〔清〕钱谦益：《绛云楼书目补遗》，见《丛书集成续编》本，台北：新文丰出版有限公司1989年版。

［30］〔清〕清高宗敕：《四库全书荟要目》，见《丛书集成续编》本，台北：新文丰出版有限公司1989年版。

［31］〔清〕于敏中等奉敕编：《钦定天禄琳琅阁书目》，长春：吉林出版社2005年版。

［32］〔清〕朱彝尊、林庆彰等编：《经义考》（新校），上海：上海古籍出版社2010年版。

［33］〔清〕朱彝尊：《潜采堂书目四种》，见《丛书集成续编》本，台北：新文丰出版有限公司1989年版。

［34］〔清〕王仁俊：《汉艺文志考证校补》，见《二十五史艺文经籍志考补萃编》（第一卷），北京：清华学出版社2014年版。

［35］〔清〕沈钦韩：《汉书艺文志疏证》，见《二十五史艺文经籍志考补萃编》（第二卷），北京：清华大学出版社2011年版。

［36］〔清〕姚振宗：《汉书艺文志拾补》，见《二十五史艺文经籍志考补萃编》（第二卷），北京：清华大学出版社2011年版。

［37］〔清〕姚振宗：《汉书艺文志条理》，见《二十五史艺文经籍志考补萃编》（第三卷），北京：清华大学出版社2011年版。

［38］〔清〕姚振宗：《后汉艺文志》，见《二十五史艺文经籍志考补萃编》（第七卷），北京：清华大学出版社2011年版。

［39］〔清〕姚振宗：《三国艺文志》，见《二十五史艺文经籍志考补萃编》（第九卷），北京：清华大学出版社2012年版。

［40］〔清〕顾实：《汉书艺文志讲疏》，见《二十五史艺文经籍志考补萃编》（第四卷），北京：清华大学出版社2011年版。

[41]〔清〕姚明煇：《汉书艺文志注解》，见《二十五史艺文经籍志考补萃编》（第四卷），北京：清华大学出版社2011年版。

[42]〔清〕钱大昭：《补续汉书艺文志》，见《二十五史艺文经籍志考补萃编》（第六卷），北京：清华大学出版社2012年版。

[43]〔清〕侯康：《补后汉书艺文志》，见《二十五史艺文经籍志考补萃编》（第六卷），北京：清华大学出版社2012年版。

[44]〔清〕侯康：《补三国艺文志》，见《二十五史艺文经籍志考补萃编》（第九卷），北京：清华大学出版社2012年版。

[45]〔清〕丁国钧：《补晋书艺文志》，见《二十五史艺文经籍志考补萃编》（第十卷），北京：清华大学出版社2012年版。

[46]〔清〕顾櫰三：《补后汉书艺文志》，见《二十五史艺文经籍志考补萃编》（第六卷），北京：清华大学出版社2012年版。

[47]〔清〕顾櫰三：《补五代史艺文志》，见《二十五史艺文经籍志考补萃编》（第十九卷），北京：清华大学出版社2013年版。

[48]〔清〕文廷式：《补晋书艺文志》，见《二十五史艺文经籍志考补萃编》（第十卷），北京：清华大学出版社2012年版。

[49]〔清〕倪灿：《补辽金元艺文志》，见《丛书集成初编》本，上海：商务印书馆1937年版。

[50]〔清〕金门诏：《补三史艺文志》，见《二十五史艺文经籍志考补萃编》（第二十二卷），北京：清华大学出版社2014年版。

[51]〔清〕吴骞：《四朝经籍志补》，见《二十五史艺文经籍志考补萃编》（第二十二卷），北京：清华大学出版社2014年版。

[52]〔清〕钱大昕：《元史艺文志》，见《二十五史艺文经籍志考补萃编》（第二十二卷），北京：清华大学出版社2014年版。

[53]〔清〕张锦云：《元史艺文志补》，见《二十五史艺文经籍志考补萃编》（第二十二卷），北京：清华大学出版社2014年版。

[54]〔清〕万斯同：《明史艺文志》，见《二十五史艺文经籍志考补萃编》

（第二十四卷），北京：清华大学出版社2014年版。

[55]〔清〕傅维鳞：《明书经籍志》，见《二十五史艺文经籍志考补萃编》（第二十五卷），北京：清华大学出版社2014年版。

[56]〔清〕张廷玉：《明史艺文志》，见《二十五史艺文经籍志考补萃编》（第二十五卷），北京：清华大学出版社2014年版。

[57]〔清〕翁方纲：《经义考补正》，见《丛书集成初编》本，上海：商务印书馆1937年版。

[58]〔清〕翁方纲：《通志堂经解目录》，见《丛书集成初编》本，上海：商务印书馆1937年版。

[59]〔清〕钱曾：《述古堂藏书目》，见《丛书集成初编》本，上海：商务印书馆1935年版。

[60]〔清〕钱曾，〔清〕管庭芬、章钰校证：《读书敏求记》，北京：中华书局2012年版。

[61]〔清〕钱曾：《也是园书目》，见《丛书集成续编》本，台北：新文丰出版有限公司1989年版。

[62]〔清〕彭元瑞：《知圣道斋读书跋》，沈阳：辽宁教育出版社2001年版。

[63]〔清〕陈鳣、陈锦春整理：《续唐书艺文志》，见《二十五史艺文经籍志考补萃编》（第十九卷），北京：清华大学出版社2013年版。

[64]〔清〕宋祖骏、陈锦春整理：《续唐书艺文志》，见《二十五史艺文经籍志考补萃编》（第十九卷），北京：清华大学出版社2013年版。

[65]〔清〕王之昌、许建立整理：《续唐书艺文志》，见《二十五史艺文经籍志考补萃编》（第十九卷），北京：清华大学出版社2013年版。

[66]〔清〕徐炯、陈锦春整理：《五代史记补考艺文考》，见《二十五史艺文经籍志考补萃编》（第十九卷），北京：清华大学出版社2013年版。

[67]〔清〕阮元：《揅经室外集》，见《丛书集成初编》本，北京：中华书局1991年版。

[68]〔清〕曾朴、朱新林：《补后汉书艺文志并考》，见《二十五史艺文经籍志考补萃编》（第八卷），北京：清华大学出版社2011年版。

[69]〔清〕陶宪曾、陈锦春整理：《侯康补汉书艺文志补》，见《二十五史艺文经籍志考补萃编》（第六卷），北京：清华大学出版社2012年版。

[70]〔清〕黄丕烈：《士礼居藏书题跋记》，北京：书目文献出版社1989年版。

[71]〔清〕黄丕烈：《百宋一廛书录》，见《续修四库全书》本，上海：上海古籍出版社1995年版。

[72]〔清〕黄丕烈：《求古居宋本书目》，见《丛书集成续编》本，台北：新文丰出版有限公司1989年版。

[73]〔清〕江藩：《半毡斋题跋》，见《丛书集成新编》本，台北：新文丰出版有限公司1985年版。

[74]〔清〕季振宜：《季沧苇藏书目》，见《丛书集成初编》本，上海：商务印书馆1935年版。

[75]〔清〕金星轺：《文瑞楼藏书目》，见《丛书集成初编》本，上海：商务印书馆1935年版。

[76]〔清〕陈揆：《稽瑞楼书目》，见《丛书集成初编》本，上海：商务印书馆1939年版。

[77]〔清〕孙星衍：《孙氏祠堂书目》，见《丛书集成初编》本，上海：商务印书馆1935年版。

[78]〔清〕顾广圻：《百宋一廛赋》，见《丛书集成初编》本，上海：商务印书馆1939年版。

[79]〔清〕汪士钟：《艺芸书舍宋元本书目》，见《丛书集成初编》本，上海：商务印书馆1939年版。

[80]〔清〕英廉等：《全毁抽毁书目》，见《丛书集成初编》本，上海：商务印书馆1935年版。

[81]〔清〕军机处编：《禁书总目》，见《丛书集成初编》本，上海：商务

印书馆 1935 年版。

[82]〔清〕荣柱：《违碍书目》，见《丛书集成初编》本，上海：商务印书馆 1935 年版。

[83]〔清〕黄虞稷：《千顷堂书目》，上海：上海古籍出版社 1900 年版。

[84]〔清〕黄虞稷、周在浚：《征刻唐宋秘本书目》，见《丛书集成续编》本，台北：新文丰出版有限公司 1989 年版。

[85]〔清〕黄虞稷等：《补辽金元艺文志》，见《二十五史艺文经籍志考补萃编》（第二十二卷），北京：清华大学出版社 2014 年版。

[86]〔清〕黄本骥：《皇朝经籍志》，见《二十五史艺文经籍志考补萃编》（第二十六卷），北京：清华大学出版社 2014 年版。

[87]〔清〕谭宗浚：《皇朝艺文志》，见《二十五史艺文经籍志考补萃编》（第二十六卷），北京：清华大学出版社 2014 年版。

[88]〔清〕吴寿旸：《拜经楼藏书题跋记》，上海：上海古籍出版社 2007 年版。

[89]〔清〕孙星衍：《平津馆鉴藏记书籍；廉石居藏书记；孙氏祠堂书目》，上海：上海古籍出版社 2008 年版。

[90]〔清〕胡玉缙、王欣夫辑：《许庼学林》，北京：中华书局 1958 年版。

[91]〔清〕邵晋涵：《南江书目》，见《丛书集成续编》本，台北：新文丰出版有限公司 1989 年版。

[92]〔清〕孙冯翼：《四库全书辑永乐大典本书目》，见《丛书集成续编》本，台北：新文丰出版有限公司 1989 年版。

[93]〔清〕朱记荣：《国朝未刊遗书志略》，见《丛书集成续编》本，台北：新文丰出版有限公司 1989 年版。

[94]〔清〕彭元瑞：《知圣道斋书目》，见《丛书集成续编》本，台北：新文丰出版有限公司 1989 年版。

[95]〔清〕彭元瑞：《知圣道斋读书跋》，沈阳：辽宁出版社 2001 年版。

[96]〔清〕徐乾学：《传世楼宋元本书目》，见《丛书集成续编》本，台

北：新文丰出版有限公司1989年版。

[97]〔清〕张之洞、范希增补正：《书目答问补正》，上海：上海古籍出版社2001年版。

[98]〔清〕陆漻：《佳趣唐书目》，见《丛书集成续编》本，台北：新文丰出版有限公司1989年版。

[99]〔清〕王闻远：《孝慈堂书目》，见《丛书集成续编》本，台北：新文丰出版有限公司1989年版。

[100]〔清〕赵魏：《竹崦盫传钞书目》，见《丛书集成续编》本，台北：新文丰出版有限公司1989年版。

[101]〔清〕朱学勤：《结一庐书目》，见《丛书集成续编》本，台北：新文丰出版有限公司1985年版。

[102]〔清〕周广业：《四部寓眼录补遗》，见《丛书集成续编》本，台北：新文丰出版有限公司1989年版。

[103]〔清〕周星诒：《传忠堂书目》，见《丛书集成续编》本，台北：新文丰出版有限公司1989年版。

[104]〔清〕曹骧：《上海曹氏书存目录》，见《丛书集成续编》本，台北：新文丰出版有限公司1989年版。

[105]〔清〕郑德懋：《汲古阁校刻书目》，见《丛书集成续编》本，台北：新文丰出版有限公司1989年版。

[106]〔清〕曹寅：《楝亭书目》，见《丛书集成续编》本，台北：新文丰出版有限公司1989年版。

[107]〔清〕瞿世瑛：《清吟阁书目》，见《丛书集成续编》本，台北：新文丰出版有限公司1989年版。

[108]〔清〕丁白：《宝书阁著录》，见《丛书集成续编》本，台北：新文丰出版有限公司1989年版。

[109]〔清〕郑元庆：《吴兴藏书录：皕宋楼藏书源流考》，上海：上海古典文学出版社1957年版。

[110]〔清〕潘衍桐:《灵隐书藏录》,见《丛书集成续编》本,台北:新文丰出版有限公司1989年版。

[111]〔清〕丁申:《武林藏书录》,上海:上海古典文学出版社1957年版。

[112]〔清〕瞿中溶:《古泉山馆题跋》,见《丛书集成续编》本,台北:新文丰出版有限公司1989年版。

[113]〔清〕潘祖荫、畲彦焱点校:《滂喜斋藏书记》,上海:上海古籍出版社2007年版。

[114]〔清〕莫有之、张剑点校:《宋元旧本经眼录;郘亭书画经眼录》,北京:中华书局2008年版。

[115]〔清〕永瑢、纪昀等:《钦定四库全书总目》(整理本),北京:中华书局1997年版。

[116]〔清〕王国维:《传书堂藏书志》,上海:上海古籍出版社2014年版。

[117]〔民国〕罗振常:《自怡悦斋藏书目》,见《丛书集成续编》本,台北:新文丰出版有限公司1989年版。

[118]〔民国〕刘世珩:《贵池先哲遗书待访录》,见《丛书集成续编》本,台北:新文丰出版有限公司1989年版。

[119]〔民国〕康有为:《万木草堂丛书目录》,见《丛书集成续编》本,台北:新文丰出版有限公司1989年版。

[120]〔民国〕杨晨:《台州艺文略》,见《丛书集成续编》本,台北:新文丰出版有限公司1989年版。

[121]〔民国〕金武祥:《江阴艺文志》,见《丛书集成续编》本,台北:新文丰出版有限公司1989年版。

[122]〔民国〕胡思敬等辑:《四库著录江西先哲书钞目》,见《丛书集成续编》本,台北:新文丰出版有限公司1989年版。

[123]〔民国〕叶德辉:《书林清话》,北京:北京华文出版社2012年版。

[124]〔日〕藤原佐世:《日本国见在书目录》,见《丛书集成新编》本,台北:新文丰出版有限公司1985年版。

[125]〔日〕橘瑞超：《日本橘氏敦煌将来藏经目录》，见《丛书集成续编》本，台北：新文丰出版有限公司1989年版。

[126]《四库禁毁书丛刊》编纂委员会编：《〈四库禁毁书丛刊〉索引》，北京：北京出版社2000年版。

（三）子部

儒家类

[1]〔宋〕滕珙：《经济文衡》，见景印《文渊阁四库全书》本，台北：台湾商务印书馆1983年版。

[2]〔清〕世祖御定，傅以渐奉敕纂：《御定内则衍义》，见景印《文渊阁四库全书》本，台北：商务印书馆1983年版。

[3]〔清〕黄宗羲：《宋元学案》，上海：商务印书馆1934年版。

[4]〔清〕黄宗羲：《明儒学案》，北京：中华书局2008年版。

[5]〔清〕徐世昌：《清儒学案》，北京：中国书店1990年版。

杂家类

[1]〔汉〕班固：《白虎通义》，上海：商务印书馆1937年版。

[2]〔汉〕刘安著，何宁集释：《淮南子集释》，北京：中华书局1998年版。

[3]〔宋〕陶宗仪：《说郛》，北京：中国书店1986年版。

[4]〔清〕马国翰：《玉函山房辑佚书》，长沙嫏嬛馆光绪九年版。

[5]〔清〕俞正燮：《癸巳类稿》，见《续修四库全书》本，上海：上海古籍出版社1995年版。

[6]〔清〕俞正燮：《癸巳类稿》，道光十三年（1833）刻本。

[7]〔清〕俞正燮、冯小马等校点：《癸巳类稿》，沈阳：辽宁教育出版社2001年版。

类书类

[1]〔宋〕李昉等：《太平御览》，北京：中华书局1960年版。

[2]〔明〕彭大翼：《山堂肆考》，见景印《文渊阁四库全书》本，台北：

商务印书馆 1983 年版。

[3]〔明〕章潢：《图书编》，见景印《文渊阁四库全书》本，台北：商务印书馆 1983 年版。

[4]〔清〕陈梦雷主编，蒋廷锡校订：《古今图书集成》，北京：中华书局 1985 年版。

艺术类

[1]〔晋〕虞潭：《投壶变》，见《玉函山房辑佚书》本，长沙娜嬛馆光绪九年版。

[2]〔宋〕司马光：《投壶新格》，见《丛书集成续编》，台北：新文丰出版公司 1989 年版。

[3]〔明〕汪禔：《投壶仪节》，见《丛书集成初编》本，上海：商务印书馆 1936 年版。

[4]〔清〕丁晏：《投壶考原》，见《续修四库全书》本，上海：上海古籍出版社 1995 年版。

小说家类

[1]〔宋〕王辟之著，吕友仁点校：《渑水燕谈录》，北京：中华书局 1997 年版。

[2]〔宋〕邵伯温著，李剑雄点校：《邵氏闻见录》，北京：中华书局 1983 年版。

（四）集部

别集类

[1]〔宋〕司马光：《傅家集》，见景印《文渊阁四库全书》本，台北：商务印书馆 1983 年版。

[2]〔宋〕刘敞：《公是集》，见景印《文渊阁四库全书》本，台北：台湾商务印书馆 1983 年版。

[3]〔宋〕刘敞：《公是集》，见《丛书集成初编》本，上海：商务印书馆

1935 年版。

[4]〔宋〕刘子翚：《屏山集》，见景印《文渊阁四库全书》本，台北：台湾商务印书馆 1983 年版。

[5]〔宋〕朱熹：《晦庵先生朱文公文集》，上海：商务印书馆 1922 年版。

[6]〔宋〕文天祥：《文天祥全集》，北京：中国书店 1985 年版。

[7]〔元〕金履祥：《仁山文集》，见景印《文渊阁四库全书》本，台北：商务印书馆 1983 年版。

[8]〔元〕陈栎：《定宇集》，见景印《文渊阁四库全书》本，台北：商务印书馆 1983 年版。

[9]〔元〕戴良：《九灵山房集》，见《丛书集成初编》本，上海：商务印书馆 1935 年版。

[10]〔明〕李元阳：《李元阳集》，昆明：云南大学出版社 2008 年版。

[11]〔明〕宋濂：《宋濂全集》，杭州：浙江古籍出版社 1992 年版。

[12]〔明〕顾德基：《咏七十二候诗》，见《四库全书存目丛书》本，济南：齐鲁书社 1997 年版。

[13]〔明〕朱彝尊：《曝书亭集》，上海：商务印书馆 1935 年版。

[14]〔清〕戴震：《戴震全集》，北京：清华大学出版社 1991 年版。

[15]〔清〕江藩：《江藩集》，上海：古籍出版社 2006 年版。

[16]〔清〕左宗棠：《左宗棠全集》，长沙：岳麓书社 2009 年版。

[17]〔清〕马国翰：《月令七十二候诗自注》，见《四库未收书辑刊》本，北京：北京出版社 2000 年版。

[18]〔民国〕刘师培：《刘申叔遗书》，南京：江苏古籍出版社 1997 年版。

总集类

[1]〔明〕黄宗羲：《明文海》，见景印《文渊阁四库全书》本，台北：台湾商务印书馆 1983 年版。

[2]〔明〕程敏政：《明文衡》，见景印《文渊阁四库全书》本，台北：台湾商务印书馆 1983 年版。

［3］〔明〕程敏政：《新安文献志》，见景印《文渊阁四库全书》本，台北：台湾商务印书馆1983年版。

［4］〔清〕阮元：《淮海英灵集》，嘉庆三年刻本。

二、今人编著

［1］蒋伯潜：《经学纂要》，南京：正中书局1946年版。

［2］王五云主编：《续修四库全书提要》，台北：台湾商务印书馆1972年版。

［3］任铭善：《礼记目录后案》，济南：齐鲁书社1982年版。

［4］洪业等：《礼记引得》，上海：上海古籍出版社1983年版。

［5］陈国庆：《汉书艺文志注释汇编》，北京：中华书局1983年版。

［7］吴承仕：《经典释文序录疏证》，北京：中华书局1984年版。

［8］周锡保：《中国古代服饰史》，北京：中国戏剧出版社1984年版。

［9］冯友兰：《中国哲学史》（全二册），北京：中华书局1984年版。

［10］吴云、唐绍忠注：《王粲集注》，郑州：中州书画社1984年版。

［11］陈戍国：《秦汉礼制研究》，长沙：湖南教育出版社1993年版。

［12］江苏广陵古籍刻印社编：《中国历代经籍典》（全八册），扬州：江苏广陵古籍刻印社1993年版。

［13］林庆彰：《中国经学史论文选集》，台北：文史哲出版社1993年版。

［14］陈戍国：《魏晋南北朝礼制研究》，长沙：湖南教育出版社1995年版。

［15］钱穆：《中国近三百年学术史》，北京：商务印书馆1997年版。

［16］余冠英、周振甫、启功主编：《唐宋八大家全集》，北京国际文化出版公司1997年版。

［17］高路明：《古籍目录与中国古代学术研究》，南京：江苏古籍出版社1997年版。

［18］阳海清主编：《中南、西南地区省、市图书馆馆藏古籍稿本提要》，武汉：华中理工大学出版社1998年版。

[19] 钱玄、钱兴奇编：《三礼辞典》，南京：江苏古籍出版社1998年版。

[20] 曹书杰：《中国古籍辑佚学论稿》，沈阳：东北大学出版社1998年版。

[21] 吕友仁、吕咏梅译：《礼记全译》，贵阳：贵州人民出版社1998年版。

[22] 陈其泰：《二十世纪中国礼学研究论集》，北京：学苑出版社1998年版。

[23] 邹昌林：《中国礼文化》，北京：社会科学文献出版社2000年版。

[24] 彭林整理，王文锦审订：《仪礼注疏》，北京：北京大学出版社2000年版。

[25] 中国文物研究所、甘肃省文物考古研究所编：《敦煌悬泉月令诏条》，北京：中华书局2001年版。

[26] 钱玄：《三礼通论》，南京：江苏古籍出版社2001年版。

[27] 王锷：《三礼研究论著提要》，兰州：甘肃教育出版社2001年版。

[28] 王文锦：《礼记译解》，北京：中华书局2001年版。

[29]〔日〕本天成之：《中国经学史》，孙俍工译，上海：上海书店出版社2001年版。

[30] 朱杰人、严佐之、刘永翔主编：《朱子全书》，上海：上海古籍出版社、安徽教育出版社2002年版。

[31] 俞筱尧：《书林随缘录》，北京：中华书局2002年版。

[32] 林存阳：《清初三礼学》，北京：社会科学文献出版社2002年版。

[33] 辽宁省图书馆、吉林省图书馆、黑龙江省图书馆主编：《东北地区古籍线装联合目录》，沈阳：辽海出版社2003年版。

[34] 姜广辉：《中国经学思想史》，北京：中国社会科学出版社2003年版。

[35] 彭林：《中国古代礼仪文明》，北京：中华书局2004年版。

[36] 蔡方鹿：《朱熹经学与中国经学》，北京：人民出版社2004年版。

[37] 侯外庐：《中国思想史》，北京：人民出版社2004年版。

[38] 徐复观：《中国学术精神》，上海：华东师范大学出版社2004年版。

[39] 陆玉林：《中国学术通史》（先秦卷），北京：人民出版社2004年版。

[40] 周桂钿、李祥俊：《中国学术通史》（秦汉卷），北京：人民出版社

2004年版。

[41] 向世陵：《中国学术通史》（魏晋南北朝卷），北京：人民出版社2004年版。

[42] 张怀承：《中国学术通史》（隋唐卷），北京：人民出版社2004年版。

[43] 张立文、祁润兴：《中国学术通史》（宋元明卷），北京：人民出版社2004年版。

[44] 陈其泰、李廷勇：《中国学术通史》（清代卷），北京：人民出版社2004年版。

[45] 黎翔凤：《管子校注》，北京：中华书局2004年版。

[46] 杨天宇：《礼记译注》，上海：上海古籍出版社2004年版。

[47] 李修生主编：《全元文》，南京：江苏古籍出版社2004年版。

[48] 张舜徽：《清人笔记条辨》，武汉：华中师范大学出版社2004年版。

[49] 叶国良：《礼学研究的诸面向》，北京：清华大学出版社2005年版。

[50] 国立北平图书馆编：《梁氏饮冰室藏书目录》，北京：北京图书馆出版社2005年版。

[51] 叶国良：《经学侧论》，北京：清华大学出版社2005年版。

[51] 叶国良：《经学通论》，自贡：大安出版社2005年版。

[52] 常乃惪、葛兆光导读：《中国思想小史》，上海：上海古籍出版社2005年版。

[53] 吴雁南、秦学颀、李禹阶主编：《中国经学史》，福州：福建人民出版社2005年版。

[54] 李安宅：《〈仪礼〉与〈礼记〉之社会学的研究》，上海：上海世纪出版集团2005年版。

[55] 章太炎、刘师培：《中国近三百年学术史论》，上海：上海古籍出版社2006年版。

[56] 蔡尚思：《中国礼教思想史》，上海：上海古籍出版社2006年版。

[57] 蔡尚思、李妙根导读：《中国传统思想总批判》（附补编），上海：上

海古籍出版社 2006 年版。

［58］王锦民：《〈王制笺〉校笺》，北京：华夏出版社 2006 年版。

［59］顾廷龙：《章氏四当斋藏书目》，北京：北京图书馆出版社 2007 年版。

［60］陈琳主编：《贵州古籍联合目录》，贵阳：贵州人民出版社 2007 年版。

［61］王锷：《礼记成书考》，北京：中华书局 2007 年版。

［62］韩格平：《全魏晋赋校注》，长春：吉林文史出版社 2008 年版。

［63］林存阳：《三礼馆：清代学术与政治互动的链环》，北京：社会科学文献出版社 2008 年版。

［64］中国古籍总目编纂委员会编：《中国古籍总目》，北京：中华书局 2009 年版。

［65］葛兆光：《中国思想史》，上海：复旦大学出版社 2009 年版。

［66］刘咸炘：《推十书》，上海：上海科学技术出版社 2009 年版。

［67］杨朝明、宋立林主编：《孔子家语通解》，济南：齐鲁书社 2009 年版。

［68］曾振宇注说：《春秋繁露》，郑州：河南大学出版社 2009 年版。

［69］王梦鸥：《礼记今注今译》，台北：台湾商务印书馆 2009 年版。

［70］许维遹：《吕氏春秋集释》，北京：中华书局 2009 年版。

［71］〔日〕岛田虔次：《中国思想史研究》，邓红译，上海：上海古籍出版社 2009 年版。

［72］朱杰人、严佐之、刘永翔主编：《朱子全书》，上海：上海古籍出版社 2010 年版。

［73］傅道彬：《诗可以观——礼乐文化与周代诗学精神》，北京：中华书局 2010 年版。

［74］刘真伦、岳珍：《韩愈文集汇校笺注》，北京：中华书局 2010 年版。

［75］李玉洁：《儒学与中国政治》，北京：科学出版社 2010 年版。

［76］蒋伯潜、蒋祖怡：《经与经学》，北京：九州出版社 2011 年版。

［77］曾军：《经学档案》，武汉：武汉大学出版社 2011 年版。

［78］林庆彰：《清初的群经辨伪学》，上海：华东师范大学出版社 2011 年版。

[79] 朱奎菊：《中国思想通史》（清代卷），武汉：武汉大学出版社 2011 年版。

[80] 彭林：《三礼研究入门》，上海：复旦大学出版社 2012 年版。

[81] 叶国良：《礼制与风俗》，上海：复旦大学出版社 2012 年版。

[82] 余嘉锡：《目录学发微；古书通例》，北京：中华书局 2012 年版。

[83] 〔日〕沟口熊三：《中国人的思想》，赵士林译，北京：中国财富出版社 2012 年版。

[84] 马宗霍：《中国经学史》，郑州：河南人民出版社 2016 年版。

三、主要参考论文

（一）学位论文

1. 博士学位论文

[1] 卢静：《〈礼记〉文学研究》，陕西师范大学，2007 年。

[2] 武宇嫦：《礼与俗的演绎——民俗学视野下的〈礼记〉研究》，北京师范大学，2007 年。

[3] 曾军：《义理与考据——清中期〈礼记〉诠释的两种策略》，华中师范大学，2008 年。

[4] 成守勇：《礼乐生活——以文本〈礼记〉为中心》，华东师范大学，2010 年。

[5] 韩丽娟：《〈礼记〉中礼乐教化美育思想与儒家审美人格的建构》，山东大学，2012 年。

[6] 王纪波：《〈礼记〉与儒学意识形态的建构研究》，湖南师范大学，2013 年。

[7] 朱国芳：《〈礼记〉的审美文化意涵研究》，山东大学，2013 年。

[8] 田杰英：《〈礼记〉社会理想研究》，中共中央党校，2014 年。

2. 硕士学位论文

[1] 李洪良：《〈檀弓〉散文研究》，西北师范大学，2001 年。

［2］曾军：《清前期〈礼记〉学研究》，华中师范大学，2005年。

［3］黄瑶妮：《〈礼记〉文本分类与政论散文研究》，江西师范大学，2008年。

［4］鲁丹：《儒教与法律初探——从〈礼记·王制〉篇谈起》，上海师范大学，2009年。

［5］揣静：《中国古代投壶游戏研究》，陕西师范大学，2010年。

［6］卢梅：《〈礼运〉篇研究》，曲阜师范大学，2010年。

［7］张春樱：《上古月令研究》，东北师范大学，2010年。

［8］王超：《〈礼记·月令〉天人思想研究》，山东大学，2011年。

［9］鲁婷：《〈礼记〉对"礼"的人文诠释——〈礼记〉伦理思想研究》，山东师范大学，2011年。

［10］曹国洲：《〈礼记〉所见的礼学和人的完善思想初探》，西北大学，2011年。

［11］肖永奎：《〈礼记〉中的家的哲学研究》，南京大学，2012年。

［12］胡乐凯：《〈礼记〉经济伦理思想浅析》，浙江财经学院，2012年。

［13］苏江燕：《〈礼记〉中的礼学生命观与生命教化论》，江西师范大学，2012年。

［14］李灵洁：《出土楚简所见与今本大小戴〈礼记〉相关文献研究》，复旦大学，2012年。

［15］陈鸿鑫：《晚清〈王制〉研究》，上海师范大学，2013年。

［16］霍耀宗：《月令与明代社会》，苏州大学，2013年。

［17］薛改辉：《〈礼记〉家庭伦理思想研究》，河南大学，2013年。

［18］刘兵飞：《〈礼记〉丧服制度研究》，吉林大学，2014年。

（二）期刊论文

［1］徐喜辰：《〈礼记〉的成书年代及其史料价值》，载《史学史研究》，1984年第4期。

［2］崔大华：《论〈礼记〉的思想》，载《中国哲学史》，1996年第4期。

[3] 杨雅丽：《论〈礼记〉丧祭之礼的人文意蕴》，载《宝鸡文理学院学报》（社会科学版），2002年第1期。

[4] 杨雅丽：《〈礼记〉"月令"之"令"考辩》，载《西北工业大学学报》（社会科学版），2002年第3期。

[5] 林中坚：《〈礼记〉中的礼乐与礼制》，载《中山大学学报论丛》，2004年第4期。

[6] 李小成：《投壶考》，载《江汉论坛》，2005年第4期。

[7] 闵卓：《〈礼记〉的思想精华及其局限》，载《东南大学学报》（哲学社会科学版），2005年第6期。

[8] 王锷：《戴圣生平和〈礼记〉的编选》，载《中国文化研究》，2006年第1期。

[9] 叶舒宪：《〈礼记·月令〉的比较神话学解读——以仲春物候为例》，载《山西师范大学学报》（哲学社会科学版），2006年第2期。

[10] 王锷：《战国楚简的发现和〈礼记〉研究的反思》，载《图书与情报》，2006年第3期。

[11] 刘跃进、孙少华：《汉初〈礼记·乐记〉的版本材料与成书问题》，载《古籍整理研究学刊》，2006年第4期。

[12] 乔秀岩：《〈礼记〉版本杂识》，载《北京大学学报》（哲学社会科学版），2006年第5期。

[13] 曾军：《经典话语的另类诠释：纂编重构——〈礼记〉诠释方式考察之一》，载《山西师大学报》（社会科学版），2006年第6期。

[14] 张学智：《明代三礼学概述》，载《中国哲学史》，2007年第1期。

[15] 邱春林：《〈礼记〉的深衣制度与设计》，载《东南文化》，2007年第4期。

[16] 曾军：《从民间著述到官方教材——从元陈澔〈礼记集说〉看经典诠释的独特现象及其思想史意义》，载《华中师范大学学报》（人文社会科学版），2007年第4期。

[17] 林乐昌：《张载礼学论纲》，载《哲学研究》，2007年第12期。

[18] 曾军：《"四书之〈大学〉〈中庸〉，非〈礼记〉之〈大学〉〈中庸〉"考释》，载《重庆邮电大学学报》（社会科学版），2008年第3期。

[19] 唐启翠：《"五方之民"叙事中的空间模式再探——以〈礼记·王制〉为中心》，载《湘潭大学学报》（哲学社会科学版），2008年第6期。

[20] 潘斌：《宋代〈礼记〉学文献综论》，载《古籍整理研究学刊》，2008年第6期。

[21] 盛邦和：《〈礼记〉与中国礼文化》，载《江苏社会科学》，2009年第1期。

[22] 唐启翠：《圣俗之间：〈礼记·明堂位〉的礼仪空间探讨》，载《百色学院学报》，2009年第1期。

[23] 刘金波：《〈礼记〉整理及文献研究述评》，载《图书馆情报知识》，2009年第3期。

[24] 涂耀威：《从〈四书〉之学到〈礼记〉之学——清代〈大学〉诠释的另一种向度》，载《中国哲学史》，2009年第4期。

[25] 曹建墩：《论儒家祭祀观念的内向化》，载《史学月刊》，2009年第5期。

[26] 张鹤泉：《略论北朝儒生对"三礼"的传授》，载《社会科学战线》，2009年第7期。

[27] 王士祥：《论唐代省试赋的宗经特征》，载《中州学刊》，2010年第1期。

[28] 夏静：《试论礼与乐的关系》，载《孔子研究》，2010年第2期。

[29] 杨雅丽：《"月令"语义文化溯源——〈礼记·月令〉解读》，载《贵州文史丛刊》，2010年第2期。

[30] 王锷：《东汉以来〈礼记〉的流传（上）》，载《井冈山大学学报》（社会科学版），2010年第5期。

[31] 王锷：《东汉以来〈礼记〉的流传（下）》，载《井冈山大学学报》（社会科学版），2010年第6期。

[32] 叶国良：《二戴〈礼记〉编纂的几个问题》，载《齐鲁文化研究》，2011 年第 1 期。

[33] 杨合林：《〈礼记·乐记〉与〈史记·乐书〉对读记》，载《文学遗产》，2011 年第 1 期。

[34] 章可：《〈礼记·王制〉的地位升降与晚清今古文之争》，载《复旦学报》（社会科学版），2011 年第 2 期。

[35] 吴默闻：《治世之道与君子之德——〈礼记·缁衣〉的政治哲学思想探析》，载《湖湘论坛》，2011 年第 2 期。

[36] 陈戍国、延瑞芳：《先秦至西汉〈礼记·缁衣〉学术溯源》，载《衡阳师范学院学报》，2011 年第 2 期。

[37] 潘忠伟：《唐初〈礼记〉地位的提升与北朝礼学传统》，载《中华文化论坛》，2011 年第 3 期。

[38] 高新华：《〈乐记〉篇次、流传考》，载《中国音乐学》，2011 年第 3 期。

[39] 彭林：《礼与中国人文精神》，载《孔子研究》，2011 年第 6 期。

[40] 韩敏杰：《〈礼记〉的成书及注疏流传》，载《长春教育学院学报》，2011 年第 6 期。

[41] 邓声国：《先秦礼学文献的文学研究视阈考察——以"三礼"为代表》，载《江西社会科学》，2012 年第 1 期。

[42] 尚学锋、李翠叶：《中国礼乐文化的学术传承与〈礼记〉的文体研究》，载《河北师范大学学报》（哲学社会科学版），2012 年第 3 期。

[43] 韩琳琳：《〈礼记〉中的孝观念在西汉社会的变异——以西汉社会习俗的转变为例》，载《哈尔滨师范大学社会科学学报》，2013 年第 2 期。

后　　记

《礼记》自汉代成书后，其中23篇还在单篇传播，这一现象极为有趣，于是便有了这个选题。在后期的研究过程中，我发现这个问题极为复杂，因为精力和时间的原因，仅选择《檀弓》《王制》《月令》《深衣》《投壶》五篇作为研究对象，通过系统梳理这些篇目的单篇别行著作，进一步探究它们单篇别行的原因与价值，不足之处望各位批评指正。

感谢恩师张三夕教授对我的悉心指导，当文章写作中存在困惑时他总能给我很多启发；感谢李程、茶志高、苏小露、罗昌繁几位师兄，在帮我搜集资料的同时也给了我很多写作建议；感谢出版社编辑的编校，使本书减却了不少失误。

在这个万物复苏、春雷阵阵、姹紫嫣红、充满生命力与希望的季节，重庆的天空不时会薄雾朦胧，细雨濛濛，愿席卷全球的新冠疫情在清明节后悄无声息地消失，也愿自己今后能将《礼记》的这一问题系统深入地研究出来。

毋燕燕
2022年3月于重庆